21世纪 经济管理精品教材 工商管理系列

Insurance Company Governance

保险公司治理

郝臣◎著

清华大学出版社
北京

内 容 简 介

本书在回顾保险公司治理学产生与发展的基础上,全面系统阐述该学科的研究对象、内容、方法与样本,界定保险公司治理概念体系,梳理相关理论基础,跟踪国内外保险公司治理研究的新进展,提出保险公司治理研究逻辑与框架,构建由治理基础制度、内部治理和外部治理组成的保险公司治理体系,关注保险公司治理评价、保险机构治理与保险业治理、本土保险公司治理实践、保险公司治理原则与治理改进动力等内容。本书依托我国保险业展开,坚持理论与实践相结合。全书内容丰富,包括学科概述篇、理论基础篇、治理体系篇、治理评价篇、治理拓展篇、本土实践篇和治理优化篇共七篇19章内容。为方便读者理解和掌握,每章设有本章概要、学习目标和思考题。

本书适用于普通高等院校管理类、经济类、保险类、公司治理类等专业的教学和研究,也可供监管机构和保险公司从业人员以及治理、管理、经济、法律等领域人士学习和参考。

本书封面贴有清华大学出版社防伪标签,无标签者不得销售。
版权所有,侵权必究。举报: 010-62782989, beiqinquan@tup.tsinghua.edu.cn。

图书在版编目(CIP)数据

保险公司治理/郝臣著. —北京: 清华大学出版社,2021.1
21世纪经济管理精品教材. 工商管理系列
ISBN 978-7-302-57350-0

Ⅰ. ①保… Ⅱ. ①郝… Ⅲ. ①保险公司–企业管理–研究生–教材 Ⅳ. ①F840.32

中国版本图书馆 CIP 数据核字(2021)第 016119 号

责任编辑: 陆浥晨
封面设计: 李召霞
责任校对: 宋玉莲
责任印制: 刘海龙

出版发行: 清华大学出版社
网　　址: http://www.tup.com.cn, http://www.wqbook.com
地　　址: 北京清华大学学研大厦 A 座　　　　邮　编: 100084
社 总 机: 010-62770175　　　　　　　　　　邮　购: 010-62786544
投稿与读者服务: 010-62776969, c-service@tup.tsinghua.edu.cn
质 量 反 馈: 010-62772015, zhiliang@tup.tsinghua.edu.cn
课 件 下 载: http://www.tup.com.cn, 010-83470332

印 装 者: 三河市铭诚印务有限公司
经　　销: 全国新华书店
开　　本: 185mm×260mm　　印 张: 25　　字 数: 498 千字
版　　次: 2021 年 2 月第 1 版　　　　　　　 印 次: 2021 年 2 月第 1 次印刷
定　　价: 79.00 元

产品编号: 085390-01

目 录

第一篇 学科概述

第一章 国内外公司治理学发展······3

第一节 现代治理学的形成······3
- 一、"治理"的起源······3
- 二、国际组织对"治理"的定义······4
- 三、管理中"自立门户"的治理······4
- 四、各领域不断拓展的治理······6
- 五、多维度下的现代治理······6
- 六、现代治理学的展望······7

第二节 国外公司治理学发展······8
- 一、公司治理作为一个科学问题被提出······8
- 二、1992年第一次公司治理浪潮之后的研究······9

第三节 国内公司治理学发展······11
- 一、国内公司治理研究的现实背景：公司治理实践四个阶段······11
- 二、国内公司治理研究开展······14
- 三、国内公司治理研究总结······20
- 四、公司治理人才培养······25

第四节 公司治理学发展新趋势······25
- 一、从一般公司治理到具体类型公司治理······26
- 二、从公司治理到组织治理······29
- 三、公司治理学分支化背景下的保险公司治理学······29

第二章 保险公司治理学的提出······31

第一节 保险公司治理的内涵······31
- 一、保险公司治理的提出······31
- 二、狭义与广义的保险公司治理······33

第二节 保险公司治理学的相关学科与形成······35
- 一、保险公司治理学的相关学科······35

二、保险公司治理学的形成 …………………………………………… 37
第三节　保险公司治理学研究对象 …………………………………………… 46
　　一、保险公司治理学研究对象总体说明 ……………………………… 46
　　二、保险公司治理学研究对象具体说明 ……………………………… 47
第四节　保险公司治理学研究内容 …………………………………………… 48
　　一、保险公司治理学研究内容体系的提出 …………………………… 48
　　二、保险公司治理学研究主线：治理的特殊性 ……………………… 49
　　三、保险公司治理学理论研究内容 …………………………………… 50
　　四、保险公司治理学应用研究内容 …………………………………… 53
第五节　保险公司治理学研究方法 …………………………………………… 55
　　一、公司治理学研究方法分类 ………………………………………… 55
　　二、保险公司治理学研究方法 ………………………………………… 56
第六节　保险公司治理学研究样本 …………………………………………… 56
　　一、国内保险公司治理学研究样本 …………………………………… 56
　　二、国外保险公司治理学研究样本 …………………………………… 61

第三章　保险公司治理概念体系 …………………………………………… 63

第一节　保险公司治理环境 …………………………………………………… 63
　　一、公司治理环境的重要性 …………………………………………… 63
　　二、保险公司治理环境的内涵 ………………………………………… 65
第二节　保险公司治理目标 …………………………………………………… 66
　　一、公司治理目标的三种观点 ………………………………………… 66
　　二、保险公司治理目标的提出 ………………………………………… 67
第三节　保险公司治理结构与治理机制 ……………………………………… 68
　　一、保险公司治理结构 ………………………………………………… 68
　　二、保险公司治理机制 ………………………………………………… 70
第四节　保险公司内部治理与外部治理 ……………………………………… 71
　　一、保险公司内部治理 ………………………………………………… 71
　　二、保险公司外部治理 ………………………………………………… 72
　　三、保险公司内部治理与外部治理的关系 …………………………… 72
第五节　保险公司治理主体与治理客体 ……………………………………… 73
　　一、保险公司治理主体 ………………………………………………… 73
　　二、保险公司治理客体 ………………………………………………… 74
　　三、基于治理主体和治理客体的保险公司治理边界 ………………… 74

第六节　保险公司治理职能···75
　　一、保险公司治理职能的内涵···75
　　二、保险公司治理的基本职能···76
　　三、保险公司治理的具体职能···77
　　四、保险公司治理的拓展职能···78
　第七节　保险公司委托代理问题与代理成本···78
　　一、一般公司两类委托代理问题和三类委托代理问题·······················78
　　二、保险公司三类委托代理问题与代理成本·····································80
　第八节　保险公司治理质量与治理风险···81
　　一、保险公司治理质量···81
　　二、保险公司治理风险···82
　第九节　保险公司治理绩效··85
　　一、保险公司治理绩效的内涵···85
　　二、保险公司治理的财务绩效···87
　　三、保险公司治理的效率绩效···89
　第十节　保险公司核心利益相关者··89
　　一、投保人、被保险人和受益人··90
　　二、保单持有人和保险消费者···90
　　三、保险公司核心利益相关者界定小结··91

第二篇　理 论 基 础

第四章　保险公司治理相关理论··95

　第一节　利益相关者理论··95
　　一、利益相关者理论发展脉络···95
　　二、治理实践中的相关规定··98
　　三、对保险公司治理的启示··99
　第二节　委托代理理论···99
　　一、委托代理理论概述···99
　　二、双重委托代理理论··101
　　三、对保险公司治理的启示··102
　第三节　交易成本理论···102
　　一、交易成本理论概述··102
　　二、代理成本理论···104

三、对保险公司治理的启示 ………………………………………………………… 109

　第四节　企业社会责任理论 …………………………………………………………… 109
　　一、企业社会责任的提出 ……………………………………………………………… 109
　　二、治理实践中的企业社会责任 ……………………………………………………… 109
　　三、对保险公司治理的启示 ………………………………………………………… 110

　第五节　其他相关理论 ………………………………………………………………… 111
　　一、高层梯队理论 …………………………………………………………………… 111
　　二、公司治理评价理论 ……………………………………………………………… 112

第五章　国内保险公司治理研究 ……………………………………………………… 114

　第一节　国内保险公司治理研究总体分析 …………………………………………… 114
　　一、文献检索的总体状况分析 ……………………………………………………… 114
　　二、文献检索的年度趋势分析 ……………………………………………………… 115

　第二节　国内保险公司治理研究具体分析 …………………………………………… 116
　　一、保险公司治理模式研究 ………………………………………………………… 116
　　二、保险公司治理国际比较与经验借鉴研究 ……………………………………… 116
　　三、保险公司治理的特殊性研究 …………………………………………………… 117
　　四、国有保险公司治理存在的问题与改进研究 …………………………………… 117
　　五、外资保险公司的准入与监管等研究 …………………………………………… 118
　　六、保险公司治理对绩效影响的实证研究 ………………………………………… 118
　　七、保险公司治理监管研究 ………………………………………………………… 119
　　八、保险公司治理评价研究 ………………………………………………………… 120

　第三节　国内保险公司治理研究总结 ………………………………………………… 121
　　一、研究时点：国内关于保险公司治理研究的起步较晚 ………………………… 121
　　二、研究主题：国内保险公司治理研究早期主要集中于基础性问题 …………… 121
　　三、研究样本：国内保险公司治理研究样本比较单一且样本量少 ……………… 121
　　四、研究方法：国内保险公司治理研究主要采用规范性研究方法 ……………… 122

第六章　国外保险公司治理研究 ……………………………………………………… 123

　第一节　国外保险公司治理研究总体分析 …………………………………………… 123
　　一、国外保险公司治理研究的起步 ………………………………………………… 123
　　二、国外保险公司治理研究的三个阶段 …………………………………………… 124
　　三、国外保险公司治理研究综述 …………………………………………………… 125

　第二节　国外保险公司治理研究具体分析 …………………………………………… 126

一、文献来源 ·· 126
　　二、文献研究主题计量分析 ·· 127
　　三、文献篇幅与作者合作情况计量分析 ·· 128
　　四、文献计量分析小结 ·· 128
第三节　国外保险公司治理研究总结 ·· 129
　　一、2008年以来国外保险公司治理研究最新进展 ································ 129
　　二、国外保险公司治理研究展望 ··· 129

第七章　保险公司治理研究逻辑与框架···131

第一节　保险公司经营特殊性 ··· 131
　　一、保险公司经营特殊性概述 ·· 131
　　二、保险公司经营特殊性具体分析 ·· 132
第二节　保险公司治理特殊性 ··· 136
　　一、保险公司治理特殊性框架 ·· 136
　　二、保险公司治理特殊性具体分析 ·· 138
第三节　保险公司治理研究逻辑 ·· 146
　　一、保险公司治理研究逻辑构建 ··· 146
　　二、保险公司治理研究逻辑分析 ··· 148
第四节　保险公司治理研究框架 ·· 149
　　一、保险公司治理研究框架构建 ··· 149
　　二、保险公司治理有效性研究范式 ·· 150

第三篇　治理体系

第八章　保险公司治理体系···155

第一节　保险公司治理体系概述 ·· 155
　　一、实务界保险公司治理体系 ·· 155
　　二、理论界保险公司治理体系 ·· 156
第二节　保险公司治理制度：公司章程 ·· 158
　　一、保险公司章程载明事项的总体性规定 ·· 158
　　二、保险公司章程关于注册资本与股份的事项 ···································· 159
　　三、保险公司章程关于股东和股东（大）会的事项 ····························· 159
　　四、保险公司章程关于董事会的事项 ·· 160
　　五、保险公司章程关于监事会的事项 ·· 162

六、保险公司章程关于总经理及其他高级管理人员的事项 …………… 162

七、保险公司章程关于财务会计制度、利润分配和审计的事项 …… 163

八、保险公司章程关于其他方面的事项 ………………………………… 163

第九章　保险公司内部治理 …………………………………………………… 166

第一节　保险公司股东治理 ……………………………………………… 166
一、股东治理的内涵 ……………………………………………………… 166
二、我国保险公司股东 …………………………………………………… 167
三、我国保险公司股东（大）会 ………………………………………… 169

第二节　保险公司董事会治理 …………………………………………… 171
一、董事会治理的内涵 …………………………………………………… 171
二、我国保险公司董事 …………………………………………………… 172
三、我国保险公司董事会 ………………………………………………… 176

第三节　保险公司监事会治理 …………………………………………… 181
一、监事会治理的内涵 …………………………………………………… 181
二、我国保险公司监事会治理 …………………………………………… 182

第四节　保险公司高级管理人员治理 …………………………………… 183
一、高级管理人员治理的内涵 …………………………………………… 183
二、我国保险公司高级管理人员治理 …………………………………… 184

第五节　保险公司内控与风险管理 ……………………………………… 188
一、保险公司内部控制 …………………………………………………… 188
二、保险公司风险管理 …………………………………………………… 190

第六节　保险公司内审与合规管理 ……………………………………… 192
一、保险公司内部审计 …………………………………………………… 192
二、保险公司合规管理 …………………………………………………… 195

第十章　保险公司外部治理 …………………………………………………… 199

第一节　保险公司外部监管 ……………………………………………… 199
一、保险监管的内涵 ……………………………………………………… 199
二、我国保险监管体系 …………………………………………………… 201

第二节　保险公司信息披露 ……………………………………………… 209
一、信息披露的内涵 ……………………………………………………… 209
二、我国保险公司信息披露 ……………………………………………… 211

第三节　保险公司控制权市场接管约束 ………………………………… 214

一、控制权市场的内涵 ·· 214
　　二、控制权市场治理效应 ·· 214
　　三、保险公司控制权市场接管约束机制分析 ····················· 216
第四节　保险公司经理人市场声誉约束 ·································· 217
　　一、经理人市场的内涵 ·· 217
　　二、经理人市场治理效应 ··· 218
　　三、我国经理人市场现状 ··· 219
　　四、保险公司经理人市场声誉约束机制分析 ···················· 220
第五节　保险公司产品市场竞争约束 ····································· 220
　　一、产品市场的内涵 ··· 220
　　二、产品市场治理效应 ·· 220
　　三、保险公司产品市场竞争约束机制分析 ······················· 221
第六节　保险公司消费者投诉 ··· 222
　　一、消费者投诉与保险消费者权益保护 ·························· 222
　　二、我国保险公司消费者投诉状况 ································ 223
　　三、消费者投诉是保险公司重要的外部治理机制 ············· 224

第四篇　治理评价

第十一章　一般公司治理评价 ·· 229
第一节　公司治理评价的意义 ··· 229
　　一、公司治理质量是公司治理领域关注的焦点 ················ 229
　　二、公司治理评价的具体意义 ······································ 230
第二节　国内外主要公司治理评价系统 ································· 231
　　一、公司治理评价系统的内涵 ······································ 231
　　二、国内外已有公司治理评价系统 ································ 232
　　三、已有公司治理评价系统的异同点 ····························· 233

第十二章　保险公司治理评价 ·· 234
第一节　国内外相关行业治理评价 ······································· 234
　　一、国外银行治理评价开展情况 ··································· 234
　　二、国内银行治理评价开展情况 ··································· 235
第二节　我国保险公司治理评价三阶段 ································· 238
　　一、保险公司治理评价早期探索阶段 ····························· 238

二、保险公司治理评价全面开展阶段 ································· 239
　　三、保险公司治理评价深入提高阶段 ································· 239
第三节　我国保险公司治理评价结果分析 ································· 240
　　一、2015 年度保险法人机构公司治理状况与问题分析 ············· 240
　　二、2017 年度保险法人机构公司治理状况与问题分析 ············· 241
　　三、2018 年度保险法人机构公司治理状况与问题分析 ············· 244
　　四、近年来我国保险法人机构公司治理发展趋势分析 ················ 248
第四节　保险公司治理评价优化 ··· 248
　　一、保险公司治理评价的总结 ··· 248
　　二、保险公司治理评价系统设计：从一维到三维 ····················· 249
　　三、保险公司治理评价结果应用：从基础到深入 ····················· 250

第十三章　上市保险公司治理评价 ··· 252

第一节　我国上市保险公司概况 ··· 252
　　一、我国上市保险公司总体说明 ·· 252
　　二、境内上市保险公司概况 ·· 253
　　三、境外上市保险公司概况 ·· 257
第二节　我国上市保险公司"三会一层" ································· 258
　　一、上市保险公司股东与股东大会 ······································· 258
　　二、上市保险公司董事与董事会 ·· 260
　　三、上市保险公司监事与监事会 ·· 263
　　四、上市保险公司高级管理人员 ·· 265
第三节　中国上市公司治理评价指标体系 ································· 266
　　一、中国上市公司治理评价指标体系构成 ······························· 267
　　二、中国上市公司治理评价指标体系特点 ······························· 267
第四节　我国上市保险公司治理评价 ······································· 267
　　一、上市保险公司治理总体评价 ·· 268
　　二、上市保险公司治理维度评价 ·· 268
　　三、我国上市保险公司与其他样本治理比较分析 ····················· 271

第五篇　治 理 拓 展

第十四章　保险机构治理 ·· 275

第一节　保险机构类型与保险机构治理内涵 ···························· 275

一、我国保险机构类型 275
　　二、金融机构治理下的保险机构治理 277
第二节　保险机构治理主要内容 280
　　一、保险集团治理 280
　　二、相互保险组织治理 281
　　三、再保险公司治理 283
　　四、自保公司治理 284
　　五、保险资产管理公司治理 284
　　六、保险公司分支机构和外资保险公司代表处治理 285
　　七、保险中介机构治理 285
第三节　保险机构治理特殊性分析 287
　　一、保险集团治理特殊性分析 288
　　二、相互保险组织治理特殊性分析 290
　　三、保险中介机构治理特殊性分析 292

第十五章　保险业治理 294

第一节　金融业治理下的保险业治理 294
　　一、金融治理与金融业治理 294
　　二、保险业治理的提出 295
　　三、保险业治理的内涵 296
第二节　保险业治理主要内容 299
　　一、政府与保险业顶层设计 299
　　二、保险业监管机构与保险监管 299
　　三、保险行业协会与行业自律 301
　　四、保险机构与公司治理 301
第三节　保险业治理特殊性分析 303
　　一、保险业治理目标特殊性 303
　　二、保险业治理结构特殊性 304
　　三、保险业治理机制特殊性 304

第六篇　本土实践

第十六章　我国保险公司治理政策法规 309

第一节　我国保险公司治理政策法规总体分析 309

一、我国保险公司治理政策法规类型……309
　　二、我国保险公司治理政策法规概况……311
  第二节　我国保险公司治理政策法规具体分析……311
　　一、保险公司治理政策法规发布主体分析……311
　　二、保险公司治理政策法规文件层次分析……312
　　三、保险公司治理政策法规发布年份分析……313
　　四、保险公司治理政策法规内容类型分析……314
　　五、保险公司治理政策法规效力情况分析……316
　　六、保险公司治理政策法规修改情况分析……317

第十七章　我国保险公司治理发展历程……318

  第一节　完全行政型治理阶段……318
　　一、1949—1959 年的保险公司治理发展……318
　　二、保险公司治理第一个发展阶段总结……319
  第二节　治理理念导入阶段……320
　　一、1980—2000 年的保险公司治理发展……320
　　二、保险公司治理第二个发展阶段总结……322
  第三节　治理主体股改与上市阶段……323
　　一、2001—2005 年的保险公司治理发展……323
　　二、保险公司治理第三个发展阶段总结……325
  第四节　治理全面开展阶段……326
　　一、2006—2010 年的保险公司治理发展……326
　　二、保险公司治理第四个发展阶段总结……327
  第五节　治理能力提升阶段……329
　　一、2011 年以来的保险公司治理发展……329
　　二、保险公司治理第五个发展阶段总结……336

第七篇　治理优化

第十八章　保险公司治理原则……341

  第一节　一般公司治理原则……341
　　一、公司治理原则的内涵……341
　　二、公司治理原则的类型……342
  第二节　各类保险公司治理原则……344

一、国际组织保险公司治理原则 ……………………………………………… 344
　　二、我国保险公司治理原则 …………………………………………………… 345
　　三、其他国家和地区保险公司治理原则 ……………………………………… 346
　　四、具体保险公司的治理原则 ………………………………………………… 352

第十九章　保险公司治理改进动力机制 …………………………………………… 353

第一节　保险公司治理改进动力模型 ……………………………………………… 353
　　一、保险公司治理改进动力模型构建 ………………………………………… 353
　　二、我国保险公司治理改进动力演变 ………………………………………… 354
第二节　保险公司治理改进动力分析 ……………………………………………… 354
　　一、保险公司治理改进内在动力分析 ………………………………………… 354
　　二、保险公司治理改进外在动力分析 ………………………………………… 355

参考文献 ……………………………………………………………………………… 357

附表 …………………………………………………………………………………… 371

后记 …………………………………………………………………………………… 382

第一篇 学科概述

第一章

国内外公司治理学发展

【本章概要】

本章首先分析了现代治理学的形成过程，然后重点从研究内容视角梳理了国内外公司治理学发展和演进的脉络，最后提出了公司治理学发展的新趋势。

【学习目标】

理解"治理"的定义以及"治理"与"管理"的区别；熟悉"治理"的类型与划分；了解公司治理作为一个科学问题的提出过程；掌握我国公司治理研究的现实背景；熟悉国内公司治理研究的现状；理解国内公司治理研究的阶段与脉络；了解公司治理学发展的新趋势。

第一节　现代治理学的形成

一、"治理"的起源

在 JSTOR 期刊数据库检索"governance"一词，通过全文检索会发现，最早的文献是 1811 年《贝尔法斯特月刊》(*The Belfast Monthly Magazine*) 第 6 卷第 35 期发表的论文《爱尔兰教育委员会的第十一份报告》(Eleventh Report from the Commissioners of the Board of Education in Ireland)，该论文首次提及"governance"一词；通过题名检索会发现，最早的文献是 1886 年在期刊《英国历史评论》(*The English Historical Review*) 第 1 卷第 3 期发表的关于 1885 年出版的著作《统治英格兰：绝对王权与有限王权的区别》(*The Governance of England, Otherwise Called the Difference between an Absolute and a Limited Monarchy*) 的书评，这里的"governance"主要是指国家层面的治理，与"统治"的内涵较为接近。

同时在中国知网（https://www.cnki.net/）以"治理"一词进行全文检索，发现可以检索到 4763859 篇文献，最早的可以追溯到 1915 年《清华大学学报（自然科学版）》

发布的《法令摘要——学生在学禁令》；以"治理"一词进行题名检索，一共检索到271236篇文献，最早的文献为1949年发表的《治理黄河初步意见》，1949年有两篇相关文献，之后几年也仅有几篇，1979年及以前年份的文献数量总计478篇，每年题名中有"治理"一词的文献均不超过100篇，而在20世纪80年代之后文献数量出现了井喷式增长。

二、国际组织对"治理"的定义

20世纪80年代末期开始，一些重要的国际组织开始对"治理"的概念进行界定。世界银行集团（World Bank Group，以下简称"世界银行"）在1989年的《撒哈拉以南非洲：从危机到可持续发展》（Sub-Saharan Africa: From Crisis to Sustainable Growth）报告中提出了"治理危机"（crisis of governance）这一概念，并认为治理就是行使政治权力来管理一个国家的事务，这是世界银行的第一版"治理"定义。

世界银行1991年的《管理发展：治理的视角》（Managing Development: The Governance Dimension）报告认为，治理是在一个国家中为了促进经济和社会资源的发展而运用的一种管理方式。这是世界银行的第二版"治理"定义，这里的治理聚焦于国家层面。世界银行在1992年的《治理与发展》（Governance and Development）报告和1994年的《治理：世界银行的经验》（Governance: The World Bank's Experience）报告中均沿用了上述定义。

此外，世界银行从1978年开始每年发布不同主题的《世界发展报告》（World Development Report），2017年的主题为"治理与法律"（governance and the law），该报告进一步解释了"治理"的内涵，认为治理是国家和非国家行为主体在一组受权力影响的正式或非正式规则中，通过相互作用设计和履行政策的过程。这是世界银行的第三版"治理"定义，此时对于治理的理解已从国家治理拓展到其他主体治理。

联合国有关机构于1992年成立了全球治理委员会（Commission on Global Governance），并出版了一份名为《全球治理》（Global Governance）的期刊。1995年全球治理委员会提出了治理的定义：治理是指个人和机构、公共和私人部门管理其公共事务的诸多方式的总和，它是使相互冲突或不同的利益得以调和并且采取联合行动的持续过程，它包括人们必须服从的正式制度和体制以及人们和机构已经同意或认为符合其利益的非正式安排。可见，此时治理主体更加丰富了。

三、管理中"自立门户"的治理

2009年的诺贝尔经济学奖得主Williamson在1975年首次提到了"治理结构"（governance structure）一词，在他看来，治理的出现主要是为了降低受资产专用性、交易频率等因素影响的交易成本；他在1979年以"现代公司的治理"为题在《哈斯汀法律期刊》（*Hofstra Law Review*）发表论文，在 1984 年以"公司治理"（Corporate Governance）为题在《耶鲁法学期刊》（*Yale Law Journal*）发表论文，并在 1985 年的巨著《资本主义的经济制度：企业、市场与关系性契约》（*The Economic Institutions of Capitalism: Firms, Markets, Relational Contracting*）中专门安排了一章探讨公司治理问题。

正如 Tricker 在 1984 年所讲，公司不但需要管理（managing），也需要治理（governing）。关于公司治理，不同学者理解的视角或者侧重点不同，就形成了公司治理的各类"学说"。股东利益保护说的代表 Shleifer 和 Vishny（1997）提出公司治理的中心问题是保证资本供给者（股东和债权人）的利益，郎咸平（2004）进一步指出公司治理就是保护中小股东的利益。结构说的代表吴敬琏（1994）认为，公司治理是指由所有者、董事会和高级执行人员即高级经理人员三者组成的一种组织结构。制度安排说的代表钱颖一（1995）将公司治理看作是用以支配若干在公司中有重大利害关系的团体——投资者（股东和贷款人）、经理人和职工[①]之间关系的一套制度安排。产权说的代表张维迎（1996）认为，广义的公司治理与企业所有权安排几乎是同一个意思，或者更准确地讲，公司治理只是企业所有权安排的具体化，企业所有权是公司治理的一个抽象概括。利益相关者说的代表杨瑞龙（1998）强调企业不仅要重视股东利益，而且要重视其他利益相关者的利益，同时通过一定的机制来保证利益相关者的利益；类似的，李维安（1998；2001）指出所谓公司治理是指一套用来协调公司与所有利益相关者之间利益关系的包括正式和非正式的、内部和外部的制度安排，公司治理的目标是决策科学化而非制衡，治理的终极目标是利益相关者利益最大化。

全球治理理论的主要创始人之一 Rosenau（1995）将"治理"定义为一系列活动领域里的管理机制，它们虽未得到正式授权，却能有效发挥作用。我国公共管理领域学者俞可平（2002）也对"治理"的概念进行了界定，认为治理是一种公共管理活动和公共管理过程，包括必要的公共权威、管理规则、治理机制和治理方式。

如果说管理是经营业务（running business），那么治理则是确保用适当的方式经营（running properly）。治理和管理存在明显的区别：首先，两者的目标不同，治理的目标是协调并最终实现决策科学化而非简单的制衡，而管理的目标是利润最大化；其次，两者的主体不同，治理涉及多方主体，利益相关者理论是其理论基石，而管理往往只有管理者与被管理者；再次，两者的实施基础不同，治理可以通过正式的制度或者非正式的制度来实施，而管理多通过正式的制度授权完成。

[①] "职工"指职员（机关、企业、学校、团体里担任行政或业务工作的人员）和工人，"员工"指职员（企业中的管理人员）和工人，因此严格意义上来说，"职工"包含了"员工"。目前公司治理领域的政策法规文件既有采纳"职工"一词的，也有使用"员工"一词的，本书按照相关文件和文献中的原文以及表达习惯来使用，并默认"职工"就是"企业职工"，而"企业职工"与"员工"含义相同。与"职工"和"员工"相关的一个概念是"雇员"，在公司治理文献特别是英文翻译为中文的相关文献中常出现，但"雇员"多指从事临时性、阶段性的工作的人员。因此本书主要使用了"职工"和"员工"这两个概念。

无论是在微观的企业管理领域，还是在宏观的公共管理领域，治理与管理的边界都愈加清晰，这标志着"治理"已逐步从"管理"中"自立门户"。但需要说明的是，治理和管理不是完全割裂开来的，管理是治理的一种延伸，管理是在有效的治理安排和约束下发挥其职能作用，以高效地实现运行和经营的目标。

四、各领域不断拓展的治理

在经济领域，诺贝尔经济学奖得主 Williamson 较早提出了"经济治理"（economic governance）的概念，在经济发展实践当中也出现了全球经济治理、区域经济治理、地区经济治理、全球金融治理、全球货币治理、全球税收治理、通货膨胀治理、产业链治理、数字经济治理、分享经济治理、金融治理、银行业治理、证券业治理和保险业治理等科学问题。

在企业管理领域，治理又延伸为公司治理，指公司等组织中的管理方式和重要制度安排等。在 Williamson 看来，公司治理实际上是经济治理大框架下的重要内容之一；今天出现的上市公司治理、跨国公司治理、中小企业治理、国有企业治理、民营企业治理、外资企业治理、企业分支机构治理、企业集团治理、集团控股公司治理、保险公司治理、网络治理、虚拟联盟治理、供应链治理、数据治理、网络平台治理、绿色治理等都是公司治理领域的具体分支和拓展应用。

在公共管理领域，治理通常指国家治理，即政府如何运用国家权力来管理国家。党的十八届三中全会提出了全面深化改革的总目标，国家治理体系和治理能力现代化是我国新时期的第五个现代化目标，这反映了党和政府从"管理"国家到"治理"国家思维上的跨越（李维安，2013）。十九届四中全会通过了推进国家治理体系和治理能力现代化的纲领性文件《中共中央关于坚持和完善中国特色社会主义制度、推进国家治理体系和治理能力现代化若干重大问题的决定》。国家治理涵盖内容极其丰富，政府治理是其中一项重要内容，城市治理、社区治理、县域治理、财政治理、预算治理、扶贫治理、食品安全治理、安全生产治理、疫情治理等均属于政府治理领域的范畴。

治理在其他领域的应用也很多，例如在环境科学领域，环境治理、全球气候治理、全球生态环境治理、灾害治理、固体废弃物治理和雾霾治理等治理内容近年来受到了广泛的重视。

五、多维度下的现代治理

在越来越多的理论学科、实践领域关注治理的基础上，现代治理的框架体系也在逐步形成。本章认为，可以从治理边界、治理内容与治理对象这三大维度入手，对现代治理进行分类，以便更加清晰地呈现各种各样、纷繁复杂的"治理"。

（一）治理边界维度

基于治理边界维度，可将治理划分为全球治理、区域治理、国家治理和地区治理。全球治理是全球范围内的治理，强调国际分工和协作，如全球经济治理、全球金融治理和全球气候治理等。区域治理强调国家间的治理协作和多边协调治理，是全球治理的重要组成部分。国家治理是关于一个国家内部的治理，如党的十九届四中全会就总结了我国国家制度和国家治理体系所具有的十三个方面的显著优势。而地区治理是关于一个国家内某一地区的治理，如京津冀协同发展、长三角一体化发展、粤港澳大湾区建设等重大发展战略均属于地区治理的范畴。

（二）治理内容维度

基于治理内容维度，可以将治理划分为政治治理、经济治理、文化治理、社会治理和生态治理等。其中每个方面又可以进一步细分出更多的治理领域，例如，金融治理是经济治理的重要内容，金融发展顶层设计、金融监管、金融与实体经济的关系、金融机构治理等又是金融治理的核心内容。

（三）治理对象维度

基于治理对象维度，可将治理划分为组织治理和非组织治理等。组织治理更多关注的是微观层面的内容，非组织治理则聚焦于宏观层面。对"组织治理"这一概念进行直接界定的文献较少，更多的是对其中具体类型组织治理的界定。公司治理就是营利组织治理中的重要分支，如前文所述，大量学者对公司治理的内涵进行了研究。随着治理实践的深入，治理领域呈现出围绕治理对象的分支化趋势，例如开始关注组织治理中的金融机构治理问题。金融机构治理按照具体治理对象不同又可以分为银行治理、保险公司治理、证券公司治理、信托公司治理和资产管理公司治理等。当然，保险公司等具体类型金融机构的治理并不是一般公司治理在保险公司上的简单运用，即"公司治理+保险公司"，而是针对这一特殊行业或类型公司因事制宜的治理，即"保险公司+治理"。

六、现代治理学的展望

治理作为一个持续的过程，通过一系列正式或非正式的制度安排，在全球、国家、地区、社会和企业等多类主体的运行、运营过程中，发挥着决定方向的重要作用。如前文所述，不同机构组织和学者对"治理"有着不同的理解，但对于治理与管理的关系已经达成了共识，即治理不同于管理，二者相互区别又相互联系。随着治理理念的普及，在实务界，形成了基于治理边界、治理内容和治理对象等维度的多层次现代治理体系；在理论界，治理在各学科的应用日新月盛，并逐渐从一个问题演变成为一个领域，形成了相对独立的知识体系，有专门的研究内容和相应的研究方法，甚至还有配套的教材和相应的学会组织等，治理学作为一个新的学科正在快速成长中。

通过上述梳理不难看出，治理通过其母体"管理"的孕育，从早期的默默无闻、少人问津，不断壮大成熟，到如今"自立门户"，并逐渐成为一座吸引无数人前来开采的"金矿"。伴随多层次现代治理体系的形成，以及治理理论在各个学科领域中的不断深化和细化，我们有理由相信，一个现代治理学的框架也将逐步清晰起来，并最终指引治理实践走向深入，为实现我国第五个现代化即"治理体系和治理能力现代化"提供指导和支持。

第二节 国外公司治理学发展

一、公司治理作为一个科学问题被提出

公司治理问题实际上很早就存在了，它是随着公司制组织形式的出现而产生的。如果以 1600 年东印度公司的设立为标志，那么公司治理问题已经有 400 多年的历史。1776 年 Smith 在《国民财富的性质和原因的研究》(*An Inquiry into the Nature and Causes of the Wealth of Nations*，简称《国富论》)中对两权分离下股份公司及其董事行为的分析实际上已经触及公司治理问题。但学术界一般认为 1932 年 Berle 和 Means 的著作《现代公司与私有财产》(*The Modern Corporation and Private Property*)才首次正式提出公司治理问题。特别值得一提的是，1937 年 Coase《企业的性质》(*The Nature of the Firm*)一文的发表所带来的新制度经济学的兴起，也为后续公司治理问题的研究提供了扎实的理论基础。这是因为在新古典经济学中，企业是一个黑箱，只有生产要素的投入比例安排问题，制度因素并没有被考虑，即企业只有生产属性，没有交易属性，Coase 正是因为这方面的贡献于 1991 年获得了诺贝尔经济学奖。另一位公司治理领域的诺贝尔经济学奖得主 Williamson 把 Coase 的"交易成本"(transaction cost)概念向前推进了一步，提出了作为交易成本重要影响因素之一的"资产专用性"(asset specificity)这一概念。基于这一核心概念，Williamson 在其 1975 年出版的巨著《市场与层级制：分析与反托拉斯含义》(*Markets and Hierarchies: Analysis and Antitrust Implications*)中提出"治理结构"，这个概念已经涵盖了"公司治理"。1984 年，他直接以"Corporate Governance"为题对公司治理进行了较系统的分析，指出公司治理的研究经过了漫长的沉寂，导致这种僵局出现的一个重要原因是缺乏公司治理的经济微观分析，现已迎来复兴。从这个意义上来说，在实践上，公司治理是一个老话题，但在理论上还是一个新兴的领域。

不得不提的另一位较早对公司治理进行研究和界定的学者是英国《公司治理：国际评论》(*Corporate Governance: An International Review*)期刊的创始主编Tricker，在其1984年出版的《公司治理：英国公司及其董事会的做法、程序和权力》(*Corporate Governance: Practices, Procedures, and Powers in British Companies and Their Boards of Directors*)一书中，他认为公司治理包括董事和董事会的思维方式、理论和做法。公司治理涉及董事会和股东、高层管理部门、规制者与审计员以及其他利益相关者的关系。因此，公司治理是对现代公司行使权力的过程。Tricker把公司治理归纳为四种主要活动：战略制定（direction）、决策执行（executive action）、监督（supervision）和问责（accountability）。他还认为，"公司治理"（governance of a company）与"公司管理"（management of a company）是不同的概念。如果说管理是关于经营业务（running business）的话，那么治理则是确保能够适当地经营（running properly）。公司不但需要管理（managing），同样需要治理（governing）。Cadbury把Tricker视为英国公司治理的"先驱"（nestor）。Cochran和Wartick在1988年出版的仅有74页的著作《公司治理：一个文献回顾》(*Corporate Governance: A Review of the Literature*)中认为，"公司治理"是一个总称（umbrella term），它涵盖了董事会、执行董事及非执行董事的概念（concepts）、理论（theories）与实践（practices）等多方面问题。公司治理要解决的核心问题是：谁从公司决策及高级管理阶层的行动中受益，谁应该从公司决策及高级管理阶层的行动中受益。如果二者不一致，就出现了公司治理问题。"毒丸计划"的创始人Lipton在1991年提出，公司治理是一种手段，而不是目的。一直到1992年的《Cadbury报告》(Cadbury Report)出台后，"公司治理"一词才越来越多地被使用，学术界对于公司治理的理解和界定也更加准确和规范。

二、1992年第一次公司治理浪潮之后的研究

从以上关于公司治理的讨论中可以看出，在1975年到1992年这段时间，国外对于公司治理的研究处于起步阶段，1992年第一次公司治理浪潮的发生加速了公司治理理论研究的进程。Tricker在《公司治理：国际评论》(*Corporate Governance: An International Review*)期刊1993年创刊号的主编寄语中指出，在20世纪80年代初，公司治理并不是一个严肃的学术话题，"公司治理"这个词语也很难在专业文献中被发现。但20世纪90年代以来，公司治理成为严肃的研究问题，而且"公司治理"一词在文献中也被普遍使用。Mitchell（1994）指出，目前还没有一个被广泛接受的"公司治理"定义。同样，Maw、Lane、Craig-Cooper和Alsbury（1994）指出，公司治理虽然是已被接受的话题，但至今还没有清楚的定义，其边界仍然模棱两可。这是因为：各个定义从不同侧面对其进行界定，如治理结构的具体形式、公司治理制度的功能或公司治理所面

对的基本问题等，都不够全面、科学；这些定义中，"公司治理"与"公司治理结构"的使用非常混乱。

Sheikh 和 Rees（1995）指出，公司治理就是在公司事务的方向性（direction of a company affairs）上董事被信托义务和责任的一种制度，这是以基于股东利益最大化的问责机制（accountability）为基础的。Hart（1995）提出，只要存在以下两个条件，公司治理问题就必然会在一个组织中产生：第一个条件是代理问题，具体来说是公司组织成员之间存在利益冲突；第二个条件是交易费用之大使代理问题不可能通过合约解决。当出现代理问题而合约不完全时，公司治理就至关重要了。并且他给出了五个公司治理问题：代理合同的成本；个人股东数量太多，不能进行严密的（day-to-day）控制；大股东问题；董事会的局限性；管理层以股东利益为代价追求自己的目标。Monks 和 Minow（1995）认为公司治理是决定公司发展方向和绩效的各参与者之间的关系。Prowse（1995）提出，公司治理是一个机构中控制公司所有者、董事和管理者行为的规则、标准和组织。Blair（1995）指出，从狭义角度讲，公司治理是指有关董事会的功能、结构以及股东的权利等方面的制度安排；从广义角度讲，公司治理则是指有关公司控制权和剩余索取权分配的一整套法律、文化和制度安排，这些安排决定了公司目标、谁在什么情况下实施控制、如何控制、风险和收益如何在公司不同的成员之间分配等一系列问题。Mayer（1997）指出，公司治理往往涉及委托代理问题，即作为委托人的股东，委托作为代理人的经营者按照他们的利益来经营公司；所谓公司治理是使双方的利益一致，并确保公司为投资者的利益而运行的方式。Shleifer 和 Vishny（1997）认为，公司治理要处理的是公司的资本供给者（股东和债权人）如何确保自己得到投资回报的途径问题，其核心是保证资本供给者的利益。Sternberg（1998）提出公司治理是确保公司活动、资产和代理人能够按照股东既定目标进行的一种方式。

2000 年之后，国外公司治理研究发展到深入研究阶段，开始关注公司治理要素的有效性；研究样本深入到金融机构等具体类型组织，例如 Laeven 和 Levine（2009）关于银行治理问题的研究，Boubakri（2011）关于保险公司治理问题的研究（其中关于保险公司治理方面的具体研究可以参考郝臣、李慧聪和罗胜 2011 年发表的综述论文《保险公司治理研究：进展、框架与展望》，张扬、郝臣和李慧聪 2012 年发表的综述论文《国外保险公司治理研究：主题、逻辑与展望》，郝臣、付金薇和李维安 2018 年发表的综述论文《国外保险公司治理研究最新进展——基于 2008—2017 年文献的综述》）；研究方法上既有大样本的实证研究，也有基于典型案例的深入分析；研究成果发表于《金融期刊》(*The Journal of Finance*)、《金融经济学期刊》(*Journal of Financial Economics*) 和《金融研究评论期刊》(*Review of Financial Studies*) 等领域内顶尖期刊。公司治理成为财务领域最热门的研究问题。相关研究可以参考以下文献综述 Denis

（2001），Denis 和 McConnell（2003），Gillan（2006），Bebchuk、Cohen 和 Ferrell（2009），郝臣（2009），李维安、邱艾超、牛建波和徐业坤（2010），陈仕华和郑文全（2010）。

第三节 国内公司治理学发展

一、国内公司治理研究的现实背景：公司治理实践四个阶段

在国内，对公司治理问题的研究是伴随我国企业改革特别是国有企业改革而诞生的。企业改革的大前提往往是经济体制首先发生变化，1978 年之前我国实行的是计划经济体制，之后陆续进行了系列改革，最终确立了社会主义市场经济体制。伴随我国经济体制转型，公司治理也正在从行政型治理向经济型治理转型，这是我国公司治理改革的主线；治理转型过程中，我国公司治理也在经历着从"形似"到"神似"的升华过程。纵观四十多年的实践，不难发现，公司治理是我国企业改革的核心。可以将这四十余年的公司治理实践分为观念导入、结构构建、机制建立和有效性提高四个阶段。

（一）第一阶段：公司治理观念导入阶段（1978—1992 年）

1978 年党的十一届三中全会以后，我国经济体制开始由计划经济向有计划的商品经济转变，国家逐步下放和扩大国营企业的自主权，在国有企业的经营管理上，由单一的政府直接管理转变为政府直接管理和企业适度自主经营相结合的"双轨制管理"。企业的称谓开始由"国营"逐步转变为"国有"（赵国英，2009）。企业在完成指令性计划的同时，可以自主开发市场，经批准可以投资开办企业。1984 年开始，国有企业内部管理体制由党委领导下的厂长（经理）负责制逐步转变为厂长（经理）负责制，并于 1987 年进入全面实施阶段。1988 年，我国正式颁布《中华人民共和国全民所有制工业企业法》（以下简称《全民所有制工业企业法》）（中华人民共和国主席令第 3 号），确定了全民所有制企业的法人地位，结束了全民所有制企业法律地位不明确的局面。始于 1978 年的我国国有企业改革，经过了扩大企业经营自主权、利改税、承包经营责任制和转换企业经营机制的改革，到 20 世纪 90 年代中期，企业经营管理人员尤其是经理人获取了过大的、不受约束与控制的权力。在消除行政型治理但尚未建立经济型治理的过程中出现了内部人控制（insider control）问题，许多学者认为，这是我国当时的法人治理结构不完善、企业内部缺乏对经营管理人员的有效制衡机制造成的。在这样的背景下，从解决内部人控制入手开展法人治理结构的构建与完善工作，属于探索性的治理实践，即从观念上开始导入公司治理。但这一阶段对公司治理的认识还局限于法人治理结构层面，建设法人治理结构更多是为实现制衡的目的，即制衡"一把手"。

（二）第二阶段：公司治理结构构建阶段（1993—1998 年）

1993 年党的十四届三中全会《中共中央关于建立社会主义市场经济体制若干问题的决定》指出，国有企业改革的方向是建立产权明晰、权责明确、政企分开、管理科学的现代企业制度，但文件中还没有直接阐明公司治理问题。随着两个交易所的先后设立，1993 年 4 月，国务院发布了《股票发行与交易管理暂行条例》（国务院令〔1993〕第 112 号）；同年 6 月，中国证券监督管理委员会（以下简称"中国证监会"）制定了《公开发行股票公司信息披露实施细则》（证监上字〔1993〕43 号），确定信息披露是公司治理的重要方面之一。1994 年 7 月，《中华人民共和国公司法》（中华人民共和国主席令第 16 号）（以下简称《公司法》）正式实施，从法律上对股份有限公司的设立和运作以及股票的发行和上市做出了明确规定，特别是明确了"三会"治理结构；《公司法》出台前，股份公司的设立及其股票的发行和上市，主要是依据原国家经济体制改革委员会 1992 年 5 月制定和实施的《股份有限公司规范意见》（国办发〔1993〕27 号）和国务院 1993 年 4 月发布和执行的《股票发行与交易管理暂行条例》（国务院令〔1993〕第 112 号）。1998 年 4 月，两个交易所推出特别处理（special treatment，缩写为 ST）制度①，2007 年东北高速（600003）成为首家因公司治理问题被 ST 的公司。1998 年通过的《证券法》中关于投资者权益、持续信息披露和对经营者的约束等规定均为公司治理内容。通过上述内容分析，不难看出，这一阶段的公司治理已经实现了由观念导入到结构构建的转变，特别是《公司法》的正式推出，使公司治理实践有了现实的主体和法律基础，因为按照《公司法》注册的公司，不存在董事会、监事会等治理问题。尽管这一阶段有了《公司法》这一根本依据，但在治理实践上，多数公司只是形式上满足《公司法》的基本要求，搭建了公司治理基本架构，治理机制没有很好地发挥作用，最明显的证据就是公司章程与工商部门提供的范例相似性极高，董事会和监事会也多数局限于开开会，从"形"上符合治理的要求，更多强调的是治理的合规性，而没有关注治理的有效性。这一阶段，还没有找到合适的处理好"新三会"与"老三会"②关系的办法（卢昌崇，1994），二者关系成为影响国有企业改革发展的一道难题。

（三）第三阶段：公司治理机制建立阶段（1999—2012 年）

以 1999 年党的十五届四中全会《中共中央关于国有企业改革和发展若干重大问题

---

① 我国证券交易所对财务状况异常（公司连续两年亏损）或其他状况异常的上市公司，在其股票简称前冠以"ST"的做法，以达到提醒投资者的目的。类似的还有，S（尚未完成股改）、SST（公司连续两年亏损，特别处理，尚未完成股改）、*ST（公司连续三年亏损，退市预警）、S*ST（公司连续三年亏损，退市预警，尚未完成股改）制度。

② "老三会"是指党委会、职工代表大会和工会；"新三会"是指股东（大）会、董事会和监事会。

的决定》(以下简称《决定》)为标志,我国公司治理实践进入了一个新的阶段,即相对深入阶段,开始注重治理机制的建立。《决定》指出,公司制是现代企业制度的一种有效组织形式,而法人治理结构是公司制的核心,这是我国第一次在文件中正式提到"法人治理结构"这一概念。为了保证董事会的独立性和更好地保护中小股东权益,2001年8月中国证监会推出《关于在上市公司建立独立董事制度的指导意见》(证监发〔2001〕102号),正式导入英美公司治理模式中的独立董事制度,实现了监事会和独立董事的双重监督。2002年1月中国证监会和国家经贸委联合发布了《中国上市公司治理准则》(证监发〔2002〕1号),使上市公司的治理有章可循。股权结构是公司治理的基础,2002年出台的《合格境外机构投资者境内证券投资管理暂行办法》(中国证券监督管理委员会、中国人民银行〔2002〕第12号)以及随后出台的《外国投资者对上市公司战略投资管理办法》(中华人民共和国商务部、中国证券监督管理委员会、国家税务总局、国家工商总局、国家外汇管理局令〔2005〕第28号)、《关于外国投资者并购境内企业的规定》(中华人民共和国商务部、国务院国有资产监督管理委员会、国家税务总局、国家工商行政管理总局、中国证券监督管理委员会、国家外汇管理局令〔2006〕第10号)、《关于上市公司股权分置改革试点有关问题的通知》(证监发〔2005〕32号)等规定,都从完善公司股权层面来进行探索。2003年党的十六届三中全会通过的《中共中央关于完善社会主义市场经济体制若干问题的决定》(国务院公报〔2003〕34号)明确提出,不但要建设公司治理,而且要完善公司治理。同年,国务院国有资产监督管理委员会(以下简称"国务院国资委")成立,之后各地方国资委相继成立,结束了我国国有企业"多龙治水"的局面,使国有企业出资人这一主体得以明确。为全面深入贯彻落实《国务院关于推进资本市场改革开放和稳定发展的若干意见》(国发〔2004〕3号),2005年《国务院批转证监会关于提高上市公司质量意见的通知》(国发〔2005〕第34号)出台,共二十六条,其中第三条对上市公司治理进行了明确规定。随着公司治理实践的深入,实践当中出现的一些治理问题需要以法律的形式进行规制,2005年进行了《公司法》的修改,2006年实施的新《公司法》在完善公司治理基本制度方面有颇多建树。2007年3月,中国证监会发文《关于开展加强上市公司治理专项活动有关事项的通知》(证监公司字〔2007〕28号),拉开了公司治理专项活动的序幕,我国上市公司的治理状况得到了进一步改善。纵观我国企业这一阶段发展的历史,可以看出我国企业改革的"宝"押在了股份制上:始于2004年的我国央企董事会试点改革已初具规模,截至2012年初,117家大型国有独资公司中已有40家引入董事会制度,使国有企业治理水平得到显著提高。与上一阶段公司治理实践相比,这一阶段的重要性不言而喻,该治理阶段主要是围绕如何建立治理机制展开,除了完善《公司法》《证券法》等法律,还出台了《上市公司治理准则》(证监发〔2002〕1号)、《国务院关于推进资本市场改革开放和稳定发展的若干意见》（国发〔2004〕3号）、《国务院批转证监会〈关于提高上市公司质量意见的通知〉》（国发〔2005〕34号）、《上市公司章程指引》（证监公司字〔2006〕38号）、《上市公司信息披露管理办法》（中国证券监督管理委员会令第40号）等具体的规章制度。

（四）第四阶段：公司治理有效性提高阶段（2013年至今）

2013年党的十八届三中全会《中共中央关于全面深化改革若干重大问题的决定》指出，要推动国有企业完善现代企业制度。具体内容有：健全协调运转、有效制衡的公司法人治理结构；建立职业经理人制度，更好地发挥企业家作用；深化企业内部管理人员能上能下、员工能进能出、收入能增能减的制度改革；建立长效激励约束机制，强化国有企业经营投资责任追究；探索推进国有企业财务预算等重大信息公开；国有企业要合理增加市场化选聘比例，合理确定并严格规范国有企业管理人员薪酬水平、职务待遇、职务消费、业务消费等。这一阶段，在实现公司治理"形似"的基础上，国内对公司治理的探索深入到发挥公司治理机制的有效作用，改革的目标不但要实现治理的"形似"，还要做到"神似"，即"形神兼备"。公司治理是国家治理体系的重要组成部分，是治理能力现代化的基础，提高公司治理有效性是未来一段时间内我国公司治理改革的风向标。

二、国内公司治理研究开展

李维安、郝臣、崔光耀、郑敏娜和孟乾坤（2019）对《经济研究》《管理世界》《南开管理评论》国内三大权威期刊1978年到2018年发表的共计810篇公司治理相关文献进行了计量分析。

（一）公司治理研究文献数量

经统计，从1978年到2018年，《经济研究》[①]《管理世界》[②]《南开管理评论》[③]共计发表公司治理相关文献810篇，占三大期刊发表文献总数的16.6%，其中《管理世界》343篇，《南开管理评论》332篇，《经济研究》135篇。历年各期刊公司治理相关文献数量情况如图1-1所示。从图中可以看出，《管理世界》和《南开管理评论》所占比重高于《经济研究》，这与公司治理学科属性有一定的相关性，1997年以后，公司治理相关文献的数量增加较为明显。

[①]《经济研究》是由中国社会科学院主管、中国社会科学院经济研究所主办的中文版月刊，创刊于1955年。在中国社会科学院期刊评价中，该刊被评为经济学唯一"顶级期刊"。

[②]《管理世界》是由国务院发展研究中心主管、国务院发展研究中心主办的中文版月刊，创刊于1985年。在中国社会科学院期刊评价中，该刊被评为管理学唯一"顶级期刊"。

[③]《南开管理评论》是由国家教育部主管、南开大学商学院主办的中文版双月刊，创刊于1998年。在中国社会科学院期刊评价中，该刊被评为管理学"权威期刊"。

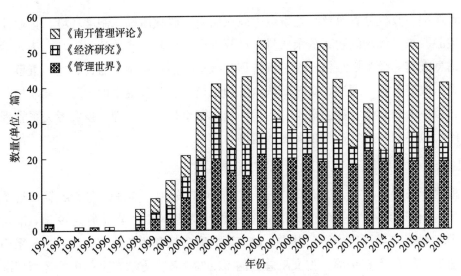

图 1-1 历年公司治理相关文献数量情况

资料来源：李维安，郝臣，崔光耀，郑敏娜，孟乾坤. 公司治理研究四十年：脉络与展望[J]. 外国经济与管理，2019(12)：161-185.

（二）公司治理研究文献第一作者单位

对第一作者的第一署名单位统计结果表明，公司治理的主要研究机构为高等院校（784 篇）。除高等院校外，公司治理研究机构还有专业研究机构（12 篇）、金融机构（4 篇）、交易所（4 篇）、监管机构和政府机构（4 篇）以及企业（2 篇）。公司治理领域发文数量排名前 50 的研究机构依次为：南开大学、中山大学、中国人民大学、清华大学、上海财经大学、北京大学、厦门大学、复旦大学、暨南大学、对外经济贸易大学、西南财经大学、武汉大学、南京大学、华中科技大学、东北财经大学、上海交通大学、浙江大学、西安交通大学、中央财经大学、中国社会科学院、重庆大学、山东大学、西南交通大学、哈尔滨工业大学、中南财经政法大学、四川大学、华南理工大学、东北大学、电子科技大学、大连理工大学、天津财经大学、广东外语外贸大学、中南大学、香港中文大学、吉林大学、山东财经大学、湖南大学、天津大学、北京师范大学、华东师范大学、北京理工大学、南京财经大学、上海对外经贸大学、辽宁大学、江西财经大学、香港大学、上海证券交易所、汕头大学、石河子大学以及我国台湾地区的逢甲大学。

（三）公司治理研究文献关键词

关键词是对研究内容的高度提炼，而关键词频数高低能够反映具体研究内容受到关注的情况。对 810 篇文献的统计结果表明，公司治理研究常用的关键词共有 1915 个，其中，频数排名前 50 的关键词如下：公司治理、股权结构、独立董事、机构投资者、公司绩效、家族企业、控制权、公司价值、公司治理结构、政治关联、代理成本、投资者保护、股权分置改革、董事会、股权制衡、股权激励、制度环境、企业社会责任、控股股东、代理问题、盈余质量、产权性质、关联交易、慈善捐赠、法人治理结构、信息披露、金字塔结构、控制权转移、掏空、治理机制、监督、连锁董事、利益相关者、政府干预、薪酬、高管团队、管理层权力、股权集中度、剩余索取权、政治关系、董事会独立性、社会资本、治理环境、董事长、总经理、投资者关系管理、企业集团、最终控制人、产权以及内部治理。

（四）公司治理研究文献研究方法

根据所采用的研究方法不同，810 篇文献可以分为：实证研究 565 篇、规范研究 104 篇、案例研究 60 篇、调查研究 48 篇、数理模型 19 篇、实验研究[①]9 篇、准自然实验[②]5 篇，涉及 7 类研究方法。其中，以实证研究方法和规范研究方法为主，采用这两种方法的文献合计 669 篇，占文献总数的 82.6%。各类方法在文献中的运用情况如图 1-2 所示。

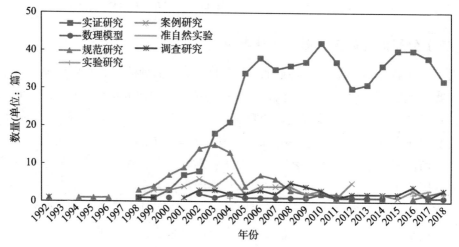

图 1-2　公司治理研究方法历年情况

资料来源：李维安，郝臣，崔光耀，郑敏娜，孟乾坤. 公司治理研究四十年：脉络与展望[J]. 外国经济与管理，2019(12)：161-185.

---

① 实验研究是实验经济学中的经典研究方法。在实验研究中，研究人员挑选受试对象参与实验并按照约定的规则给予一定的物质报酬，以仿真方法创造与实际经济相似的一种实验室环境，不断改变实验参数，对得到的实验数据分析整理加工，进而检验已有的经济理论及其前提假设，发现新的理论，或为一些决策提供理论分析。

② 准自然实验这种研究方法是最近几年在公司治理文献中出现的。根据 Wooldridge《计量经济学导论——现代观点》（*Introductory Econometrics: A Modern Approach*），准实验（quasi-experiment）也称自然实验（natural experiment），是社会科学研究的一种方法。因此"准实验"和"自然实验"才是这种研究方法的准确称呼。与真正的实验研究相比，"准自然实验"最大的不同之处在于没有将实验对象随机分配到实验组和控制组，因而所产生的因果结论的效度比真正的实验研究低，但优点在于所要求的条件灵活，具有广泛的应用性（陆雄文，2013）。

从年度变化趋势来看，公司治理研究方法种类不断增加。从早期的规范研究方法、调查研究方法，发展到目前的数理模型方法（严格意义上来说，属于规范研究方法的一种）、实验研究方法等跨学科方法。早期的公司治理问题研究主要采用规范研究和调查研究方法。从2008年开始，实证研究方法逐渐成为公司治理问题主流的研究方法，规范研究方法的使用数量呈下降趋势。

（五）公司治理研究文献：内部治理研究主题

内部治理涉及股东（大）会、董事会、监事会和经理层等组织边界内部的治理主体之间的权责配置和相互制衡安排，是一般公司治理的核心要素。狭义的公司治理往往就是指公司的内部治理。

在810篇公司治理文献中，研究主题可以归类为内部治理的文献最多，为515篇，占比63.58%。在研究主题为内部治理的文献中，根据研究要素的多少可以分为单治理要素和多治理要素研究文献；根据研究要素的具体内容可以划分为股东治理、董事会治理、监事会治理、高管治理、党组织参与治理、"老三会"以及内部非正式制度安排等内容。

相关文献根据研究要素内容和多少进行分类统计的结果如表1-1所示。可以看出，单治理要素的研究文献较多，占比为84.27%；多治理要素的研究文献仅有15.73%。

表1-1 公司内部治理研究文献主题分类统计

分类	研究要素	篇数	百分比（%）
单治理要素	股东治理	188	36.50
	高管治理	170	33.01
	董事会治理	73	14.17
	监事会治理	2	0.39
	内部非正式制度	1	0.19
	小计	434	84.27
多治理要素	股东治理、高管治理	30	5.83
	股东治理、董事会治理	18	3.50
	董事会治理、高管治理	16	3.11
	党组织参与治理、高管治理	1	0.19
	股东治理、董事会治理、高管治理	7	1.36
	董事会治理、监事会治理、高管治理	2	0.39
	股东治理、董事会治理、监事会治理	1	0.19
	股东治理、董事会治理、监事会治理、高管治理	5	0.97
	股东治理、董事会治理、监事会治理、"老三会"	1	0.19
	小计	81	15.73
合计		515	100.00

资料来源：李维安，郝臣，崔光耀，郑敏娜，孟乾坤.公司治理研究四十年：脉络与展望[J].外国经济与管理，2019(12)：161-185

单治理要素研究文献最多的为股东治理方面的研究，共计 188 篇，占内部治理文献数量的 36.50%；其次是高管治理方面的研究，有 170 篇，占比为 33.01%；董事会治理方面的研究文献有 73 篇，占比为 14.17%；而监事会治理和内部非正式制度的单要素研究文献较少。多要素研究中数量较多的仍然是股东治理、董事会治理和高管治理这三个要素的两两组合研究，但整体上多要素研究的文献相对较少。

（六）公司治理研究文献：外部治理研究主题

改革开放以来，我国现代企业制度建设致力于构建完善的内部治理结构。然而，成熟的公司治理机制应是在政府适当而充分的监管下，形成内外部治理机制协调互动的系统效应，但我国的法律体系、资本市场、职业经理人市场与公司控制权市场均有待进一步完善。缺乏有效的配套外部治理机制，容易造成治理系统失灵下的外部治理困境。

研究主题为外部治理的文献共计 126 篇，按二级主题细分，这些文献主要涉及产品市场竞争、控制权市场、信息披露、外部监管、利益相关者治理、法律法规等主题。从外部治理单因素角度看，外部治理的相关研究中关于利益相关者治理的文献数量最多，共有 52 篇，占外部治理文献数量的 41.27%；信息披露次之，有 18 篇，占比 14.29%；媒体治理 15 篇，占比 11.91%；控制权市场和外部监管各 12 篇，分别占比 9.52%；法律法规和产品市场竞争各 2 篇，分别占比 1.59%；非正式制度安排、经理人市场、税收征管以及资本市场约束相关文献各 1 篇，分别占比 0.79%；其余 9 篇文献均涉及多个研究主题，占比 7.15%，具体如表 1-2 所示。

表 1-2　公司外部治理研究文献主题分类统计

研究要素	篇数	百分比（%）	研究要素	篇数	百分比（%）
利益相关者治理	52	41.27	非正式制度安排	1	0.79
信息披露	18	14.29	经理人市场	1	0.79
媒体治理	15	11.91	税收征管	1	0.79
控制权市场	12	9.52	资本市场约束	1	0.79
外部监管	12	9.52	多要素	9	7.15
法律法规	2	1.59	—	—	—
产品市场竞争	2	1.59	合计	126	100.00

资料来源：李维安，郝臣，崔光耀，郑敏娜，孟乾坤.公司治理研究四十年：脉络与展望[J].外国经济与管理，2019(12)：161-185.

（七）公司治理研究文献：其他研究主题

1. 公司内外部治理

公司治理体系是一个内外部治理体系组成的有机系统，公司治理体系健康运行不仅依赖于结构科学、运行高效的内部治理体系，还受到内部治理机制运作的环境即外部治理的制约。以公司内外部利益关系网络为基础，着眼于内外部治理机制的协调运行，学者们开展了多种形式的内外部治理交叉研究。

内外部治理的相关文献共有 87 篇，这些研究同时涵盖了公司内外部治理要素。如，陈信元、陈冬华和时旭（2003）从股东治理和利益相关者治理角度出发，通过案例研究提出了现金股利是大股东转移资金的工具，发放现金股利未实现中小投资者利益的观点；王克敏和陈井勇（2004）比较了不同投资者保护程度下股权结构对公司绩效影响的差异；张翼和马光（2005）从股东治理、董事会治理、监事会治理和法律法规等角度，分析了公司丑闻与公司治理结构的关系，并考虑了法制水平的影响；肖作平（2006）从股东治理、董事会治理、监事会治理、高管治理、控制权市场、法律法规、利益相关者治理多个方面考察了公司治理对审计质量的影响。

2. 公司治理基础

国内公司治理研究较早关注了治理理论和治理模式问题。学术界通过治理基础理论研究，明确了公司治理的学科范畴、基本概念和理论结构，为后续的公司治理深入研究奠定了理论基础。通过对公司治理模式等概念的多角度研究，学术界探讨了各种治理模式的适用条件，总结出了我国公司治理模式从行政型治理向经济型治理转型的基本路径。

研究主题为治理基础的文献共 22 篇，其中治理理论研究 7 篇，治理模式研究 15 篇。治理理论的相关研究主要是从委托代理理论、乘务员理论、信息范式以及公司治理结构的相关理论角度来进行论述。在委托代理理论研究方面，张维迎（1996）从委托代理理论角度说明了企业产权、所有权以及公司治理结构等相关问题；简新华（1998）重点探讨了国企改革中的委托代理风险；张学源（2002）从契约理论角度分析了企业中的不完整契约以及决策权配置等问题；冯根福（2004）以双重委托代理理论为分析框架，提出了完善中国上市公司治理的思路；张辉华、凌文铨和方俐洛（2005）从代理理论和乘务员理论这一全新视角探讨了公司治理的实践问题。此外，李维安和李建标（2002）建立了一个基于信息范式的公司治理机制的理论模型。研究主题为治理模式的文献有 15 篇，吴家骏（1992）、佟福全（1995）以及平田光弘和李维安（1998）关注了国外公司治理模式；张建伟和李妍（2002）从商业银行角度分析了债权人治理模式；秦晓（2003）从组织控制和市场控制的角度分析了公司治理结构的模式选择问题；宁向东（2003）倡导建立公司治理研究的均衡观；郝臣和李礼（2006）从宏观、中观和微观层面界定了不同的公司治理模式；陈维政、胡豪和刘苹（2008）认为国企和民企应该实行权变的公司治理模式；徐伟、张荣荣、刘阳和刘鹏（2018）发现公司控股方会根据各类型公司的创新功能定位选择与之匹配的治理模式。

3. 公司治理评价

随着治理质量和治理环境日益引起人们的重视，学术界关于公司治理的研究也从早期关注治理模式与原则转移到关注公司治理评价和治理指数。公司治理研究的重要任务之一就是探讨如何建立一套科学完善的公司治理评价系统。通过系统的运行，一方面为投资者选择投资对象提供有用的决策信息，另一方面也可以为投资者掌握投资对象的公司治理现状、参与公司治理的改进与提升提供工具和手段。

研究主题为治理评价的文献共14篇，其中综合评价8篇，要素评价6篇。在综合评价方面，南开大学中国公司治理研究院（原南开大学公司治理研究中心）课题组（2003）、南开大学中国公司治理研究院公司治理评价课题组（2004）立足于股东治理、董事会治理、监事会治理、经理层治理、信息披露和利益相关者治理六大公司治理维度，率先于2003年发布了适合中国公司治理环境的上市公司治理评价指标体系，并于2004年开始发布历年中国上市公司治理指数，同时基于该指数实证检验了公司治理质量与公司绩效的关系（南开大学中国公司治理研究院公司治理评价课题组，2006；2007；2008；2010）。白重恩、刘俏、陆洲、宋敏和张俊喜（2005）构建了上市公司治理水平的一个综合指标（"G"指标），实证检验了公司治理水平与市场价值的关系。在要素评价方面，胡乐江（2002）运用综合模糊评判方法，从董事会构成模式和比例角度构建了董事会评价指标体系；曾德明和龚红（2004）基于企业制度和企业理论的发展脉络，建立了一套利益相关者评价方法；李维安和王世权（2005）在已有监事会评价研究基础上，设计了中国上市公司监事会治理评价指标体系；李维安和张国萍（2005）从任免制度、执行保障和激励约束三个维度构建了中国上市公司经理层治理评价指数；李心丹、肖斌卿、王树华和刘玉灿（2006）建立了中国投资者关系管理的结构模型，并设计了一套投资者关系管理评价指标体系。在治理准则升级背景下，可以对治理理念的升级、治理方法的更新、治理标准的优化和针对特殊行业等方面的治理专门评价开展进一步的研究。

三、国内公司治理研究总结

国外公司治理研究内容涉及治理模式、治理原则、治理结构与机制的有效性等多方面内容，而且研究内容日益深入，研究样本从早期的以英美发达市场经济国家为主拓展到今天的转轨和新兴市场经济体。我国公司治理的研究阶段与国外公司治理研究阶段并无显著的区别，均先后经历了探索研究、基础研究和深入研究三个阶段。我国公司治理研究遵循的从公司治理结构到公司治理机制、从公司治理原则到公司治理评价等脉络也是国外公司治理研究所倡导的。需要说明的是，本部分对公司治理研究的展望基于我国的现实背景展开。

（一）我国公司治理研究阶段

1. 第一阶段：公司治理探索研究阶段（1978—2000 年）

这一阶段的研究一方面集中于对公司治理领域概念和公司治理理论基础的研究，在公司治理概念领域，较多的学者关注了"公司治理模式"，而在公司治理理论基础领域，则更多关注"委托代理理论"；另一方面则主要关注内部治理的现状与合规性、治理经验的国际比较等相关内容。上述研究内容决定了这一阶段采用的研究方法以规范研究、调查研究等方法为主。

2. 第二阶段：公司治理基础研究阶段（2001—2008 年）

在第一阶段公司治理研究的基础上，公司治理研究进入第二个阶段。第二阶段即公司治理基础研究阶段实际上是我国公司治理研究的真正开端，研究内容以内部治理的有效性为主，研究方法上多采用大样本的实证研究。在内部治理研究中，股东治理是公司治理的基础，所以股东治理又是内部治理研究的重点，其次是高管治理，最后则是董事会治理。这与国外股权分散背景下的以董事会治理为核心的公司内部治理研究不同，治理环境决定了我国公司治理研究的脉络和导向。

3. 第三阶段：公司治理深入研究阶段（2009 年至今）

公司治理研究的深入体现在研究内容、研究方法等多方面的变化。首先，公司治理是由内部治理和外部治理两方面构成的，深入阶段的研究虽然还是以内部治理为主，但对于外部治理的关注越来越多，2008 年金融危机的爆发使得外部监管等外部治理机制的有效性受到关注；其次，研究方法上呈现出以实证研究为主、研究方法多元化的趋势，开始导入实验研究、准自然实验、数理模型等研究方法。

（二）我国公司治理研究脉络

1. 从公司治理结构到公司治理机制

公司治理解决的是两方面问题，一是制度安排，即公司是谁的，向谁负责；二是治理机制，要使利益相关者互相制衡，保证决策科学。在改革之初，学者们对公司治理的认识局限于分权与制衡的治理结构层面，实现公司治理的"形似"。随着公司治理实践的演进，学者也逐渐认识到仅仅依靠"三会一层"等公司治理结构远不能适应公司业务拓展、规模扩张和技术创新的需要。公司治理主体之间动态博弈、激励约束、信息沟通等对治理有效性的发挥有着至关重要的作用。特别是逐渐崛起的科技型公司，其公司治理对传统治理机制提出了巨大的挑战。为实现公司治理从"形似"向"神似"的转变，沿着提高治理有效性这一路径，公司治理研究也从公司治理结构深入到具体治理机制。

2. 从公司治理原则到公司治理评价

市场经济是规则经济，科学的公司治理需要一套完善的公司制度框架以引导和规范公司治理行为。于是，借鉴成熟市场经济国家经验，建立中国公司治理原则成为建立我国公司治理制度框架的首要选择。而在推出公司治理原则的基础上，随着资本市场的发展和完善，投资者迫切需要了解公司治理建设和运行情况，找出与公司治理原则的差距，从而对公司治理状况做出全面、客观的评价。公司治理评价通过对上市公司治理状况客观、定量的刻画，既便于公司之间的横向比较，也可以动态展示公司治理发展的趋势。从公司治理原则到公司治理评价，实现了公司治理从定性研究到定量研究、从治理理念到行动指南的转变。治理评价的发展也进一步推动了公司治理理论、原则、模式等的创新升级。

3. 从单法人治理到集团治理

近年来随着公司规模的扩大，治理逐渐超越单法人边界，集团治理问题随之产生。集团兼具企业和市场两种资源配置方式，相应的权责关系更为多样。既存在母子公司之间的垂直隶属关系，也存在关联企业之间的协作机制。企业集团的复杂性，使得公司治理研究的内容不仅仅包括单个企业内的权责配置问题，还必须要关注企业集团中各企业间的利益关系。集团治理的核心在于平衡母子公司之间的利益关系，规范集团公司关联交易，实现集团公司协同效应。相应的企业集团治理机制有三种模式，即财务管控模式、战略管控模式和运营管控模式。需要指出，在企业集团的实际运营中，应根据不同的职能管控领域，有机地进行混合式规范治理结构设计。

4. 从国内公司治理到跨国公司治理

公司治理模式的形成会受到政治、法律、经济和文化的影响，但随着全球经济一体化的发展，各国公司治理模式也在不同程度上相互交织和渗透。随着改革开放的推进，公司在日益激烈的市场竞争中优胜劣汰，发展壮大。从国内经营走向跨国经营是检验公司实力判断标准之一，而实现运营实力增强的前提是自身治理能力提升和治理模式转型。从国内公司治理到跨国公司治理转变的过程中，影响我国企业公司治理有效性的因素不断增多，公司治理风险也因治理规则落差而提升。对于习惯了国内经营环境的公司而言，它们需要在符合国际通行规则的条件下灵活把握不同国家、地区的经济、政治、历史和文化传统特点，做出适应性的治理安排。

5. 从行政型治理到经济型治理

改革开放初期，我国企业的治理模式具有典型的"资源配置行政化、经营目标行政化、高管任免行政化"的行政型治理[①]特点，由此造成"内部治理外部化，外部治理

---

① 行政型治理（administrative governance model），又称政治型治理，是指在处理政治不确定性方面具有比较优势，以等级制为基础，以政治联系为导向，以高管任免行政化为要素，治理流程自上而下运行的治理方式。李维安（1998）在日文专著《中国のコーポレートガバナンス》中首次提出行政型治理的三个维度，即资源配置行政化、经营目标行政化和高管任免行政化。

内部化"的现象（李维安，2001）。通过对我国公司治理发展历程的梳理和回顾可以发现，从行政型治理向经济型治理①转型是一条鲜明的实践主线。基于这一主线，学者们开展了大量相关研究，例如，治理模式转型研究、高管激励约束机制研究、政府补贴研究等等。研究结果显示，当前我国正处于行政型治理和经济型治理的"胶着期"。提升公司治理能力的关键在于尽快突破"胶着期"，实现公司治理转型。在这一过程中，"行政型治理度"将不断弱化，"经济型治理度"将不断强化。

6. 从公司治理到一般治理

国内公司治理的研究体现出从公司治理到一般治理的特点。从治理本质来说，不同组织机构都需要一套特定的利益相关者利益协调机制，以保证组织决策的科学性。现代公司作为典型的以经济契约联合构成的组织，其治理模式和治理机制具有一定的借鉴意义。在治理思维上，公司治理思维首先是一种承认多元化的系统思维，并围绕着"规则、合规和问责"不断演进。它要求从系统观的角度出发，识别治理系统中各个主体的关联性，从整体角度综合考虑多元利益相关者的诉求，构建与之适应的治理结构和治理机制，实现公司治理的最终目的。在一般治理思维的指导下，公司治理的研究也逐渐将治理对象从公司拓展到大学，从营利组织拓展到非营利组织，从一般治理拓展到政府治理、社会治理以及国家治理等方面，实现治理体系的包容性发展。

（三）我国公司治理研究展望

伴随着改革开放的进程和公司实践的发展，公司治理理论研究也得到不断拓展。但是，当前仍有许多理论问题有待进一步研究。从理论研究的视角，可以从以下几个方面进一步拓展公司治理领域的研究。

1. 研究各类组织治理的一般性与特殊性

从我国公司治理研究的发展趋势来看，公司治理的主体从一般公司逐步拓展到各类营利组织。近年来，除了对上市公司治理问题展开研究以外，越来越多的学者尝试对非上市公司、中央控股企业、地方国有控股公司、中小企业、集团控股公司、跨国公司、各类金融机构进行研究，治理主体更加多元，治理思维不断普及。以保险公司为例，保险公司治理问题并不是简单地将一般公司治理理论复制，即"公司治理+保险公司"，而是指保险业这一特殊行业中公司的治理，即"保险公司+治理"（郝臣，2016；2017；2018；2019；2020）。因此，当前及今后一段时期仍然需要以公司治理理念为统领，以公司治理为基础，进一步分析和挖掘每一类组织的治理目标、结构与机制等方

---

① 经济型治理（economic governance model），又称为市场型治理，是在处理市场不确定性方面具有比较优势，以现代公司制度为前提，以股东主导型产权制度为基础，以资本市场为导向，治理流程自下而上运行的治理方式。

面的特殊性，构建起适应当前组织演化规律的多元治理模式，以丰富一般公司治理理论，激发和保持各类治理主体的发展活力。

2. 研究公司治理转型的动因、路径和经济后果

在中国经济转型的大背景下，我国公司治理表现出鲜明的"由行政型治理逐渐向经济型治理转型"的特点。我国公司治理改革的总逻辑是由政府计划管控下的行政型治理向以市场机制为主的经济型治理转型。但这种渐进式改革带来的现实是，现阶段我国公司治理同时存在着与政府治理相配套的行政型治理和与市场治理相配套的经济型治理两种不同的治理模式，这种模式也被称之为"行政经济型治理"模式。研究我国行政经济型治理模式，应关注行政型治理与经济型治理两套治理逻辑的交互作用下公司的治理行为，进而突破当前的治理"胶着期"，实现向经济型治理的转型。

3. 研究公司治理评价的理论与方法

科学评价上市公司治理质量的需要也推动着公司治理评价研究的深入。公司治理质量是公司高质量发展的重要方面。公司治理评价是以指数的形式对公司治理质量的客观反映。公司治理评价既是治理理论研究的前沿问题，也是治理实务界关注的焦点。治理评价不仅为建立健全公司治理结构、优化公司治理机制提供了科学参考，同时也为公司治理理论的科学性提供了检验标准。从进一步加强公司治理评价研究角度，还需要优化评价标准、改善评价模式和改进评价方法。理论层面，不仅需要探讨治理升级背景下评价指标的设计与评价标准的优化，还需要探讨区域和宏观层面治理评价系统的研发；治理模式层面，不仅需要跨组织、跨区域的一般评价，也需要分组织类型、分区域的专门评价；评价方法层面，不仅需要问卷调查、大样本数据库研究，也需要借鉴大数据、田野调查、治理实验等多元方法，全方位提高评价数据的丰富性、时效性和代表性；应用层面，需要基于治理评价结果开展公司治理风险的预警与监管研究，开发基于治理评价指数的各类股价指数等。

4. 研究学科交叉融合的领域和关键问题

多学科交叉属性是公司治理学的突出特点之一。公司治理发展过程中不断吸收经济学、管理学、数学、社会学、心理学等学科的成果，最终形成当前以治理要素、治理行为、治理成本、治理结构、治理机制、治理有效性等为内容的、较为完整的治理理论架构。应当指出，治理交叉研究中应以现有成熟治理理论研究为依托，深化对实践关注度高、学科交叉集中、制约组织创新的治理难点、治理痛点的研究。随着治理理念深入和实践拓展，与环境科学、政府治理、软件与人工智能等学科的交叉研究内容有待进一步探索和深入，以更好加深对治理规律的认识，丰富公司治理理论体系，推动治理研究进一步发展。

5. 研究网络治理的机制优化与风险防范

互联网技术的进步，带动了互联网经济发展，催生了平台经济、共享经济等新型业态的产生，也使得传统组织模式发生变革。传统直线式、职能式组织结构逐渐扁平化，形成网络型的组织。网络组织具有虚拟性、边界模糊性、动态性等特征，传统治理模式难以有效应对，容易诱发网络治理风险。特别是在互联网金融领域，金融风险的本质是金融机构的治理风险；一旦产生治理风险，容易导致系统性风险。为了增强经济抗风险能力，保证公司科学决策，需要加强对网络型组织的治理结构、治理机制和治理风险研究。

6. 研究绿色治理的本质与规律

人类与环境的关系是当前全球面临的最为重要的议题之一，事关人类存续与世界各国的社会经济发展方向和模式。作为特殊的公共产品，生态环境和自然资源决定了以生态文明建设为导向的绿色治理本质上是一种由治理主体参与、治理手段实施和治理机制协同的"公共事务性活动"，需要形成一种超越国别的绿色治理全球观。当前，许多机构和学者对绿色治理的认识仍然停留在 ESG[①]层次，各国的绿色行动局限于单一主体自发的绿色管理、绿色行政等层面，企业和政府各自为战。因此，需要加强绿色治理理论、绿色治理原则研究，以更好指导绿色治理实务，推动绿色发展。

四、公司治理人才培养

在管理学与经济学相关专业的教学和人才培养方面也日益体现出公司治理的重要性。例如，目前国内很多高校都在给各层次学生开设"公司治理"必修或者选修课程，涉及博士研究生、硕士研究生、EMBA（高级管理人员工商管理硕士）和 MBA（工商管理硕士）学生，甚至本科生也开设了选修课程；再如，专业设置上，教育部管理学科研究生招生专业自 2005 年起增设公司治理专业（代码为 120220），南开大学中国公司治理研究院（原南开大学公司治理研究中心）从 2005 年开始招收培养公司治理专业的博士研究生和硕士研究生。东北财经大学和天津财经大学分别于 2013 年和 2015 年设立公司治理专业硕士点和博士点。

第四节　公司治理学发展新趋势

治理对象或研究样本分支化是公司治理学发展的一个重要趋势，即随着研究的深入，可以发现不同类型公司的治理具有一定的特殊性，进而导致治理研究关注的样本

[①] ESG，即环境（environmental）、社会（social）和治理（governance），这一概念最早由联合国环境规划署（UN Environment Programme，缩写为 UNEP）在 2004 年提出。

从一般意义上的公司逐渐细化到具体类型的公司,并最终拓展到组织治理。

一、从一般公司治理到具体类型公司治理

(一)基于 25 个业内重要期刊的文献计量分析

研究样本是研究过程的载体,是分析特定研究问题所需要的样本和信息来源。郝臣(2016)选择了《财经科学》《财经研究》《当代财经》《当代经济科学》《法学研究》《管理科学》《管理科学学报》《管理评论》《管理世界》《会计研究》《金融研究》《经济科学》《经济理论与经济管理》《经济学家》《经济研究》《经济与管理研究》《南开管理评论》《软科学》《系统工程》《系统工程理论与实践》《证券市场导报》《中国工业经济》《中国管理科学》《中国软科学》《中国社会科学》这 25 个国内经济管理相关重要期刊作为统计来源,基于文献计量视角,对上述期刊 1980—2010 年间发表的 1989 篇公司治理文献进行了文献计量研究。

公司治理研究样本可以分为如下几类:第一,第一大类研究样本是一般企业,即概念上的企业;第二,研究样本按照控股股东性质分为国有企业、民营企业、家族企业和集体企业;第三,按照上市与否,分为一般上市公司和特定控股股东的上市公司,其中特定控股股东的上市公司划分到国有企业、民营企业、家族企业、集体企业相应的研究样本中;第四,金融机构治理具有较强的特殊性,因此单独划分为一类,不考虑其控股股东和上市与否的问题。此外,还有特殊行业(例如传媒、风险投资、高科技企业、航空公司和会计事务所等)和网络组织特殊组织形态(例如供应链、企业集团、跨国公司、企业间网络、战略联盟)的研究样本。

通过对公司治理研究样本的统计分析发现,在 1989 篇文献中,以一般企业为研究样本的有 869 篇,占全部文献的 43.69%,占大多数;以上市公司为研究样本的文献有 576 篇,占全部文献的 28.96%;以国有企业为研究样本的文献总计 380 篇,占比 19.11%,具体如图 1-3 所示。

除此之外,金融机构、民营企业、家族企业、网络组织的研究逐渐获得关注,研究成果也逐渐丰富起来。2000 年以后,包括银行、保险公司、证券公司、基金等在内的金融机构作为研究样本的文献数量有显著增加的趋势,具体如图 1-4 所示。一方面,银行等金融机构治理确实存在一定的特殊性,银行业具有很高的财务杠杆,保护存款人的利益是银行业公司治理的关键,这使银行业需要政府监管职能的介入以实现有效治理(阎庆民,2005)。另一方面,1997 年和 2008 年两次金融危机使得监管机构和学者认识到金融机构治理的重要性,因为与一般企业相比,金融机构治理风险具有累积性和超强的破坏性。

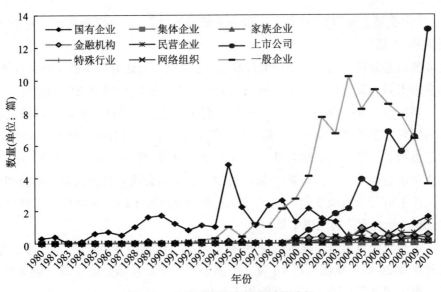

图 1-3　公司治理研究样本趋势分析

资料来源：郝臣. 公司治理的市场效应与溢价研究[M]. 北京：科学出版社，2016.

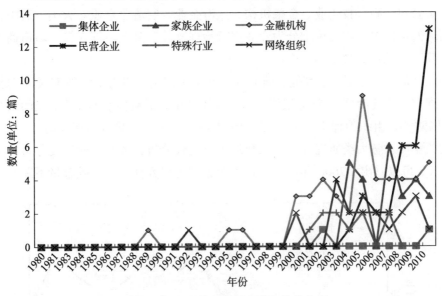

图 1-4　部分公司治理研究样本趋势分析

资料来源：郝臣.公司治理的市场效应与溢价研究[M].北京：科学出版社，2016.

（二）基于三个权威期刊的文献计量分析

李维安、郝臣、崔光耀、郑敏娜和孟乾坤（2019）对《经济研究》《管理世界》《南开管理评论》国内三大权威经管期刊1978年到2018年发表的共计810篇公司治理相关文献进行了计量分析。其中，《管理世界》343篇，《南开管理评论》332篇，《经济研究》135篇。他们将公司治理的研究样本分为一般企业、上市公司、特定类型企业、特定行业企业和其他类型。基于以上五类研究样本的文献数量分别为：上市公司研究

607篇，特定类型企业研究94篇，一般企业研究69篇，特定行业企业研究23篇，其他类型研究17篇。

上市公司是公司治理的主要研究样本。以上市公司为研究样本的文献共计607篇，按照侧重点不同，又可以细分为一般上市公司治理、特定类型上市公司治理、特定行业上市公司治理。其中以一般上市公司为研究样本的文献共计508篇，以特定类型上市公司为研究样本的文献共计89篇，以特定行业上市公司为研究样本的文献共计10篇。特定类型上市公司主要包含特定板块上市公司7篇、不同产权属性上市公司61篇、家族上市公司20篇、其他1篇。特定行业上市公司包括金融业上市公司治理4篇、制造业上市公司治理3篇、电子行业上市公司治理1篇、家电行业上市公司治理1篇、房地产业上市公司治理1篇。

以特定类型企业为研究样本的文献共计94篇，包括国有企业27篇、家族企业23篇、民营企业20篇、集团公司10篇、跨国公司4篇、乡镇企业3篇、创业型企业2篇、非上市公司2篇、中小企业2篇以及外资企业1篇。

以特定行业企业为研究样本的文献共计23篇，主要包含传媒公司、电子设备（电子元件）公司、高科技企业、金融机构、旅游企业、制造业企业6大类。其中，金融机构治理研究样本文献又可细分为商业银行治理9篇、基金治理3篇、城市商业银行治理3篇、信用社治理1篇四个类别。

除以上研究样本以外，其他类研究样本文献则包括网络组织治理11篇（包括企业集群治理、供应链治理）、社会组织治理4篇（其中，基金会治理2篇、民间组织治理1篇、国防科技组织治理1篇）、社会治理1篇、电子商务平台治理1篇。

按照年度对各大类研究样本文献数量进行比较分析，各类企业年度分布情况如图1-5所示。可以看出，2000年以后，以上市公司为研究样本的文献数量不断增加，但

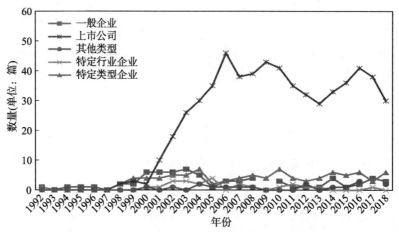

图1-5 三大权威期刊公司治理研究样本分布情况

资料来源：李维安，郝臣，崔光耀，郑敏娜，孟乾坤. 公司治理研究四十年：脉络与展望[J]. 外国经济与管理，2019(12)：161-185.

2006年后这一研究样本文献数量趋于稳定；研究样本为特定类型企业、特定行业企业和其他类型的相关研究文献数量总体偏少，但所占比例逐渐提高。

二、从公司治理到组织治理

如上文所述，随着公司治理研究的深入，学者们发现不同类型的公司或者不同类型组织的治理结构与机制存在一定的差异性，或者说不同组织的治理具有各自的特殊性，并不能简单地把一般公司治理理论"复制粘贴"应用于所有类型的组织，于是就形成了针对不同类型治理对象的公司治理研究领域，或者说公司治理学科的分支。这些分支领域既遵循一般公司治理研究的理论框架，同时又有一定的创新和突破，使得公司治理理论研究更加切合实际，体现了公司治理学科应用性的特点。

治理对象按照是否是营利组织，可以分为营利组织和非营利组织。因此，组织治理形成了营利组织治理和非营利组织治理两大分支领域。在营利组织治理领域，除了一般公司治理之外，还有网络组织治理、企业集团治理、跨国公司治理、产业链治理、中小企业治理等等。在非营利组织治理领域，有国家治理、政府治理、大学治理、医院治理、行业协会治理等等。

按照治理对象是否是金融行业，可以把公司治理分为金融机构治理和非金融机构治理。在金融机构治理中，包括银行治理、保险公司治理、证券公司治理、证券交易所治理、基金治理、信托公司治理、期货经纪公司治理、融资性担保公司治理等。

当然，还有其他分类维度，例如按照治理对象是否上市，可以分为上市公司治理和非上市公司治理；按照治理对象法律形式不同，可以分为个人独资企业治理、普通合伙企业治理、有限合伙企业治理、有限责任公司治理和股份有限公司治理。

三、公司治理学分支化背景下的保险公司治理学

本书正是基于公司治理学领域围绕治理对象或研究样本分支化发展新趋势背景下展开的。保险公司治理是金融机构治理领域的重要内容，保险公司治理学是公司治理学的分支学科。本书围绕保险公司治理学的学科定义、学科性质、学科特点、研究对象、理论体系、研究方法、研究样本等内容展开，具体安排了学科概述篇（包括第一章国内外公司治理学发展、第二章保险公司治理学的提出和第三章保险公司治理概念体系）、理论基础篇（包括第四章保险公司治理相关理论、第五章国内保险公司治理研究、第六章国外保险公司治理研究和第七章保险公司治理研究逻辑与框架）、治理体系篇（包括第八章保险公司治理体系、第九章保险公司内部治理和第十章保险公司外部治理）、治理评价篇（包括第十一章一般公司治理评价、第十二章保险公司治理评价和第十三章上市保险公司治理评价）、治理拓展篇（包括第十四章保险机构治理和第十五章保险业治理）、本土实践篇（包括第十六章我国保险公司治理政策法规、第十七章我

国保险公司治理发展历程）和治理优化篇（包括第十八章保险公司治理原则和第十九章保险公司治理改进动力机制）七大部分，共十九章内容，各篇逻辑关系详见图1-6。

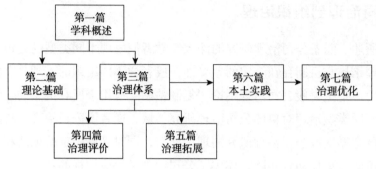

图1-6　本书内容框架体系
资料来源：作者整理

思考题

1. 请阐述公司治理的重要性。
2. 公司治理和公司管理有什么样的区别？二者之间是否有联系？如果有，具体是如何联系的？
3. 公司治理学具有什么样的学科特点？

第二章

保险公司治理学的提出

【本章概要】

本章首先从狭义和广义两个层面界定了保险公司治理的内涵,然后对与保险公司治理学紧密相关的学科进行了分析;在此基础上,提出了保险公司治理学形成的实质和形式要件,定义了保险公司治理学的学科内涵、学科性质和学科特点;最后分析了保险公司治理学的研究对象、研究样本、研究内容和研究方法。

【学习目标】

了解保险公司治理定义的演变过程;理解广义和狭义保险公司治理定义的区别;了解保险公司治理学产生的过程;掌握保险公司治理学的研究对象和内容;熟悉保险公司治理学的研究样本和方法。

第一节 保险公司治理的内涵

一、保险公司治理的提出

20世纪90年代中期之前,公司治理研究还主要是针对非金融机构,对于金融机构的关注主要体现为商业银行的专家式债权监督和非银行金融机构的市场评价式监督,即参与非金融机构的治理。股东的"搭便车"行为使经理人的机会主义行为缺乏必要的监督,其结果往往是股东的利益遭受损失。而债务的硬预算约束[①]特点和独特的破产制度可以给非金融机构经理人不同于股权的压力,从而赋予金融机构在公司治理中的独特和重要角色,这便是金融机构专家式债权监督。公司治理的市场评价式监督

[①] 硬预算约束(也称预算硬约束)是相对于软预算约束(也称预算软约束,Kornai于1979年在著作《短缺经济学》(*The Economics of Shortage*)中提出的概念)而言的,是指企业开展的一切活动都以资金来源和运用条件为限制;硬预算约束下的企业自负盈亏,当企业资不抵债时需要破产。软预算约束是指当一个企业遇到财务困境时,没有被清算而破产,而是被支持体救助并得以继续存活下去。

主要依赖保险公司、证券公司、各类基金公司等机构客观公正的评价和相应的信息发布活动对经理人产生监督效果，进而降低代理成本，提高治理绩效。因此，此时的金融机构治理更多指的是金融机构参与一般公司的治理，而不是严格意义上的金融机构治理。

对于金融机构自身治理的关注源于金融危机。仔细研究不同国家、不同时期金融危机的历史，我们不难发现那些当时显赫一时、堪称国际一流的金融机构在一夜之间突然垮台，其根本原因并不是我们习惯上所认为的金融风险，而是公司治理缺陷导致的治理风险。这些金融机构也基本上都建立了金融风险预警与控制制度，但往往在对这些制度进行控制和完善的公司治理结构与机制上存在着重大问题和不足。金融机构多数具有外部性强、财务杠杆率高、信息严重不对称的特征；只有规范的公司治理结构，才能使之形成有效自我约束，进而树立良好市场形象，获得社会公众信任，实现健康可持续发展（郭树清，2020）。1997 年开始的东亚金融危机，以及美国发生包括安然、安达信等在内的一系列大公司的财务丑闻，都进一步引起了人们对银行和非银行类金融机构自身治理问题的重视。与非金融机构相比较，保险公司、商业银行、证券公司等金融机构具有许多与生俱来的特殊性质，并由此决定了金融机构治理并不能是公司治理理论在金融机构领域的简单运用，而是结合其特殊性进行治理结构与机制的创新。

在 20 世纪 90 年代中期之后，公司治理的研究和实践无疑已经进入到了非金融机构和金融机构并重的新阶段（李维安，2005）。正是由于金融机构自身治理和对业务对象治理的双重问题，如果金融机构治理不善，必将使得其治理风险日积月累达到阈值，并最终以风险事故的形式爆发，进而导致其自身陷入经营困境，甚至破产倒闭。从这个意义上来讲，金融机构最大、最根本的风险是治理风险；将着力点放在治理风险上，是金融机构治理研究的明确选择和指导各类金融机构改革和发展的主要方向。

金融机构运营的对象是资金或有价证券等重要社会资源，鉴于它们在整个社会中的重要地位，金融机构还会受到来自监管机构、行业组织等有关部门的相应管制和治理。这也是金融机构自身治理问题的重要内容之一。作为金融机构的重要组成部分，保险公司的治理问题也逐渐受到国际保险监督官协会（International Association of Insurance Supervisors，缩写为 IAIS）和经济合作与发展组织（Organization for Economic Co-operation and Development，缩写为 OECD）等国际组织、各国政府以及保险公司自身的广泛关注。IAIS 十分重视保险公司治理问题，在 1997 年首次发布的《保险核心原则》（Insurance Core Principles，缩写为 ICPs）中，即已将保险公司治理监管列为重要内容。此后，在 2000 年、2003 年版的 ICPs 中，保险公司治理监管的内容不断得到强化和细化。2004 年，IAIS 专门颁布《保险公司治理核心原则》（Insurance Core Principles on Corporate Governance），将此前核心原则中与公司治理监管相关的内容汇集起来，并做了较为完整的阐述，它可以视为 IAIS 对公司治理监管的完整思路。《保险公司治理核心原则》分为公司治理核心原则、高管资格、控制权变化、内控体系、现场检查、风险评估与管理、信息披露与透明度七部分。2005 年 OECD 出台了《保险公司治理指引》(Guidelines for Insurers' Governance)。基于保险公司特性的保险公司治理由此在全球范围内兴起（杨馥，2009），保险公司治理的理论研究也正是基于这样的现实背景逐步深入。

保险公司治理的英文翻译有"insurance company governance"和"insurer governance"两种方式，这两种翻译在学术文献和各类文件中均有出现。我国《保险法》英文版本中将保险公司翻译为"insurance company"，而"insurer"则对应"保险人"。我国《保险法》中的保险人是指与投保人订立保险合同并按照合同约定承担赔偿或者给付保险金责任的保险公司，因此二者没有本质区别；保险人多与"proposer"或"applicant"即投保人一词一起出现。可以这样理解，在涉及保险公司投保业务时，对于保险公司的翻译多用"insurer"一词；而涉及保险公司设立、管理和监管等内容而强调其法人地位时，多用"insurance company"一词，因此本章关于保险公司治理的翻译采用了第一种翻译方式。

二、狭义与广义的保险公司治理

学术界对保险公司治理的研究源于 1972 年 Spiller 从所有权视角对保险公司财务绩效所进行的分析，国外对保险公司治理的研究已经经历了四十多年的时间，目前已进入到深入研究的阶段；而国内对于保险公司治理问题的研究处于刚刚起步阶段，保险公司治理研究的基本理论框架还没有建立，保险公司治理的合规性（是否按照规定建立了基本的治理结构和机制）、保险公司治理的有效性（治理结构和机制是否发挥了应有的作用）、治理绩效等科学问题有待研究；研究方法较为单一，研究样本也较少（郝臣、李慧聪、罗胜，2011）。而保险公司治理领域遇到的第一个基础问题就是何谓保险公司治理，即先界定保险公司治理的内涵，这与一般公司治理研究发展历程相似，也是从基本概念着手。完善的保险公司治理被广泛认同为保险业进一步深化体制改革和建立现代企业制度的核心内容，而且被认为是提升保险业竞争力的必由之路（李维安、曹廷求，2005）。

2015 年郝臣在与李维安教授合著的《公司治理手册》中首次给出了保险公司治理的定义："所谓保险公司治理是指对保险公司这一特殊行业企业的治理，也是金融机构治理的重要内容之一。"这是一个比较笼统的定义，也是保险公司治理的第一版定义；2016 年郝臣在著作《保险公司治理对绩效影响实证研究——基于公司治理评价视角》中进一步界定了保险公司治理的内涵，认为保险公司治理，是指对财产险[①]公司、人身险[②]公

---

① 财产险包括财产损失险、责任险、信用险、保证险等。
② 人身险包括人寿险、健康险、意外伤害险等。

司、再保险①公司和相互制保险公司这一特殊行业公司的治理，即"保险公司+治理"；而不是公司治理理论在保险公司上的简单运用，即"公司治理+保险公司"，这是保险公司治理的第二版定义。

随着对保险公司治理研究的深入，需要进一步科学、准确地界定保险公司治理的内涵与外延，郝臣（2017）给出了保险公司治理的第三版定义。首先保险公司治理具有狭义和广义之分，所以狭义的保险公司治理是指关于保险公司"三会一层"构成、地位与性质、基本职权、运作规则等的制度安排。广义的保险公司治理是指协调股东、投保人、高级管理人员②、员工、社区、政府等利益相关者利益的，一套来自公司内部和外部、正式和非正式的，以实现保险公司决策科学化进而实现利益相关者利益最大化的制度安排。

郝臣、李艺华、崔光耀、刘琦和王萍（2020）在上述保险公司治理第三版定义的基础上提出了第四版保险公司治理的定义。保险公司治理（insurance company governance）有狭义和广义之分。狭义的保险公司治理是指保险公司的内部治理结构与机制，即通过有关"三会一层"的构成、地位与性质、基本职权、运作规则等方面的制度安排来解决股东与高级管理人员以及大股东与小股东之间的委托代理问题，治理的目标是实现股东利益的最大化。狭义的保险公司治理与狭义的一般公司治理没有本质区别。广义的保险公司治理是在狭义的基础上，导入外部治理机制，同时利益相关者范畴也不仅仅局限于股东和高级管理人员，而是拓展到包括投保人在内的保险公司所有利益相关者；具体来说，广义的保险公司治理是指一套综合公司内部的治理结构与机制和监管机构监管、信息披露、各类市场约束、外部利益相关者治理等公司的外部治理机制，协调公司与投保人、股东、高级管理人员、员工、社区、政府等利益相关者的利益，以实现保险公司决策科学化，进而实现利益相关者利益最大化的制度安排。保险公司治理四个版本定义的主要区别详见表 2-1。

狭义的定义并没有很好地体现出保险公司治理的特殊性，与一般公司的狭义公司治理定义完全相同。而广义的保险公司治理定义则更好地体现了保险公司治理的特殊性：一是在治理参与主体上考虑了投保人，并将投保人放在所有利益相关者的第一位；二是在治理机制上考虑了外部治理，监管机构的监管是保险公司外部治理中非常重要的内容。所以，在没有加以说明的情况下，保险公司治理主要采用其广义的定义，本书的研究也是在这样的框架下进行的。

---

① 再保险亦称"分保"，是指保险人在原保险合同的基础上，通过签订分保合同，将其所承保的部分风险和责任向其他保险人进行保险的行为。

② 高级管理人员简称高管，也有部分学者将其称为高级经理人员。保险监管部门文件中多用"高级管理人员"全称，而公司治理文献中多用"高管"简称或"经理人"一词。本书在分析保险公司治理体系时主要采用全称，在进行相关文献梳理、分析公司治理相关理论时多采用"高管"或"经理人"，在政策法规文件名称中则使用其原有的称呼方式。

表 2-1　保险公司治理定义的演变

比较内容	第一版	第二版	第三版	第四版
提出时间	2015	2016	2017	2020
提出学者	李维安、郝臣	郝臣	郝臣、李慧聪、崔光耀	郝臣、李艺华、崔光耀、刘琦、王萍
提出文献	《公司治理手册》	《保险公司治理对绩效影响实证研究——基于公司治理评价视角》	《治理的微观、中观与宏观——基于中国保险业的研究》	"金融治理概念之辨析与应用——基于习近平总书记2013-2019年567份相关文件的研究"
所在页码	第328页	第3页	第27页	第12页
文献出处	清华大学出版社	科学出版社	南开大学出版社	《公司治理评论》
主要优点	首次提出	考虑了保险公司治理特殊性	提出了广义和狭义的保险公司治理	细化了广义和狭义的保险公司治理
主要不足	比较笼统	缺乏相对详细和细致的定义	仅从制度安排视角界定保险公司治理	没有区别利益相关者的类别

资料来源：作者整理

第二节　保险公司治理学的相关学科与形成

一、保险公司治理学的相关学科

（一）保险公司经营管理学

1. 基于教材的保险公司经营管理学内容梳理

保险公司经营管理学是与保险公司治理学紧密相关的学科，二者的关系类似于管理学与公司治理学的关系。为此，本章梳理了国内保险公司经营管理学相关的一些教材，以展示保险公司经营管理学的内容全貌，各教材如表 2-2 所示。

保险公司经营管理学关注内容较为统一和明确，承保管理、投资管理、财务管理、风险管理、营销管理、理赔管理、人力资源管理等是其核心内容。部分教材考虑到保险公司治理的重要性及其与保险公司经营管理的相关性而将"保险公司治理"作为一章内容。

表 2-2　保险公司经营管理学相关教材

编号	书名	作者	出版社	出版时间	第一版出版时间
1	保险经营管理学（第2版）	邓大松、向运华	中国金融出版社	2016.01	1994.01
2	保险公司经营管理（第5版）	魏巧琴	上海财经大学出版社	2016.08	2001.01
3	保险经营管理学	江生忠、祝向军	中国金融出版社	2017.02	2001.08
4	保险公司经营管理	董玉凤	高等教育出版社	2003.08	2002.11
5	寿险公司经营管理	万峰	中国金融出版社	2018.11	2018.11

资料来源：作者整理

2. 保险公司经营管理与保险公司治理的区别

保险公司治理是战略导向的，关心的问题是"保险公司向何处去"；而保险公司经营管理是任务导向的，关心的问题是"保险公司如何达到目的地"。

保险公司治理侧重的是对保险公司是否被恰当地决策与经营管理进行监督与控制；保险公司经营管理则侧重于业务经营管理。

保险公司治理的主要作用在于保证公司决策的科学化和具体经营管理的正当性与有效性；保险公司经营管理的作用是使保险公司运营得更有效率。

（二）公司治理学

1. 公司治理学的诞生与学科定位

我国高等学校本科和研究生教育的专业设置按"学科门类""学科大类（一级学科）""专业（二级学科）"三个层次来设置。其中学科门类包括哲学、经济学、法学、教育学、文学、历史学、理学、工学、农学、医学、军事学、管理学、艺术学、交叉学科十四大类。管理学是研究管理活动的基本规律和一般方法的科学。管理学是一门多分支的学科体系，按照研究样本不同，可细分为很多分支学科。

在本科教育专业中，教育部制定的《普通高等学校本科专业目录》显示，管理学学科大类包括管理科学与工程类、工商管理类、农业经济管理类、公共管理类、图书情报与档案管理类、物流管理与工程类、工业工程类、电子商务类和旅游管理类，其中工商管理类包括的二级学科有工商管理（120201K）、市场营销（120202）、会计学（120203K）、财务管理（120204）、国际商务（120205）、人力资源管理（120206）、审计学（120207）、资产评估（120208）、物业管理（120209）、文化产业管理（120210）、劳动关系（120211T）、体育经济与管理（120212T）、财务会计教育（120213T）、市场营销教育（120214T）和零售业管理（120215T）。

在研究生教育专业中，根据国务院学位委员会和教育部颁布的《授予博士、硕士学位和培养研究生的学科、专业目录》可知，同样有十四个学科门类，而管理学学科大类包括管理科学与工程、工商管理、农林经济管理、公共管理、图书馆、情报与档案管理，其中工商管理类包括会计学（120201）、企业管理（120202）、旅游管理（120203）和技术经济及管理（120204）。2005年，南开大学开始培养公司治理专业的研究生；2011年，公司治理正式进入国务院学位委员会和教育部颁布的《授予博士、硕士学位和培养研究生的学科、专业目录》，标志着公司治理正式成为工商管理类下的二级学科。公司治理自20世纪80年代伴随我国改革开放，作为一个科学问题被提出以来，经过20多年的理论研究，真正成为一门独立的学科。公司治理学是与保险公司治理学紧密相关的另一门学科，可以说是保险公司治理学的母学科。

2. 公司治理学相关教材

公司治理学相关教材详见表2-3。李维安著《公司治理》是国内较早的系统的公司治理领域教材。

其他公司治理学相关的教材在体例安排上与上述教材相似,内部治理和外部治理构成了教材的核心内容。其中,内部治理主要涉及董事会、监事会和高管等内容,外部治理主要涉及信息披露、控制权市场、机构投资者、法律法规、利益相关者治理等内容。所有教材的第一章或者第一部分都会涉及企业类型、现代企业制度的演进、公司治理学的诞生与发展等基础内容;教材在内部治理和外部治理分析之后一般会涉及治理模式。所有教材的最后主要关注治理领域的前沿问题,例如,高明华等著《公司治理学》关注了中国国有企业的治理、中国家族企业的治理、中国商业银行的治理、中国基金公司的治理、中国企业集团的治理和在华跨国公司的治理;刘彦文和张晓红著《公司治理(第 2 版)》关注了企业集团公司治理、商业银行公司治理和家族企业公司治理;蔡锐和孟越著《公司治理学(第 2 版)》关注了私募股权基金与公司治理、企业集团治理和网络治理;高闯著《公司治理教程》关注了集团治理和网络治理;马克·格尔根(Marc Goergen)著、王世权等译《国际公司治理》(*International Corporate Governance*)关注了首次公开募股中的公司治理以及行为偏差与公司治理。

表 2-3　公司治理学相关教材

编号	书名	作者	出版社	出版时间	第一版出版时间
1	公司治理	李维安	南开大学出版社	2001.02	2001.02
2	公司治理	席酉民、赵增耀	高等教育出版社	2004.08	2004.08
3	公司治理学(第 4 版)	李维安	高等教育出版社	2020.01	2005.05
4	公司治理学	高明华等	中国经济出版社	2009.04	2009.04
5	公司治理学(第 3 版)	张咏莲、沈乐平	东北财经大学出版社	2019.09	2009.10
6	公司治理(第 2 版)	刘彦文、张晓红	清华大学出版社	2014.05	2010.06
7	公司治理学(第 2 版)	宋剑涛、王晓龙	西南财经大学出版社	2015.05	2011.02
8	公司治理	上海国家会计学院	经济科学出版社	2011.06	2011.06
9	公司治理学(第 2 版)	蔡锐、孟越	北京大学出版社	2019.01	2013.07
10	公司治理	吴炯	北京大学出版社	2014.09	2014.09
11	公司治理学	李传军	中国广播影视出版社	2014.11	2014.11
12	公司治理(第 2 版)	马连福等	中国人民大学出版社	2020.01	2017.08
13	公司治理教程	高闯	高等教育出版社	2019.09	2019.09
14	国际公司治理	Marc Goergen	机械工业出版社	2014.01	2014.01

资料来源:作者整理

二、保险公司治理学的形成

(一)保险公司治理学框架体系

一般认为,一门独立学科的形成需要具备研究对象(research object)、理论体系

（theory system）和研究方法（research method）三大核心要素。这三大要素是一个独立学科的实质要件。在我国，自20世纪末保险公司治理作为一个科学问题提出以来，经过了二十余年的探索和研究，已经具备了一个独立学科的基本要件（包括实质要件和形式要件），如图2-1所示。

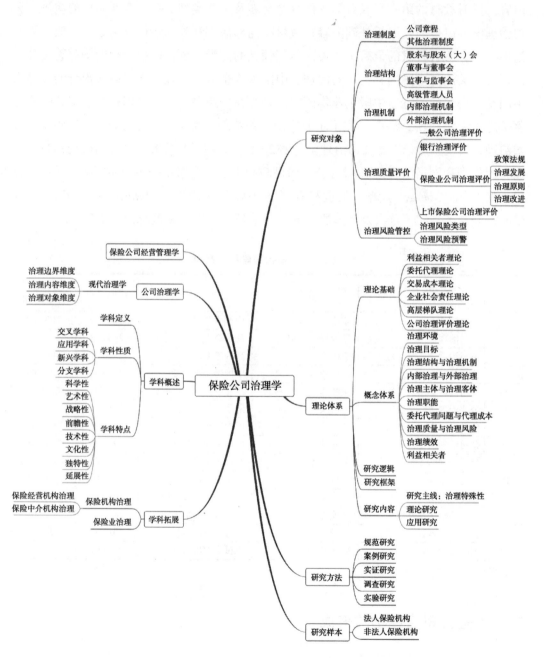

图2-1 保险公司治理学框架体系

资料来源：作者整理

图 2-1 中现代治理学和公司治理学相关内容在第一章阐述；保险公司治理学的学科概述、相关学科、研究方法和研究样本在第二章阐述；保险公司治理学研究对象在第二章概述，在第八章、第九章、第十章、第十一章、第十二章、第十三章、第十六章、第十七章、第十八章、第十九章详细展开；理论体系中的研究内容在第二章概述，在第五章和第六章详细展开；理论体系中的概念体系在第三章阐述，理论体系中的理论基础在第四章阐述，理论体系中的研究逻辑和研究框架在第七章阐述；学科拓展在第十四章和十五章阐述。图 2-1 既是保险公司治理学的框架体系，也是本书的写作框架。

（二）保险公司治理学实质要件分析

1. 研究对象方面

保险公司治理研究领域以保险公司治理制度、保险公司治理结构、保险公司治理机制以及保险公司治理评价和风险管控为研究对象，其中保险公司治理机制包括保险公司内部治理机制和保险公司外部治理机制；相较于一般公司治理，无论是治理制度，还是保险公司治理结构和治理机制，保险公司都具有自己的特殊性，这也决定了不能将一般公司治理理论、治理原理和方法直接运用于保险公司治理研究当中；保险公司治理不等于"公司治理+保险公司"，需要基于已有的理论、原理和方法，在考虑保险公司经营特殊性和治理特殊性的基础上进行创新，即保险公司治理等于"保险公司+治理"。

2. 理论体系方面

保险公司治理研究领域已经形成了包括保险公司治理环境、保险公司治理结构与治理机制、保险公司内部治理与外部治理、保险公司治理主体与治理客体、保险公司治理职能、保险公司代理问题与代理成本、保险公司治理质量与治理风险、保险公司治理绩效等在内的核心概念体系；提出了保险公司经营特殊性决定治理特殊性的研究逻辑；围绕保险公司治理目标，构建了由保险公司治理合规性和保险公司治理有效性两大内容组成的研究框架；针对保险公司治理有效性，在一般公司治理领域绩效—效率—行为（performance-efficiency-behavior，缩写为 PEB）研究范式的基础上，探索出了盈利能力—代理成本—风险承担（profitability-agency cost-risk-taking，缩写为 PAR）这一研究方式。

3. 研究方法方面

在遵循公司治理学规范研究、实证研究、比较分析、实验研究等常用研究方法的基础上，针对相应研究样本和数据的特点，保险公司治理研究领域也做出了相应的优化调整。一方面，我国保险公司多数为非上市公司，所以没有形成涵盖保险公司治理全面状况的数据库，进而导致规范研究、问卷调查研究、案例研究等研究方法在保险公司治理研究领域应用较多；另一方面，保险行业样本数量远远少于上市公司数量，同时保险公司规模差异较大，导致相关指标的标准差和极差都较大，因此在大样本回归过程中尤其需要注意异常值以及异方差等的影响，需要采用稳健的检验方法。

（三）保险公司治理学形式要件分析：学术层面

1. 领域内重要研究期刊

《保险研究》（ISSN：1004-3306）创刊于1980年，是中国银行保险监督管理委员会（以下简称中国银保监会）主管的学术性保险期刊，是中国保险学会会刊，是中文社会科学引文索引（CSSCI）来源期刊、中文核心期刊、中国人文社会科学核心期刊、人大"复印报刊资料"重要转载来源期刊，主要关注风险管理、商业保险、社会保障、金融投资等领域具有创新性的学术研究成果，注重基础研究与应用研究、学术研究与政策研究、定性研究与定量研究的有机结合。其中，特别关注重大理论创新、制度创新、政策创新等方面的选题。2019年11月该期刊官网（http://bxyj.cbpt.cnki.net/）显示，《保险研究》编辑委员会拥有委员23人，设主编1人、副主编1人、主任1人、副主任2人。中国知网（https://www.cnki.net/）检索结果显示，截至2020年8月，《保险研究》总被下载1973057次，总被引50260次，总出版文献4670篇，2019版复合影响因子为2.274，2019版综合影响因子为1.077。

根据中国知网（https://www.cnki.net/）的检索结果，截至2020年8月，《保险研究》期刊"保险公司治理"主题文献数量103篇，2000年为2篇，2001年为5篇，2002年为2篇，2003年为9篇，2007年为15篇，2008年为15篇，2009年为7篇，2010年为6篇，2011年为6篇，2012年为4篇，2013年为3篇，2014年为5篇，2015年为6篇，2016年为5篇，2017年为3篇，2018年为6篇，2019年为4篇，可见保险公司治理已经成为一个稳定的研究领域。此外，《保险研究》2010—2020年发表论文的关键词统计结果显示，"公司治理"是重要的关键词之一，见图2-2。

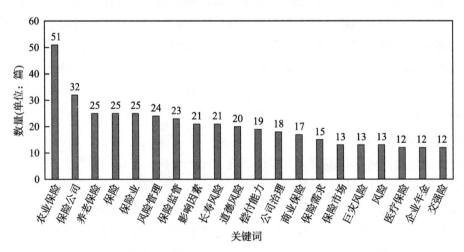

图2-2 《保险研究》2010—2020年文献的关键词分布

资料来源：中国知网（https://www.cnki.net/）

2. 国家社科基金项目资助

1991年6月，中央决定在全国哲学社会科学规划领导小组下设全国哲学社会科学规划办公室。2018年1月，中央决定成立全国哲学社会科学工作领导小组，下设全国哲学社会科学工作办公室。全国哲学社会科学工作办公室为全国哲学社会科学工作领导小组的办事机构，负责处理领导小组日常工作，管理国家社会科学基金以及组织基金项目评审和成果转化应用等工作是其工作职责之一。

国家社科基金包括重大项目、年度项目（一般项目和重点项目）、青年项目、西部项目等。在全国哲学社会科学工作办公室官网（http://www.nopss.gov.cn/）检索后可以发现，国家社科基金项目先后资助过金融机构治理以及金融机构治理领域中的保险公司治理和银行治理细分领域多项课题，如表2-4所示。

表2-4 金融机构治理领域国家社科基金项目

编号	项目批准号	项目类别	项目名称	立项时间	项目负责人	分类
1	02BJY127	一般项目	我国金融机构风险控制与治理结构改革的研究——以公司治理为主线的改革	2002年	李维安	金融机构治理
2	10&ZD035	重大项目	完善国有控股金融机构公司治理研究	2010年	李维安	金融机构治理
3	11CGL045	青年项目	保险公司治理的合规性与有效性及其对绩效影响的实证研究	2011年	郝臣	保险公司治理
4	16BGL055	一般项目	保险公司治理、投资效率与投保人利益保护研究	2016年	郝臣	保险公司治理
5	06BJY107	一般项目	基于银行业行业特征的商业银行公司治理机制研究	2006年	潘敏	银行治理
6	08BJL030	一般项目	商业银行参与上市企业公司治理的机理研究	2008年	邓莉	银行治理
7	15BGL079	一般项目	中国上市银行公司治理有效性研究	2015年	黄洪斌	银行治理

资料来源：根据全国哲学社会科学工作办公室官网（http://www.nopss.gov.cn/）整理所得

3. 中国保险学会年度研究课题立项

中国保险学会（The Insurance Society of China，缩写为ISC）是从事保险理论和政策研究的全国性学术团体，是由保险界和相关领域的单位会员和个人会员自愿结成的非营利性社会组织，成立于1979年11月19日。中国保险学会接受业务主管单位中国银保监会和社团登记管理机关国家民政部的业务指导和监督管理。

为广泛调动会员科研力量，加强保险业重大问题研究，提高保险理论研究、政策研究水平，推动课题研究出好成果、多出成果，促进保险业又好又快发展，中国保险学会每年设立一定主题的研究课题，2019年和2020年分别设立了"严监管形势下中小保险机构公司治理研究"和"中小保险机构公司治理差异化监管制度国际比较研究"

两项保险公司治理领域的课题。

4. 相关学术著作出版

国内外保险公司治理领域的学术著作相对较少，如表 2-5 所示。

表 2-5　保险公司治理领域主要学术著作

编号	书名	作者	出版社	出版时间
1	《保险公司治理研究》	张飞虎	中国法制出版社	2004.09
2	《中国保险公司治理监管制度研究》	杨馥	经济科学出版社	2011.05
3	《中国保险公司治理研究》	郝臣	清华大学出版社	2015.08
4	《保险公司治理对绩效影响实证研究——基于公司治理评价视角》	郝臣	科学出版社	2016.05
5	《中国相互制保险公司治理的法律规制——基于公司治理主体权利视角》	方国春	法律出版社	2016.12
6	《治理的微观、中观与宏观——基于中国保险业的研究》	郝臣、李慧聪和崔光耀	南开大学出版社	2017.06
7	《国有控股金融机构治理研究》	李维安、郝臣等	科学出版社	2018.05
8	《欧洲保险业的公司治理》	Ornella Ricci	帕尔格雷夫·麦克米伦出版社（Palgrave Macmillan）	2014.01

资料来源：作者整理

张飞虎著《保险公司治理研究》内容包括：第一章现代企业制度的核心：公司治理；第二章发达国家保险公司治理研究；第三章中国国内保险公司治理发展；第四章中国国内保险公司治理对策。该书是国内较早的介绍国内外保险公司治理实践的著作。

杨馥著《中国保险公司治理监管制度研究》内容包括：第一章导论；第二章保险公司治理监管制度：一个新的研究视角；第三章保险公司治理监管制度的演进及内涵；第四章保险公司治理监管制度的国际比较与借鉴；第五章我国保险公司治理及其监管的历史变迁与现实挑战；第六章保险公司治理监管的博弈；第七章保险公司治理评价与监管效率；第八章我国保险公司治理监管制度设计。该书是国内较早的从监管视角对保险公司治理展开研究的著作。

郝臣著《中国保险公司治理研究》内容包括五篇 18 章。第一篇基础篇，包括第一章我国保险业发展历程；第二章我国保险公司治理沿革；第三章我国保险公司治理现状。第二篇理论篇，包括第四章一般公司治理研究综述；第五章国内外保险公司治理研究综述；第六章保险公司治理研究逻辑与框架；第七章保险公司治理合规性与有效性实证研究。第三篇专题篇，包括第八章保险公司高管薪酬研究；第九章保险公司社会责任研究；第十章保险公司跨境经营与治理；第十一章保险公司跨境上市与治理；第十二章上市保险公司治理状况分析；第十三章保险公司治理监管研究。第四篇评价篇，包括第十四章保险公司治理评价设计研究；第十五章我国保险公司治理评价指标分析；第十六章我国保险公司治理指数分析。第五篇展望篇，包括第十七章关于我国保险公司治理十大研究结论;第十八章完善我国保险公司治理十大对策建议。该书是国内较早的系统研究保险公司治理的著作。

郝臣著《保险公司治理对绩效影响实证研究——基于公司治理评价视角》内容包括五篇、16章。第一篇背景先导,包括第一章引言;第二章我国保险公司治理沿革。第二篇理论框架,包括第三章国内外保险公司治理研究综述;第四章保险公司治理研究逻辑与框架;第五章保险公司治理对绩效影响的机理分析。第三篇评价分析,包括第六章公司治理评价的意义、现状与展望;第七章基于治理内容的保险公司治理评价研究;第八章基于治理内容的保险公司治理评价结果;第九章基于治理层次的保险公司治理评价研究;第十章基于治理层次的保险公司治理评价结果。第四篇实证研究,包括第十一章保险公司治理对效率绩效影响的实证研究;第十二章保险公司治理对竞争力绩效影响的实证研究;第十三章保险公司治理对盈利能力影响的实证研究;第十四章保险公司治理对偿付能力影响的实证研究。第五篇结论对策,包括第十五章关于我国保险公司治理的研究结论;第十六章提升我国保险公司治理水平的对策。该书是国内较早的研究保险公司治理评价的著作。

方国春著《中国相互制保险公司治理的法律规制——基于公司治理主体权利视角》内容包括:第一章相互制保险公司治理的逻辑与价值;第二章中国相互制保险公司治理的实证分析;第三章中美相互制保险公司治理法律规制比较分析;第四章中国相互制保险公司治理主体资格确认法律规制优化;第五章中国相互制保险公司治理主体权利配置法律规制优化。该书是国内较早的研究相互制保险公司治理的著作。

郝臣、李慧聪和崔光耀著《治理的微观、中观与宏观——基于中国保险业的研究》内容包括:第一章引言;第二章保险公司治理的内涵与特殊性;第三章我国保险公司治理实践;第四章从保险公司治理到保险机构治理;第五章我国保险机构治理实践;第六章从保险机构治理到保险业治理;第七章我国保险业治理实践;第八章总结。

李维安和郝臣等著《国有控股金融机构治理研究》内容包括:第一章研究问题的提出;第二章国有控股金融机构股东治理研究;第三章国有控股金融机构董事会治理研究;第四章国有控股金融机构外部治理研究;第五章国有控股金融机构治理风险研究;第六章国有控股上市金融机构治理评价研究;第七章国有控股商业银行治理研究;第八章国有控股证券公司治理研究;第九章国有控股保险公司治理研究;第十章研究总结与启示。该书是国内较早的专门研究国有控股保险公司治理的著作。

Ricci著、王世权译《欧洲保险业的公司治理》(*Corporate Governance in the European Insurance Industry*)主要包括两部分。第一部分学术视角,包括:保险业的选择性组织结构;内部治理;外部治理;结论。第二部分监管视角,包括:全球金融危机对保险业的影响;保险公司是否具有系统相关性;监管回应——来自IAIS和OECD的非约束性指引;监管回应——欧盟监管干预;结论。该书是国际上较早的专门研究保险公司治理的著作。

5. 相关领域人才培养

通过检索中国知网（https://www.cnki.net/）中的中国优秀硕士学位论文全文数据库和中国博士学位论文全文数据库可以发现，截至2019年底，总计有975篇学位论文全文中提及保险公司治理，从2001年至2019年相关学位论文数量依次为3篇、5篇、7篇、18篇、22篇、39篇、45篇、65篇、47篇、67篇、69篇、68篇、85篇、78篇、55篇、64篇、70篇、81篇和87篇；总计有879篇学位论文摘要中提及保险公司治理，从2001年至2019年相关学位论文数量依次为1篇、6篇、13篇、30篇、26篇、33篇、57篇、61篇、49篇、57篇、52篇、46篇、56篇、56篇、59篇、58篇、74篇、78篇和67篇。可见，越来越多的硕士研究生和博士研究生将研究方向选定在保险公司治理领域。

（四）保险公司治理学形式要件分析：应用层面

1. 中国银保监会设立公司治理监管部

在我国早期"一行三会"的金融监管格局中，只有原中国保监会设立了专门的公司治理监管处室。原中国保监会下设发展改革部，而发展改革部则设有专门的公司治理结构处。2018年中国银保监会成立后，新设立了公司治理监管部，具体监管机构从"处"升级到"部"。该部主要职能：拟订银行业和保险业机构公司治理监管规则；协调开展股权管理和公司治理的功能监管；指导银行业和保险业机构开展加强股权管理、规范股东行为和健全法人治理结构的相关工作。在公司治理监管部下面设立了股权管理处、关联交易管理处、公司治理处、集团（金控）管理处四个专门的处室。

2. 中国保险行业协会设立公司治理专业委员会

中国保险行业协会（The Insurance Association of China，缩写为IAC，以下简称中保协）公司治理专业委员会（以下简称专委会）是经中国银保监会批准成立的中保协分支机构，接受中国银保监会和中保协的业务指导。

专委会的宗旨是：依据《中华人民共和国保险法》《中国保险行业协会章程》和《公司治理专业委员会工作规程》的规定，促进委员单位交流公司治理理论与实践，提高公司治理工作水平，推动保险公司持续改善治理结构，夯实行业科学发展基础，为保险业又好又快发展服务。

专委会主要履行以下职责：制订公司治理基本原则和指引，配合中国银保监会开展保险公司治理现状评估；参与立法论证，反映保险业公司治理现状和保险公司诉求；开展公司治理理论研究，总结实践经验，为监管机构制定政策和保险公司完善治理结构提供参考；配合开展监管政策的宣导工作，促进监管政策的贯彻落实；收集、分析政策效应并向监管机构反馈；推动保险公司治理人才队伍建设，开展多形式、多渠道、多层次教育培训，提升保险公司董事、高级管理人员、董事会秘书及相关工作人员的业务素质和职业操守；组织业内外多种形式的交流活动；举办保险公司董事会秘书联席会议，举办专委会年会；完成中保协交办的其他工作。

中保协所有保险公司（含资产管理公司）会员单位都是专委会成员。专委会设常委会，共有24家会员单位为常委会成员，其中集团公司6席，财产险公司8席，人身险公司8席，资产管理公司1席，中保协1席。中国太平洋保险（集团）股份有限公司为专委会的主任委员单位，中保协为执行副主任委员单位，中国人民财产保险股份有限公司、中国人寿保险股份有限公司、中国人寿资产管理有限公司、中国再保险（集团）股份有限公司、中国平安保险（集团）股份有限公司、泰康人寿保险股份有限公司、华泰保险集团股份有限公司、信达财产保险股份有限公司、利宝保险有限公司为副主任委员单位。

（五）保险公司治理学的提出

1. 保险公司治理学的定义

综上所述，无论是从研究对象、理论体系和研究方法三大实质要件，还是从应用和学术层面两大形式要件来看，保险公司治理都符合成为一门独立学科的条件。保险公司治理学（insurance company governance discipline）是一门通过对保险公司治理的综合性研究，探讨保险公司治理实践中具有共性的基本原理、运作规范和具体方法的科学，是公司治理学的重要分支学科。

2. 保险公司治理学的学科性质

保险公司治理学是一门交叉学科（multi-interdisciplinary discipline）。保险公司治理学在研究过程中除了应用公司治理学的相关理论与方法，还会涉及管理学、经济学、保险公司经营管理学、法学、心理学等学科的内容。

保险公司治理学是一门应用学科（applied discipline）。保险公司治理理论一方面来源于保险公司治理实践，另一方面又指导保险公司治理实践。保险公司治理学对于提升保险业、保险机构和保险公司治理水平具有重要的智力支撑和决策支持作用。

保险公司治理学是一门新兴学科（emerging discipline）。保险公司治理研究起步晚于一般公司治理，但近年来已经形成了初步的治理知识体系，2008年的金融危机对这一进程的推动作用尤为显著。

保险公司治理学是一门分支学科（branch discipline）。保险公司治理学是管理学门类下一级学科工商管理学科的二级学科公司治理学的分支学科，是管理学的三级学科，或者说公司治理学的二级学科，也是公司治理学中相对较早成为独立分支学科的研究领域。

3. 保险公司治理学的学科特点

保险公司治理学作为一门独立学科具有科学性、艺术性、战略性、前瞻性、技术性、文化性、独特性和延展性等学科特点。

保险公司治理学的科学性（scientificity）是指保险公司治理学是在保险公司经营和管理实践中发展起来的一门学科，并形成了相关的概念体系、研究逻辑和研究框架，这些理论知识是经过了时间和保险公司实践检验的，能够充分反映保险公司治理的客观规律。这也是公司治理学和管理学的学科特点。

保险公司治理学的艺术性（artistry）是指保险公司治理行为不是依据系统化的理论和知识体系展开，而是依靠直觉、判断来进行。这一点也是公司治理学，乃至管理学所具有的学科特点。

保险公司治理学的战略性（strategicalness）是指保险公司治理学的研究对象事关我国保险公司的竞争力。金融业全面开放的大背景对保险公司竞争力提出了更高的要求，而公司治理是保险公司竞争力的根本性制度保障。

保险公司治理学的前瞻性（perspectiveness）是指整个学科的研究内容要领先于保险公司治理实践。保险公司治理出现问题所带来的影响将远远超过一般公司，这就要求保险公司治理学科要多做一些超前性、长远性和探索性的研究，以更好指导治理实践。

保险公司治理学的技术性（technicality）是指已经科学化的保险公司治理理论可以具体化为可操作的治理方法、治理技巧和治理手段。没有治理的技术性，治理的科学性就无法实现，治理的应用性也就无从谈起。

保险公司治理学的文化性（culture）是指任何保险公司治理理论都是在一定的文化背景下形成的。探索保险公司治理理论时需要考虑当时所处的社会文化背景，在借鉴国外先进治理理论和经验时需要考虑社会文化背景的差异。

保险公司治理学的独特性（uniqueness）是指保险公司治理学的研究样本相对于管理学的其他学科更加明确和细化；各险种类型、业务类型和资本性质的保险公司构成了保险公司治理学的研究样本。

保险公司治理学的延展性（extendability）是指基于保险公司展开的微观层面的保险公司治理结构与治理机制研究内容，可以进一步拓展至中观层面的保险机构治理结构与治理机制以及宏观层面的保险业治理研究。

第三节 保险公司治理学研究对象

一、保险公司治理学研究对象总体说明

每个学科都有明确的研究对象，例如：经济学的研究对象是稀缺资源的有效配置

（微观经济学）和合理利用（宏观经济学），而政治经济学的研究对象是生产关系；管理学的研究对象是企业管理活动和管理过程；公司财务学的研究对象是资金及其流转，资金流转的起点和终点均是现金，因此公司财务学的研究对象也被称为现金及其流转。保险公司治理学研究对象（research object）是保险公司治理制度安排或设计。保险公司治理制度安排具有层次性，包括第一层次的保险公司治理制度、第二层次的保险公司治理结构、第三层次的保险公司治理机制以及第四层次的保险公司治理评价和保险公司治理风险管控，如图2-3所示。

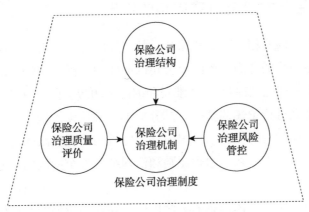

图 2-3　保险公司治理学研究对象示意图

资料来源：作者整理

二、保险公司治理学研究对象具体说明

保险公司治理的本质是制度安排，正如上文所述，这些制度安排具有一定的层次性，不同层次的制度安排便是保险公司治理学的具体研究对象。

第一层次的制度安排是具体的保险公司治理制度，主要包括保险公司章程和其他相关治理制度，这些制度安排引导着保险公司治理行为。公司章程是公司制度安排中最重要的内容，是保险公司的根本大法。其他相关治理制度包括"三会"议事规则、董事与高级管理人员等的激励制度、内控制度、风险管理制度、信息披露制度、关联交易制度、企业社会责任制度等。

第二层次的制度安排体现在保险公司治理结构层面，关于"三会一层"之间责权利关系的制度体系，主要包括"三会一层"的构成、地位与性质、基本职权等方面，与第一层次制度安排一样，聚焦于公司内部。

第三层次的制度安排着眼于保险公司治理机制层面，主要有决策流程、薪酬合约、监督办法等内部治理机制，是保险公司治理的"魂"；还包括监管机构监管、行业协会自律引导、各类市场竞争、媒体监督等外部治理机制，突破了法人边界。

第四层次的制度安排是保险公司治理的改进和预警机制，即治理质量评价和治理风险管控，在本质上来说也属于保险公司治理机制范畴。

其中第三个层次的制度安排，即保险公司治理机制，是保险公司治理学的核心研究对象。

第四节　保险公司治理学研究内容

一、保险公司治理学研究内容体系的提出

公司治理理论的内容相当广泛和综合，既涉及所有权结构、产权理论、委托人代理人问题等理论性很强的方面，也涉及公司内部体制、国别比较和市场体制的作用等相对具体的问题（郑红亮，1998）。李维安和郝臣（2009）在对一般公司治理问题和金融机构治理重要意义进行论述的基础上，分析了金融机构治理主体、结构、机制、目标、风险和评价方面的特殊性，结合国内外金融机构治理实践的情况，提出了包括理论基础、理论体系、治理实践、治理原则和治理绩效五个层次的金融机构治理一般框架体系。

具体到保险公司这一具体形态的金融机构，综合一般公司治理研究和保险公司治理研究所取得的成果，可以发现，保险公司经营的特殊性决定了保险公司治理的特殊性；而保险公司治理的特殊性是各类保险公司治理理论和应用研究的基础或依据，如果没有治理的特殊性，就可以直接应用一般公司治理研究概念、理论和方法。

综上所述，同时结合表 2-6 中的已有研究文献，本节提出保险公司治理学研究内容体系包括保险公司治理的特殊性研究、保险公司治理理论研究和保险公司治理应用研究，并将保险公司治理的特殊性研究作为保险公司治理学的研究主线。

表 2-6　保险公司治理学研究内容体系相关文献梳理

编号	作者	具体文献	所在页码
1	李维安、郝臣	金融机构治理及一般框架研究[J]. 农村金融研究，2009(4).	13
2	郝臣、李慧聪、罗胜	保险公司治理研究：进展、框架与展望[J]. 保险研究，2011(11).	124
3	郝臣	中国保险公司治理研究[M]. 北京：清华大学出版社，2015.	154
4	郝臣	保险公司治理对绩效影响实证研究——基于公司治理评价视角[M]. 北京：科学出版社，2016.	109
5	李维安、郝臣等	国有控股金融机构治理研究[M]. 北京：科学出版社，2018.	537

资料来源：作者整理

具体来说，保险公司治理学研究内容（research content）包括研究主线、理论研究和应用研究三个方面。理论研究和应用研究均要围绕研究主线展开，体现保险公司治

理的特殊性；理论研究是基础，侧重概念、原理和理论；应用研究是理论研究成果的应用，侧重实务和实践，详见表 2-7。

表 2-7 保险公司治理学研究内容体系

内容类型	具体研究内容	研究方法	研究样本
研究主线	保险公司治理的特殊性研究，这是保险公司治理理论研究和应用研究的主线。	规范研究为主，包括逻辑推理、比较等。	一般意义即概念上的保险公司。
理论研究	保险公司治理学相关核心概念的研究	基础性问题以规范研究为主。深入研究以实证研究为主，如回归分析、数据包络分析等，个别采用案例研究的方法。	考虑具体类型保险公司，划分标准：中资与外资、国有与民营、股份制与非股份制、上市与非上市等。
理论研究	保险公司经营和治理特殊性的基础理论问题		
理论研究	保险公司治理环境和治理模式研究		
理论研究	保险公司治理转型研究		
理论研究	保险公司治理要素和绩效关系研究		
理论研究	保险公司治理对公司经营行为影响的研究		
理论研究	保险公司风险承担的量化研究		
理论研究	保险公司治理影响风险承担传导机制研究		
理论研究	一般公司治理问题的再检验		
理论研究	保险公司内部治理与外部监管关系研究		
应用研究	中国特色现代保险公司治理体系研究	主要通过实地调研、发放调查问卷、访谈等方式获得资料，然后利用规范研究以及实证研究的方法。	可以考虑下列保险公司的区别：产险与寿险保险公司、保险集团公司和保险中介机构等。
应用研究	保险公司治理改进动力机制研究		
应用研究	完善保险公司治理的具体对策建议研究		
应用研究	保险公司治理原则的国际比较与完善研究		
应用研究	保险公司治理合规性研究		
应用研究	保险公司治理评价研究		
应用研究	保险公司治理风险预警研究		
应用研究	保险公司风险管理相关研究		
应用研究	保险公司外部市场约束机制优化研究		
应用研究	保险公司治理监管研究		

资料来源：作者整理

二、保险公司治理学研究主线：治理的特殊性

保险业是一个特殊的行业，作为一种社会化的制度安排，其活动通过群体的确定性来抵消一部分个体的不确定性，通过风险防范和风险分担以少量的支出实现多量的补偿，从而在一定程度上降低个人未来福利状况的不确定性。保险公司在经营目标、经营产品、资本结构、成果核算、经营范围和政府管制等方面所表现出来的诸多特殊性对保险公司的治理产生了深远的影响，可以说经营上的特殊性导致或者决定了制度安排上的特殊性，因此，研究保险公司经营上的特殊性有利于我们准确把握保险公司治理的本质和特殊性。

早期的研究多将一般的公司治理研究成果直接应用于保险公司，因其没有考虑保险公司经营上的特殊性，也就没有体现出保险公司治理的特殊性。保险公司治理是公司治理的一般理论在保险公司这一主要的金融中介上的应用，既是公司治理理论和金融中介理论的有机结合，也是公司治理理论与保险业特殊性的统一，从这个意义上看，把握金融中介的特殊性质和保险公司自身的特殊性是研究保险公司治理的起点（李维安、曹廷求，2005），而保险公司治理的特殊性是贯穿保险公司治理理论和应用研究的主线。

三、保险公司治理学理论研究内容

早期对保险公司治理的理论研究聚焦于保险公司治理的基本概念界定、模式选择和国际比较方面，目前这方面的研究已经较为成熟。未来的理论研究主要基于保险公司治理的特殊性，考察保险公司治理的模式、治理转型、治理与绩效关系、内部治理与外部监管的关系和保险公司治理对保险公司投资、创新等经营行为的影响。

（一）保险公司治理学相关核心概念的研究

核心概念体系是一个学科的基础，保险公司治理学是一个新兴学科，因此需要在一般公司治理学相关概念体系的基础上，考虑保险公司经营特殊性，对保险公司治理领域中的主要核心概念进行界定和分析。这些概念涉及保险公司治理、保险公司治理环境、保险公司治理目标、保险公司治理结构、保险公司治理机制、保险公司治理主体、保险公司客体、保险公司治理职能、保险公司治理质量、保险公司治理评价和保险公司治理风险等。

（二）保险公司经营和治理特殊性的基础理论问题

保险公司经营的特殊性要求保险公司治理要兼顾股东、管理者和债权人之间的多重代理问题。然而，对经营特殊性的讨论还有待进一步拓展，比如保险公司的客户众多导致社会责任问题较大，保险公司投资领域以及融资渠道逐步扩展，引入了更多的治理主体，作为典型的金融机构，其经营难以摆脱系统性金融风险，这些都是保险公司治理理论需要解决的新问题。

（三）保险公司治理环境和治理模式研究

从系统论视角来看，保险公司治理是一个多元化的系统，由公司治理环境和利益相关者共同作用构成；基于制度变迁的视角，公司治理是一套复杂的制度安排和持续的制度演化的结果，并且因环境而异。不同的制度安排和制度演化路径往往与不同的社会政治、法律和经济模式联系在一起，也就是说治理环境会影响公司治理效率。那么，依赖于外部制度、经济环境的研究结论与国外研究已解决的理论问题，在我国特殊的情境下是否具有相同的研究结论、是否能够适用，还需进一步验证。新兴市场和转轨经济的双重特质是我国保险公司所处环境的显著特征，这也决定了我国保险公司的治理问题可能与西方国家有很大的不同。相关的研究问题有我国保险公司治理环境及其对治理影响的分析、基于我国治理环境的治理模式提炼和治理模式的国际比较等。

（四）保险公司治理转型研究

在新兴市场和转轨经济的制度背景下，我国的公司治理逐步从行政型治理向经济型治理转型（李维安，1998；2005；2009），我国保险公司同样正经历着从以往高行政型治理模式逐步向高经济型治理模式演进的过程。随着市场化、制度化、规范化程度不断提高，公司治理结构不断得到优化，治理质量逐年提高。我国由计划经济向市场经济转型的环境背景为我国保险公司治理研究提供了特殊的研究样本，如何科学地界定保险公司行政型治理和经济型治理的内涵、量化保险公司行政型治理度、分析治理转型的驱动因素与治理转型带来的影响等是未来重要的研究课题。

（五）保险公司治理要素和绩效关系研究

在一般公司中，治理对绩效的影响已被学术界大量的实证研究所证明，而且发现治理和绩效中间有很多中介变量[①]。但国内关于保险公司治理和绩效关系研究的文献较少，同时样本较少，目前还没有围绕二者之间的传导机制展开的研究。未来研究可以考虑保险公司治理状况对于偿付能力、一般财务绩效等绩效指标的影响及其可能存在的传导机制，以弥补国内以保险公司治理的特殊性、保险公司治理模式、保险公司治理的国际比较以及对策建议等规范研究内容为主的不足，研究结论对于加强和改善保险公司治理及其监管等具有很好的指导作用。

（六）保险公司治理对公司经营行为影响的研究

由于保险公司资本结构和经营目标等方面的特殊性，保险公司治理对保险公司经营行为的影响也存在诸多和一般公司治理不同之处。譬如保险公司治理对保险公司投资的影响，因为保险公司的投资行为会受到一定的限制；相比于一般行业的公司，保险公司的外部监管更加严格，公司的融资行为可能存在一定的差异性。类似的，保险公司治理对公司股利政策制定、公司创新、管理效率改进、公司竞争力提高等的影响都是未来重要的研究主题。

（七）保险公司风险承担的量化研究

越来越多的学者在保险公司治理有效性研究中采用风险承担指标，如承保风险、

---

① 中介变量（moderator）是指自变量（解释变量）对因变量（被解释变量）发生影响的中介，即自变量通过中介变量来影响因变量；而对于自变量与因变量关系产生影响的变量被称为调节变量（mediator）。

杠杆风险、投资风险以及总风险等。一方面，指标自身有效性有待进一步提升，即如何量化保险公司相应的风险承担，不能将一般公司领域所用指标直接移植过来；另外一方面，单一风险同总体风险间的关系尚不明确，需要做深入的研究。此外，目前对风险承担的认识主要局限于风险承担水平，实际上更需要从行为视角进行研究，设计能够刻画保险公司风险承担行为的相应变量；在实证研究中还要区分正常风险承担和过度风险承担，进而实现风险承担的细化研究。

（八）保险公司治理影响风险承担传导机制研究

目前，保险公司治理的研究主要集中在股权配置、董事会结构、高管薪酬激励设计和机构投资者治理对各种类型风险承担的影响方面。从已有的研究结论看，有些研究得出的结论并不统一，如股权结构对风险承担的影响，还需要进一步从更细微的角度对治理机制的传导途径进行深入分析。在一般公司中，公司治理与绩效或风险的中介效应与调节效应等方面的研究比较深入，而对保险公司治理与风险承担之间的类似问题研究较少，值得进一步检验。

（九）一般公司治理问题的再检验

以保险公司作为研究样本，能够进一步完善和丰富一般公司治理理论问题。比较有代表性的就是基于自由裁量权问题的研究，不同业务条线（business line）具有不同的特征，需要不同程度的管理者自由裁量权。这丰富了公司股东与高管之间委托代理关系的研究内容和内涵，使得对这一理论问题的探讨更加深入。对于一般公司治理问题研究中遇到的尚未达成一致意见或者较难深入的问题，可以利用保险公司进行研究。保险公司产品同时具有同质性和风险的差异性，这相对于一般公司治理研究使用同行业或跨行业样本数据而言，具有独特的优势，是拓展一般公司治理研究的优良样本。

（十）保险公司内部治理与外部监管关系研究

目前的一些研究探讨了治理机制之间的关系，如董事会结构与股权结构的替代关系，董事会监督对高管薪酬的限制作用等等，但基于内外部治理关系的视角，针对外部监管与内部治理机制关系的研究还很少。基于保护投保人利益、协调公司治理各利益主体、控制行业总体风险的视角，外部监管必须同保险公司内部治理发挥协同作用，即将原有公司治理问题普遍关注于所有者和管理者间的经典委托代理问题，拓展为关注所有者、高管、债权人、监管机构等主体之间的内外部治理机制关系的研究。现有的研究成果均以保险业监管作为外生变量，而没有将保险公司治理与外部监管纳入到统一的研究框架下，缺乏公司治理与外部监管关系的直接探讨，而这对于完善保险业内外部治理、落实保险业监管的三支柱模型具有特别的实践意义。

四、保险公司治理学应用研究内容

结合保险公司治理的相关理论研究成果，探讨保险公司治理实践过程中存在的问题，提供相应的建议支持也是保险公司治理应用研究的重要内容。

（一）中国特色现代保险公司治理体系研究

郭树清[①]在 2018 年 4 月 16—17 日召开的中小银行及保险公司公司治理培训座谈会上指出，"建立和完善具有中国特色的现代公司治理机制，是现阶段深化银行业和保险业改革的重点任务，是防范和化解各类金融风险、实现金融机构稳健发展的主要保障"。这其中需要探讨的问题包括中国特色现代保险公司治理体系的本质特征、党组织如何嵌入治理并有效发挥作用、国有控股股东治理作用的发挥以及中国特色保险公司治理体系目前发展面临的挑战与解决思路等。

（二）保险公司治理改进动力机制研究

明确保险公司治理改进的动力是优化保险公司治理、提升保险公司治理水平的前提和基础。在研究过程中，需要分析来自于公司内外部各种动力机制对保险公司治理改进的影响机理，构建保险公司治理改进的动力机制模型；还要注意保险公司规模、资本性质和业务类型等因素对于保险公司治理改进的影响。

（三）完善保险公司治理的具体对策建议研究

基于保险公司治理改进动力机制的分析，结合我国保险公司治理发展的实际状况，从监管机构、行业协会、保险公司等多个主体视角提出有针对性的提升我国保险公司治理水平的对策建议，是保险公司治理应用研究的重要内容，这也是保险公司治理学是一门应用学科的重要体现。

（四）保险公司治理原则的国际比较与完善研究

治理原则是指引治理实践的重要文件，也是治理理论和实务界所达成的共识。因此首先需要梳理国际上各类组织、各个国家和地区以及具体保险公司推出的公司治理原则，借鉴其中良好的治理做法和最新治理理念。2006 年《关于规范保险公司治理结构的指导意见（试行）》（保监发〔2006〕2 号）的出台标志着我国保险公司治理原则的诞生，经过多年的实践，保险公司治理面临的新问题日渐突出，规范、案例和实证研究的结论走向深入，完善保险公司治理原则，从而更好引导保险公司治理实践的需求因此更显迫切。

---

① 时任中国银行保险监督管理委员会主席。

（五）保险公司治理合规性研究

为了提高保险公司治理的水平，我国出台了《关于规范保险公司治理结构的指导意见（试行）》（保监发〔2006〕2号）、《保险公司合规管理指引》（保监发〔2007〕91号）、《关于规范保险公司章程的意见》（保监发〔2008〕57号）、《保险公司董事会运作指引》（保监发〔2008〕58号）等规定。这些文件的颁布，使我国保险公司治理实践具有了明确的参考标准和依据。如果以指导意见的出台作为我国保险公司治理改革的开始，经过多年探索后，我国保险公司治理是否达到了上述规定的基本要求，即保险公司治理是否合规，还有哪些方面存在不足、如何改进，这些都是与保险公司治理合规性有关的问题。当然，治理合规后的有效性是保险公司治理的长远目标。

（六）保险公司治理评价研究

近二十年来，全球公司治理研究的内容开始从治理结构与机制的理论研究，转向治理模式与原则的实务研究，今天治理质量与治理环境备受关注，研究重心转移到公司治理评价和治理指数（李维安，2006）。由于保险公司治理具有特殊性，因此不能直接将一般公司治理的评价指标复制过来评价保险公司。所以需要针对保险公司，设计专门的评价指标体系，这方面研究处于刚刚起步的阶段。同时，目前还没有基于保险公司治理评价结果（即保险公司治理指数）开展的保险公司治理有关的大样本实证研究，这一点与一般公司治理评价研究有较大差距。

（七）保险公司治理风险预警研究

国内外保险公司治理事件发生和治理僵局的出现，使保险公司治理风险问题受到了广泛的关注。与保险公司治理质量侧重于治理的历史或者过去不同，治理风险是未来导向的。但目前对于治理风险的内涵、类型及其产生原因等的研究相对较少，基于模型进行治理风险预警的研究更是鲜有。因此，需要在考虑保险公司治理特殊性和界定治理风险内涵的基础上，探索治理风险的预警指标与模型，发布保险公司治理风险预警报告。

（八）保险公司风险管理相关研究

保险公司的作用是经营和管理风险，对国民经济的稳定起着重要作用，而公司治理是保险公司稳健经营的基础。中国银保监会对保险公司的监管由过去注重结果的事后监管向注重过程的事前、事中监管转变。保险公司以风险作为经营对象，因此绝对消除风险是不可能也是没有意义的，但要防止这种风险的累积。经营风险一旦累积到一定程度，释放后便会带来毁灭性的影响。从这个意义上来说，这些风险已经不是一般的经营风险，而是治理风险。因此，从保险公司治理角度，评估、控制与监管保险公司风险等都是有待研究的保险公司风险管理问题。与保险公司风险管理紧密相关的研究还有内部控制、内部审计和合规管理等内容。

(九) 保险公司外部市场约束机制优化研究

良好的外部市场约束和利益相关者权益保护机制是中国特色保险业公司治理的重要组成部分(梁涛,2020)。控制权市场接管约束、产品市场竞争约束和经理人市场声誉约束是我国保险公司重要的外部治理机制,但我国保险公司控制权市场、产品市场和经理人市场的发展由于多方面原因,总体上还不够成熟和完善,基于这些外部市场约束机制的作用宏观上来说还没有充分发挥出来,因此需要探讨相应治理机制的改进方向和策略。

(十) 保险公司治理监管研究

市场行为监管、偿付能力监管和保险公司治理监管被认为是现代保险监管制度的三个支柱。随着我国保险业的快速发展,保险监管机构逐渐认识到保险公司治理监管的重要性。但是由于治理监管实践处于刚刚起步阶段,已有的理论研究多局限于一般意义上的监管,具体到治理监管有关的研究则较少见。目前,国内外鲜有对这一命题的系统研究(杨馥,2009)。未来可以在对国外保险公司治理监管制度对比分析的基础上,结合我国保险公司治理现实状况,探讨保险公司治理监管的目标、内容、手段等,逐步建立具有我国特色的保险公司治理监管体系。

第五节 保险公司治理学研究方法

一、公司治理学研究方法分类

管理学的基本研究方法可以分为演绎法(deduction)、归纳法(induction)和实验法(experimentation)三大类。其中演绎法是一种从简化的事实出发,通过逻辑分析寻找一般性规律的方法,规范研究是演绎法的一种。归纳法是从典型到一般的研究方法,实证研究便是典型的归纳法。实证研究方法是通过对研究样本进行观察、调研等,获得客观信息和数据,从个别到一般,归纳出事物本质属性和发展规律的研究方法。实验研究法理论上可以获得接近真理的结论,但是由于管理活动十分复杂,实验设计难以完全模拟,因此这种方法还不成熟,这种方法的应用处于刚刚起步的阶段。

本书对实证研究方法的理解采用狭义的定义,即基于计量方法的大样本分析方法,而将实证研究中的调查研究和案例研究作为独立的研究方法。因此公司治理研究文献所使用的研究方法(research method)分为五大类,即规范研究(normative research)、调查研究(investigation research)、案例研究(case study)、实证研究(empirical study)

和实验研究（experimental study）。

二、保险公司治理学研究方法

（一）国内保险公司治理学研究方法

从研究方法看，国内保险公司治理相关研究在研究方法上以规范研究为主。研究数据的可获取性是决定研究方法选择的一个重要因素。我国保险公司多数为非上市保险公司，相对于上市保险公司或者其他行业上市公司来说，这些非上市保险公司的信息披露内容总体有限，信息披露规范度也有待提高，进而导致研究数据不足或者缺失，基于大样本数据的实证研究也就相对较难开展。在保险公司治理研究中，也有个别学者采用案例研究方法（俞勇国，2006；张惠，2007；曹晓润，2008；杨馥，2009）以及大样本的实证研究方法（张惠，2007；陆渊，2009；谢晓霞、李进，2009），具体参考本书第五章相关内容。

（二）国外保险公司治理学研究方法

郝臣、付金薇和李维安（2018）通过对240篇国外保险公司治理文献研究方法的归纳，发现采用实证研究方法的文献有148篇，占所有文献的比例61.67%；其次，规范研究的文献有65篇，占比27.08%；案例研究和调查研究则分别占总文献的8.33%和1.25%。在实证研究中，多采用统计和回归相结合的研究方法，其中描述性统计（descriptive statistics）是最为常用的统计方法，对保险公司样本数据进行描述统计的文献有135篇，约占实证研究文献的91.22%；采用普通的最小二乘回归法（ordinary least square）的文献有29篇，约占实证研究文献的19.59%。除此之外，相关性分析（correlation analysis）、数据包络分析（data envelopment analysis）、广义矩估计（generalized method of moments）、逻辑回归（logistic regression）等研究方法也都得到了大范围的使用。由此可见，大样本的实证研究法是目前国外保险公司治理研究的主要方法，这不仅要求实证研究体系科学合理，还要求保险行业进行完整的信息披露。

第六节　保险公司治理学研究样本

一、国内保险公司治理学研究样本

（一）国内研究样本的层次说明

保险公司治理学的研究样本（research sample）与公司治理学或现代治理学其他学科的研究样本完全不同，进而使该学科具有一定的独特性。研究样本是研究中实际观测或调查的一部分个体，不同于研究对象，但与研究对象又紧密相连。如表2-8所示，根据研究样本包括的具体样本不同而将我国保险公司治理研究样本分为六个层次,从第一层次到第六层次包括的具体样本依次增多。

表 2-8 我国保险公司治理研究样本分类

层次分组	包括的样本类型及其数量(截至 2019 年 12 月 31 日)
第一层次研究样本	财产险公司(86 家)和人身险公司(88 家)。
第二层次研究样本	财产险公司(86 家)、人身险公司(88 家)和再保险公司(5 家)。
第三层次研究样本	财产险保险机构(89 家)、人身险保险机构(91 家)和再保险公司(5 家)。
第四层次研究样本	财产险保险机构(89 家)、人身险保险机构(91 家)、再保险公司(5 家)、保险资产管理公司(26 家)和保险集团公司(12 家)。
第五层次研究样本	财产险保险机构(89 家)、人身险保险机构(91 家)、再保险机构(11 家)、保险资产管理公司(26 家)、保险集团公司(12 家)和友邦保险有限公司分支机构(7 家)。
第六层次研究样本	财产险保险机构(89 家)、人身险保险机构(91 家)、再保险机构(11 家)、保险资产管理公司(26 家)、保险集团公司(12 家)、友邦保险有限公司分支机构(7 家)、其他保险公司分支机构(若干)和外资保险公司代表处(131 家)。

资料来源:作者整理

其中,第一层次研究样本是最窄口径的样本,只涉及原保险业务的保险公司;第二层次研究样本比第一层次多了再保险公司;第三层次研究样本相对于第二层次研究样本主要是多了相互制保险机构中的非公司型研究样本,因此,第三层次研究样本由公司法人和非公司法人(相互制保险机构)样本构成;第四层次研究样本相对于第三层次研究样本主要是增加了保险公司的母公司保险集团公司和保险公司的子公司保险资产管理公司;第五层次研究样本相对第四层次研究样本主要是导入了外资再保险公司分公司(包括慕尼黑再保险公司北京分公司、瑞士再保险股份有限公司北京分公司、德国通用再保险股份公司上海分公司、法国再保险公司北京分公司、汉诺威再保险股份公司上海分公司和 RGA 美国再保险公司上海分公司)和友邦保险有限公司分支机构(包括友邦保险有限公司上海分公司、友邦保险有限公司广东分公司、友邦保险有限公司深圳分公司、友邦保险有限公司北京分公司、友邦保险有限公司江苏分公司、友邦保险有限公司东莞支公司和友邦保险有限公司江门支公司)。第五层次研究样本名录详见本书附表 1、附表 2、附表 3、附表 4 和附表 5。第六层次研究样本包括了所有的保险公司分支机构[①]和外资保险公司代表处。

自 1980 年中国保险业恢复以来,保险机构规模从 1980 年的 1 家发展至 2019 年的 237 家,具体发展过程中各年的机构数量如表 2-9 所示。2016—2019 年财产险保险机构和人身险保险机构数量在法人保险机构中占比依次为 80.00%、80.75%、81.45%和

---

① 保险公司分支机构是指经保险监督管理机构批准,保险公司依法设立的分公司、中心支公司、支公司、营业部、营销服务部以及各类专属机构。

80.36%，两类保险机构在数量上占法人机构的绝大多数。各类型保险机构的本质和运行规律存在显著差异（江生忠，2008）。考虑再保险机构、资产管理机构以及保险集团公司三类保险法人机构在业务范围、利益相关者、政策法规以及经营方式等方面具有一定的特殊性，因此，本节主要以我国人身险保险机构和财产险保险机构为例来对研究样本状况进行分析，即关注第三、第四、第五层次和第六层次研究样本中的前两类样本。

表 2-9　中国保险机构历年数量　　　　　　　　　　　（单位：家）

年份	保险法人机构						保险分支机构				合计
	财产险机构	人身险机构	再保险经营公司	资产管理公司	混业经营公司	保险集团公司	财产险机构	人身险机构	再保险机构	混业经营机构	
1980	0	0	0	0	1	0	0	0	0	0	1
1981	0	0	0	0	1	0	0	0	0	0	1
1982	0	0	0	0	1	0	1	0	0	0	2
1983	0	0	0	0	1	0	1	0	0	0	2
1984	0	0	0	0	1	0	1	0	0	0	2
1985	0	0	0	0	1	0	1	0	0	0	2
1986	0	0	0	0	2	0	1	0	0	0	3
1987	0	0	0	0	2	0	1	0	0	0	3
1988	0	0	0	0	3	0	2	0	0	0	5
1989	0	0	0	0	3	0	2	0	0	0	5
1990	0	0	0	0	3	0	2	0	0	0	5
1991	0	0	0	0	4	0	2	0	0	0	6
1992	0	0	0	0	4	0	2	0	0	1	7
1993	0	0	0	0	4	0	2	0	0	1	7
1994	0	0	0	0	4	0	3	0	0	1	8
1995	2	0	0	0	4	0	4	1	0	1	12
1996	6	4	1	0	3	1	4	1	0	1	21
1997	6	4	1	0	3	1	6	2	0	0	23
1998	6	6	1	0	3	2	7	2	0	0	27
1999	5	7	1	0	3	2	8	3	0	0	29
2000	6	10	1	0	2	2	9	3	0	0	33
2001	9	12	1	0	1	3	12	3	0	0	41
2002	10	21	1	0	1	3	12	7	0	0	55
2003	12	25	2	2	0	6	15	7	2	0	71
2004	17	28	2	2	0	6	16	7	3	0	81
2005	25	39	2	5	0	6	12	7	3	0	99
2006	28	44	2	9	0	7	12	7	3	0	112
2007	35	52	2	9	0	8	7	7	3	0	123
2008	43	53	2	9	0	8	4	7	6	0	132

续表

年份	保险法人机构						保险分支机构				合计
	财产险机构	人身险机构	再保险经营公司	资产管理公司	混业经营公司	保险集团公司	财产险机构	人身险机构	再保险机构	混业经营机构	
2009	49	57	2	9	0	8	4	7	6	0	142
2010	52	59	2	9	0	8	3	7	6	0	146
2011	58	61	2	11	0	10	2	7	6	0	157
2012	60	68	2	15	0	10	2	7	6	0	170
2013	65	71	2	18	0	10	0	7	6	0	179
2014	66	74	2	18	0	10	0	7	7	0	184
2015	75	76	3	21	0	11	0	7	6	0	199
2016	82	78	4	24	0	12	0	7	6	0	213
2017	86	86	5	24	0	12	0	7	6	0	226
2018	89	91	5	24	0	12	0	7	6	0	234
2019	89	91	5	26	0	13	0	7	6	0	237

资料来源：作者整理

2016年有160家研究样本，其中财产险保险机构82家（包括一般保险公司80家，公司型相互制保险机构1家，非公司型相互制保险机构1家），人身险保险机构78家（包括一般保险公司76家，非公司型相互制保险机构2家）。2017年有172家研究样本，其中财产险保险机构86家（包括一般保险公司82家，公司型相互制保险机构1家，非公司型相互制保险机构3家），人身险保险机构86家（包括一般保险公司83家，非公司型相互制保险机构3家）。2018年和2019年分别有180家研究样本，其中各年财产险保险机构89家（包括一般保险公司85家，公司型相互制保险机构1家，非公司型相互制保险机构3家），人身险保险机构91家（包括一般保险公司88家，非公司型相互制保险机构3家）。

相互制保险机构包括公司型和非公司型两大类，这两类在我国均存在，其中公司型是指阳光农业相互保险公司，非公司型是指汇友财产相互保险社（企业法人中的其他类型）、信美人寿相互保险社（企业法人中的其他类型）、众惠财产相互保险社（企业法人中的其他类型）、慈溪市龙山农村保险互助联社（企业法人中的集体所有制企业）[1]、慈溪市龙山镇伏龙农村保险互助社（企业法人中的集体所有制企业）和瑞安市兴民农村保险互助社（企业法人中的集体所有制企业）。需要说明的是，非公司型相互制保险机构同样存在治理问题，只是在某些环节存在一定的特殊性，例如没有股东（大）会，但有会员大会。

---

[1] 集体所有制企业是以生产资料的劳动群众集体所有制为基础的、独立的经济组织，包括城镇和乡村的劳动群众集体所有制企业。

(二)国内研究样本的地区分布

在整理各保险机构的注册地的过程中,发现北京市、长春市、成都市、重庆市、长沙市、东莞市、大连市、福州市、贵阳市、广州市、哈尔滨市、海口市、杭州市、吉林市、江门市、济南市、嘉兴市、克拉玛依市、昆明市、拉萨市、兰州市、宁波市、南昌市、南京市、南宁市、青岛市、上海市、三亚市、深圳市、天津市、唐山市、太原市、武汉市、乌鲁木齐市、无锡市、温州市、西安市、厦门市、银川市、烟台市、珠海市和郑州市 42 个城市作为注册地出现过。

根据统计,我国保险机构注册地主要分布在北京市、上海市和深圳市三个城市。2016 年 160 家研究样本中分布在北京市、上海市和深圳市的样本数依次为 45、40 和 14 家,所占比例依次为 28.13%、25.00%和 8.75%,比例合计为 61.88%;2017 年 172 家研究样本中分布在北京市、上海市和深圳市的样本数依次为 49、41 和 16 家,所占比例依次为 28.49%、23.84%和 9.30%,比例合计为 61.63%;2018 年和 2019 年的各 180 家研究样本中分布在北京市、上海市和深圳市的样本数依次为 50、39 和 17 家,所占比例依次为 27.78%、21.67%和 9.44%,比例合计为 58.89%。

(三)国内研究样本的细分统计

从组织形式角度,本章将研究样本分为股份制保险机构、有限制保险机构和相互制保险机构三类。表 2-10 的统计结果显示,各年研究样本有三类组织形式,其中股份制保险机构所占比例均位于第一位。2016 年 160 家研究样本中股份制保险机构、有限制保险机构和相互制保险机构的样本数依次为 98、58 家和 4 家,所占比例依次为 61.25%、36.25%和 2.50%。2017 年 172 家研究样本中股份制保险机构、有限制保险机构和相互制保险机构的样本数依次为 104、61 家和 7 家,所占比例依次为 60.47%、35.47%和 4.07%,2017 年较 2016 年股份制保险机构增加了 6 家,有限制保险机构增加了 3 家,相互制保险机构增加了 3 家。2018 年 180 家研究样本中股份制保险机构、有限制保险机构和相互制保险机构的样本数依次为 112、61 家和 7 家,所占比例依次为 62.22%、33.89%和 3.89%,2018 年较 2017 年股份制保险机构增加了 8 家,其余两类机构数量未变。2019 年 180 家研究样本中股份制保险机构、有限制保险机构和相互制保险机构的样本数依次为 110、63 和 7 家,所占比例依次为 61.11%、35.00%和 3.89%,2019 年较 2018 年股份制保险机构减少了 2 家,有限制保险机构增加了 2 家,相互制保险机构数量未变。

表 2-10 研究样本的组织形式统计

组织形式	2016 年		2017 年		2018 年		2019 年	
	样本数(家)	比例(%)	样本数(家)	比例(%)	样本数(家)	比例(%)	样本数(家)	比例(%)
股份制	98	61.25	104	60.47	112	62.22	110	61.11
有限制	58	36.25	61	35.47	61	33.89	63	35.00
相互制	4	2.50	7	4.07	7	3.89	7	3.89
合计	160	100.00	172	100.00	180	100.00	180	100.00

资料来源:作者整理

从资本性质角度,本章将研究样本分为中资保险机构和外资保险机构两类。表2-11的统计结果显示,各年研究样本中资本性质为中资的保险机构占据大多数。2016年160家研究样本中中资保险机构和外资保险机构的样本数分别为111和49家,所占比例分别为69.38%和30.63%。2017年172家研究样本中中资保险机构和外资保险机构的样本数分别为123和49家,所占比例分别为71.51%和28.49%,2017年较2016年中资保险机构增加了12家。2018年180家研究样本中中资保险机构和外资保险机构的样本数分别为131和49家,所占比例分别为72.78%和27.22%,2018年较2017年中资保险机构增加了8家。2019年180家研究样本中中资保险机构和外资保险机构的样本数分别为130和50家,所占比例分别为72.22%和27.78%,2019年较2018年中资保险机构减少了1家,外资保险机构增加了1家。

表2-11 研究样本的资本性质统计

资本性质	2016年		2017年		2018年		2019年	
	样本数(家)	比例(%)	样本数(家)	比例(%)	样本数(家)	比例(%)	样本数(家)	比例(%)
中资	111	69.38	123	71.51	131	72.78	130	72.22
外资	49	30.63	49	28.49	49	27.22	50	27.78
合计	160	100.00	172	100.00	180	100.00	180	100.00

资料来源:作者整理

从险种类型角度,本章将研究样本分为财产险保险机构和人身险保险机构。表2-12的统计结果显示,各年研究样本中两类险种机构数量相近。2016年160家研究样本中财产险保险机构有82家,所占比例为51.25%;人身险保险机构有78家,所占比例为48.75%。2017年172家研究样本中人身险保险机构和财产险保险机构各有86家,所占比例均为50.00%。2018年和2019年各有180家研究样本,每年财产险保险机构有89家,所占比例为49.44%;人身险保险机构有91家,所占比例为50.56%。

表2-12 研究样本的险种类型统计

险种类型	2016年		2017年		2018年		2019年	
	样本数(家)	比例(%)	样本数(家)	比例(%)	样本数(家)	比例(%)	样本数(家)	比例(%)
财产险	82	51.25	86	50.00	89	49.44	89	49.44
人身险	78	48.75	86	50.00	91	50.56	91	50.56
合计	160	100.00	172	100.00	180	100.00	180	100.00

资料来源:作者整理

二、国外保险公司治理学研究样本

国外保险公司治理学研究样本方面,如表2-13所示,约有55.42%的文献以保险公司（insurance company）作为研究样本而不考虑不同险种间的区别；以财产和责任保险公司（property-liability insurance company）这一特定险种公司作为研究样本的文献有 58 篇，约占总文献的 24.17%；以人寿保险[①]公司（life insurance company）为研究样本的文献有 26 篇，还有 4 篇以健康保险公司（health insurance company）作为研究对象的文献，两类文献合计约占总文献的 12.50%。以非人寿保险公司（non-life insurance company）、再保险公司（reinsurance company）和其他保险公司为研究样本的文献较少，合计占比仅约为 7.92%。由此可见，国外针对保险公司治理的研究已涉及保险行业的各个险种，能通过对各个险种保险公司治理特殊性的研究将行业治理细化到各个险种单元。

表 2-13　近十年国外保险公司治理文献研究样本的统计

研究样本（中文）	研究样本（英文）	文献数（篇）	占比（%）
保险公司	Insurance Company	133	55.42
财产和责任保险公司	Property-liability Insurance Company	58	24.17
人寿保险公司	Life Insurance Company	26	10.83
健康保险公司	Health Insurance Company	4	1.67
非人寿保险公司	Non-life Insurance Company	10	4.17
再保险公司	Reinsurance Company	2	0.83
其他	Others Company	7	2.92
合计	Total	240	100.00

资料来源：作者整理

思考题

1. 你认为能否用公司治理的定义来直接定义保险公司治理？
2. 哪些因素会促进一个学科的发展？试以保险公司治理学为例进行分析。
3. 保险公司治理学相对于公司治理学具有哪些特殊的学科特点？

---

① 人寿保险（life insurance）与人身保险（personal insurance）不完全相同。人寿保险是指仅仅以人的寿命作为保险标的的保险，分普通人寿保险和新型人寿保险两大类，其中普通人寿保险包括定期寿险、终身寿险、两全保险和年金保险，新型寿险包括分红保险、投资连结保险和万能保险。人身保险是以人的寿命和身体为保险标的保险，包括人寿保险、人身意外伤害保险和健康保险。可见，人身保险包括了人寿保险。

第三章

保险公司治理概念体系

【本章概要】

保险公司治理学有一套完整的概念体系，本章对保险公司治理领域常用的基本概念——治理环境、治理目标、治理结构、治理机制、内部治理、外部治理、治理主体、治理客体、治理职能、委托代理问题、代理成本、治理质量、治理风险、治理绩效以及保险公司核心利益相关者的内涵进行了界定和分析。

【学习目标】

掌握保险公司治理领域核心概念的内涵；理解保险公司治理领域核心概念之间的逻辑关系以及这些核心概念与一般公司治理领域的主要区别；理解保险公司核心利益相关者的重要性。

第一节 保险公司治理环境

一、公司治理环境的重要性

公司治理是一系列的制度安排，作为一种制度安排，公司治理的有效性与社会中的其他各种制度安排是相互联系的。按照制度经济学的理论，如果不参照社会中其他相关的制度安排，就无法估计某个特定制度安排的效率。因此，要完善公司治理结构与机制，发挥治理的有效性，并不能简单地去建立和完善各种治理结构与机制，更不能盲目地"移植"或"复制"，而应了解各结构与各种治理机制发挥作用所需要的制度背景。

早期的公司治理研究其实已注意到治理环境对公司治理机制的影响。例如，在公司治理模式的国别比较研究中，人们发现一国的融资体系决定了治理模式的选择，但更多的注意力集中在公司治理模式优劣的比较上，而没有深入地去探讨治理环境对公司治理机制有效性的影响，建议综合英美的市场监控模式和德日的股东监控模式的优点来完善公司治理模式。

把治理环境导入到公司治理研究领域中最具影响力的学者是 La Porta（拉波塔）、Lopez-de-Silanes（西拉内斯）、Shleifer（施莱弗）和 Vishny（维什尼），合称 LLSV。LLSV（1998）将法律对投资者保护程度量化成可度量的指标，然后分析了它与所有权集中度之间的关系，通过国别比较发现，公司治理的水平在普通法系①（common law）的国家里要高于大陆法系②（civil law）的国家，法律对投资者保护程度越高，股权越分散；法律对投资者保护程度越低，股权越趋于集中。也就是说，股权集中还是分散，是对法律保护投资者利益的自适应（adaptation）。在以后的一系列研究中，他们还发现，法律水平也是影响股权价值、资本成本和外部融资程度的重要因素。综合起来，法律水平是决定股权结构并影响治理机制的重要环境因素。

自 LLSV 研究成果相继发表后，政府行为等外生变量也逐渐导入到公司治理研究领域。例如，我国学者注意到政府行为是影响我国上市公司治理的一个极为重要的因素。夏立军和方轶强（2005）认为公司治理环境是相对于公司治理机制更为基础性的层面，没有良好的治理环境，公司治理的内部机制和外部机制很难发挥作用；目前我国的法律制度和政府行为交错在一起，共同影响治理机制的有效性。

在一般公司治理领域中，对于治理环境的研究多关注法律环境、市场化进程等。例如，谢文武（2011）以樊纲和王小鲁对市场化进程的研究内容来定义治理环境的主要内容，主要包括政府和市场的关系、非国有经济的发展、产品市场的发育程度、要素市场的发育程度以及中介发育和法律制度环境。车响午和彭正银（2016）借鉴辛宇和徐莉萍（2007）的研究，将法律制度环境指数、政府行政管理指数、市场化程度指数作为公司治理环境解释变量，研究数据来源于樊纲和王小鲁。而针对具体行业公司的研究中，产业政策环境则是公司治理的重要外部环境。例如林润辉、范建红、赵阳、张红娟和侯如靖（2010）关注了电信产业公司治理环境，选取 1949—2010 年中国电信产业发展过程中 66 项重大产业政策事件作为评价治理环境的依据，具体的环境维度包括产业政策调控、政府机构改制、政策法规颁布、行政措施调整等类别。

林毅夫、蔡昉和李周（2014）在著作《充分信息与国有企业改革》中指出，"近来在纷纷为国有企业设计未来的产权结构和治理结构模式时，却很少有人意识到企业的外部竞争环境，实际上这是国有企业模式转换的基础和前提条件，而创造这样的竞争环境，则是企业改革的核心。在存在委托代理问题的条件下，只有形成一个公平竞争的市场环境，进而利润率成为监督企业经营绩效的充分信息指标时，信息不对称问题

---

① 普通法系，又称英美法系、海洋法系等，是指以英国普通法为基础发展起来的法律的总称，判例法为其正式法律渊源。

② 大陆法系，又称为民法法系、罗马法系等，是指以罗马法为基础而发展起来的法律的总称，制定法为其主要法律渊源。

才可以最大限度地减少，才可以最大限度地使所有者和经营者激励相容，在这种前提下选择适宜的内部治理结构，才可以最大限度地消除责任不对等现象所导致的问题"。

二、保险公司治理环境的内涵

保险公司治理环境（insurance company governance environment）是指公司治理发挥作用所处的内部环境和外部环境的总称，如图 3-1 所示。狭义的保险公司治理环境主要是指保险公司外部治理环境。

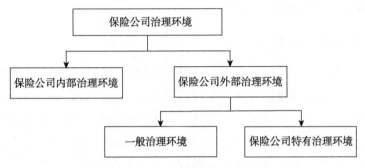

图 3-1　保险公司治理环境示意图
资料来源：作者整理

其中，外部治理环境（external governance environment）包括一般治理环境和保险公司特有的治理环境。一般治理环境是指对所有公司的治理都会产生影响的治理环境，包括共有法律法规环境、市场化程度、经理人市场发育程度、治理文化传统等内容；保险公司特有的治理环境是指仅对保险公司治理产生影响的治理环境，包括特有法律法规环境、监管环境、产业政策环境等。

保险公司内部治理环境（internal governance environment）包括公司章程的完善程度、公司对制度重视的程度、公司治理文化特点等。需要强调的是，保险公司内外部治理环境不等于保险公司内外部治理本身。

陈彬（2011）关注了保险市场的开放和外资公司的进入、股权结构多元化、保险公司相继上市三个方面的保险公司治理环境。罗胜（2012）提出，我国保险公司治理的外部治理环境有待改善。目前我国保险公司治理环境存在的问题有：一是现代企业制度下明确金融机构党组织在公司治理结构中的法定地位，把加强党的领导与完善公司治理结构统一起来，如何从理论和实践中落实是公司治理和改革无法回避的问题；二是外部中介机构整体服务水平不高，尚未形成一支有效的市场或体制性的力量；三是法律制度有待健全，法律制度之间的内在逻辑的统一性、法律规则执行之间的衔接、法律的完备性等都存在系统性或局部性的问题；四是政府如何建立一套有效合理的监管机制，尚在探索之中。

治理环境会影响保险公司治理结构的安排与治理机制的设计，也会影响已经构建起来的治理结构与机制作用的发挥,即治理环境会影响治理有效性,进而影响保险公司治理目标的实现。在保险公司治理领域,有大量的文献对保险公司法律环境、监管环境等治理环境内容进行了研究,但更多的是从治理环境优化和改进视角进行,鲜有直接对公司治理环境进行量化评价及其对保险公司治理行为带来的影响的研究。

第二节 保险公司治理目标

一、公司治理目标的三种观点

(一)公司治理目标观点对比

目标是对活动预期结果的主观设想,是在头脑中形成的一种主观意识形态,也是活动的预期目的,为活动指明方向。公司治理目标(corporate governance goal)就是指在一定的治理环境下,公司治理主体和治理客体通过开展各类治理活动所要达到的预期目的。公司治理目标作为牵引公司治理动力的方向,其优化无疑是当前我国完善公司治理结构,提升公司治理水准的一项重要内容(李小平,2003);还有学者发现,公司治理目标选择不同,带来的经济后果即对公司绩效的影响也不一样(宋炜,2013)。在一般公司治理领域,关于公司治理的目标主要有股东价值最大化、利益相关者利益最大化和股东利益为主导的利益相关者利益最大化三种观点。

第一种观点:股东价值最大化

McConnell 和 Servaes(1990)是这一观点的代表学者。公司治理缘于内部人控制带来的所有者和经营者的委托代理问题,因此这种观点在公司治理研究的早期较为流行,但股东价值最大化会让公司承担更高的风险。例如近年来随着大小股东之间委托代理问题的出现,大股东会通过关联交易、担保贷款等方式掏空公司,因此股东价值最大化这一治理目标在目前研究中应用较少。

第二种观点:利益相关者利益最大化

Mitchell、Agle 和 Wood(1997)是这一观点的代表学者。伴随利益相关者理论的发展和相关理念的普及,公司治理从"股东至上"的单边治理发展到利益相关者的共同治理,这种表达方式也是目前的主流表达方式。

第三种观点:股东利益为主导的利益相关者利益最大化

Jensen(2000;2001;2002)是这一观点的代表学者。这种表达方式综合了前两种观点,但还是把股东利益放在第一位。

在国内,吴淑琨、柏杰和席酉民(1998)、冯根福(2001)、苏冬蔚和林大庞(2010)、李豫湘和孟祥龙(2010)、赵清辉(2013)等学者在研究公司治理的过程中提出制衡是公司治理的目标或者强调制衡机制的作用。实际上,制衡机制的最终目标还是保护股东等利益相关者的利益。

（二）公司治理目标选择分析

每一种公司治理目标都有其适用的条件和背景，界定公司治理目标需要考虑各利益相关者对公司投入专用性资产的程度（investment）和参与治理的可行性（feasibility），两大因素共同决定了对其利益保护的程度（protect），即 $P=I\cdot F$。因此，对于处于弱势地位利益相关者利益的保护，特别是其中投入较多专用性资产的利益相关者的利益保护就是公司治理的重要目标，例如郎咸平（2004）认为公司治理就是中小股东权益保护。当然，在保护重要利益相关者利益的同时，也不能忽视其他利益相关者利益。公司治理目标是一个动态的概念，会受到公司所在国家和地区外部环境、公司所在行业与经营特点等内外部因素的影响。

二、保险公司治理目标的提出

（一）保护投保人利益是保险公司治理的重要目标

保险公司在经营目标、经营产品、经营范围、社会影响、经营过程、交易过程、成果核算、收益分配、资本结构等方面体现出来的经营特殊性，导致投保人是保险公司所有利益相关者中的弱势利益相关者。因此，相较于保险公司的股东，尤其是大股东、保险公司的高级管理人员等利益相关者来说，其利益更易受到侵害。

投保人为保险公司的发展贡献了重要资源，既是保险公司的客户或消费者，也是保险公司的债权人。因此，投保人是保险公司非常重要的利益相关者（本书将其称为核心利益相关者），将其纳入保险公司治理的参与者十分必要。在一般公司中，债权人可以通过在借款合同中加入限制性条款、提出重整、接受和解、破产清算环节，通过债权人委员会行使相应的权利等各种治理方式或者途径来保护自身的利益。而保险公司投保人参与治理的途径相对有限，上述治理方式或者途径基本上行不通。投诉是投保人参与治理的主要方式，但消费者投诉机制的有效性又受到多种因素影响，同时投保人的分散性也导致其参与治理的动力不足。总体来说，参与治理的途径不充分和参与治理的动力不足使得保险公司投保人治理或者债权治理严重缺失。

投保人是保险公司重要的利益相关者，一方面其利益容易受到侵害，另一方面缺乏有效的参与治理途径和充足的动力，这就使得保护投保人的利益是保险公司治理的重要目标或者说首要目标。

（二）保险公司治理目标的分类：过程目标和最终目标

李维安（2001）提出公司治理的目标是决策科学，而非制衡。与此类似，谢志华（2008）专门针对公司治理目标进行了讨论，提出传统公司治理的目标包括防止信息做假、防止损害所有者的权益和防止经营效率低下（或防止决策失误）三个方面，把这三者作为公司治理平行的目标看待是不准确的，并认为防止决策失误即决策科学是三个目标中最重要的目标。

结合一般公司治理目标的多种表达方式以及上述保险公司治理特点的分析，本章提出保险公司治理目标（insurance company governance goal）可以划分为过程目标（process goal）和最终目标（final goal），具体如图 3-2 所示。

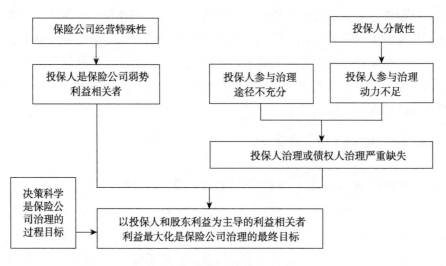

图 3-2　保险公司治理目标示意图
资料来源：作者整理

保险公司治理的过程目标是决策科学，即通过治理结构搭建、治理机制建立和治理活动的开展，实现保险公司在承保和投资两大核心业务上的科学决策；而保险公司治理的最终目标是保护投保人、股东等利益相关者的利益，即通过科学决策，降低代理成本，实现以投保人和股东利益为主导的利益相关者利益最大化。

过程目标是最终目标的前提或者基础，如果保险公司没有实现科学决策，所有利益相关者的利益都会受到影响。需要说明的是，强调投保人利益保护并不是说其股东、董事、高级管理人员、员工、监管机构、政府等其他的公司内部和公司外部利益相关者的利益不重要；保险公司在实现股东利益最大化的过程中，不能以牺牲投保人的利益、中小股东的利益乃至行业的健康发展作为代价。

第三节　保险公司治理结构与治理机制

一、保险公司治理结构

保险公司治理结构又称保险公司法人治理结构（insurance company governance

structure），侧重于保险公司的内部治理，是指涵盖股东（大）会[①]、董事会、监事会、经理层之间责权利的制度体系。因此，简单来说，保险公司治理结构就是指保险公司的"三会一层"，如图3-3所示。

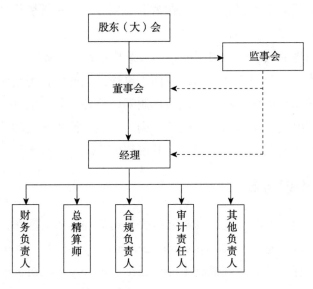

图 3-3 保险公司治理结构示意图
资料来源：作者整理

经理层，即高级管理人员组成的团队，也被称为经营层、经营管理层、高管层、管理层等。不同保险公司治理政策法规文件对经理层的称呼略有不同。原中国保监会在《保险中介机构法人治理指引（试行）》（保监发〔2005〕21号）和《保险中介机构内部控制指引（试行）》（保监发〔2005〕21号）中使用了"经理层"一词。《保险公司开业验收指引》（保监发〔2011〕14号）中使用了"经营层"一词。原中国保监会在2018年发布的《保险资金运用管理办法》（保监会令〔2018〕第1号）、中国保险行业协会发布的《保险公司董事会提案管理指南》等文件中则使用了"经营管理层"一词。在《中国银保监会关于推动银行业和保险业高质量发展的指导意见》（银保监发〔2019〕52号）文件中则使用了"高管层"一词，《银行保险机构公司治理监管评估办法（试行）》（银保监发〔2019〕43号）也使用了"高管层"一词。《关于规范保险公司治理结构的指导意见（试行）》（保监发〔2006〕2号）使用了"管理层"一词，中国银保监会发布的《保险机构独立董事管理办法》（保监发〔2007〕22号）也使用了"管理层"一词。

吴敬琏（1993；1994；1996）认为，所谓公司治理结构是指由所有者、董事会和

[①] 在股份制保险公司中，公司最高权力机构被称为股东大会；在有限制保险公司中，公司最高权力机构被称为股东会。因此本书使用了"股东（大）会"这样的表达方式。

高级执行人员即高级经理人员三者组成的一种组织结构。在这种结构中，上述三者之间形成一定的制衡关系。通过这一结构，所有者将自己的资产交由公司董事会托管；公司董事会是公司的最高决策机构，拥有对高级经理人员的聘用、奖惩以及解雇的权利；高级经理人员受雇于董事会，组成在董事会领导下的执行机构，在董事会的授权范围内经营公司。

早期对公司治理的认识多局限于公司治理结构层面（吴敬琏，1993），随着公司治理理论与实务的推进，公司治理结构这一词语也被经常使用，但是所表达的内容已不仅仅局限于治理的结构层面问题，还包括机制问题，即与公司治理等同，以至于目前部分政策文件仍然使用"法人治理结构"一词。当然，治理实践和治理研究发展到目前，治理结构、治理机制与公司治理各有其确切的内涵，不宜混用。

二、保险公司治理机制

从科学决策的角度看，治理结构不能解决公司治理的所有问题，更需要若干具体的、超越结构的治理机制（governance mechanisms）（高闯等，2009）。与保险公司治理结构相对应的是保险公司治理机制（insurance company governance mechanism），它是指基于保险公司治理结构所做出的更高层次的制度安排和来自保险公司外部的相关制度安排的总和。保险公司治理机制分为内部治理机制和外部治理机制，具体如图3-4所示。

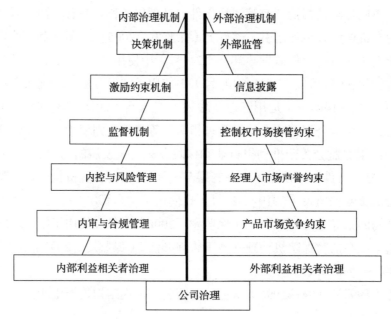

图3-4　保险公司内外部治理机制示意图
资料来源：作者整理

保险公司的有效运行和决策科学不仅需要通过股东（大）会、董事会和监事会发挥作用的内部治理结构与机制，而且还需要一系列通过证券市场、产品市场和经理人市场等来发挥作用的外部治理机制。

保险公司治理机制在本质上也是一种制度安排，但与"三会一层"的具体制度安排不同，治理机制方面的制度安排比较抽象和特殊，是对已有制度安排的进一步提炼，比如内部治理机制中的激励约束机制，是对董事、监事、高级管理人员相关激励约束制度的总称。

内部治理机制主要通过"三会一层"来发挥其作用，主要包括决策机制、激励约束机制、监督机制、内控与风险管理、内审与合规管理和内部利益相关者治理。而外部治理机制主要是通过国家法律、监管机构、行业协会、资本市场、产品市场、经理人市场和社会媒体等外部市场和外部利益相关者形成保险公司的约束和监督力量，主要包括外部监管、信息披露、整顿与接管机制、产品市场竞争约束、经理人市场声誉约束、保险消费者投诉、外部审计、媒体监督等。

第四节　保险公司内部治理与外部治理

一、保险公司内部治理

保险公司内部治理（insurance company internal governance）是指来自保险公司内部的为了解决委托代理问题的一系列制度安排。内部治理按照内容不同可以分为股东治理、董事会治理、监事会治理、高级管理人员治理、职代会治理等内部利益相关者治理。

股东治理涉及股东（大）会的权利、股东（大）会的召集和召开、股东性质、股权结构、股东投票制度、股东治理评价等内容。

董事会治理涉及董事任职资格、董事提名、董事选聘、董事任期、董事义务、董事激励、董事约束、董事高管责任险[①]、董事评价、董事会会议、董事会职权、董事会规模、董事长、独立董事、执行董事、董事会专业委员会、董事会独立性、董事会资本、董事会秘书、董事会治理评价等内容。

监事会治理涉及监事任职资格、监事提名、监事选聘、监事任期、监事义务、监事激励、监事约束、监事评价、监事会职权、监事会会议、监事会规模、监事会主席、股东监事、职工监事、外部监事、监事会治理评价等内容。

[①] 董事高管责任险（directors and officers liability insurance），简称 D&O 保险，是指董事和高管在履行职责过程中因工作疏忽、不当行为被追究责任时，由保险公司赔偿法律诉讼费用及承担其他相应民事赔偿责任的保险。在我国，华泰财产保险股份有限公司较早推出了"董监事及高级管理人员责任保险"。

高级管理人员治理涉及经理提名、经理选聘、经理任职资格、经理任期、经理义务、经理职权、经理约束、两职设置[①]、经理激励、高级管理人员治理评价等内容。

另外，按照这些制度安排的特点可以把内部治理分为结构和机制两个层面，即内部治理结构和内部治理机制。内部治理结构主要是指"三会一层"，与公司治理结构内涵相同；内部治理机制主要包括决策机制、激励约束机制、监督机制、内控与风险管理、内审与合规管理和内部利益相关者治理。

二、保险公司外部治理

迄今为止，何谓外部治理也尚未有一个统一的界定。但笼统来说，保险公司外部治理（insurance company external governance）是相对于保险公司内部治理来说的，指来自保险公司外部各类市场的约束和外部利益相关者的监督，其目的同样是为了解决委托代理问题。

针对一般公司，在侧重于外部市场、外部环境等英美治理模式的国家，外部治理甚至成了公司治理的代名词；而在强调内部制度安排的国家，对于外部治理的关注相对较少。

保险公司外部治理主要包括外部监管、行业协会自律引导、信息披露、产品市场竞争约束、经理人市场声誉约束、控制权市场接管约束、保险消费者投诉、债权治理、媒体监督、外部审计、浑水公司[②]监督等内容。

三、保险公司内部治理与外部治理的关系

关于保险公司内部治理与外部治理的区别：保险公司内部治理的基本特征是以产权为主线的内在制度安排，其治理载体就是保险公司本身；保险公司外部治理则是以监管和竞争为主线的外在制度安排，其治理载体是监管机构和市场体系。

保险公司治理的内部和外部治理不仅互补而且在一定程度上是可以相互替代的：一方面，通过"用手投票"机制替换在位经理的决策常常建立在"用脚投票"机制所反映出来的信息上，"用脚投票"机制所反映出来的股东意愿最终要通过"用手投票"机制来实现；另一方面，一个有效的股票市场使对经理的直接控制变得较不重要，这就如同增加巡逻警察的力量可以减少监狱里的拥挤程度一样（张维迎，1996）。

[①] 两职设置（duality）是指董事长和总经理两个职位安排问题，具体安排包括董事长和总经理一人担任即两职合一、董事长和总经理由不同人担任即两职分设，在两职分设中还包括总经理担任副董事长、总经理担任董事以及总经理不担任董事三种情况。在公司治理实践和研究过程中，关于两职合一和两职分设存在一定的争论，但目前更多的文献和政策法规支持两职分设。

[②] 浑水公司（Muddy Waters Research）是一家注册在美国的研究公司，成立于2010年7月，专门调查在资本市场里"浑水摸鱼"的公司，然后通过做空的方式获利。在公司治理领域，浑水公司泛指这类在资本市场"打假"的各类做空机构。

第五节　保险公司治理主体与治理客体

一、保险公司治理主体

保险公司治理主体（insurance company governance body）是参与保险公司治理的人和机构。

根据股东至上理论，股东是公司理所当然的所有者，股东的所有者的地位受到各国的法律保护，公司存在的一个重要目的就是追求股东利益最大化，因此，股东一定是保险公司的重要治理主体。根据利益相关者理论，保险公司的经营者（一般与所有者相对应，主要是指董事、监事和高级管理人员）、投保人、监管机构、行业协会、行业学会、社区等也是保险公司的利益相关者，保险公司应以满足各利益相关者的利益为目标。

保险公司治理主体在股东至上和利益相关者至上之间做出选择需要遵循如下两点基本原则：第一，保险公司价值最大化原则，公司治理主体的选择应该确保公司价值最大化，这样才能避免股东和管理者的短期行为，既满足了股东的利益，又满足了各利益相关者的利益，这样的公司治理主体才是最优配置的；第二，保险公司治理能够有效运营的原则，公司治理主体的选择应该保证保险公司的决策层能够有能力和激励做出有利于提高保险公司经营效率的正确决策，单纯股东参与公司治理或者要求所有的利益相关者同等程度参与公司治理并不一定能确保公司治理的有效运营。

实践表明，股东利益至上的英国和美国实际上与利益相关者主导的日本和欧洲大陆之间的经济差距在逐渐减小，美国公司治理模式越来越倾向于关系投资模式，越来越重视股东以外的其他利益相关者，强调经营者对全体利益相关者而不仅仅是对股东的责任；与此相对应，德日公司越来越重视股权多元化和资本市场的作用，推崇股东利益导向，这一定程度上意味着股东利益至上理论与利益相关者理论在接拢或交叉。因此，单纯股东利益至上或者利益相关者利益至上的公司治理恐怕都不是最优的选择。

保险公司治理主体按照治理参与程度不同可以分为核心治理主体（core governance body）、重要治理主体（key governance body）和一般治理主体（general governance body）三类。基于保险公司治理主体选择原则，虽然所有利益相关者的利益都需要保护和满足，但并不是所有的利益相关者均要成为保险公司核心治理主体。在一般公司中，作为所有者的股东处于公司治理主体的核心地位（李维安，2001），也是保险公司核心治理主体。在保险公司当中，除了股东之外，投保人也为保险公司投入了专用资产，是保险公司的核心利益相关者，因此投保人也是保险公司的核心治理主体，但投保人参与治理的途径不充分和动力不足，因此，监管机构也是保险公司的核心治理主体。所以，股东、投保人和监管机构是保险公司的三大核心治理主体，董事、监事、高级管理人员等保险公司内部利益相关者和集团公司、资产管理公司、一般债权人等外部利益相关者是保险公司的重要治理主体，而政府其他部门、供应商、中介机构、媒体、社区等外部利益相关者是保险公司的一般治理主体。

二、保险公司治理客体

保险公司治理客体（insurance company governance object）是指保险公司治理主体在开展治理活动中所面对的对象。

追溯公司的产生，其根源在于因委托代理而形成的一组契约关系，这种契约关系的不完备性与信息的不对称性催生了公司治理问题。所以，公司治理实质在于股东等治理主体对公司经营者的监督与制衡，以解决因信息的不对称而产生的逆向选择和道德风险问题。在现实中所要解决具体的问题就是决定公司是否能恰当地决策与经营管理。

基于上述分析，保险公司治理客体有四重含义：第一，高级管理人员，对其治理来自董事会和监事会，关注点在于公司经营管理是否恰当；第二，董事会及其成员，对其治理来自股东、监事会及其他利益相关者，关注点在于公司的重大战略决策是否恰当；第三，监事会及其成员，对其治理主要来自股东，关注点在于公司董事和监事有无违反法律法规和公司章程的行为；第四，保险公司自身，对其治理主要来自监管机构，关注点在于投保人等利益相关者利益是否能够得到保护。

需要说明的是：第一，保险公司治理主体和治理客体往往是相对的，例如高级管理人员是保险公司的重要治理主体，而高级管理人员又是董事会的治理客体；第二，本书所界定的治理客体与治理对象含义不完全相同，治理对象主要是指具体的研究样本，只有当保险公司自身成为治理客体时，二者所指内容才一致。

三、基于治理主体和治理客体的保险公司治理边界

保险公司治理边界（insurance company governance boundary）是保险公司权利、责任以及治理活动的范围及程度，也就是说保险公司治理主体对保险公司治理客体施加影响的有效范围。

治理边界既不同于公司制企业规模边界的概念，也与公司的法人边界不完全一致（李维安，1998）。本章将保险公司法人边界称为保险公司治理内边界（inner boundary）。当把保险公司治理主体从内部利益相关者扩大到股东、投保人和监管机构时，便形成了保险公司治理的中枢边界（central boundary）。再进一步扩大到其他利益相关者时，保险公司治理的外延界限也将扩大，这一过程也是保险公司的社会责任得到强化的过程，最终形成公司治理的外边界（outer boundary）。保险公司治理内边界、

中枢边界和外边界如图 3-5 所示。

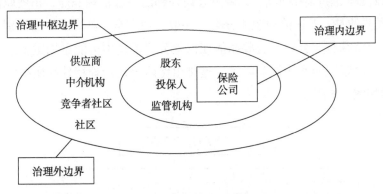

图 3-5　保险公司治理边界示意图
资料来源：作者整理

对于一个独立的保险公司来说，其公司决策意志范围被限定在治理内边界，也就是说公司的权利、责任的配置以及治理活动不能超越其治理内边界，其治理内边界和法人边界是一致的。在保险集团中，集团成员之间、集团公司与集团成员之间、集团与其利益相关者之间的权责关系更加复杂化，从而导致其治理边界和集团公司法人边界不一致。

第六节　保险公司治理职能

一、保险公司治理职能的内涵

职能是指事物或者机构本身具有的功能或应起的作用。管理学家亨利·法约尔（Henri Fayol）在其 1916 年的著作《工业管理与一般管理》（*General and Industrial Management*）中提出了管理的五大职能，即计划、组织、指挥、协调和控制。卢昌崇在其著作《企业治理结构》（1999）中指出按照公司治理过程和对公司内、外部管理的侧重取向来划分，公司治理的基本职能可以概括为四个方面：指导职能、管理职能、监督职能和阐释职能。李维安和武立东在其著作《公司治理教程》（2001）中指出，公司治理的基本职能归纳为下面两点：一是保证公司管理行为符合国家法律法规、政府政策、企业的规章制度；二是对公司财富最大化的追求。闫长乐在其著作《公司治理》（2008）中将公司治理职能或者功能划分为权利配置、制衡、激励和协调四大职能。

综合上述学者观点，本章认为保险公司治理职能（insurance company governance function）包括基本职能（basic function）、具体职能（specific function）和拓展职能（expanding function）三大类。具体来说包括：基本职能（合规职能）；侧重公司内部的具体治理职能,有决策职能(本质职能)、权利配置职能(关键职能)、激励职能(条件职能)和监督职能(条件职能);侧重公司外部的外部治理职能,拓展职能(协调职能)。需要说明的是,上述治理职能分类与一般公司完全一样,唯一的区别在于,保险公司作为一个特殊行业公司,有些职能在保险公司治理中可能更加重要或者突出,例如合规职能、决策职能和协调职能等,这是由保险公司治理特殊性所决定的。保险公司治理职能如图 3-6 所示。

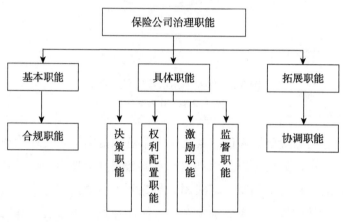

图 3-6　保险公司治理职能示意图

资料来源:作者整理

二、保险公司治理的基本职能

保险公司治理的基本职能主要是指合规职能,这也是保险公司治理职能的起点,即保险公司开展的经营、管理和治理等各类活动要合乎有关的法律、法规、指南、标准、守则、准则、原则等的要求,这也是保险公司治理的底线,保证保险公司不"触礁"。相较于一般管理告诉保险公司"做什么",合规职能主要是从法律法规角度出发告诉保险公司"怎么做"。因此,合规职能也是保险公司治理的起点职能。在金融机构,因为其经营的特殊性,管理的合规更加重要。2006 年原中国银行业监督管理委员会(以下简称"原中国银监会")颁发的文件《商业银行合规风险管理指引》(银监发〔2006〕76 号)指出,合规是指商业银行的经营活动与法律、规则和准则相一致。2016 年原中国保监会《保险公司合规管理办法》(保监发〔2016〕116 号)指出,合规是指保险公司及其保险从业人员的保险经营管理行为应当符合法律法规、监管规定、公司内部管理制度以及诚实守信的道德准则。合规的标准不仅包括监管机构制定的法律与规则以及行业协会制定的指南与标准,也包括适用于保险公司内部员工的行为守则,还应包括更广义上的诚实廉正和公平交易的行为准则。

三、保险公司治理的具体职能

（一）决策职能是保险公司治理的本质职能

较早对公司治理和公司管理进行区分的 Tricker（1984）指出公司治理要确保公司管理处于正确的轨道之上。公司治理的最终目标是实现公司的科学决策，进而给股东和公司创造更高的价值。这一点是在公司治理领域已经达成的共识。如何实现这一职能，非常重要的一点就是要建立科学的治理结构，明确划分股东、董事会、经理层各自的权利、责任和利益，形成三者之间的制衡关系，同时设计相关的治理机制。需要说明的是，公司治理的目的不是相互制衡，至少，最终目的不是制衡，而只是保证公司科学决策的方式和途径。科学的公司决策不仅是公司的核心，同时也是公司治理的核心，从这个意义上来说，决策职能是公司治理的本质职能。在保险公司中，除了保险经营外，对外投资也是其重要的业务内容。而保险公司能否做出准确、及时的投资决策将直接影响到投保人的利益，因此保险公司治理决策职能除了实现股东价值外，可能首先要考虑投保人的利益，这一点与一般公司存在一定的区别。在保险公司治理实践过程中，为了保证投资决策的科学性，保险公司在董事会专业委员会层面往往设立投资决策委员会，这是保险公司治理决策职能的重要体现。

（二）权利配置职能是保险公司治理的关键职能

现代企业理论认为，公司治理就是通过剩余索取权与控制权的配置解决公司代理问题。能否合理配置剩余索取权和控制权，是判断公司治理是否有效的基本标准之一。公司治理的关键职能就是配置所有权。公司权利配置的基本原则是，剩余索取权与剩余控制权相对应，即拥有剩余索取权和承担风险的人要有控制权，拥有控制权的人要承担风险。如果剩余索取权与控制权不对应，即承担风险的人没有控制权，或有控制权的人不承担风险，就会导致"廉价投票权"，即对自己行为后果不负责任的人有投票权。在保险公司中，权利配置模式比一般公司更加复杂，随着利益相关者理论的发展，股东至上主义需要被重新审视。

（三）激励职能是保险公司治理的条件职能

在现代公司中，由于委托人和代理人的目标效用函数不一致，代理人经营能力的发挥程度与工作积极性的高度是不易监督的，因而公司治理的重要职能就是对代理人的激励。没有激励或者激励不足，公司治理有效性就难以保障。公司治理的激励机制应该具有激励相容的功效，现代委托代理理论把激励相容的条件作为委托人预期效应的两个约束条件之一。也就是说，代理人在追求个人利益的同时，其客观效果是能够更好地实现委托人想要达到的目的，这就是激励的相容性。约束是反向激励，它与激励是一体两面的。如果只有激励而没有约束，就如同只有约束而没有激励一样无效。

保险公司的代理人同样也需要正向和反向激励、长期和短期激励、物质和非物质激励，以更好地实现委托代理目标。

（四）监督职能是保险公司治理的条件职能

有效发挥公司治理机制的作用，除了对代理人进行激励约束之外，来自公司内外部的各种监督力量也是可以选择的途径。例如来自产品市场竞争、经理人市场、控制权或者接管市场等的外部监督力量，以及来自英美法系国家常用的独立董事制度、大陆法系国家导入的监事会制度中独立董事和监事等监督主体的内部监督力量。有效的监督机制能够约束代理人的偷懒行为，使之更好地为委托人利益最大化而工作。在保险公司中，为更好地保护投保人的利益，保险公司治理的监督职能往往也会得到一定程度的强化，例如监管机构规定股份制保险公司必须设立独立董事，而且需要达到一定的比例，这一点，在非上市一般公司中并没有强制性规定。此外，一些保险公司在监事会中还设立了外部监事，以强化其监督职能。在保险公司外部治理方面，作为其重要内容的外部监管的内容和强度也远远超过一般公司。

四、保险公司治理的拓展职能

保险公司治理的拓展职能主要是指协调职能。协调职能是指公司治理要能够协调好公司与股东及包括债权人、供应商、客户、社区和政府等在内的利益相关者之间的利益关系。公司治理的主体不局限于股东，而是包括股东、债权人、高级管理人员、员工、顾客、供应商、政府、社区等在内的利益相关者。这些利益相关者在公司发展过程中都投入了一定程度的专用性资产，并承担了相应的风险。保险公司的投保人是其极为重要的利益相关者，而其参与治理的途径较少、成本较高，因此，相较于一般公司治理而言，保险公司治理其协调职能更应该得到有效发挥。在追求利润最大化的过程中，不能有效地进行自我监督与约束，协调好各利益相关者的权益问题，轻则导致公司治理违规，重则直接使公司破产倒闭。

第七节　保险公司委托代理问题与代理成本

一、一般公司两类委托代理问题和三类委托代理问题

（一）经典的两类委托代理问题

本章参考已有的研究，将公司治理问题划分为两类，并将其简称为第一类委托代理问题和第二类委托代理问题，考虑到两类公司治理问题被理论界关注和出现的时间存在先后顺序，也可将公司治理问题简称为第一代委托代理问题和第二代委托代理问

题，具体如图 3-7 所示。

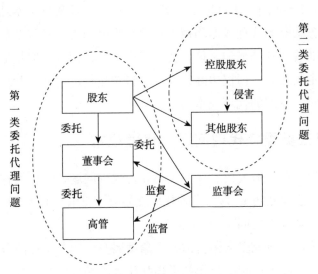

图 3-7 两类公司代理问题示意图
资料来源：作者整理

关于两类代理问题，其他学者都有不同的称呼，但分类原理都是一样的。例如，宁向东（2005）将公司治理的问题（corporate governance problems）分为两类：一类是代理型公司治理问题；另一类是剥夺型公司治理问题。代理型公司治理问题面对的是股东与经理之间的关系；而剥夺型公司治理问题，则涉及股东之间的利益关系。高闯等（2009）认为就本质而言，这两类公司治理问题都属于委托代理问题，只不过第一类公司治理问题是公司所有者与经营者（即股东与董事、股东与监事、董事与经理之间）的委托代理问题，而第二类公司治理问题是大股东与中小股东之间的委托代理问题。可将第一类公司治理问题形象地称作"经理人控制与败德"问题，将第二类公司治理问题称为"终极股东控制与侵占"问题。

（二）第三类委托代理问题

早期代理成本理论研究主要关注股东与经营者或者股东与股东之间的委托代理问题，基本上忽视了股东与债权人之间的委托代理问题，对股权代理成本的研究远远超过对债权代理成本的关注。管理者利用其权限谋求自身利益，他们可以把本应该支付给股东的或本应该投资的资产，转为在职消费或非经营性资产，这种无效成本由股东承担。为避免和减少这种无效性，债务就是一个可供选择的治理方式，它可以减少管理者可用于追求各种自身利益的自由现金，降低代理成本。然而债务融资又会带来债权代理成本，例如，在企业处于破产边缘时，股东会倾向于投资风险更大的项目，使债权人面临更大风险。因此 Jensen 和 Meckling（1976）认为，一方面，债务融资可增加管理者持股比例、增加可能对管理者的破产惩罚、减少自由现金等，从而减少股权代理成本；另一方面，债务融资又会产生资产替代效应、投资不足等问题，从而增加了债权代理成本。Jensen 和 Meckling（1976）主张，企业最优资本结构是由股权融资的代理成本和债务融资的代理成本均衡得到的。当公司外部筹资全部是股权时，债权代理成本为零；随着债务的增加，债权代理成本上升，而外部股权的代理成本下降；当债务增加到一定程度后，债权边际代理成本将超过外部股权边际代理成本；当外部筹资全部是债务时，股权的代理成本为零。

二、保险公司三类委托代理问题与代理成本

基于上述分析，在一般公司，存在三类委托代理问题，分别简称为第一类委托代理问题（股东与经营者之间）、第二类委托代理问题（股东与股东之间）和第三类委托代理问题（股东与债权人之间）。

已有债权代理成本研究多从银行债权人角度展开，而对于保险公司投保人这类债权人的关注较少。实际上，保险公司两类委托代理问题导致的股权代理成本都存在，而且由于保险公司经营的特殊性，债权代理成本的重要性可能远超过股权代理成本。从这个意义上讲，保险公司存在三类委托代理问题，即股东与经营者之间的委托代理问题、股东与股东之间的委托代理问题和股东与债权人之间的委托代理问题。如图 3-8 所示。

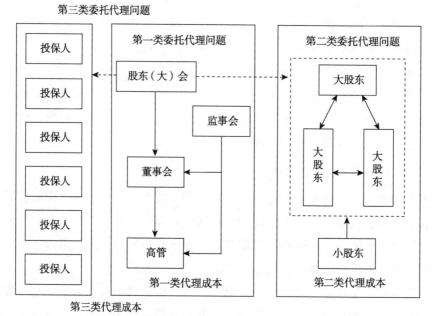

图 3-8　保险公司三类委托代理问题与三类代理成本

资料来源：作者整理

但在保险公司，这个顺序可能正好颠倒过来，与一般公司顺序恰恰相反，股东与

投保人（债权人）之间的委托代理问题是第一类委托代理问题，股东与股东之间的委托代理问题是第二类委托代理问题（保险公司股权结构一般来说比较集中，特别是非上市的保险公司，在非上市有限制保险公司中，股权结构更加集中，往往只有几个股东，因此股东之间的委托代理问题比较突出，这其中既包括大小股东之间的委托代理问题，也包括大股东之间的委托代理问题，这区别于一般的股权集中型上市公司的大小股东之间的委托代理问题），而股东与经营者之间的委托代理问题是第三类委托代理问题。也就是说，在保险公司，同样存在这三类委托代理问题，但三类委托代理问题的重要性顺序可能与一般公司恰恰相反。为了表述方便，本章继续沿用了一般公司治理领域委托代理问题的提法。

第八节 保险公司治理质量与治理风险

一、保险公司治理质量

ISO 9000 将质量定义为一组固有特性满足要求的程度，保险公司治理质量（insurance company governance quality）是指保险公司治理的合规、决策、权利配置、激励、监督、协调等职能的固有特性满足股东、高级管理人员、保险消费者、监管机构等利益相关者要求的程度。这些要求包括明确的、隐含的以及必须履行的内容。公司治理是现代企业制度的核心，公司治理质量缺陷直接制约着公司现代企业制度建设的进程，不利于我国国家治理体系和治理能力现代化建设（李维安、孟乾坤、李惠，2019）。

保险公司治理质量是一个综合的概念，治理合规性与有效性是其重要的方面，而治理绩效、治理成本、治理效率与治理溢价等是治理有效性的不同方面的反映。保险公司治理质量主要用来反映保险公司治理的历史表现，运用科学的评价方法可以评价保险公司治理质量状况。

赵景文（2006）提出，可以以一个综合指标来代表公司治理质量，而不是以公司治理的若干方面来共同代表公司治理的质量特征。并利用南开大学中国公司治理研究院发布的中国上市公司治理指数（$CCGI^{NK}$）来反映公司治理质量，实证检验治理质量与盈余质量的关系，研究发现治理质量显著影响到了盈余反应系数，高治理质量公司的盈余反应系数显著高于低治理质量公司。

也有学者尝试用具体治理指标刻画治理质量，例如雷光勇、王文和金鑫（2012）选取第二大股东至第十大股东持股量集中度、独立董事比例、董事会会议次数和管理层持股比例四个变量刻画公司治理质量。研究发现，公司治理质量越高，外部投资者信心越强，投资者信心增强通过投资行为形成溢价对股票回报产生积极影响，这种正向影响在治理质量高的公司中得到增强。

二、保险公司治理风险

(一)一般公司治理风险

国外学者在研究公司治理问题时较少直接给出"公司治理风险"这一概念的具体定义。文献检索发现,Crichton-Miller 和 Worman(1999)给出了一个相对系统的公司治理风险的定义,认为公司治理风险是因公司治理制度设计不合理或运行机制不健全,给公司持续经营带来的不稳定性以及对公司总价值产生影响,从而对投资者的利益产生威胁。这种威胁体现在多方面,单纯的某一个风险往往有一定的潜伏期,产生的威胁是有限的,甚至是不被察觉的;但众多风险在相互作用下逐步积累,最终可能导致危机的总爆发,使企业陷入治理困境,进而影响到企业的生存发展(孙奕驰、张舒弋、翟光宇,2009;孙奕驰、张艺馨,2011)。在国内,李维安(2005)较早关注了公司治理风险问题。胡强(2006)将证券公司的治理风险分解为股东相容性风险、股东与经营层代理风险、客户与公司代理风险三个方面。刘腾(2007)从股东(大)会治理角度界定了股东(大)会治理风险,即由于股东层内部结构,如控股股东的性质和控股股东的持股比例和股东自己的道德而给公司治理可能造成的风险。李维安和谢永珍(2007)基于系统思维视角界定了公司治理风险的内涵,将公司治理风险分为内部治理风险与外部治理风险,指出内部治理风险主要是指内部治理机制不合理而导致的偏离公司治理目标的可能性;外部治理风险是指由于外部治理环境的不稳定而导致的偏离公司治理目标的可能性。并指出公司治理风险来源于以下方面:股东和股权结构、董事和董事会、监事和监事会、经理层以及信息披露和利益相关者,并通过二元逻辑回归方法进行了公司治理风险预警。刘凤娟和杨颖(2012)认为,公司治理风险是指由于公司治理制度设计不合理或运行机制不健全以及与公司治理相关的内外部环境的变化对公司治理目标实现产生的影响,包括公司内部治理风险和外部治理风险。公司治理失败所导致的利益损失可能是全局性的,如公司破产倒闭,所有利益相关者都会遭受损失;也可能是局部性的,仅仅针对某些类型的利益相关者,如公司对顾客的欺诈,只有顾客面临风险,被欺诈的顾客将遭受损失。因此,可以将公司治理风险分为两个层次:公司整体治理风险和不同利益相关者群体的治理风险。整体治理风险指的是公司治理制度安排和治理机制所造成的可能给公司全体利益相关者群体造成损失的风险,只是不同利益相关者的损失在程度上存在差异;群体风险指的是公司治理制度安排或者治理机制所导致的可能会对某一特定群体造成损失的风险。对公司治理风险进行层次划分有利于针对性地进行公司治理风险识别和管理(曾爱青、曾建辉、刘智勇,2018)。

(二)保险公司治理风险的内涵与类型

综上所示,保险公司治理风险(insurance company governance risk)是指某种因保险公司治理结构不合理或公司治理机制不完善以及公司内外部治理环境变化而导致保险公司治理目标发生偏离，进而给投保人、股东等利益相关者带来损失的可能性，保险公司治理风险的构成如图 3-9 所示。

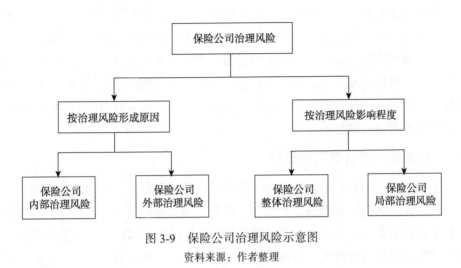

图 3-9　保险公司治理风险示意图

资料来源：作者整理

保险公司治理风险按照风险形成的原因或者来源方向不同可以分为内部治理风险（internal governance risk）和外部治理风险（external governance risk）。内部治理风险可以细分为内部治理环境风险、股东治理风险、董事会治理风险、监事会治理风险、高级管理人员治理风险等，而外部治理风险可以细分为外部环境治理风险、外部利益相关者治理风险、信息披露风险、各类市场竞争约束机制治理风险、媒体治理风险等。

按照治理风险对保险公司影响程度不同，可以划分为整体治理风险（overall governance risk）和局部治理风险（partial governance risk）。整体治理风险是对保险公司所有利益相关者都会产生影响的治理风险，例如保险公司因治理风险而出现了治理僵局，这种局面对所有利益相关者均会产生影响；局部治理风险是指对保险公司部分利益相关者或者特定的利益相关者产生影响的治理风险，例如保险公司无理由拒绝理赔而侵害投保人的利益。

原中国保监会主席助理袁力于 2009 年 12 月 19 日在对外经济贸易大学举行的"后危机时代中国保险业创新与发展论坛"上，对保险公司治理风险进行了深入的分析。他指出，公司治理风险是一种保险公司在经营过程中形成的风险，有别于财务风险和市场风险，对于企业来讲具有基础性、根源性的特点，研究分析保险公司的治理风险是有效地防范保险风险的前提。他提出保险公司治理风险主要包括如下四种：滥用控制权侵犯公司利益风险，公司治理僵局风险，公司管控薄弱风险，公司高管舞弊风险。这几类风险是公司治理问题造成的特有风险，对保险公司而言，这些风险的外在表现形式或最终后果是保险公司的市场行为、偿还能力、资金运用方面出现问题，但是追溯根源，还是公司的治理问题。因此，防范和化解这些风险是公司治理监管要着力解决的问题。

董迎秋、金铭卉、崔亚南、刘婷和郝臣（2018）在构建保险业公司治理框架的基础上，提炼出保险业公司治理框架内各个环节的重点问题和风险点。郝臣、李艺华和董迎秋（2019）以中国银保监会官网公开披露的141份监管函和217份行政处罚决定书为样本，对保险监管部门重点关注的公司治理问题进行统计，从监管函中发现保险公司存在分支机构违规设立、未经批准发生关联交易、依法合规意识不足等治理风险，从行政处罚决定书中发现保险公司存在自查报告与实际不一致、任职资格不符合规定、信息披露存在隐瞒误导等治理风险。

（三）保险公司治理风险预警

田中禾、马小军和张慧琴（2010）分析了公司治理风险产生的内在机理，认为委托代理关系、公司高级管理层自利行为、傲慢、独断专行的个人品格以及不良企业文化、董事会和监事会职能缺失是公司治理风险产生的基本原因，其中委托代理关系和公司高级管理层的自利行为、傲慢、独断专行等个人品格是治理风险产生的基础，而不良企业文化和董事会、监事会职能缺失则加剧了这一风险产生的可能，同时这四个治理风险产生的内在机制之间也相互联系和相互影响。

在明晰公司治理风险产生的机理基础上，便可进行治理风险的预警。但目前理论界对公司治理风险预警的研究较为滞后。目前公司风险的预警依然集中于财务预警方面，很大程度上是因为，相对于财务风险，公司治理风险更为不确定，正是由于这种不确定性，对公司治理风险的预警才有现实意义（谢永珍、徐业坤，2009）。构建公司治理风险预警系统不仅是公司自身可持续发展的需要，也是规避区域性金融风暴乃至防范全球性金融危机的重要举措（谢永珍，2010）。孙奕驰和洪玲（2011）构建了上市公司治理风险的测量指标体系，基于问卷调查的数据，利用结构方程模型检验了公司治理风险的影响因素。严若森（2012）尝试构建了公司治理风险预警模型并对模型效果进行检验。曾爱青、曾建辉和刘智勇（2018）分析了公司治理风险爆发的资金转移与挪用、非正常的公司运营困难与业绩下降、公司欺诈举报、信息披露造假、非公允的关联交易、关联方的并购活动和关联方的贷款担保或抵押七个征兆。

与保险公司治理质量关注的方向不同，保险公司治理风险主要是面向未来的，通常可以采用量化的方法刻画保险公司治理风险，以更好地发挥风险预警作用。一方面，保险业经营和治理的特殊性使得保险业治理风险问题更为严重；另一方面，股东和经营者追求高风险高收益、去保障性的发展模式，将严重影响保险公司的持续性发展。因此应坚持"保险业姓保"，回归本源，加强对公司治理风险预警机制的建设，完善公司治理（周丽，2018）。需要说明的是，目前专门针对保险公司的治理风险预警研究鲜有。

第九节 保险公司治理绩效

一、保险公司治理绩效的内涵

保险公司治理绩效（insurance company governance performance），即保险公司在治理上投资之后所取得的收益，是与保险公司治理成本紧密相关联的一个概念。由于保险公司治理绩效的可计量性较差，因此一般并没有专门的保险公司治理绩效衡量指标，多采用保险公司绩效指标来做间接的量化。保险公司绩效一般可以划分为财务绩效（financial performance）、经济绩效（economic performance）、市场绩效（market performance）和效率绩效（efficiency performance）等方面，详见图3-10。

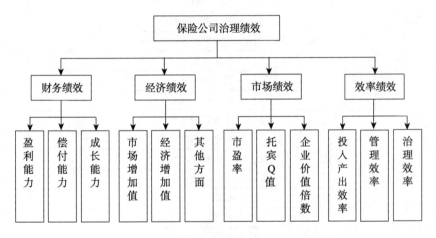

图 3-10　保险公司治理绩效框架
资料来源：作者整理

各类绩效侧重点或者反映的内容存在一定差异。财务绩效主要是结果导向的，常用的反映保险公司偿付能力的指标有综合偿付能力溢额、综合偿付能力充足率、核心偿付能力溢额、核心偿付能力充足率、资产负债率和责任准备金占资产比例等；反映保险公司盈利能力的指标有总资产收益率、净资产收益率、投入资本回报率、营业利润率、投资收益率、综合赔付率和综合成本率等；反映保险公司成长能力的指标有总资产增长率、营业收入增长率、已赚保费增长率和利润增长率等。经济绩效主要是考虑资本成本问题，包括市场增加值和经济增加值。市场绩效主要考虑了公司的市场表现，反映公司市场价值的指标有市盈率、托宾Q值、企业价值倍数等，这些指标主要适用于上市保险公司。效率绩效主要是从投入产出效率、管理效率和治理效率三个角度来进行分析，一般来说也是结果导向的。需要强调的是，效率往往是影响财务绩效、经济绩效和市场绩效的重要因素，故很多学者也将效率绩效单独作为一类绩效[1]。具体绩效指标详见表 3-1。

表 3-1　保险公司治理绩效指标

绩效类型	绩效细分	绩效指标	是否保险公司特有指标
财务绩效	偿付能力	综合偿付能力溢额	是
		综合偿付能力充足率	是
		核心偿付能力溢额	是
		核心偿付能力充足率	是
		资产负债率	否
		责任准备金占资产比例	是
	盈利能力	总资产收益率	否
		净资产收益率	否
		投入资本回报率	否
		营业利润率	否
		投资收益率	是
		综合赔付率	是
		综合成本率	是
	成长能力	总资产增长率	否
		营业收入增长率	否
		已赚保费增长率	是
		利润增长率	否
经济绩效	市场增加值	MVA	否
	经济增加值	EVA	否
市场绩效	市盈率	P/E	否
	托宾 Q 值	Tobin Q	否
	企业价值倍数	EV/EBITDA	否
效率绩效	投入产出效率	投入产出效率指标	是
	管理效率	资产周转率	否
		应收保费周转率	是
		应收账款周转率	否
	治理效率	单位保费营运成本	是
		单位保费业务及管理费	是

资料来源：作者整理

由于经济绩效中的市场增加值和市场绩效全部指标涉及股价，而我国只有 5 家境内 A 股上市保险公司和 5 家境外上市的保险公司（详见第十三章第二节相关内容），

---

[1] 本书第七章第四节便将效率绩效从公司绩效中独立出来，提出了绩效—效率—行为的公司治理有效性研究范式或者框架。

保险公司多数为非上市保险公司，因此已有研究主要关注保险公司的财务绩效和效率绩效。下面将重点介绍表 3-1 中的保险公司特有绩效指标。

二、保险公司治理的财务绩效

（一）偿付能力绩效指标

偿付能力（solvency）是指保险公司赔付或给付债务的能力，这里的债务主要是指未到期保险合同规定的对保险客户的债务。为了保证保险客户的利益，监管机构要求保险公司必须在总资产与总负债之间维持一个足够大的额度，即"偿付能力额度"。偿付能力、市场行为和公司治理是保险公司三大监管支柱。偿付能力溢额因其计算口径不同而有综合偿付能力溢额和核心偿付能力溢额两种。

综合偿付能力溢额（comprehensive solvency surplus）是保险公司实际资本与最低资本之间的差额，实际资本等于认可资产与认可负债之间的差额。实际资本与最低资本的比值便是综合偿付能力充足率（comprehensive solvency adequacy ratio）。

认可资产是指处置不受限制，并可用于履行对保单持有人赔付义务的资产；不符合前述条件的资产，为非认可资产。认可负债是指保险公司无论在持续经营状态还是破产清算状态下均需要偿还的债务，以及超过监管限额的资本工具；不符合前述条件的负债，为非认可负债。而最低资本是指基于审慎监管目的，为使保险公司具有适当的财务资源，以应对各类可量化为资本要求的风险对偿付能力的不利影响，中国银保监会要求保险公司应当具有的资本数额。

核心偿付能力溢额（core solvency surplus）是保险公司核心资本与最低资本之间的差额。核心资本与最低资本的比值便是核心偿付能力充足率（core solvency adequacy ratio）。

根据资本吸收损失的性质和能力，保险公司资本分为核心资本和附属资本。核心资本是指在持续经营状态下和破产清算状态下均可以吸收损失的资本，核心资本分为核心一级资本和核心二级资本。附属资本是指在破产清算状态下可以吸收损失的资本，附属资本分为附属一级资本和附属二级资本[①]。

保险公司销售保单本意在于保障，防范未来可能发生的风险，但实际上很多保单还包含了储蓄功能，从而形成了保险公司的非保险业务，这部分业务收到的现金只能算是保费中的非保险收入，将它放入保户储金及投资款项目（投连险[②]除外）和独立账

[①] 核心一级资本、核心二级资本、附属一级资本和附属二级资本四级资本的存在性、永续性、次级性和非强制性都是逐级递减的，四级资本的具体区别详见《保险公司偿付能力监管规则第 1 号：实际资本》。

[②] 投连险是投资连结保险的简称，也称变额寿险，是一种集保障和投资于一体的新形式的终身寿险产品。该保险除了和传统寿险一样给予保户生命保障外，还可以让客户直接参与由保险公司管理的投资活动，保单价值根据保险公司投资收益情况确定。

户负债（针对投连险）。为了保证公司有能力履行未到期责任和未决赔款，保险公司会从保费收入中提取一部分资金，这部分资金被称为责任准备金或合同准备金。因此，保险公司的负债包括两个部分：一部分是保险合同产生的负债，即责任准备金；二是非保险业务形成的负债，即保户储金及投资款和独立账户负债。责任准备金的本质是一种或有负债，也是保险公司最主要的负债，因此可以采用责任准备金占资产比例（proportion of reserve to assets）来衡量保险公司的资产负债结构或者杠杆风险。其中，责任准备金＝未到期责任准备金＋未决赔款准备金＋寿险责任准备金＋长期健康险责任准备金，在财产险公司主要是指未到期责任准备金，而在人身险公司则涉及四个方面的准备金，且后面三类准备金占比较高。

（二）盈利能力绩效指标

投资收益率（return rate on investment）是指投资收益和公允价值变动损益之和与投资资产的比率。其中，投资资产＝货币资金＋以公允价值计量且其变动计入当期损益的金融资产＋买入返售金融资产＋定期存款＋保户质押贷款＋贷款＋可供出售金融资产＋持有至到期投资＋长期股权投资＝总资产－应收保费－固定资产。

综合赔付率（loss ratio）是指赔付支出与提取未决赔款准备金之和与已赚保费的比率。其中，赔付支出主要是指保险机构当期的赔款支出、死伤医疗给付、分保赔付支出等；提取未决赔款准备金＝期末未决赔偿准备金－期初未决赔偿准备金。未决赔款准备金是指保险机构在会计年度决算以前发生保险责任而未赔偿或未给付保险金，在当年收入的保险费中提取的资金；由于未决赔款准备金提取时保险事故已经发生，所以其支付只是时间迟早的问题。

综合成本率（combined ratio）是赔付支出、提取未决赔款准备金以及营运成本之和与已赚保费的比率。其中，营运成本＝税金及附加＋手续费及佣金支出＋业务及管理费。

（三）其他财务绩效指标

已赚保费增长率（growth rate of earned premium）为当期已赚保费和上期已赚保费的差与上期已赚保费的比率。其中，已赚保费＝保费收入＋分入保费－分出保费－提取未到期责任准备金。提取未到期责任准备金＝期末未到期责任准备金－期初未到期责任准备金。未到期责任准备金是保险机构责任准备金的一种形式，是指保险机构一年期以内的财产险、意外伤害险、健康险等业务本期保险责任尚未到期，从应属于下一年度的部分保险费中提取出来形成的准备金。需要说明的是，人身险保险机构与财产险保险机构相比，未到期责任准备金还包括了寿险责任准备金和长期健康险责任准备金。但按照行业惯例，人身险保险机构计算已赚保费时并不扣除寿险责任准备金和长期健康险责任准备金，只扣除针对短期人身险的未到期责任准备金。

三、保险公司治理的效率绩效

效率主要是从投入产出角度来分析企业绩效状况,在给定同等资源的条件下,产出高的企业效率更高。从 20 世纪 90 年代起,国内学者将微观效率的研究方法广泛运用到保险行业中,主要的研究成果集中在三个方面:第一,对保险公司效率的测算;第二,不同类型保险公司之间效率的比较;第三,保险公司效率影响因素的分析。在效率测算方面,已经有比较成熟的方法,主要采用数据包络分析(data envelopment analysis,缩写为 DEA)和随机前沿分析(stochastic frontier analysis,缩写为 SFA)两种方法。

关于保险公司效率,除了从投入产出角度分析之外,还有部分学者从管理效率或者运营效率角度展开,关注各类资产的管理水平。例如,应收保费周转率(premium receivable turnover,缩写为 PRT)反映的是应收保费的周转速度。它是衡量保险公司资产管理效率的重要财务比率,在财务分析指标体系中具有重要地位。这一指标通常被定义为保费收入与平均应收保费之比。其计算公式为:应收保费周转率=保费收入/平均应收保费。一般来说,保险公司的应收保费周转率越高,表明公司的平均收取保费的期限越短,资产流动性越强。

单位保费业务及管理费(business and management fee of unit premium)为业务及管理费与规模保费的比率。其中,业务及管理费是指除了赔付给客户的赔付支出、交给政府的税收、支付给中介或者个人的佣金及手续费之外的所有支出。规模保费=原保险保费收入+保户投资款新增交费+投连险独立账户新增交费,原保险保费收入也就是上文提到的保费收入。

单位保费营运成本(operating cost of unit premium)为手续费及佣金支出、业务及管理费之和与规模保费的比率。其中,手续费及佣金支出主要是指保险机构发生的与其经营活动相关的各项手续费、佣金等支出,其中支付给中介的销售费用称为"手续费及佣金支出",支付给个人代理人的销售费用称为"佣金",支付给机构性中介的销售费用称为"手续费"。

第十节 保险公司核心利益相关者

根据 Blair(1995)的观点,只有为公司发展投入了专用性资产的主体才可以参与治理,本节根据保险公司利益相关者投入专用性资产的状况不同,将保险公司所有的利益相关者分为核心利益相关者(core stakeholders)、重要利益相关者(key stakeholders)和一般利益相关者(general stakeholders)三类。股东、投保人、监管机构是保险公司的核心利益相关者,他们是保险公司的核心治理主体;一般债权人、董事、监事、高级管理人员和员工等是保险公司的重要利益相关者，他们是保险公司的重要治理主体；其他利益相关者是一般利益相关者，也是保险公司的一般治理主体。本书第十章和第十一章对股东和监管机构两大核心利益相关者相关治理内容进行了分析，而本节重点对作为保险公司核心利益相关者的投保人进行界定和分析。投保人、被保险人、受益人、保单持有人、保险消费者等都是保险公司的核心利益相关者，保护这些利益相关者的利益是保险公司治理的重要目标，因此本节专门对这些利益相关者的内涵进行说明。

一、投保人、被保险人和受益人

《中华人民共和国保险法》（以下简称《保险法》）在对"保险人"概念明确的基础上，对"投保人""被保险人""受益人"这三个主体的概念进行了明确。保险人是指与投保人订立保险合同，并按照合同约定承担赔偿或者给付保险金责任的保险公司。投保人是指与保险人订立保险合同，并按照合同约定负有支付保险费义务的人。被保险人是指其财产或者人身受保险合同保障，享有保险金请求权的人；投保人可以为被保险人。受益人是指人身保险合同中由被保险人或者投保人指定的享有保险金请求权的人；投保人、被保险人均可以为受益人。保险人以及本节关注的投保人、被保险人和受益人也是《保险法》中所提到的保险活动当事人。

投保人、被保险人和受益人三个主体中，投保人和被保险人在研究中经常会被混用。对投保人与被保险人的模糊认识与使用不当，源于现行有关保险法律和行政法规的不足以及现实的经济基础与理论研究的不力（游源芬，1994）。1982年7月1日生效的《中华人民共和国经济合同法》（全国人大常务委员会委员长令第12号）（以下简称《合同法》）中的两条保险立法（第二十五条与第四十六条）共用"投保方"7次，"被保险方"1次，而该法翻译成英文版本时，把投保人与被保险人等同译成"insurant"，这样一来，投保人与被保险人就无区别了，两者合二为一，这样违背了保险的基础理论与基本原理。1983年9月1日颁布施行的《中华人民共和国财产保险合同条例》（国发〔1983〕135号）（以下简称《财产保险合同条例》）使用"投保方"39次，"被保险方"一次也没用，只在第一次出现"投保方"时（第三条）在后面括号里注明"在保险单或保险凭证中称被保险人"，这必然会使人们产生误解，认为保险单或保险凭证上的被保险人就是投保人。

二、保单持有人和保险消费者

实际上，与投保人、被保险人和受益人紧密相关的概念还有"保单持有人"和"保险消费者"，这两个词也会经常使用到。在法律法规文件中，2000年2月颁布的《分红保险管理暂行办法》（保监发〔2000〕26号）第三条对保单持有人做了界定，即"本法所称保单持有人,是指按照合同约定,享有保险合同利益及红利请求权的人"。2004年5月通过的《关于外国财产保险分公司改建为独资财产保险公司有关问题的通知》(保监发〔2004〕45号)中规定,"外国财产保险公司分公司改建为独资财产保险公司,不得损害改建前该分公司原保单持有人的合法权益"。2008年9月施行的《保险保障基金管理办法》(保监会令〔2008〕第2号)的第三条第二款中所称的保单持有人,"是指在保险公司被依法撤销或者依法实施破产的情形下,对保单利益依法享有请求权的保险合同当事人,包括投保人、被保险人或者受益人"。2015年12月3日通过的《中国保监会关于保险业服务京津冀协同发展的指导意见》(保监发〔2015〕106号)中指出,"建立京津冀保险合同纠纷异地调处机制,为跨区域流动保单持有人提供便利"。2015年12月14日通过的《中国保险保障基金有限责任公司业务监管办法》(保监厅发〔2015〕79号)中规定,"保障基金公司在开展风险监测工作中,发现保险公司经营管理中出现可能危及保单持有人和保险行业的重大风险时,应及时报保监会,并提出监管处置建议"。原中国保监会每年出版的《中国保险市场年报》中指出,原中国保监会的首要监管目标为保护保单持有人利益。投保人、被保险人、受益人一般可以统称为保单持有人(魏迎宁,2012)。保单持有人可以是投保人,可以是被保险人,也可以是受益人,但具体所指,要根据保单持有人行使的权利而定,在多数情况下,保单持有人的权利由投保人和被保险人行使(方国春,2014)。

我国保险监管机构认为,保险消费者应该包括投保人、被保险人和受益人三类人群(杨明生,2012)。2006年《中国保险业发展"十一五"规划纲要》(保监发〔2006〕97号)3次提到"消费者",1次提到"保险消费者",例如"只有正确处理加快发展与防范风险的关系,不断增强驾驭市场和防范风险的能力,才能及时消除风险隐患,保证保险业健康发展,保护广大保险消费者的根本利益"。而2011年《中国保险业发展"十二五"规划纲要》(保监发〔2011〕47号)先后14次提到"消费者",9次提到"保险消费者",例如"确立保险消费者利益为根本的行业理念,以解决销售误导、理赔难问题为切入点,建立健全统一的涵盖销售、承保、回访和理赔各个环节的服务标准"。尽管目前,大家普遍认同保险消费者这一提法,但没有对"保险消费者"的概念进行界定,直到2013年6月5日通过了《保险消费投诉处理管理办法》(保监会令〔2013〕第8号),其中第四十三条规定"本办法所称保险消费活动,是指购买中华人民共和国境内保险产品以及接受相关保险服务的行为。本办法所称保险消费者,包括投保人、被保险人和受益人",明确给出了保险消费者的概念。

三、保险公司核心利益相关者界定小结

投保人、被保险人和受益人实际上是法律术语,每个术语都有其严谨的内涵。因此,什么时候该用"投保人",什么时候该用"被保险人",要根据其所表述的具体内

容而定。总之，要用得适得其所，两者不能混同等用（游源芬，1994）。

但目前很多学者因为习惯问题更多地使用了"投保人"一词，当然这里面的投保人可能不是《保险法》中"投保人"的内涵，实际上表达的是"投保人"或"被保险人"或"受益人"的内涵，本书也因此使用了"投保人"这一习惯性术语。

"保单持有人"是一个概括性的概念，而非法律术语，所以在不需要强调投保人、被保险人和受益人的明确区别的时候可以采用该术语。原中国保监会在首要监管目标表述中就使用了这一术语，具体可以参见历年《中国保险市场年报》，这也是本书所使用的"投保人"要表达的含义。因此，如果不是法律层面的内容，可以考虑导入"保单持有人"这一术语。

而保险消费者则更多是站在客户关系或者营销视角使用的，尽管其包括的内容与保单持有人相同，但考虑问题的角度不同，因此与保单持有人的使用场合不同。比如涉及相关主体投诉、维权等场合时，使用"保险消费者"这一概念就相对适合，本书第十章第六节就使用了"保险消费者"这一概念。

为更好地理解上述几个概念，本书认为可以从概念的英文翻译入手进行区别。"保险人"应该翻译为"insurer"，"投保人"应该翻译为"insurance proposer"或"insurance applicant"（而不是"insurant"），"被保险人"应该翻译为"the insured"或"insurant"，"受益人"应该翻译为"insurance beneficiary"，"保险消费者"应该翻译为"insurance consumer"，"保单持有人"应该翻译为"policyholder"。同时保险人、投保人、被保险人和受益人都是保险活动当事人，而"保险活动当事人"应该翻译为"the parties to insurance activities"。从上述英文表述中，可以更明确地看到这几类概念的区别。

此外，出于严谨和为了尊重原有的表达方式，本书在引用相关政策法规或者学者观点时，涉及上述基本概念的，均采用原文所用表达方式。

思考题

1. 保险公司治理环境重要吗？为什么？
2. 保险公司代理成本可以衡量吗？如果可以，如何衡量？
3. 保险公司治理质量可以衡量吗？为什么？

第二篇 理论基础

第四章

保险公司治理相关理论

【本章概要】

本章主要介绍了作为保险公司治理重要理论基础的利益相关者理论、委托代理理论、交易成本理论、企业社会责任理论、高层梯队理论、公司治理评价理论等的提出、发展与主要观点。

【学习目标】

理解公司的主要利益相关者；理解公司的委托代理问题；理解交易成本的内涵；理解企业社会责任的内涵；掌握相关理论对保险公司治理实践的启示。

第一节 利益相关者理论

一、利益相关者理论发展脉络

Penrose 在 1959 年出版的《企业成长理论》(*The Theory of the Growth of the Firm*)著作中提出了"企业是人力资产和人际关系的集合"的观念，从而为利益相关者理论（stakeholder theory）的提出奠定了基石。1984 年，Freeman 出版了《战略管理：利益相关者视角》(*Strategic Management: A Stakeholder Approach*)一书，明确提出了利益相关者管理理论。利益相关者管理理论是指与传统的股东至上主义相比较的一种治理模式或者理念，该理论认为任何一个公司的发展都离不开各利益相关者的投入或参与，企业追求的是利益相关者的整体利益，而不仅仅是某些主体的利益，因此企业发展中要注意平衡各个利益相关者的利益要求，而不是简单地把股东利益放在至高无上的地位。

利益相关者理论的产生和发展得益于斯坦福国际研究所（Standford Research Institute International，缩写为 SRI International，原名斯坦福研究所）、瑞安曼（Rhenman）、安索夫（Ansoff）、弗里曼（Freeman）、克拉克森（Clarkson）、布莱尔（Blair）、米切尔（Mitchell）等机构和学者。

斯坦福国际研究所（SRI International）是闻名全球的综合性咨询研究机构。它的研究范畴非常广泛，从自然科学和工程技术到经济学以及其他社会科学，在各个领域做出了杰出的成就。该机构 1963 年提及"利益相关者"，认为利益相关者是这样一个团体：没有其支持，组织就不能生存。

Rhenman（1964）首次使用"利益相关者"这一词语，他认为利益相关者是指那些为了实现自身目的而依存于企业，且企业为了自身的持续发展也依托其存在的个人或者群体，如投资者、员工等。他将 SRI International 定义中的单边利益相关者，扩展为双边关系，强调企业和利益相关者两者之间的互相影响。

Ansoff（1965）最早将该词引入管理学界和经济学界。1965 年，Ansoff 正式出版他的代表作《公司战略——一个基于成长和扩张策略的分析方法》(*Corporate Strategy: An Analytic Approach to Business Policy for Growth and Expansion*)。1972 年 Ansoff 在论文《战略管理思想》(*The Concept of Strategic Management*) 中，正式提出"战略管理"这一概念，1976 年又出版了《从战略规划到战略管理》(*From Strategic Planning to Strategic Management*)。但真正标志现代战略管理理论体系形成的是他在 1979 年出版的《战略管理》(*Strategic Management*)。他认为，要制定理想的企业战略目标，就必须综合平衡考虑企业的诸多利益相关者之间相互冲突的索取权，他们可能包括管理人员、工人、股东、供应商以及顾客。企业战略目标的实现，应该是不同利益主体相协调的一个结果。

当时利益相关者问题并没有引起人们足够的重视，致使利益相关者理论的研究沉寂了近 20 年之久。Freeman（1984）给予"广义利益相关者"的经典定义是："企业利益相关者是指那些能影响企业目标的实现或被企业目标的实现所影响的个人或群体。"股东、债权人、雇员、供应商、消费者、政府部门、相关的社会组织和社会团体、周边的社会成员等，全部归入此范畴。广义的定义强调利益相关者与企业的关系，能为企业管理者提供一个全面的利益相关者分析框架。Freeman 从所有权、经济依赖性和社会利益三个不同的角度对利益相关者进行了分类：对企业拥有所有权的利益相关者，包括持有公司股票的经理人、持有公司股票的董事和其他持有公司股票者等；与企业在经济上有依赖关系的利益相关者主要包括在公司取得薪酬的所有经理人、债权人、内部服务机构、雇员、消费者、供应商、竞争者、地方社区、管理机构等；与企业在社会利益上有关系的利益相关者主要包括特殊群体、政府领导人和媒体等。Freeman 的研究引发了有关战略管理，即公司如何制定正确的发展方向的新思考。管理者不再仅仅关注企业自身利润最大化这一单一目标，而是致力于通过战略管理，解决企业自身的存在和发展以及与其他利益团体和谐共存的问题，并且更关注在与利益相关者打交道的过程中如何趋利避害并最终实现双赢或共赢的目标。

Clarkson（1994）认为，利益相关者在企业中投入了一些实物资本、人力资本、财务资本或一些有价值的东西,并由此而承担风险,或者说,他们因企业活动而承受一定的风险。狭义的利益相关者强调了专用性投资,指出哪些利益相关者对企业具有直接影响,从而必须加以考虑。该定义排除了政府部门、社会组织和社会团体、社会成员等。

20 世纪 80 年代的兼并浪潮引发了关于公司控制权问题的广泛争议。1995 年,Blair 出版了《所有权与控制:面向 21 世纪的公司治理探索》(Ownership and Control: Rethinking Corporate Governance for the Twenty-first century),使得利益相关者理论真正发扬光大。正如 Blair(1995)所言,20 世纪 80 年代围绕着接管运动产生的攻击与反攻击运动推开了沉寂了十多年的公司治理问题争论的大门。在这本著作中,她提出了系统的公司治理理论,理论的核心是利益相关者价值观,即公司不仅仅对股东,并且要对经理、雇员、债权人、顾客、政府和社区等更多的利益相关者的预期做出反应,并协调他们之间的利益关系。Williamson 等人也都曾强调要关注股东以外的其他利益相关者的利益,但他们分析的落脚点却是对股东利益的保护。Blair 的贡献则在于:她没有从传统的股东所有权入手来假定股东对公司的权利、索取权和责任,而是认为公司运作中所有不同的权利、索取权和责任应该被分解到所有的公司参与者身上,并据此来分析公司应该具有什么目标,它应该在哪些人的控制下运行以及控制公司的人应该拥有哪些权利、责任和义务,在公司中由谁得到剩余收益和承担剩余风险。该书认为利益相关者是那些为企业提供了"专用性资产"的人或集团,因为这更能说明利益相关者参与治理的原因,只有对企业投入了专用性资产,才能够有治理的权利。专用性资产的多少以及资产所承担风险的大小正是利益相关者团体参与企业控制的依据,可以说资产越多,承担的风险越大,他们所得到的企业剩余索取权和剩余控制权就应该越大,那么他们拥有的企业所有权就应该越大,这也为利益相关者参与企业所有权分配提供了可参考的衡量方法。

Mitchell、Agle 和 Wood(1997)列举出的文献中出现过的"利益相关者"的不同定义就有 27 个之多,其识别的理念也多种多样。其独辟蹊径,从利益相关者所必需的属性出发,对可能的利益相关者进行评分,根据分值的高低确定某一个人或者群体是不是企业的利益相关者,是哪一类型的利益相关者。他们认为企业利益相关者可能具有的三个属性是:合法性(legitimacy),即某一群体是否被赋予法律上、道义上或者特定的对于企业的索取权;权力性(power),即某一群体是否拥有影响企业决策的地位、能力和相应的手段;紧迫性(urgency),即某一群体的要求能否立即引起企业管理层的关注。根据企业具体情况,对上述三个特性进行评分后,将企业利益相关者分为三类:潜在型利益相关者、预期型利益相关者、确定型利益相关者。潜在型利益相关者只拥有三种属性当中的一种,预期型利益相关者拥有其中的两种属性,确定型利益相关者同时拥有三种属性。他们 1997 年发表的这篇论文《关于利益相关者识别和特性的理论：界定谁是利益相关者以及他们关心什么的原则》（Toward a Theory of Stakeholder Identification and Salience: Defining the Principle of Who and What Really Counts），截至 2020 年 8 月已经被公开引用 14736 次。

二、治理实践中的相关规定

OECD 在 1999 年推出的《公司治理原则》（Principles of Corporate Governance）中，对利益相关者在公司治理中的作用单独作为一项原则来介绍。2004 年 OECD 在对《公司治理原则》（Principles of Corporate Governance）修订时，更加强调对利益相关者和投诉者的保护，更加强调员工和债权人作为利益相关者的权利。2016 年 G20/OECD 推出了最新版的《公司治理原则》（Principles of Corporate Governance），文件第四章"利益相关者在公司治理中的作用"中指出：经法律或共同协议而确立的利益相关者的各项权利应该得到尊重；在利益相关者的利益受法律保护的情况下，当其权利受到侵害时，应当有机会获得有效救济；应允许制定员工参与机制；在利益相关者参与公司治理程序的情况下，他们应该有权定期及时地获得相关的、充分的、可靠的信息；利益相关者（包括个体员工及其代表团体）应能向董事会以及主管政府机构自由地表达他们对于违法或不符合职业道德行为的关注，他们的各项权利不应由于他们的此种表达而受到影响；公司治理框架应当以富有成效并且高效率的破产制度框架和有效的债权人权利执行机制作为补充。

2002 年中国证监会发布《上市公司治理准则》（证监发〔2002〕1 号），专门设立"利益相关者"一章。2018 年《中国上市公司治理准则》（中国证券监督管理委员会公告〔2018〕29 号）修订版本设立"利益相关者、环境保护与社会责任"一章。其中，第八十三条规定，上市公司应当尊重银行及其他债权人、员工、客户、供应商、社区等利益相关者的合法权利，与利益相关者进行有效的交流与合作，共同推动公司持续健康发展。第八十四条规定，上市公司应当为维护利益相关者的权益提供必要的条件，当其合法权益受到侵害时，利益相关者应当有机会和途径依法获得救济。第八十五条规定，上市公司应当加强员工权益保护，支持职工代表大会、工会组织依法行使职权；董事会、监事会和管理层应当建立与员工多元化的沟通交流渠道，听取员工对公司经营、财务状况以及涉及员工利益的重大事项的意见。第八十六条规定，上市公司应当积极践行绿色发展理念，将生态环保要求融入发展战略和公司治理过程，主动参与生态文明建设，在污染防治、资源节约、生态保护等方面发挥示范引领作用。第八十七条规定，上市公司在保持公司持续发展、提升经营业绩、保障股东利益的同时，应当在社区福利、救灾助困、公益事业等方面，积极履行社会责任；鼓励上市公司结对帮扶贫困县或者贫困村，主动对接、积极支持贫困地区发展产业、培养人才、促进就业。

三、对保险公司治理的启示

保险公司在金融体系和社会保障体系中占据重要的地位，相较于一般公司，其更应该关注利益相关者利益保护。一方面保险公司作为资本载体，要寻求利益最大化；另外一方面还要承担经济补偿、资金融通、社会管理等社会功能，承担应尽的社会责任。保险业关系着社会稳定和国计民生，分散的投保人（债权人）无法对公司进行有效监督，外部监管介入尤为重要，这使得政府监管机构也成为保险公司的利益相关者之一。基于保险公司经营的特殊性，需要分析保险公司利益相关者的具体主体有哪些，不同利益相关者对于保险公司发展投入专用性资产状况、保险公司不同利益相关者参与治理的途径与意愿等都是保险公司治理领域的重要问题。

第二节 委托代理理论

一、委托代理理论概述

委托代理理论（principal-agent theory，缩写为 PAT）是制度经济学契约理论的主要内容之一，也是契约理论[①]中发展最快的分支之一，研究对象是委托代理关系，是指一个或多个行为主体根据一种明示或隐含的契约，指定、雇佣另一些行为主体为其服务，同时授予后者一定的决策权利，并根据后者提供的服务数量和质量对其支付相应的报酬过程中所形成的关系。授权者就是委托人，被授权者就是代理人。其要解决的核心问题是利益冲突和信息不对称情况下委托人对代理人的激励问题，即代理问题。委托代理理论是 20 世纪 60 年代末 70 年代初，一些经济学家不满阿罗—德布鲁（Arrow-Debreu）体系[②]中的企业"黑箱"理论而深入研究企业内部信息不对称和激励问题发展起来的，创始人包括威尔逊（Wilson）、阿克尔洛夫（Akerlof）、斯宾塞和泽克豪森（Spence 和 Zeckhauser）、斯蒂格利茨（Stiglitz）、罗斯（Ross）、莫里斯（Mirrless）、霍姆斯特姆（Holmstrom）、格罗斯曼和哈特（Grossman 和 Hart）等。

委托代理理论是建立在非对称信息博弈论的基础上的。非对称信息（asymmetric

[①] 契约理论主要研究在特定交易环境下不同契约主体之间的经济行为与结果，往往需要通过假定条件在一定程度上简化交易属性，建立模型来进行分析并得出理论观点；而现实交易的复杂性，很难由统一的模型来概括，从而形成了从不同的侧重点来分析特定交易的契约理论学派。契约理论主要包括委托代理理论（完全契约理论）、交易成本理论和产权理论（不完全契约理论）三大主流学派。委托代理理论主要研究委托人如何制定最优报酬契约以激励代理人；交易成本理论主要探讨契约双方如何分配决策权和控制权等，侧重事后适应性治理；产权理论则主要研究在契约不完全的情况下如何确定再谈判的有效机制，侧重事前激励机制。

[②] 瓦尔拉斯（Walras）1874 年提出一般均衡理论（general equilibrium theory），阿罗（Arrow）和德布鲁（Debreu）用数学模型证明了一般均衡的存在。在达到一般均衡时，即产品市场和要素市场总供给与总需求相等时，每个企业都会在给定的价格下决定其产量和对生产要素的需求来实现其利润最大化。

information）指的是某些参与人拥有但另一些参与人不拥有的信息。信息的非对称性可从以下两个角度进行划分：一是非对称发生的时间，二是非对称信息的内容。从非对称发生的时间看，非对称性可能发生在当事人签约之前（ex ante），也可能发生在签约之后（ex post），分别称为事前非对称和事后非对称。研究事前非对称信息博弈的模型称为逆向选择模型（adverse selection model），研究事后非对称信息的模型称为道德风险模型（moral hazard model）。从非对称信息的内容看，非对称信息可能是指某些参与人的行为（action），研究此类问题的，称为隐藏行为模型（hidden action model）；也可能是指某些参与人隐藏的知识（knowledge），研究此类问题的模型称之为隐藏知识模型（hidden knowledge model）。

不管是经济领域还是社会领域，都普遍存在委托代理关系。委托代理关系是随着生产力大发展和规模化大生产的出现而产生的。其原因一方面是生产力发展使得分工进一步细化，权利的所有者由于知识、能力和精力的原因不能行使所有的权利；另一方面专业化分工产生了一大批具有专业知识的代理人，他们有精力、有能力代理行使好被委托的权利。但在委托代理的关系当中，由于委托人与代理人的效用函数不一样，委托人追求的是自己的财富更大，而代理人追求自己的工资津贴收入、奢侈消费和闲暇时间最大化，这必然导致两者的利益冲突。在没有有效的制度安排下，代理人的行为很可能最终损害委托人的利益。

根据现代公司理论，公司通常被视为人与人之间的交易关系，公司行为是其所有成员及公司与公司之间博弈的结果。在现代公司尤其是股份制公司中，在公司的所有权和经营权两权分离的产权制度安排下，公司的所有者通过与高层管理者签订一系列契约，授予高层管理者代表其从事经营活动的某些权利。这样，在公司的所有者和高层管理者之间就形成了一种委托代理关系。资本所有者必须建立对代理人的激励约束机制，其理论基础是所有者与高层管理者追求目标的不一致性和委托代理过程中非对称信息的存在。公司所有权与经营权的分离不可避免地产生所有者与高层管理者之间的权利冲突。公司所有者作为委托人拥有剩余索取权，即扣除其他生产要素报酬之外的公司盈余，其所追求的目标是资本增值和资本收益最大化；高层管理者作为所有者的代理人，同样追求自身的利益，他追求的是自身效用的最大化，他希望拿到高工资、高奖金，能获得较高的社会地位和荣誉，且增加更多的闲暇时间又没有风险。

经过三十余年的发展，委托代理理论由传统的双边委托代理理论（单一委托人、单一代理人、单一事务的委托代理），发展出多代理人理论（单一委托人、多个代理人、单一事务的委托代理）、共同代理理论（多委托人、单一代理人、单一事务的委托代理）和多任务代理理论（单一委托人、单一代理人、多项事务的委托代理）（刘有贵、蒋年云，2006）。这些理论都遵循着相同的研究范式、假说前提和基本分析框架。

二、双重委托代理理论

双重委托代理（double principal-agent）是与单委托代理相对应的一种委托代理方式。在股权集中型公司中，不仅存在全体股东与代理人（经理人）之间的利益冲突（即经典的委托代理问题、单委托代理问题），而且还存在大股东或控制性股东与中小股东之间的利益冲突，而且后者往往体现得更为明显，股权集中型公司中的这类治理矛盾被定义为双重委托代理问题（冯根福，2004）。双重委托代理问题涵盖两大重要方面，一方面来自于大股东，另一方面则来自于中小股东。针对前者，优化大股东的控制权配置结构是重点；针对后者，制定切实可行的中小股东权益保护机制则是重点。接下来的分析主要围绕大股东的控制权配置展开。

公司所有权结构与一定的社会经济与制度环境相适应。例如，在法律效能较弱的国家或地区，投资者欲使自身的利益获得保证，寄望于法律援助往往不太现实，更好的途径应在于通过公司所有权的集中，确保自己能够对公司行使较大的控制权。公司治理实践证明，在公司外部治理环境尚未发生明显变化的情形之下即希望实现公司股权的高度分散往往不太现实，为了能够实现一个次优的治理结果，一定的公司所有权集中是转型国家或地区中一种长期的应然状态。而且公司治理实践表明，"相对多数"持股十分普遍，且不乏成功的治理模式。例如在德国，银行可以通过"代理"投票权实现对公司的相对控制，而且约80%的德国大公司拥有控制权超过25%的投资者。因此，合适的所有权比例并非在于持股必须达到绝对控股的水平。亦正因如此，在一定的公司治理环境之下，"相对多数"持股不失为一条改善公司治理结构的良好路径。但大股东的存在会导致超控制权收益问题。超控制权收益是指一种基于大股东利益最大化的动机、依托控制权的行为能力、与控制权成本补偿无关而为大股东强制获取的超过控制权收益以上的收益（刘少波，2007）。如果说基于控制权成本补偿或控制权风险溢价意义上的控制权收益表现为对公司增量现金流权的配置取向，则超控制权收益则表现为对公司存量财富的再分配，即所谓大股东以各种方式从其他人那里重新分配财富。为了解决因大股东存在而导致的超控制权收益问题，必须平衡大股东的控制权结构，抑或必须寻找一种能够对大股东产生制衡作用的机制。与此同时，必须考虑这种制衡机制对中小股东利益的影响，而且还需考虑这一制衡机制的出现能否弥补大股东因自身地位下降而导致的监督效率下降。有鉴于此，可以参考产业组织市场的结构，引入"寡头"模式。即为了保证公司所有权的相对集中，必须存在一定程度的大股东"垄断"，而为了实现相互制衡，必须引入多个参与者（冯根福、闫冰，2004）。但在引入多个参与者时，必须保证这些参与者相互制衡的有效性。例如在东亚，多个大股东即常常通过相互串谋而实现对中小股东的"剥削"，而在欧洲大陆，这种大股东之间的串谋现象即显得相对较少，而且多个大股东的存在对改善这种股东之间的"剥削关系"起到了积极的作用（Faccio、Lang、Young，2001）。大股东控制权配置结构的确定须保证参与该结构的投资者具有足够的能力，即需要对投资者的资质做出认真的考量，之所以对投资者的资质作出如此要求，目的在于为公司寻求有效的市场化参与者。而为了确保公司控制权的合理运用，可以变革公司的决策机制。例如在重大项目的决策上，以绝大多数股东投票表决为原则，以限制大股东"操纵投票"，从而规制大股东的控制权限。另外，股权结构本身具有基于市场化的内生性（Demsetz，1983；Kole、Lehn，1997）。为此，大股东控制权结构的优化须遵循市场导向，避免强烈的行政干预，即所谓最优股权结构的形成并非一蹴而就，而是一个循序渐进并由市场发现的过程（宋敏、张俊喜、李春涛，2004）。

三、对保险公司治理的启示

在保险公司的经营活动中，委托代理问题更为复杂，存在多重委托代理冲突，不仅包括所有者和经营者的冲突，大股东和小股东的冲突，还包括股东和债权人（投保人）的冲突等。保险公司的资本结构存在特殊性，属于高比例负债经营的公司，股东投入只占公司资产的小部分，投保人对公司资本的投入和贡献远远大于股东。投保人获取的是固定比例的投资回报，倾向于稳健经营而获得保障，而股东倾向于激励经营者投资高风险项目而获得高额的风险回报，进而可能损害投保人的利益。因此，对于保险公司来说，关注股东和投保人之间的委托代理问题尤为重要，如何防止控股股东通过操控经营者来谋取私利成为治理焦点。

第三节 交易成本理论

一、交易成本理论概述

交易成本理论（transaction cost theory，缩写为 TCT）是由 1991 年诺贝尔经济学奖获得者 Coase 在 1937 年发表在《法律、经济与组织期刊》（*Journal of Law, Economics & Organization*）上的《企业的性质》（*The Nature of the Firm*）一文中首次提出，而后成为新制度经济学的最基本的概念之一。这也是企业理论形成的真正逻辑起点。他对新古典企业理论的前提假设提出了质疑，从而打破了传统企业理论的"黑箱"。他认为，价格机制在市场运行中是有成本的，后来的学者将这种成本分为广义交易成本和狭义交易成本两种。广义交易成本包括经济活动中的所有成本，即为了冲破一切障碍，达成交易所需要的有形及无形的成本。狭义交易成本是指市场交易成本，包括：度量、界定和保障产权的成本；发现交易对象和交易价格的搜索成本；讨价还价、订立合同的谈判成本；督促合约条款严格履行的履约成本等。相关理论包括间接定价理论

（indirect pricing theory）和资产专用性理论（asset specificity theory）。

（一）间接定价理论

间接定价理论通过构建模型，有力地解释了企业存在和发展的原因。这一流派的代表人物有 Coase、张五常（Cheung）、杨小凯和黄有光（Yang 和 Ng）、理查德森（Richardson）等。

市场是经济学中的重要概念，也是经济学研究的重要内容。"市场"这一概念最早是指商品交换的场所，即买卖双方进行商品交换的地点，这一概念今天在某些场合仍在使用，如"超级市场"。不过，随着经济的发展，商品交换活动的复杂化，市场的概念已经引申为以交换过程为纽带的现代经济体系中的各种经济总和。人们要在市场中完成一笔交易，必须对商品的品种、质量和价格进行了解，并就交易进行讨价还价等内容的谈判，还要对交货、运输、检验、结算等付出许多劳动。根据 Coase 的交易成本理论，市场的这些交易活动需要人们付出精力和时间，并支付相应的费用和开支，所以市场的交易是要付出代价的，也就是说市场交易活动存在交易成本（transaction cost）。在商品经济发展的初期，由于社会生产力水平低下，商品规模小，市场狭小，定价成本少得几乎可以忽略不计。但随着商品经济的不断发展，市场规模不断扩大，生产者在了解有关的价格信息、质量高低、供货方的信誉、交货速度等方面信息的费用显著增加。市场中的直接定价就可能产生高昂的定价成本。

间接定价理论假设，人们可以生产没有直接效用的中间产品来提高最终产品的生产效率。而由于市场是不完备的，中间产品的交易效率可能是相对较低的，因而在市场中的直接定价可能产生高昂的定价成本。为此，企业可以将这类生产中间产品的生产活动纳入到企业的内部分工之中，从而通过企业内部的间接定价节约定价成本，实现效率。也就是说，企业用内部管理的方式组织各种生产要素，而不必再到企业外部的市场去购买生产要素，它用组织费用代替了定价成本，用企业替代了市场。

上面讨论到了企业内部的组织协调可以减少或替代市场交易，那么，是否企业的规模越大，企业内部配置资源的范围越大，企业经营效率就越高呢？Coase 对此也进行了深入研究，他指出，在企业内部组织协调生产也存在"内部交易成本"，即组织费用，也就是说，无论是市场交易还是企业内部协调，都存在交易成本。当企业规模达到一定程度后，组织费用和管理中可能出现的失误都可能导致企业内部组织交易的成本大于企业外部市场的交易成本。所以，企业的规模并非越大越好。当市场交易成本高于内部交易成本时，就应当实行企业内部组织交易，扩大企业规模。反之，则应通过市场交易组织企业生产，缩小企业规模。

（二）资产专用性理论

资产专用性理论同样为企业的存在提供了解释，指出了影响交易成本的因素。这一流派的主要代表人物有：威廉姆森（Williamson）、克莱因（Klein）、罗伯茨（Roberts）、哈特（Hart）、莫尔（Moore）、金德博格（Kindleberger）、阿根亚（Aghion）、博尔腾（Bolton）、费茨罗（Fitxroy）、穆勒（Mueller）、瑞奥登（Rirodan）、米尔格罗姆（Milgrom）、阿克尔洛夫（Akerlof）、格罗斯曼（Grossman）等。

资产的专用性是指在不牺牲生产价值的条件下，资产可用于不同用途和由不同使用者利用的程度。也就是说，如果一种资产在某种用途上的价值大大高于在其他用途上的价值，那么这种资产在这种用途上就是有专用性的。专用性资产有多种形式，如专用场地、专用实物资产、专用人力资产等。资产的专用性会在契约不完全的背景下凸显出来。由于契约是不完全的，缔约双方的利益冲突不可能在事前完全得到解决。而在事后的谈判和协调中，投入专用性资产的一方由于不能将其投入挪作他途，对缔约伙伴具有更强的依赖性，这就会导致缔约双方之间地位的变化，没有专用性资产投入的一方将处于垄断地位，导致要挟等机会主义行为的发生。这就使得双方的专用性投资不能达到最优，从而产生交易成本。

由于交易成本的存在，在市场中的资源配置就并非最有效率的。从这个角度看，企业组织就被看成内部一体化的市场组织的替代物。在现实决策中，市场和企业之间的选择是经常发生的。例如，当一家企业使用自己的汽车而不是付款给运输公司运输货物时，企业就替代了市场。也就是说，企业是为了减少交易成本而把市场交易行为转变为企业内部的行政协调行为，从而实现市场交易内部化的一种制度形式，它是对市场机制的一种替代。交易成本理论的提出使企业理论研究的重点深入到了企业的组织功能、组织形式、组织结构、管理体制等方面，从而将企业理论发展到一个新的阶段。

二、代理成本理论

（一）代理成本的内涵

20世纪70年代后，代理理论[①]的研究方法可以分为两种：一种为"代理理论的实证研究"，也称之为"代理成本理论"，另一种为"委托代理理论"。Jensen（1983）在《会计评论》（*Accounting Review*）发表论文"Organization Theory and Methodology"，对两种方法的异同进行了详细的分析。尽管这两种方法有很多区别，但它们都在研究如何通过合约来协调有着不同利益的自私个体，并假定任何合同关系都是最小化了代

---

① 团队生产理论（team production theory，缩写为TPT）也是代理理论的重要内容，由Alchian和Demsetz在1972年提出，该理论认为企业的实质就是团队生产。由于不能精确地确定每个成员对产出的贡献量，团队成员就可能产生偷懒和"搭便车"（free rider）行为。因此，需要由某人专门负责监督其他成员，同时为保证监督者有效地进行监督，须将企业的剩余索取权交给监督者。团队生产能带来大于单干的产出，如果这个产出在扣除维持团队纪律的有关考核成本后仍有净利，那么就应该依靠团队生产。

理成本的结果。委托代理理论主要运用的是数学推导的方法，而不是以经验研究为基础；而实证的代理研究则刚好相反，以经验研究为主，基本上不用数学推导。委托代理理论更多的是分析偏好和不对称信息的作用，而对签约与监控技术的影响却较少涉及。

代理成本理论（agency cost theory）最初是由 Jensen 和 Meckling 于 1976 年提出的。这一理论后来发展成为契约成本理论（contracting cost theory）。这一流派的代表人物有：詹森和麦克林（Jensen 和 Meckling）、詹森和法码（Jensen 和 Fama）、威尔逊（Wilson）、罗斯（Ross）、斯宾塞和泽克豪森（Spence 和 Zeckhauser）、莫里斯（Mirrless）等。

公司广泛向社会筹资，导致公司资本社会化，众多的小股东虽是公司的所有者，但不可能也没有能力直接参与公司的经营管理；少数大股东组成的董事会及由他们聘任的总经理和其他高级职员成为公司经营活动的真正决策者和管理者。因此，便产生了股东——企业的所有者将公司资产委托给董事会及经理人代理经营的企业运营机制，由此产生的代理效率、代理成本、代理约束的问题，以及经理人的有效激励约束机制问题、内部人控制问题、经理人与所有者的目标不一致问题等等。这些都是现代企业制度中有待解决的特殊问题。

代理成本指代理冲突对交易双方福利所造成的损失。代理冲突指代理关系中参与方之间的利益冲突。代理关系指一项交易中一个参与方（委托人）委托另一方（代理人）完成某项事务。由于双方的利益通常不一致，关于交易的有关信息不对称，代理人很可能在完成委托事务的过程中最大化自身的利益，而不是委托人的利益。理性的委托人意识到自身的利益可能遭受损失，就会采取一定的措施控制代理冲突问题。因此，在委托事务完成的过程中，相对于委托人自己完成会产生一定的损失，即代理成本。

代理关系和代理成本问题广泛存在。下面讨论的代理成本问题主要指公司融资中所产生的代理成本问题。Jensen 和 Meckling（1976）认为，当公司进行外部融资，引入外部投资者时，外部投资人和公司决策者之间就形成了一种委托代理关系。例如一个创始人（内部人）持有 100%股份的公司，当引入外部权益投资者（外部人）后，就会形成外部人委托内部人使用资金，为外部投资者创造并提供收益的局面。

Jensen 和 Meckling（1976）将代理成本定义为由于存在委托代理关系而使公司价值遭受的损失，它由监督成本、担保成本以及剩余损失三部分构成。其中，监督成本是指委托人对代理人进行监督所花费的代价，如外部股东派代表进入公司董事会、中央政府成立国有资产管理部门对国有公司经理人进行考核、董事会对经理人进行绩效评价等。担保成本指代理人为了取得委托人的信任，保证自己不会损害委托人的利益而做出承诺所花费的代价，也称为自我约束。例如，股东向债权人承诺在付清利息前不发放股利，股东向银行承诺偿还贷款之前不发行新债，上市公司定期向外部披露信息等。剩余损失是指由于委托人与代理人的利益不一致，代理人做出的决策使委托人福利遭受的损失，如经理人在职消费、建设经理帝国、偷懒等行为。剩余损失也包括由于代理人决策受到约束，从而使公司价值受到的损失。1983 年，Jensen 和 Fama 在《法和经济学期刊》(Journal of Law and Economics)发表论文《Separation of Ownership and Control》，指出代理成本也包括由于完全强制执行契约的成本超过利益所造成的产出价值的损失。

Jensen 代理理论的核心是代理关系和代理成本。Jensen 将代理关系定义为一种契约，这与 Williamson 无疑是一脉相承的，只不过前者强调降低代理成本，后者则强调降低交易成本，而实际上，代理成本是交易成本的一个方面。

一般认为，公司经营的目标是股东价值最大化。存在代理冲突不是说无法实现利益的一致性，重要的是存在代价。如何进行机制设计，减轻代理成本，实现股东价值最大化，是实务工作者和学术研究者都关心的问题。中国证监会出台了一系列保护投资者利益的政策法规，如要求上市公司定期发布财务报告，及时准确地披露信息，要求公司设置董事会、监事会与独立董事等，对于违规经营的上市公司的高管进行公开谴责等，这些政策法规都旨在减轻外部投资者与内部经理人之间的代理冲突，以保护外部投资人利益。《公司法》中关于股东投票制度如代理投票制与累积投票制[①]、股东的诉讼权利如集体诉讼以及代表诉讼制度等相关的法规，也有利于保护中小投资者、减轻中小投资者与大股东之间的代理成本。

国内外的学术研究表明，完善的内外部公司治理机制可以有效地减轻代理成本。从内部公司治理机制上看，设计完善的薪酬激励方案、董事长与总经理两职分设、提高董事会的独立性有助于对于经理人的监督与激励，减轻股东与经理之间的代理成本。在外部公司治理机制上，经理人市场、接管市场、媒体以及监管机构也有利于从外部监督公司，减轻代理成本，从而发挥治理作用。

代理成本理论为仔细分析现代公司治理即组织中一系列复杂的契约安排的决定提供了一个有力工具。

（二）股权代理成本

自从 Berle 和 Means（1932）提出所有权与控制权相分离的观点之后，理论界开始关注代理问题。Jensen 和 Meckling（1976）认为，代理成本是为设计、监督和约束委托人与代理人之间利益冲突的一组契约所付出的代价，加上执行契约时成本超过收益的剩余损失。从公司融资的角度看，代理成本可分为两种：一种是在股权融资引起的股东与经营者的委托代理关系中，因经营者存在低努力水平、在职消费、过度投资、

---

① 累积投票制是指股东（大）会在选举两名或两名以上董事或监事时股东所持有的每一股份拥有与当选董事或监事总人数相等的投票权，股东可以把所有的投票权集中或分散投票的选举办法。

投资不足等道德风险而产生的股权代理成本（equity agency cost）；另一种是在负债融资引起的债权人与股东的委托代理关系中，因股东存在股利政策操作、稀释债权人权益、资产替代、负债过度、投资不足等道德风险而产生的债权代理成本（debt agency cost）。Jensen 和 Meckling（1976）认为所有权与控制权的分离导致管理者追求自身利益而牺牲股东利益，从而产生代理成本，这个代理成本就是股权代理成本。之后 Fama 和 Jensen（1983）进一步提出公司治理研究要解决好委托人与代理人之间的关系，其核心问题就是如何降低代理成本。

股权代理成本的计量问题是相关研究的基础。Prowse（1990）提出以现金和可交易证券占总资产的比率来衡量代理成本，他认为，公司以流动性资产形式存在的资产比例越大，管理层更可能利用这些资金去选择次优的投资组合。Ang、Cole 和 Lin（2000）提出在有零代理成本参照公司的前提下利用营业费用率法和资产周转率计量代理成本，通过实证研究将代理成本与股权结构直接联系起来。Singh 和 Davidson（2003）拓展了 Ang、Cole 和 Lin（2000）的研究，他们直接利用总资产周转率、销售费用和管理费用之和占销售收入的比重度量代理成本，应用单变量分析和多元回归分析实证检验股权结构、公司治理机制与代理成本之间的关系。Ang、Cole 和 Lin（2000），Singh 和 Davidson（2003）均认为，资产使用效率可以直接衡量公司投资决策的有效性以及公司资产周转的管理水平；而营运费用比率则被认为是衡量经理层花费的超过企业有效运营之外的消费和其他代理成本，因此用资产使用效率来衡量代理成本更加全面。国内关于公司治理与代理成本关系的研究中，肖作平和陈德胜（2006）直接运用 Singh 和 Davidson（2003）的代理成本度量方法，通过指标分析对股权结构和董事会特征与代理成本的关系进行经验检验。高雷、李芬香和张杰（2007）也直接运用总资产周转率、销售费用与管理费用之和占销售收入的比重度量代理成本，分析公司治理指标与代理成本的关系。郝臣、宫永健和孙凌霞（2009）以 2000—2007 年沪深两市 6264 家上市公司为研究样本，以资产周转率作为代理成本的度量指标，采用最小二乘和面板数据两种计量方法，对公司治理要素与代理成本之间的关系进行实证检验，发现在 9 个公司治理要素中，第一大股东持股比例、管理层薪酬和管理层持股比例与代理成本显著负相关；持股董事比例与代理成本显著正相关，且持股董事比例可能存在区间效应；而前五大股东持股比例、董事会规模、独立董事比例、董事持股比例和监事会规模与代理成本无显著相关性，不能显著影响代理成本。

（三）债权代理成本

Smith 和 Warner（1979）找出了债权人和股东利益冲突的四种主要原因：①股利支付——如果债券是在假设企业维持其红利政策不变的情况下被定价，那么它们的价值就会因为意外的红利增发（不论是因为投资的减少还是因为发行债券）而减少；

②债权稀释——如果债券是在假定企业不会增发同样或更高优先级债券的情况下被定价，那么当这类债券发行时，原有债券的价值就会受损；③资产替代——当企业用高风险的投资项目取代低风险的投资项目时，股票的价值升高而债券的价值降低；④投资不足——如果公司价值的大部分都来自未来的投资机会，而当接受净现值为正的项目的全部好处都进了债权人的腰包时，拥有债务的公司就有动机拒绝即便净现值为正的投资项目。

债权代理成本是因公司债权人与股东之间的代理冲突产生的，是债权人为设计、监督和约束股东的一组契约所必须付出的成本。具体来说，公司向债权人借入资金后，债权人和公司之间便形成了一种委托代理关系，因此就会出现代理冲突，股东就可能伤害债权人的利益。为了保障债权不受损害，债权人会对公司的有关行为提出要求和做出种种限制，这些要求和限制给公司造成一定负担和损失，使公司的总价值减少，形成公司债务融资的代理成本。

Jensen 和 Meckling（1976）指出与债权相关的代理成本包括：制定债券合约的成本；负债通过影响企业投资决策而导致的财富的机会损失；债权人与所有者经理人（即企业）的监督和约束成本；破产与重组成本。债权代理成本会出现在下述场合：第一，企业为增加利润而加大财务杠杆，使原有债务风险加大；第二，为取得高回报率，企业向高风险项目投资，加大经营风险；第三，改变股利分配政策，提高股利率，削弱债务偿还基础；第四，企业破产和重组（张仁德和王昭凤，2003）。Leland 和 Pyle（1977）认为，债权人与债务人之间存在着信息不对称问题，即有关债务人的信誉、担保条件、项目风险与收益等事项，债务人比债权人更加了解，具有信息优势，这种非平衡的市场机制，最终产生了借贷中的"柠檬市场"[①]，而解决这一问题的方法是债权人尽量收集、审查有关债务人以及投资项目的相关信息，进行事前和事后的监督。

从代理成本的计量分析研究情况来看，对股东与经理人之间的代理冲突造成的代理成本的研究相对较多，而对于债权代理成本的实证研究相对较少。Blackwell 和 Winters（1997）利用贷款利率作为银行客户来衡量债权代理成本，发现紧密的银企关系有利于降低代理成本。Anderson、Mansi 和 Reeb（2003）使用了公司发行在外的债券的加权平均收益与具有同样到期时间的国债收益率之差这一指标表示债务融资代理成本。我国学者胡奕明和谢诗蕾（2005）在研究银行监督效应与贷款定价关系时，考虑了控股股东性质以及经理人持股比例对银行贷款定价的影响。王志芳和油晓峰（2009）发现债权人为了降低债权代理成本，通常建立标准和成本很高的程序来筛选债务人，设立利率和其他的条款，进行评估并要求担保等。这些都是由于股东与债权

---

① "柠檬"在美国俚语中表示"次品"或"不中用的东西"，因此柠檬市场（the market for lemons）也称次品市场。在这样的市场中，产品的卖方对产品的质量拥有比买方更多的信息，好的产品遭受淘汰，而劣等产品会逐渐占领市场。

人之间的代理冲突而发生的成本。其中作为债务融资成本的贷款利率是用来衡量债权代理成本的重要指标。

三、对保险公司治理的启示

保险的保障、资金融通和社会管理等功能主要是通过保险公司的经营活动来实现的。从这个意义上来讲,保险公司的存在提高了全社会的交易效率,降低了交易成本。但在此过程中,保险公司自身也存在着除了生产成本以外的成本,这其中最主要的便是代理成本。如上述理论所述,保险公司同样存在着一般公司的委托代理关系和委托代理问题。但需要说明的是,保险公司的委托代理关系可能与一般公司表现略有不同,委托代理问题的严重性或者重要性的排序也不相同,进而导致保险公司的代理成本也与一般公司不尽相同。这也使得不能直接采用一般公司衡量代理成本的方法来直接刻画保险公司代理成本的大小。因此,需要基于保险公司经营的特殊性和治理的特殊性来挖掘代理成本的衡量指标。

第四节 企业社会责任理论

一、企业社会责任的提出

"企业社会责任"(corporate social responsibility,缩写为 CSR)这一概念是由欧利文·谢尔顿(Oliver Sheldon)在 1924 年著作《管理的哲学》(*The Philosophy of Management*)首次提出的,他认为企业社会责任是指企业在创造利润、对股东承担法律责任的同时,还要承担对员工、消费者、社区和环境的责任。也可以这样理解,如果一个企业不仅满足于获得利润以及履行法律职责,同时还承担了"追求对社会有利的长期目标"这样高于企业目标的社会义务,就可以说这样的企业是具有社会责任表现的。1953 年,霍华德·博文(Howard Bowen)在其著作《经营者的社会责任》(*Social Responsibilities of the Businessman*)中首次明确了企业社会责任的定义,即经营者根据社会标准和价值观制定政策、做出决策并采取行动的义务。Bowen 也因此被誉为"企业社会责任之父"。不同的利益相关者所要求企业承担的社会责任是不同的,利益相关者的需求在企业承担社会责任时提供了方向的指引。企业在创造经济利益时,需要考虑是否直接或间接为利益相关者带来了利益,或者损害了其利益,并以此来规范企业行为。

二、治理实践中的企业社会责任

2002 年出台的《上市公司治理准则》(证监发〔2002〕1 号)第八十六条规定:上

市公司在保持公司持续发展、实现股东利益最大化的同时，应关注所在社区的福利、环境保护、公益事业等问题，重视公司的社会责任。2005年修订、2006年实施的《公司法》第五条规定：公司从事经营活动，必须遵守法律、行政法规，遵守社会公德、商业道德，诚实守信，接受政府和社会公众的监督，承担社会责任。这是我国首次将企业社会责任以法律形式明确下来。2006年修订的《合伙企业法》（中华人民共和国主席令第55号）第七条规定：合伙企业及其合伙人必须遵守法律、行政法规，遵守社会公德、商业道德，承担社会责任。2006年9月，深交所发布《上市公司社会责任指引》，明确指出上市公司作为社会成员之一，应对职工、股东、债权人、供应商及消费者等利益相关方承担起应尽的责任。2006年12月，中国纺织工业协会率先建立了一套社会责任管理体系CSC9000T。有关法律、指引和体系的颁布，标志着我国企业社会责任已经从理念的倡导进入了企业社会责任实践阶段。

OECD《公司治理原则》提出利益相关者都要参与公司治理。世界经济论坛（World Economic Forum，缩写为WEF）认为，企业公民最重要的社会责任就是好的公司治理和道德标准。作为公司治理核心的董事会进行决策时，除了要考虑股东和职工的利益，还要关注与公司有利益关系的所有利益相关者的利益，在公司治理中二者得到了统一。需要说明的是，企业社会责任与企业办社会①不一样，企业办社会只受益于本企业的职工，企业社会责任强调的是所有利益相关者的利益，但同时又要避免行政干预，否则会使企业承担过度的社会责任。

三、对保险公司治理的启示

保险公司因其经营特点，涉及更多的利益相关者利益保护问题，因此保险公司社会责任不同于一般公司。中国人寿2007年发布首份保险行业《企业社会责任报告》，拉开了我国保险公司承担社会责任的帷幕；之后中国人寿和中国平安等公司社会责任的践行活动，表明保险公司履行社会责任开始得以推广（卓志和王寒，2009）。近年来，监管机构大力推动保险行业社会责任工作。2014年7月，原中国保监会发布《中国保险业社会责任白皮书》，首次向社会公众全面介绍保险业履行社会责任的理念、实践和成效。2015年12月，原中国保监会颁布实施《关于保险业履行社会责任的指导意见》（保监发〔2015〕123号），该意见包括：树立社会责任理念，服务经济社会发展大局；提升经营管理绩效，实现经济社会效益共赢；推动创新融合发展，构建开放共享和谐社会；坚持绿色发展思维，保护环境建设生态文明；制定社会责任规划，健全社会责任工作体系；加强行业内外协作，提高社会责任管理成效，共六个方面总计19条意见，推动了全行业社会责任工作管理水平的提升。2016年7月，原中国保监会启动蓝皮书

---

① 企业办社会是指企业不仅仅负责生产经营，还负责和员工有关的一些社会职能，例如员工住宅"三供一业"（供水、供电、供气及物业）、离退休人员管理以及承办教育机构、医疗机构和消防市政等。

编撰工作；2017 年 1 月 18 日，原中国保监会、中国社科院企业社会责任研究中心在京联合发布《中国保险企业社会责任蓝皮书（2016）》。

表 4-1 的统计结果显示，2016—2019 年我国保险公司披露社会责任报告的比例依次为 17.83%、18.07%、17.82% 和 17.82%，各年比例均未超过 20.00%，表明保险公司社会责任报告披露情况有待改善，有超过 80.00% 的保险公司未披露社会责任报告。

表 4-1 保险公司是否披露社会责任报告统计

社会责任报告	2016 年		2017 年		2018 年		2019 年	
	样本数（家）	比例（%）	样本数（家）	比例（%）	样本数（家）	比例（%）	样本数（家）	比例（%）
是	28	17.83	30	18.07	31	17.82	31	17.82
否	129	82.17	136	81.93	143	82.18	143	82.18
合计	157	100.00	166	100.00	174	100.00	174	100.00

资料来源：根据保险公司公开披露信息整理

表 4-2 的统计结果显示，2016—2019 年我国保险公司披露公益或社会责任信息的比例依次为 50.32%、48.19%、48.28% 和 48.28%。除 2016 年外，其余各年比例均未超过 50.00%，表明我国保险公司公益或社会责任信息披露情况不是很普遍，有超过 50.00% 的保险公司未披露公益或社会责任信息。

表 4-2 保险公司是否披露公益或社会责任信息统计

公益或社会责任	2016 年		2017 年		2018 年		2019 年	
	样本数（家）	比例（%）	样本数（家）	比例（%）	样本数（家）	比例（%）	样本数（家）	比例（%）
是	79	50.32	80	48.19	84	48.28	84	48.28
否	78	49.68	86	51.81	90	51.72	90	51.72
合计	157	100.00	166	100.00	174	100.00	174	100.00

资料来源：根据保险公司公开披露信息整理

多数保险公司积极履行了对股东、客户与合作伙伴、员工、社会公众和政府的社会责任，保险公司社会责任已由"理念"阶段进入到"实践"阶段，为社会经济发展做出了贡献，但总体上还处于初级阶段（郝臣、王旭、王励翔，2015）。

第五节 其他相关理论

一、高层梯队理论

（一）高层梯队理论主要内容

高层梯队理论（upper echelons theory）是 Hambrick 和 Mason（1984）提出的，该

理论认为，在复杂的内部和外部环境下，管理者不可能全面认识所有方面，管理者的心理特征会影响战略选择与企业决策。企业的决策过程和对应的绩效受到高层管理团队价值观和认知等心理结构的影响，而这些心理结构难以量化，因此选择高层管理团队年龄、任期、教育背景和职业背景（郑丹萍、张杨勋，2014）等人口特征来反映心理数据。随着Hambrick和Mason（1984）对该理论的提出，国内外学者已经开展了包括管理者背景特征、管理者过度自信和管理者异质性等方面对公司治理、公司行为和公司绩效影响的研究。

（二）对保险公司治理的启示

保险公司治理活动最终还是要基于董事、高级管理人员等治理主体开展。保险公司因其自身的特殊性，为了保障保险公司治理的有效性，对其董事和高级管理人员的素质要求相对于一般公司来说更高。这种素质体现为学历、职业经历、职业背景等多个方面。以职业背景为例，保险公司业务专业性强且风险较高，具有金融、精算和保险等相关职业背景的董事能从专业的角度看待问题，以专业的方式解决问题，在决策时给出专业的建议，以促进董事会的科学决策；具有金融、保险等从业经验的高级管理人员对行业形势和公司发展趋势具有深刻的认知，能敏锐地察觉公司在发展过程中是否出现偏差，在日常经营中降低公司的风险，进而提高公司的绩效。保险公司董事会成员职业背景的合理搭配和高级管理人员职业背景的科学组合是保险公司健康发展的前提条件。

二、公司治理评价理论

（一）公司治理评价理论主要内容

公司治理评价就是对公司治理状况的科学衡量，这项工作的意义在于通过治理评价发现和解决治理改革发展中的重要问题尤其是瓶颈问题，从而全面提高公司治理水平。公司治理评价理论（corporate governance evaluation theory）认为治理评价是一个系统工程，涉及治理评价主体（谁来评）、治理评价指标体系（用什么评）、治理评价对象（评价谁）、治理评价结果使用（评价作用发挥）等方面内容，这其中的核心是治理评价指标体系。

公司治理评价萌芽于1950年杰克逊·马丁德尔（Jackson Martindell）提出的董事会绩效分析，随后一些商业性组织也推出了公司治理评价系统。较规范的公司治理评价系统是由美国机构投资者服务组织（Institutional Shareholder Services，缩写为ISS）在1952年设计的评价董事会程序。随后出现了公司治理评价的系列研究成果，如1998年标准普尔公司（Standard & Poor's Company，缩写为S&P）创立的公司治理评价系统（2004年进行了修订），1999年欧洲戴米诺（Deminor）推出戴米诺公司治理评价系统，

2000年亚洲里昂证券（Credit Lyonnais Securities Asia，缩写为CLSA）开发里昂公司治理评价系统，2003年穆迪（Moody）将公司治理评价作为增强信用分析的一部分而引入。

就国内而言，2003年南开大学中国公司治理研究院（原南开大学公司治理研究中心，教育部人文社科重点研究基地南开大学公司治理研究中心2012年正式更名为南开大学中国公司治理研究院）评价课题组推出我国第一个全面系统的公司治理评价系统，此后每年发布一次中国上市公司治理指数（CCGI^{NK}），该评价系统涉及保险业的评价样本有中国人寿（股票代码：601628）、中国太保（股票代码：601601）、中国平安（股票代码：601318）、中国人保（股票代码：601319）四家保险集团公司和新华保险（股票代码：601336）一家保险公司共五家A股上市公司。中国社会科学院世界经济与政治研究所公司治理研究中心进行的中国上市公司100强公司治理评价是国内另外一项较早开展且持续性的评价工作，该系统的评价对象为市值前100名的公司，没有直接涉及保险公司。

（二）对保险公司治理的启示

早期对于保险法人机构的治理评价主要是由非官方的评级机构或媒体完成的。但是，需要说明的是这些已有治理评价都是根据一般公司的治理评价系统进行的，除了原中国保监会《保险公司治理报告》中的治理评分之外，国内外鲜有基于保险法人机构治理特点设计的专门的、详细的和可操作的治理评价指标体系。

通过对国内外治理评价系统的比较，可以发现公司治理评价的结果都是公司治理评价指数，简称公司治理指数。公司治理指数是运用统计学和运筹学等原理，根据一定的指标体系，对照一定的标准，按照科学的程序，通过定量分析与定性分析，以指数形式对公司治理状况做出的评价。

思考题

1. 保险公司的利益相关者有哪些？和一般公司的利益相关者相比有什么不一样的吗？
2. 保险公司存在哪些委托代理问题？为什么会存在这些委托代理问题？
3. 保险公司的社会责任可以体现在哪些方面？

第五章

国内保险公司治理研究

【本章概要】

　　本章首先基于中国知网（https://www.cnki.net/）对"保险公司治理"进行了题名和主题检索，展示了我国保险公司治理研究文献的总体状况，进而梳理出我国保险公司治理研究的多个主题，最后从研究时点、研究主题、研究样本和研究方法等方面对国内保险公司治理研究进行总结。

【学习目标】

　　熟悉国内保险公司治理研究的总体状况；掌握国内保险公司治理研究的主题；熟悉国内保险公司治理研究样本与研究方法情况。

第一节 国内保险公司治理研究总体分析

一、文献检索的总体状况分析

　　本章利用中国知网（https://www.cnki.net/）进行检索。首先进行了以"公司治理"为题名和主题的检索。截至2020年8月，结果发现以"公司治理"为题名的检索结果为21153篇，以"公司治理"为主题的检索结果达到了89874篇，可见公司治理方面的研究是目前理论界比较热点的问题之一。此外，进行了以"保险公司"为题名和主题的检索，发现以"保险公司"为题名的文献数量达到了9078篇，主题检索结果更是达到了83897篇，证明保险公司方面也是比较热门的研究领域。详见表5-1。

　　由于保险公司治理横跨保险公司和公司治理两个领域，特此进行了以"保险公司治理"为题名和主题的检索。截至2020年8月，"保险公司治理"为题名的文献数量：总检索结果为116篇，其中中国学术期刊网络出版总库、中国优秀硕士学位论文全文数据库、中国重要报纸全文数据库、中国重要会议论文全文数据库、中国博士学位论文全文数据库依次为76篇、26篇、5篇、6篇和3篇；进行主题检索的检索结果为2054

表 5-1　相关研究文献的数据库检索结果　　　　　　单位：篇

检索数据库	公司治理		保险公司		保险公司治理	
	题名	主题	题名	主题	题名	主题
中国学术期刊网络出版总库	15938	55341	6223	60183	76	824
中国优秀硕士学位论文全文数据库	4015	27981	1834	14994	26	795
中国博士学位论文全文数据库	408	3971	60	1561	3	347
中国重要报纸全文数据库	354	939	721	5282	5	39
中国重要会议论文全文数据库	438	1642	240	1877	6	49
合计	21153	89874	9078	83897	116	2054

资料来源：中国知网（https://www.cnki.net/）

篇，其中中国学术期刊网络出版总库、中国优秀硕士学位论文全文数据库、中国重要报纸全文数据库、中国重要会议论文全文数据库、中国博士学位论文全文数据库依次为 824 篇、795 篇、39 篇、49 篇和 347 篇，与一般公司治理研究文献数量相比仍然偏少。

根据上述检索结果，可以得出保险公司治理研究还有待深入的初步结论。以下相关的具体分析均基于这些检索到的参考文献来展开。

二、文献检索的年度趋势分析

在知网检索发现，我国较早的保险公司治理研究文献有许加银（1997）的《法人资本股份制保险公司的治理结构分析》、韩艳春（2000）的《论国有保险公司法人治理结构的建设》、夏洪（2001）的《论保险公司治理机制的完善》、盛和泰（2001）的《论建立国有保险公司法人治理结构》等。

为了展示我国保险公司治理研究的演进状况，本章以"保险公司治理"为主题和题名在中国知网（https://www.cnki.net/）进行了文献检索，检索结果显示，2010 年至 2019 年期间，每年题名检索的文献数量从 41 篇提升到 76 篇；而每年主题检索的文献数量从 472 篇发展到 822 篇。详见图 5-1。

图 5-1　2010—2019 年以"保险公司治理"为主题和题名的文献数量

资料来源：中国知网（https://www.cnki.net/）

第二节　国内保险公司治理研究具体分析

卓志（2008）在"我国保险理论研究及其发展创新的方法论前提"一文中，总结了我国保险理论研究的十大内容，其中就包含保险公司治理研究，并列举了当时保险公司治理研究的一些基础内容，例如，保险公司股份制改造步骤、方案与模式，保险公司上市条件与障碍，保险公司上市后的发展问题，保险公司风险管理，等等。本节基于文献检索视角，梳理了我国保险公司治理研究的八大主题。

一、保险公司治理模式研究

治理模式是基于对公司本质的认识而产生的治理结构价值观。治理模式指导着人们认识什么是治理、为什么要治理、如何进行治理及治理目标等关键性、基础性问题（吴洪，2008）。对于保险公司治理模式的研究主要从股东与利益相关者治理、内部与外部治理两个视角展开。阎建军（2006）基于知识和创新的视角指出，股东单边治理的根本缺陷在于无法对经理层进行有效的内部制衡和市场制衡，上述缺陷导致我国保险公司内部治理结构失衡；不同国家采用不同方式对股东单边治理缺陷进行弥补，通过理论推导和国外实践，指出我国保险公司治理发展只能走利益相关者治理主导模式。谢金玉（2007）简述了家族治理、内部治理和外部治理模式三种世界上具有代表性的公司治理模式，并结合我国实际，提出我国近期比较合理的保险公司治理模式，应该是以内部治理为主、外部治理作为重要补充的治理模式；而从长远看，未来合理的保险公司治理模式应该是内部治理与外部治理并重的公司治理模式。王丹（2010）针对保险产品的特殊性、保险风险的集中性、资本结构的高比例负债性、保险的社会性及保险合同的附和性，提出了我国保险公司的治理模式思路。沈蕾（2012）提出由于保险经营的特殊性，保险公司治理问题与一般企业存在很大不同，以当前主流的公司治理理论来分析保险公司治理，有时不能适应其独特性；以风险管控治理理论为基础，剖析保险公司风险管控治理的目标，并初步构建了权变型保险公司治理模式的基本框架。

二、保险公司治理国际比较与经验借鉴研究

以两权分离为主要特征的现代企业制度已经在我国保险业中初步确立，如何完善保险公司治理，有效解决由于两权分离引起的利益冲突，提高保险公司和整个保险体系的运营效率，逐步成为保险业深化改革的首要问题（郭晓辉、杨明亮、陈敏，2006）。我国的保险公司治理取得了很大成就，但与国际保险同业的治理水平相比，整个保险业的公司治理水平尚处于初级阶段。因此，开展保险公司治理的国际比较，借鉴别国

保险公司治理的经验成为研究的热点。该主题研究主要是比较分析我国与典型国家的保险公司治理实践，总结出保险公司治理的基本国际经验，并结合我国保险公司治理的现状提出政策建议（孙娜、晏勇健，2005；刘建国，2006；孟彦君，2007；张惠，2007；董小芳，2007；余兰，2009；魏思博，2010）。

三、保险公司治理的特殊性研究

保险业具有不同于其他行业的显著特征，包括保险产品的特殊性、保险风险的集中性、资本结构的高比例负债性、保险的社会性及保险合同的附和性等（王丹，2010），因此保险公司的治理也具有特殊性。鉴于作为保险公司债权主体的投保人往往是分散的、信息不灵的和易于搭便车的，所以他们需要一个"代表"来代替他们对保险公司的管理实施有效的外部干预，所以保险公司的治理理念必然与一般的公司不同，要求趋于"共同治理"（王洪栋，2003）。对于保险公司治理特殊性研究主要是从利益相关者理论入手，刘美玉（2008）认为传统公司治理强调股东利益最大化存在局限，因此她构建了保险公司利益相关者的共同治理机制；沈蕾（2009）把保险业的特殊性和公司治理的一般理论相结合，利用数理模型探讨了保险公司治理的特殊性；刘素春（2010）进一步指出投保人、人力资本所有者、保险监管者是保险公司治理的特殊利益相关者；方国春（2014）认为投保人不同于一般的消费者。顾孟亚（2014）关注了保险公司治理风险问题。公司治理不健全一直是金融机构的内在隐患，某些机构大股东操纵和另一些机构内部人控制造成巨大损失；由于绝大多数金融机构具有较强的公众利益相关属性，所以应当更加重视公司治理结构（郭树清，2019）。杨镇泽（2019）指出，保险公司治理还需兼顾公司和投保人之间的关系。这些特征使得保险公司治理的目标更具宏观性和社会性。

四、国有保险公司治理存在的问题与改进研究

我国保险公司治理结构的制度建设，应以保障保险公司所有者的合法权益、确立保险公司高效率运营的制度基础、强化监事会和股东的监督为目标，坚持依法设立、追求效率、相互制衡、相互协作的基本原则（刘钧，2003）。王浩（2014）、凌士显（2014）分析了我国保险公司治理现状，而国有保险公司无论是就数量还是市场份额而言，都具有较大的比例，因此，国有保险公司治理问题也受到了一些学者的关注。传统体制下国有保险公司的治理存在诸多弊端，主要体现为所有者的缺位、缺乏有效的激励机制、存在较强的内部人控制和内控机制不足、保险公司内部信息流通不畅等（张悦，2004）。与一般公司相比较，国有保险公司具有一系列特殊性，这导致了国有保险公司治理与一般公司治理存在显著差异（钱琨，2008）。因此，研究我国国有保险公司的治理结构与机制尤为重要。朱日峰（2005）认为目前国有保险公司治理中存在所有者缺

位的问题，凭借国有股权的"一股独大"以及信息披露渠道的欠缺，大股东容易侵害中小股东利益；李兆斌、李靖和李蕾（2007）提出引入多元化投资主体、增强董事会的独立性、完善监督机制、对保险公司高级经理人员建立合理的激励机制、进一步建立和完善信息披露制度等对策建议。上市保险公司也是我国保险公司重要组成部分，完善我国上市保险公司治理结构，形成科学有效的保险公司治理机制是保险界亟待实现的重要目标（唐金成、孙灵刚，2014）。

五、外资保险公司的准入与监管等研究

我国保险业的全面开放吸引了世界各国保险公司进入我国市场。外资的进入给国内保险业带来经验和技术，促进了我国保险业的健康发展。与此同时也产生了很多新问题，这就需要加强对外资保险公司的监管。许谨良（1997）较早地关注了外资保险公司的准入和监管问题；曹春霞和展凯（2007）提出在有侧重点地坚持以市场行为、公司治理、偿付能力为监管支柱的同时，应制定完善的法律体系，建立严格的信息披露制度，加强与国际保险监管机构的合作，保证外资保险公司有序地发展；郝演苏、张文峰和杨雪君（2013）指出，纵观世界各主要保险市场，无论在崇尚自由经济的发达国家还是在处于半开放状态的发展中国家，外资保险的比重都较低，他们引入国家主权个性概念，借助于 PEST 模型和波特的五力模型，研究和总结外资保险境外发展的一般规律。

六、保险公司治理对绩效影响的实证研究

一般公司治理领域，公司治理对绩效的影响及其传导机制已经是一个比较成熟的研究领域。保险公司治理对保险公司的绩效具有何种影响及其影响机理还是一个比较新的研究命题，相关研究并不多见。张惠（2007）分析了我国保险公司治理的发展进程、治理环境和存在的问题，检验了股权结构、董事会规模等公司治理机制对保险公司绩效的影响。陆渊（2009）采用数据包络分析法，对比研究了我国主要保险公司的技术效率。谢晓霞和李进（2009）依据建立的股权结构、董事会特征与业绩模型进行分析，得到如下结论：政府持股比例增加和高管持股将有利于保险公司业绩的提高；境外战略投资者持股不利于保险公司业绩的提高；董事会规模与保险公司业绩负相关；独立董事以及具有金融从业经验的独立董事与保险业绩无关。李维安、李慧聪和郝臣（2012）用我国 46 家股份制保险公司的调研数据，从保护以保单持有人为代表的利益相关者的视角，利用偿付能力这一基础性指标作为证据，采用加权最小二乘（weighted least squares，缩写为 WLS）的方法，检验我国保险公司治理合规性建设程度以及各种治理机制在实践中的有效程度，结果表明：较高的保险公司治理合规性能够更好地保护利益相关者的利益，国有控股股东性质存在正调节效应，人身险公司的合规性建设

对利益相关者保护较好，保险公司各种治理机制对利益相关者保护的有效程度存在差异，研究建议我国保险公司治理应不断推进从强制合规到自主合规的转变，最终实现从合规到有效的转型。李秋孟（2014）研究了我国保险公司股权结构与公司治理绩效的关系。李慧聪、李维安和郝臣（2015）以我国股份制保险公司为样本，分别考察遵守强制性监管规定的强制性治理合规和遵守非强制性指引建议的自主性治理合规能否提升公司治理有效性，结果表明：总体上治理合规对治理有效性并未产生显著影响；强制性治理合规对风险控制有效性和经营有效性均具有显著的提升作用，自主性治理合规的作用主要体现在提升经营有效性方面，两类治理合规行为在影响特定治理有效性方面呈现边际递减的趋势，结论反映出，监管机构在监管内容上应当进一步推动从以治理结构为中心的"合规监管"向以治理机制为核心的"有效监管"转变，同时实现监管方式上刚性监管和弹性引导相结合。江津和王凯（2015）基于2007—2013年保险行业上市公司的季报和年报数据，对保险公司治理机制与公司绩效之间的关系进行了分析，研究了保险公司治理机制有效性。郝臣（2016）在设计保险公司治理评价指标体系的基础上，从公司治理整体的视角，即利用保险公司治理指数实证研究了保险公司治理对效率绩效、竞争力绩效和财务绩效的影响。研究发现，我国保险公司治理的合规性较高，但有效性总体偏低。郝臣、白丽荷和崔光耀（2016）从偿付能力角度，对保险公司股东治理与投保人利益保护之间的关系进行实证分析。郝臣、秦晓天和崔光耀（2016）用随机前沿分析方法衡量我国保险公司效率绩效，并从保险公司治理指数、保险公司治理不同层次和保险公司治理不同内容三个角度实证研究保险公司治理对效率绩效的影响。凌士显和白锐锋（2017）借助于股份制保险公司2010年到2014年的数据，运用多元回归模型，检验了媒体监督在我国保险公司治理中的功能。郝臣和钱璟（2018）利用127家保险公司的公开数据，以因子分析法构建的公司绩效为中介变量，探究董事会治理对偿付能力的作用以及公司绩效的中介效应。

七、保险公司治理监管研究

由于保险公司管理层控制不当会威胁到社会公众的利益，保险行业监管机构必须加强外部监管，为最大限度维护社会公众利益、保护股东权益提供法律和行政管理的保障（申院荣，2007），良好的外部监管和内部治理结构与机制互为补充。随着2006年保险公司治理监管支柱的引入和2009年我国《保险法》的修订，针对我国保险业治理监管的研究逐渐涌现，有学者尝试进行我国保险公司治理监管的制度设计（林小华、裴斐，2007；沈蕾，2009；杨馥，2009；徐徐，2010；彭虹、汤丽，2010）。袁力（2010）指出，目前我国保险公司治理监管制度体系初步形成，保险业公司治理的意识大幅增强，治理能力和治理水平明显提高；下一步将重点从薪酬考核机制、公司内部问责机制和信息披露等方面入手，进一步完善制度，推动公司治理逐步实现从"形似"向"神似"的转变。冯芬芬（2014）对保险公司治理监管模式进行了探讨。Chen、Tennyson、Wang 和 Zhou（2014）系统地回顾了我国保险公司监管制度及其发展过程，并对未来进行了展望。强化保险公司治理监管既是完善保险市场体系、防范化解风险的客观需要，也是保险业转变发展方式、提高行业核心竞争力的有效途径和必然选择（贲奔、臧明仪，2014）。中国银保监会公司治理监管部（2018）梳理了改革开放以来我国保险公司治理监管的发展历程、目前面临的形势以及未来的发展方向。杨镇泽（2019）提出对保险公司进行股东股权管理，要区分其控制权的类型，对于国有保险公司、股份制保险公司、外资保险公司等进行区别管理，重点关注民营金控模式和关联企业投资入股的保险公司，对其关联交易、隐瞒出资人、股东行为越界等情况进行监管。李艺华和郝臣（2019）实证检验了外部监管对保险公司风险承担的影响，发现外部监管与保险公司总体风险和杠杆风险承担水平负相关。

八、保险公司治理评价研究

国际上，有一系列的公司治理诊断与评价研究成果（Gompers、Ishii、Metrick，2003；Beiner、Drobetz、Schmid、Zimmermann，2006）。在国内，李维安教授率领的南开大学公司治理研究中心评价课题组于2003年4月成功构建并推出我国第一个公司治理评价系统，基于该系统的评价结果被称为中国上市公司治理指数（$CCGI^{NK}$）。但保险公司治理的特殊性，决定了不能够直接应用这些公司治理评价系统来评价保险公司治理的质量。因此，保险公司治理评价的指标设计、标准建立、量化方法等有待研究。以李维安教授为首的南开大学中国公司治理研究院保险公司治理评价课题组（2008）充分考虑保险公司的独特性和我国特殊的制度背景，构建了一套完整的、针对性的国内首个保险公司治理评价指标体系。也有学者尝试从一般公司治理评价角度出发，构建涵盖股东权益机制、董事会治理、监事会治理、经理层治理、信息披露机制、利益相关者治理、公司治理文化、公司社会责任等方面指标构成的保险公司治理评价指标体系（严若森，2010）。罗胜和张雁云（2011）在对国内外董事会评价实践进行梳理的基础上，设计了我国保险公司董事会评价的评价机制和评价程序。郝臣（2016）在其著作《保险公司治理对绩效影响实证研究——基于公司治理评价视角》中构建了基于公司治理内容和治理层次的我国股份制保险公司与有限制保险公司治理评价指标体系，并利用该指标体系基于问卷调查数据对我国保险公司治理状况进行了评价分析。许敏敏和郭琦（2019）以我国部分财产险公司2016年的相关数据为基础，利用构建的公司治理指数模型计算出公司治理指数，并对财产险公司的公司治理现状进行评价。

第三节　国内保险公司治理研究总结

一、研究时点：国内关于保险公司治理研究的起步较晚

在中国知网（https://www.cnki.net/）的学术期刊网以"保险公司治理"题名检索到的发表时间较早的期刊论文有："论法人资本股份制保险公司的治理结构分析"（许加银，1997），"论国有保险公司法人治理结构的建设"（韩艳春，2000），"论保险公司治理机制的完善"（夏洪，2001），"论建立国有保险公司法人治理结构"（盛和泰，2001），"论国有保险公司法人治理结构的建设"（于学泽、李欣，2002），"国有保险公司法人治理结构探讨"（孙绍华，2002）等，早期的研究文献数量相对有限。自2003年以后，国内保险公司治理的相关研究随着保险公司治理实践的开展开始逐渐增多。通过上述分析可以看出，我国保险公司治理研究起步于20世纪90年代末期，至今只有二十余年的发展历程。

二、研究主题：国内保险公司治理研究早期主要集中于基础性问题

国内保险公司治理研究的主题主要集中于概念、特殊性、模式比较等基础性问题。郝臣、李慧聪和崔光耀（2017）在其著作《治理的微观、中观与宏观——基于中国保险业的研究》中对保险公司治理进行了再定义，同时提出了保险机构治理和保险业治理两个概念，拓展了保险公司治理。郝臣、李艺华、崔光耀、刘琦和王萍（2020）在"金融治理概念之辨析与应用——基于习近平总书记2013—2019年567份相关文件的研究"一文中界定了"金融治理""金融业治理""金融机构治理"等概念，同时对"保险公司治理"的概念进行了细化。目前研究的广度和深度得以极大的拓展，不再局限于界定保险公司治理的基础性问题，而是将研究深入至治理的机制对保险公司绩效的影响。

三、研究样本：国内保险公司治理研究样本比较单一且样本量少

国内现有成果的研究样本主要集中在保险公司的层面，保险公司中的专业保险公司和上市保险公司。从保险公司国有或者民营性质角度出发的研究较少，只有少数学者（韩艳春，2000；盛和泰，2001；于学泽、李欣，2002；李琼、苏恒轩，2003；朱日峰，2005；袁恩泽，2006；林征，2006；李兆斌、李靖、李蕾，2007；刘金霞、齐青婵，2008；魏思博，2010）以国有保险公司作为研究样本展开定性的分析。以保险中介机构、保险集团公司作为研究样本的成果比较少。

四、研究方法：国内保险公司治理研究主要采用规范性研究方法

从研究方法看，国内保险公司治理相关研究在研究方法的选择上是以规范研究为主。由于上市保险公司数量较少，数据获得较为困难，只有个别学者采用案例研究方法（俞勇国，2006；张惠，2007；曹晓润，2008；杨馥，2009；张扬、郝臣、李慧聪、褚玉萍，2012；毛颖、孙蓉、甄浩，2019）以及大样本的实证研究方法（张惠，2007；陆渊，2009；谢晓霞、李进，2009；李维安、李慧聪、郝臣，2012；陈彬、邓霆，2013；徐华、李思荟，2013；凌士显、谢清华，2015；郝臣，2016；朱南军、王文健，2017；郝臣、钱璟，2018；李艺华、郝臣，2019）。

思考题

1. 保险公司治理领域有哪些有待深入研究的问题？
2. 保险公司治理研究面临的挑战或者困难有哪些？

第六章

国外保险公司治理研究

【本章概要】

本章梳理了国外保险公司治理研究的成果,首先将国外保险公司治理研究划分为起步、发展和深入三个阶段;然后采用文献计量方法,重点关注了深入发展阶段特别是 2008 年以来国外保险公司治理研究的状况;最后对国外保险公司治理研究进行了总结和展望。

【学习目标】

了解国外保险公司治理研究的起步和研究的阶段划分;熟悉国外保险公司治理领域的主要期刊;掌握国外保险公司治理研究的最新进展;理解国外保险公司治理未来研究的重点。

第一节 国外保险公司治理研究总体分析

一、国外保险公司治理研究的起步

公司治理问题自 1932 年被提出以来,经过 80 多年的研究历程,已经形成经典的理论框架和概念体系。但随着对公司治理研究的深入,越来越多学者发现不同类型的组织在治理结构和机制之间存在一定差异性,在治理过程中不能将一般公司治理理论进行简单的"复制"和"粘贴",因此在公司治理领域出现了基于治理对象不同而产生的若干分支,呈现出围绕治理对象分类治理的趋势。在这一新的趋势下,可以按照治理对象的不同标准将治理领域进行多种划分。例如,按公司是否上市,可将公司治理划分为一般公司治理和上市公司治理;按公司是否提供金融服务,可分为一般公司治理与金融机构治理等。按治理对象分类治理的趋势大大增强了公司治理理论在实践中的可操作性,这些分支共同构成了公司治理理论的研究框架。

金融机构治理是公司治理领域的重要分支。自 2008 年金融危机爆发以来,学者们围绕危机爆发的原因展开深入研究，发现金融危机爆发的根源在于金融机构的治理出现了问题，而非金融产品自身的创新性问题。在金融机构治理这一分支领域中，保险公司治理研究的发展尤为迅速。同一般金融机构相比，保险公司在治理主体、治理结构、治理机制等方面具有特殊性，对其治理问题的探讨有利于金融机构治理理论研究的进一步深入。早期对于保险公司治理的关注集中于外部监管，例如 Schuster（1902）定性研究了英、法、德、美等国保险公司的法律监管问题。但是率先对保险公司内部治理问题进行探索性研究的是 Spiller，该学者于 1972 年发表了一篇名为"股权与绩效：股份制和相互制寿险公司的比较"（Ownership and Performance: Stock and Mutual Life Insurance Companies）的论文；Spiller 通过实证研究发现，美国股份制寿险公司和相互制寿险公司在绩效方面存在显著差异，其中公司所有权的差异是最重要的影响因素。这篇论文的发表标志着保险公司治理研究的真正开始。

二、国外保险公司治理研究的三个阶段

国外对保险公司治理的相关研究已经开展了近 50 年，从最早的对股份制保险公司治理和相互制保险公司治理简单的比较研究到目前从保险公司治理各个因素入手，深入细致地研究保险公司治理的内在本质和科学规律，取得了一系列的成果。由于国外的相关研究文献数量较多，本章没有进行全部文献的梳理，而是将其划分为三个阶段进行归纳梳理。

（一）起步阶段的不同组织形式保险公司治理的比较分析

Spiller 是世界上较早对保险公司治理展开研究的学者，他在 1972 年对 19 家股份制保险公司和 27 家相互制保险公司的财务指标进行了比较分析，发现两种公司的财务指标存在显著差异，认为公司所有权的差异是最重要的原因。

20 世纪 80 年代的保险公司治理研究基本上围绕相互制保险公司治理问题展开。Jemison 和 Oakley（1981）对相互制保险公司治理改革的必要性进行了分析；Greenehe 和 Johnson（1980）、Hansmann（1985）、Fields（1988）、Rappaport（1990）、Smith 和 Stutzer（1990）等围绕相互制保险公司治理优缺点展开了分析。

（二）发展阶段的保险公司治理影响绩效的实证研究

20 世纪 90 年代，保险公司治理研究进入到了"大"公司治理阶段（相对于某一个治理要素而言），学者开始关注公司治理的绩效。

Diacon 和 O'Sullivan（1995）利用 129 家英国保险公司的调查数据检验了公司治理的效果，即公司治理对公司运营的影响程度以及管理层行为的约束程度。O'Sullivan（1998）分析了英国两种类型保险公司共存的原因，并再一次检验公司治理是否会对

管理层行为产生影响。O'Sullivan 和 Diacon（1999）检验了英国保险公司内外部治理机制的关系。

（三）深入阶段的保险公司治理要素有关的进一步研究

2000 年以来，保险公司治理的理论研究进入到深入阶段，这时期主要关注公司治理的各个要素，研究更加深入和具体。Marx、Mayers 和 Smith（2001）、Hardwick、Adams 和 Zou（2003）、O'Sullivan 和 Diacon（2003）、Huang、Hsiao 和 Lai（2007）、Boubakri、Dionne 和 Triki（2008）、Mayers 和 Smith（2010）、He 和 Sommer（2010）、Hardwick、Adams 和 Zou（2011）等先后对保险公司治理的各要素进行了实证研究。

O'Sullivan 和 Diacon（2003）探讨了人寿保险公司中董事会的构成和表现，考察了股份制保险公司和相互制保险公司中外部董事的作用。其研究显示，相互制保险公司相比于股份制保险公司，董事会中外部董事的比例较高，两职合一的情况较少，即相互制保险公司采用较为强势的董事会，而具体采用何种董事会和公司所处的环境有关。Huang、Hsiao 和 Lai（2007）通过包络分析法测量公司的效率，考察了台湾寿险行业所有权结构和公司效率之间的关系，结果显示，内部董事的比例、家族控制的保险公司、保险公司的存续期等和公司的技术效率显著正相关。Mayers 和 Smith（2010）研究了保险公司的高管激励问题，考察了强董事会的监督作用和高管薪酬二者在对保险公司高管激励中的关系，证明薪酬激励比强董事会的监督对公司资产收益率的影响更显著。

三、国外保险公司治理研究综述

随着保险公司治理实践的发展，有关保险公司治理的研究日益增多。国外已有学者对保险公司治理研究展开综述，其中有学者重点探讨了公司治理对组织绩效和风险承担的影响（Boubakri，2011），也有学者关注组织形式和效率之间的相互关系（MacMinn 和 Ren，2011），还有学者探讨了保险业系统风险管理的相关问题（Eling 和 Pankoke，2016）。虽然这些综述都对已有文献进行了梳理和归纳，但它们仅针对特定的研究主题展开分析，缺少对整个保险公司治理领域研究的宏观把握。

在国内也有学者对国外保险公司治理文献进行综述研究，例如，郝臣、李慧聪和罗胜（2011）在文献检索的基础上综述了国内外保险公司治理的相关研究成果，张扬、郝臣和李慧聪（2012）从不同组织形式保险公司治理的比较、股东治理、董事会治理等方面系统梳理了国外保险公司治理的相关研究成果。但是上述学者的综述研究主要关注 2008 年金融危机以前的保险公司治理研究，缺乏对金融危机之后相关研究的探讨。此外，国内学者沈健和杜鹃（2017）梳理了近年来国外有关相互制保险组织的研究文献并与股份制保险公司进行比较分析，但是该研究的内容仅限于特定主题。

第二节　国外保险公司治理研究具体分析

本节重点关注 2008 年金融危机之后国外保险公司治理研究领域的文献，在文献检索的基础上对文献的基本状况进行计量分析，以期把握 2008 年以来国外保险公司治理研究的发展脉络和现状。

一、文献来源

本章计量分析的保险公司治理文献集中发表于 2008 年至 2017 年间，为保证综述文献具有代表性，本节首先下载了《风险与保险期刊》(Journal of Risk and Insurance)、《日内瓦风险与保险期刊》(The Geneva Papers on Risk and Insurance)、《保险问题期刊》(Journal of Insurance Issues)、《风险管理和保险评论期刊》(Risk Management and Insurance Review) 和《保险监管期刊》(Journal of Insurance Regulation) 五大保险领域专业期刊中 2008 年至 2017 年的所有文献目录和摘要，对其刊载文献的主题是否属于保险公司治理领域进行逐篇确认；其次通过 Sciencedirect、Wiley Online Library、JSTOR、Springer、Emerald 和 Research Gate 六大外文数据库，采用搜索题名、摘要和关键词的方法对非保险领域期刊进行检索，最终筛选出 240 篇有关保险公司治理的文献，构成了本章文献综述计量研究的样本。

这 240 篇代表性文献分别分布在 200 个期刊。在 2008 年到 2017 年间发表具有保险公司治理主题的文献数量较多的期刊分别是 Journal of Risk and Insurance、Journal of Insurance Issues 和 The Geneva Papers on Risk and Insurance。这三个期刊分别创刊于 1932 年、1976 年和 1991 年，其中 Journal of Risk and Insurance 是由美国大学教师保险学协会 (American Association of University Teachers of Insurance) 创办，现由美国风险和保险学会 (American Risk and Insurance Association) 主办的 SSCI[①]期刊，汇集了保险和风险管理方面许多重要的学术研究成果，是保险领域的权威期刊。The Geneva Papers on Risk and Insurance 和 Journal of Insurance Issues 是非 SSCI 期刊，但也刊登过很多高水平的文献。除此之外，Journal of Banking and Finance、Risk Management and Insurance Review 和 Journal of Insurance Regulation 发表的文献也较多，共计占比 10%。文献的期刊分布情况如表 6-1 所示。

通过对各年文献发表数量的统计可以发现，2008 年金融危机爆发后，国外关于保险公司治理研究的文献数量逐年增加。2008 年至 2013 年各年发表的文献数量依次是

---

① SSCI 是指社会科学引文索引 (Social Sciences Citation Index)，由美国科学信息研究所 (The Information Sciences Institute，缩写为 ISI) 创建；2020 年 SSCI 期刊共 3485 种，分布在管理学、经济学、金融学等 58 个领域。

15 篇、18 篇、23 篇、38 篇、26 篇和 23 篇。其中 2011 年文献发表的数量最多，约占总文献数量的 15.83%。可见保险公司治理问题在金融危机爆发后得到了学者的广泛关注。

表 6-1 国外近十年刊登保险公司治理文献的期刊分布

期刊名称	创刊时间（年）	是否为 SSCI	文献数（篇）	占比（%）
Journal of Risk and Insurance	1932	是	40	16.67
The Geneva Papers on Risk and Insurance	1976	否	25	10.42
Journal of Insurance Issues	1991	否	16	6.77
Journal of Banking and Finance	1977	是	9	3.75
Risk Management and Insurance Review	1997	否	9	3.75
Journal of Insurance Regulation	1990	否	6	2.50
Journal of Risk Finance	1999	否	5	2.08
British Actuarial Journal	1866	否	4	1.67
European Journal of Operational Research	1977	否	4	1.67
International Review of Financial Analysis	1992	是	3	1.25
Social Responsibility Journal	2005	否	3	1.25
其他	—	—	62	25.83
合计	—	—	240	100.00

资料来源：作者整理

二、文献研究主题计量分析

现有保险公司治理研究多围绕外部治理、内部治理和内外部综合治理三方面展开。外部治理是通过市场体系，以竞争为主线的一种外在的非正式的制度安排，包括外部监管、外部审计、企业伦理与社会责任等主题。内部治理是为保证控制权在公司内部进行有效分配而进行的一种内在的制度安排，包括组织结构、组织形式、董事会治理、高管治理、股东治理等主题。具体的文献主题分布情况如表 6-2 所示，保险公司外部治理领域的文献有 71 篇，约占总文献的 29.58%。其中以外部监管为研究主题的文献有 46 篇，约占总文献的 19.17%；以信息披露为主题的文献有 17 篇，约占总文献 7.08%。保险公司内部治理领域的文献有 142 篇，约占总文献的 59.17%。其中，以高管治理为研究主题的文献有 38 篇，约占总文献的 15.83%；以风险管理为研究主题的文献有 23 篇，约占总文献 9.58%；同时涉及内、外部治理领域的文献有 27 篇，约占总文献的 11.25%。由此可见，国外保险公司治理的研究已经不仅仅局限于各个治理要素，还深入到各个治理要素的相互关系，从内部治理和外部治理相结合的角度探究保险公司治理问题。

表 6-2　近十年国外保险公司治理文献研究主题统计

研究领域	研究主题	文献数（篇）	占比（%）
外部治理	外部监管	46	19.17
	外部审计	5	2.08
	企业伦理与社会责任	9	3.75
	信息披露	17	7.08
	外部治理综合研究	1	0.41
小计	外部治理	71	29.58
内部治理	组织结构	7	2.92
	组织形式	15	6.25
	股东治理	7	2.92
	董事会治理	12	5.00
	高管治理	38	15.83
	风险管理	23	9.58
	内部审计	2	0.83
	内部治理综合研究	31	12.92
小计	内部治理	142	59.17
综合治理	内外部治理综合研究	27	11.25
合计	保险公司治理	240	100.00

资料来源：作者整理

三、文献篇幅与作者合作情况计量分析

本章对 240 篇文献的页数进行了统计，发现篇幅最长的文献为 83 页，篇幅最短的文献为 3 页。通过对各年文献篇幅均值的比较，发现 2014 年、2015 年和 2016 年所发表的文献平均篇幅较长，依次为 24.51、24.64 页和 24.60 页；2010 年发表文献的平均篇幅较短，为 19.81 页。总体上来说，自 2008 年以来，有关保险公司治理文献的篇幅具有增长的趋势。此外，在文献作者人数方面，2008 年至 2017 年间的文献作者人数最多为 5 人，最少为 1 人。其中 2017 年的平均作者人数为 2.57 人，2008 年为 2.20 人，总体上十年间文献作者的数量呈上升趋势，这在一定程度上说明了保险公司治理研究的多作者合作已成为一种常态。

四、文献计量分析小结

从以上计量结果可知，自 2008 年起，国外关于保险公司治理的文献数量越来越多。多数学者以内部治理、外部治理的各个要素为主题对保险公司治理问题展开研究，也有部分学者同时关注内外部治理要素。在针对这些主题的研究中，实证研究方法受到越来越多的重视，具体研究方法也在不断发展演进，从最初的简单统计，发展到涵盖

数据包络分析、广义矩估计、逻辑回归等在内的计量方法体系，更好地揭示保险公司治理的内在机理。此外，有关保险公司治理的文献篇幅和作者人数也在逐渐增加。

第三节 国外保险公司治理研究总结

一、2008年以来国外保险公司治理研究最新进展

为了把握2008年金融危机之后国外保险公司治理领域的研究进展，本章筛选出该领域在2008年至2017年间发表的240篇文献，从文献的期刊和时间分布，文献的研究主题、对象和方法，文献的篇幅和作者人数等方面对文献的基础信息进行计量分析，并得出了以下结论：

第一，研究思路方面，现有关于保险公司治理的研究思路已从治理合规性向治理有效性转变，从不同的视角、采用不同的方法探讨如何提高保险公司治理有效性问题。

第二，研究主题方面，现有研究多以内部治理和外部治理中的各个治理要素为研究主题，从内部治理、外部治理和内外部综合治理三方面探究保险公司治理问题。

第三，研究方法方面，目前已经形成了以实证研究为主，涵盖规范研究、案例研究、调查研究等的研究方法体系。

第四，研究样本方面，针对具体类型保险公司特殊治理的研究越来越多，财产保险公司、人身保险公司、相互制保险公司、再保险公司等特定的研究样本受到越来越多的关注。

第五，研究结论方面，现有研究都致力于从治理有效性方面提高保险公司治理的质量和水平，从而更好地指导保险公司治理实践。

二、国外保险公司治理研究展望

在对国外现有保险公司治理文献的分析和把握的基础上，本章对未来保险公司治理有效性研究进行了展望。

第一，现有研究中多采用构建模型的方法探讨保险公司治理要素对公司绩效、公司效率和风险承担的影响，研究二者的相关性，但有关保险公司治理是怎样影响公司绩效、公司效率和风险承担的这一"黑箱"尚未打开。发掘彼此之间存在怎样的传导路径是打开保险公司治理研究"黑箱"所应关注的重点。

第二，现有关于外部治理和内部治理的研究多属于多要素研究的范畴，缺乏以互动视角探讨二者间协同效应的文献。保险公司作为重要的金融机构之一，其内部治理有效性必然会受外部治理要素的影响；而外部治理的顺利展开同时也要建立在保险公司内部治理基础之上。因此今后的研究应重点关注二者之间交互作用机制并力图构建

一个二者之间协同发展的均衡状态。

第三，现有关于保险公司治理的实证研究多通过构建模型的方式进行考察，但保险公司治理实践是极其复杂的，模型内生性以及复杂的中介变量会对治理要素与公司绩效、公司效率、风险承担的关系产生重大影响，由此导致产生的研究结论之间存在巨大的差异。因此在实证研究的过程中，应该全面考虑模型内生性问题以及中介变量的影响问题，寻找合适的工具变量，提升模型的准确性，使构建的模型更切合保险公司治理实际。

第四，现有研究在风险承担视角下探讨保险公司治理有效性过程中，大多将风险承担作为一种结果即风险承担水平，而鲜有研究将风险承担作为一种行为而探究其行为本身。因此，今后的研究应进一步导入实验、问卷等方法刻画保险公司的风险承担行为。

第五，现有研究中有关保险公司治理的区域研究文献以英国和美国保险公司为研究样本的文献居多，其中也有学者关注伊斯兰国家、发展中国家等的文献研究。不同的市场由于体制机制、政策措施、文化习惯等方面存在差异，因此有关治理环境与治理有效性之间的关系研究也是未来的研究方向之一。

思考题

1. 国外保险公司治理研究领域中哪些方向受到了学者的广泛关注？
2. 国内外保险公司治理研究有什么不同？为什么会存在这样的差异？

第七章

保险公司治理研究逻辑与框架

【本章概要】

本章首先从经营目标、经营产品、资本结构等十个方面分析了保险公司经营的特殊性,然后提出包括治理目标特殊性、治理原则特殊性、治理结构与机制特殊性、治理风险、治理评价和治理监管六个方面内容的保险公司治理特殊性的分析框架,进而构建了保险公司治理研究逻辑和研究框架。

【学习目标】

理解保险公司经营的特殊性;理解保险公司治理的特殊性;掌握保险公司治理的研究逻辑;熟悉保险公司治理的研究框架。

第一节 保险公司经营特殊性

一、保险公司经营特殊性概述

保险公司所经营的业务性质决定了其具有与其他企业不同的特点。保险公司以风险为经营对象,通过提供保险保障获得利润。因此,与一般公司相比,保险公司具有诸多的特殊性,而这些特殊性恰恰是导致其治理与一般公司治理存在差异的根本原因。其中,保险公司经营目标的特殊性决定了保险公司经营产品的特殊性和资本结构的特殊性,经营产品的特殊性又决定了经营范围、社会影响等方面的特殊性,而这些经营特殊性又决定了政府管制的特殊性,这些经营特殊性之间的逻辑关系如图7-1所示。概括起来,保险公司十大经营特殊性如下:①保险公司经营目标的多元性;②保险公司经营产品的长期性、复杂性、无形性和连贯性;③保险公司资本结构的高负债性;④经营范围的广泛性;⑤社会影响的遍及性;⑥经营过程的稳健性和持续性;⑦交易过程的非即时性;⑧成果核算的不确定性;⑨收益分配的复杂性;⑩政府管制的严格性。

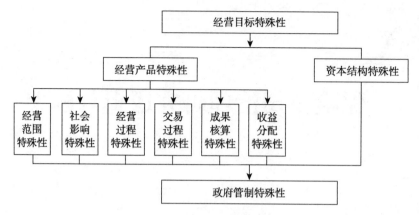

图 7-1 保险公司经营特殊性框架示意图
资料来源：作者整理

二、保险公司经营特殊性具体分析

（一）保险公司经营目标特殊性

保险公司首先是一个社会组织，在社会生活中扮演一定的角色，发挥一定的职能，保险公司最基本的职能就是依据所签合约及时足额地对被保险人提供保险赔偿与给付和履行对保险公司股东的义务。要做到上述两点，就要求保险公司在经营过程中通过产品研发、科学投资等经营活动实现利润最大化，追求利润最大化是保险公司经营的重要目标，这与一般公司并没有明显的区别。

保险公司通过向投保人收取保险费、建立保险基金来保障被保险人的利益，被保险人的风险损失通过保险公司分摊给所有未遭受风险损失的投保人承担；同时，保险公司为了实现保险基金的保值增值，还对保险基金进行投资运用，直接参与金融市场。因此，保险公司成为金融体系当中的重要融资人和投资人。作为金融体系有机组成部分，保险公司要确保资本这一稀缺资源配置到效率最高的领域，同时也要关注其内在的脆弱性。金融体系的脆弱性有可能引发金融危机，并对经济造成严重的破坏。这就要求保险公司既要在分散风险的同时实现效益的最大化，又要追求金融风险的最小化，维护整个金融体系的稳健。此外，保险公司经营产品、经营范围和社会影响等方面的特殊性，使得维护社会稳定也是保险公司重要的经营目标。因此，追求利润最大化、维护金融体系稳健和维护社会稳定是保险公司的三大经营目标。保险公司经营目标是保险的经济补偿、资金融通和社会管理三大功能在保险公司微观层面的体现。

（二）保险公司经营产品特殊性

保险公司产品具有长期性、复杂性或者专业性、无形性、连贯性等特点。保险与其他多数金融产品不同，其生产过程是逆反的；保险费是在保险合同签订时收取的，只有特定事件发生时，才会产生赔付。保险公司经营的产品具有长期性特征，该特征在寿险产品中尤为明显，所售保单通常时间较长，这与其他类型的企业不同。在传统寿险合同中，保险公司向被保险人提供远期给付或赔偿的承诺，其存续期一般会有十几年到几十年，这种特性以及实际死亡率、投资回报率和通货膨胀率与订立保单时的预期差距会产生经营风险。

保险公司经营是根据保险市场的需要，精心设计保险条款，合理规定保险责任，科学厘定保险费率，制定切合实际的保险险种。因此，保险产品是一种复杂程度很高且专业性很强的金融产品，而产品复杂程度高和专业性强会进一步带来保险公司经营者与所有者、被保险人之间的信息不对称问题。

保险公司经营的产品是一种特殊的劳务，即依据概率论和大数法则等数理方法对各种潜在的风险进行计算，设计出各种保险产品，以分散个体不确定的风险而实现所有被保险人整体的确定性。因此，保险产品是一种无形产品，具有无形性，保险经营更多地表现为人力资本的价值创造活动，依赖于精算人员等的专门知识。

此外，保险产品的设计的理论依据是大数定律，基础是生命表、事故概率等，这要求产品设计具有前后一贯性，变动幅度不能太大。

（三）保险公司资本结构特殊性

保险公司经营是负债性经营与资产性经营的统一。一般企业的经营并不更多地依靠负债性业务的创造，因此，它们的经营活动受自有资本的约束较大，一般要求它们有雄厚的资本为后盾。保险公司经营也不例外，保险公司要有资本金，尤其在成立初期需要一定的设备资本和经营垫付资本。但是，保险公司与一般企业毕竟不同，保险公司通过负债性业务的创造来从事保险经营活动，除在成立之初具备一定的资本金之外，还有更多来自自有资本以外的其他资产。保险公司的经营资产主要来自投保人按照保险合同向保险公司所交纳的保险费和保险储金[①]，具体表现为从保险费中提取的各项准备金。保险公司的经营活动正是通过汇集资本金和各种准备金，来实现其分散风险、进行经济补偿或给付的基本职能。

资本结构作为一种公司融资方式比重选择的结果，会影响公司价值，而且其所反映的股权与债权融资的不同比例，也往往意味着股东和债权人对公司的不同控制力和在公司治理中的不同角色与作用。保险公司这种高负债比例的资本结构和控制权掌握在股东手中的现实很可能会带来经典的股东债权人代理问题。这是因为债权人获取的是固定比例的投资回报，而可以获得剩余索取权的股东为追求高额的风险回报往往偏向于投资风险大的项目而侵害债权人的利益，并因此增强保险公司从事高风险项目的

[①] 保险储金是指家庭财产两全保险中投保人所要交纳的资金。该资金所产生的利息转作保费，保险期满时，无论在保险期内是否发生赔付，该资金均返还投保人。

动机和能力。

(四)保险公司经营范围特殊性

一般工商企业的经营过程是对单一产品、单一系列产品或少数几种产品进行生产管理和销售的过程,其产品一般涉及社会生产或社会生活的某一个或几个方面,相应地,这些企业的破产倒闭所带来的影响也只是涉及某一个或几个行业或领域。保险公司经营过程本质上是风险集中同时又风险分散的过程。通过保险公司的经营活动,众多的投保人或被保险人将风险转嫁给保险公司。保险公司承保活动将众多风险集中起来,而当保险责任范围内的损失出现时,保险公司又将各个投保人缴纳的保险费等形成资金,通过让全体投保人或被保险人承担,或部分由其他保险公司或再保险公司承担的方式来实现保险的经济补偿或经济给付。因此,保险公司承保的风险范围之宽,经营的险种之多,涉及的被保险人之广,是其他一般企业无法相比的。一旦保险公司无力偿付,或者经营陷入极度危机,将或多或少地影响到被保险人的切身利益和整个社会的安定。

(五)保险公司社会影响特殊性

保险公司所从事的经营活动,不是一般的物质生产和交换活动,而是为社会提供保险保障的特殊活动,其经营的业务可以分为:风险性业务、储蓄性业务和服务性业务,但其核心业务是风险性业务,即生产保险保障产品(邢婷婷,2013)。保险公司的保费,特别是寿险公司保费,很多都是老百姓的"养老钱"和"保命钱",保险公司经营的好坏不仅关系股东利益,更关系广大被保险人的切身利益,因此,保险公司在维护股东利益,实现经营效益最大化的同时,更应维护广大被保险人的利益(袁力,2010)。服务领域和服务对象的扩大使保险公司的产品演化为带有社会性的特殊服务,如保险公司的经营或治理出现问题,极有可能损害众多被保险人的利益,引起社会性事件和金融业的系统性风险。保险公司经营的好坏,关系着股东、被保险人、投保人、管理层、监管者等一系列利益相关者的切身利益,社会影响大。

(六)保险公司经营过程特殊性

保险产品的长期性、复杂性、一贯性等要求保险公司在追求利润快速增长的同时更要追求经营过程的稳健性(或审慎性)和持续性(或连续性)。在经营过程中,保险公司不仅要追求规模和效益的快速增长,以保证对投保人的承诺能够实现,更要追求经营的稳健性和持续性,确保财务的安全和偿付能力的充足。即使保险公司经营过程出现了一些问题,整顿和接管机制等也会保障保险公司经营的持续性。按照相关规定,保险公司可以破产,但必须经过国务院保险监督管理机构的同意。即使保险公司破产了,经营有人寿保险业务的保险公司被依法撤销或者被依法宣告破产的,其持有的人寿保险合同及责任准备金,必须转让给其他经营有人寿保险业务的保险公司;不能同其他保险公司达成转让协议的,由国务院保险监督管理机构指定经营有人寿保险业务的保险公司接受转让;转让或者由国务院保险监督管理机构指定接受转让前款规定的人寿保险合同及责任准备金的,应当维护被保险人、受益人的合法权益。

(七)保险公司交易过程特殊性

保险公司是非即时清算市场,保险单签发收取保险费,只有在特定事件发生时才会产生赔付(刘明浩、杨云鹏,2016)。在一般企业中,支付货款与提取货款几乎是同时进行的,在购买一般企业的产品时,购买者只要具有货币支付能力就可以了;而购买保险产品的投保人购买保险产品时不仅具有货币支付能力,对保险标的还具有一些保险利益,当特定事件发生时,保险公司需要进行赔偿。

(八)保险公司成果核算特殊性

保险公司经营活动的劳务性特征,决定了保险公司经营活动成果核算模式的特殊性。与一般商品成本计算相比较,保险公司经营成本具有未来性。保险公司经营成本未来性是说,保险公司经营的预期成本是在历史支出的平均成本基础上,通过预期的分析得到的。而保险公司经营的实际成本,随保险风险在未来的发生而在未来实现。未来总是充满着不确定性,这使得保险公司经营的预期成本与实际成本相一致是偶然的,绝大多数情况下二者不一致是必然的。因此,保险公司在成本核算上必将面临不确定性与偶然性的因素。

利润是衡量保险公司经营成果的重要指标。与一般工商企业通过销售商品收入减成本和税金来计算利润不同,保险公司经营利润的核算,除要从保险费收入中减去保险赔款、经营费用和税金外,还要减去保险公司各项准备金和未来的责任准备金。保险公司经营中的各项准备金是保险公司对全体被保险人的负债,其金额大小将直接影响到保险公司的经营成果。

(九)保险公司收益分配特殊性

此处所讲收益分配非会计术语。剩余收益权亦称"剩余收益请求权"或"剩余求偿权"。在公司持续经营的条件下,公司投资者按照其出资比例从公司获得投资收益的权利,须在所有其他生产要素提供者(包括公司的供应商、债权人、员工、经营者等)的收益请求权以及国家的税收要求得到满足之后才能实现,是公司经营收益被所有其他利益相关者分割完毕后剩余的部分(陆雄文,2013)。剩余收益权是相对于固定收益权而言的,股东在满足其他利益相关者的合同收益权之后,才能获得收益,因此称为剩余收益权。股东也因此拥有了剩余控制权。剩余控制权是资产所有者在不违背先前的契约、惯例或法律的前提下可以决定资产所有用途的权利,即对初始契约没有明确规定的或然事件出现时做出相应决策的权利;在完全的契约条件下,所有的权利都能通过契约得到界定,都有主体,故不存在剩余控制权。剩余收益权和剩余控制权配置是公司治理的重要内容，在一般公司中，二者是相互匹配的。但是在保险公司中，拥有剩余收益权的不仅仅是股东，分红保单的保单持有人也拥有剩余收益权，这使得保险公司治理更具有特殊性（刘素春，2010）。

（十）保险公司政府管制特殊性

金融市场发展的历史表明，政府管制是一种普遍存在的现象。由于对金融体系脆弱性和法律体系不完备性的担忧，基于保险经营的社会性、资本追逐利润的本性、被保险人所处的弱势地位、保险发展存在市场失灵等的考虑，政府对金融业的管制比其他行业要严格得多。世界各国都把保险业作为高度监管的行业。保险公司除了自身不断完善治理机制外，更强调监管机构的外部推动。IAIS 在 2004 年约旦年会上首次提出将公司治理与偿付能力和市场行为并列为保险监管的三大支柱，使治理结构监管进入了新的阶段。只不过在不同的国家（地区）和不同的时期（阶段），政府出于不同的目的而采取的管制政策或措施不同而已。广泛而严格的政府监管往往会在以下方面对保险公司治理产生深刻的影响：对保险公司股东身份和持股比例的政策性限定会影响保险公司的股权结构；对保险业市场的管制会影响保险公司的数量和市场集中度，并因此限制保险业市场竞争从而削弱产品市场的竞争威胁；对并购市场的管制会使对保险公司的并购更加昂贵，耗费的时间也会更多，在很多情况下，这些管制会使并购威胁不能有效地惩罚管理者。

第二节　保险公司治理特殊性

一、保险公司治理特殊性框架

（一）OECD 关于保险公司治理特殊性的分析

2005 年，OECD 在《公司治理原则》（Principles of Corporate Governance）基础上发布了《保险公司治理指引》（Guidelines for Insurers' Governance，以下简称《指引》）。这是继 IAIS《保险公司治理核心原则》（Insurance Core Principles on Corporate Governance）之后有关保险公司治理的又一权威指导文件。《指引》共三部分 12 条，三部分分别为治理结构、内部治理机制、利益相关者保护。在实体内容之前，《指引》首先阐述了保险公司治理的特殊性。OECD 认为，保险公司治理有以下特殊性：

第一，保险公司中不仅存在着所有者与经营者之间的利益冲突，还存在着被保险人与所有者、经营者之间的利益冲突。因此，保险公司治理不仅要保护公司所有者利益，也要保护被保险人利益。

第二，由于保险产品的复杂性，保险公司经营者与所有者、被保险人之间存在信息不对称问题。不仅被保险人，甚至一些保险公司所有者都缺乏足够的专业知识了解保险公司经营状况。

第三，被保险人和保险公司经营者之间存在权力不对称问题。广大被保险人力量分散，很难影响保险公司的经营管理。如果保险公司治理中没有保护被保险人利益的机制，被保险人只能通过退保、诉讼等方式维护自己的权益，但这些方式无疑不是最优办法，成本也较高。

（二）保险公司治理特殊性框架构建

针对银行、保险公司和证券公司等金融机构，李维安和郝臣（2009）在对一般公司治理问题和金融机构治理重要意义进行论述的基础上，分析了金融机构治理的特殊性，结合国内外金融机构治理实践的情况，提出理论基础、理论体系、治理实践、治理原则和治理绩效五个层次的金融机构治理一般框架体系，金融机构治理特殊性是构建金融机构治理研究框架的基础。

本书认为保险公司经营的特殊性对其公司治理提出了相应的特殊要求，因而决定了保险公司治理的特殊性。保险公司治理的逻辑起点是保险公司经营的特殊性，而保险公司治理的特殊性是保险公司治理的主线，如图 7-2 所示。如果保险公司治理与一般公司相比没有任何特殊性，那么保险公司治理领域则没有存在和深入研究的价值。

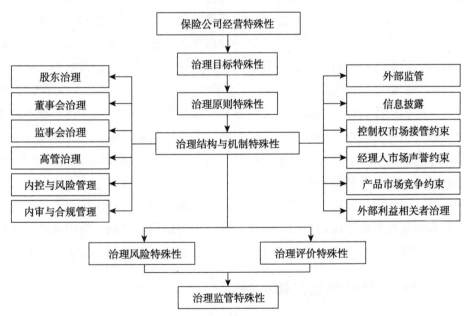

图 7-2 保险公司治理特殊性框架示意图

资料来源：郝臣. 中国保险公司治理研究[M]. 北京：清华大学出版社，2015.

保险公司治理特殊性具体来说主要体现在治理目标、治理原则、治理结构与机制、治理风险、治理评价与治理监管等方面。其中的核心是治理目标的特殊性。Shleifer 和 Vishny（1997）认为，公司治理要处理的是公司的资本供给者如何确保自己得到投资回报的途径问题，公司治理的中心问题是保证资本供给者（股东和债权人）的利益。经典的公司治理理论主要关注分散股权条件下，所有权和经营权分离所产生的所有者和管理者间的委托代理问题，以及控股股东同中小股东间的委托代理问题。这些问题在保险公司治理中同样存在。除此之外，保险公司治理还存在着特有的治理问题。保险公司是高比例负债经营的公司，股东投入的资本金只占公司资产的小部分，投保人对公司资产的投入和贡献远远大于股东。投保人倾向于稳健经营而获得稳定的未来保障；而股东的剩余索取权是无限的，他们倾向于扩大公司的业务范围，为追求高额的风险回报往往偏向于激励保险公司管理者投资高风险的项目，这将侵害投保人的利益。保险公司经营的特殊性导致的债权治理不足或者缺失使得投保人与股东利益冲突凸显，投保人利益难以得到维护，且保险公司经营中的承保风险、杠杆风险、投资风险等加剧了这一冲突，因而，维护投保人权益就成为保险公司治理的重要目标。同时，保险公司作为典型的金融机构，其经营失败引发的风险负外部性往往会直接造成巨大的社会成本，保险监管机构作为投保人以及政府的代理人参与到保险公司治理中来，尤其强调维持保险公司的偿付能力，也是这一治理目标的体现。

20 世纪 60 年代以来，利益相关者理论逐渐受到推崇，认为公司存在的目的不是单一地为股东提供回报，公司应是一个具有社会责任的组织，它必须服务于一个较大的社会目的。考虑到投保人的债权治理缺失及保险公司在金融体系和社会保障体系中的重要地位，保险公司治理问题应该适用利益相关者理论。因此，保险公司的治理目标同一般公司的治理目标有较大的差异，一般公司往往以股东利益为中心，关注股权价值最大化；保险公司治理则更应该关注利益相关者利益，尤其是广大投保人的利益。一方面，保险公司作为资本的载体，要寻求利润最大化；另一方面，还要承担经济补偿、资金融通和社会管理等职能。所以，保险公司治理的目标不应仅仅局限于公司价值的最大化，还应兼顾投保人的利益、保险公司自身乃至整体金融体系的安全和稳健。如果说股东至上主义和利益相关者理论的争议在一般公司治理领域还难分高低的话，那么在保险公司治理的问题上，我们应该坚决支持利益相关者理论的观点。保险公司治理目标的特殊性决定了保险公司在治理原则、治理结构与机制、治理风险、治理评价和治理监管等方面都存在一定的特殊性（张扬、郝臣、李慧聪、褚玉萍，2012）。

二、保险公司治理特殊性具体分析

（一）保险公司治理原则特殊性分析

保险公司的治理原则同一般上市公司具有较大的差别。本章分别列举了 OECD 和中国证监会发布的对一般上市公司的公司治理原则，以及 OECD 和 IAIS 发布的对保险公司的公司治理原则，见表 7-1。从中可以明确地看出，对保险公司的公司治理要求明显多于对一般上市公司的治理要求，对保险公司主要治理要素的要求也更高。

表 7-1 保险公司与一般上市公司治理原则

公司类别	发布机构	主要内容
一般上市公司	G20/OECD，2016《公司治理原则》	确保有效公司治理框架的基础；股东权利和公平待遇以及关键所有权功能；机构投资者、证券交易所和其他中介机构；利益相关者在公司治理中的作用；信息披露与透明度；董事会责任
	中国证监会，2018《中国上市公司治理准则》	股东与股东大会；控股股东与上市公司；董事与董事会；监事与监事会；绩效评价与激励约束机制；利益相关者；信息披露与透明度
保险公司	IAIS，2004《保险公司治理核心原则》	有效的保险监管的条件；监管目标；监管机构；监管过程；监管合作和信息共享；被监管机构执照；人员的合格适宜性；控制权变更和资产转移；公司治理；内控；市场分析；向监管机构报告和非现场检查；现场检查；预防和改正措施；执行或处罚；解散和退出市场；对集团的监管；风险分析和管理；资本充足和偿付能力；审慎标准；面对市场的信息、信息披露和透明度
	OECD，2005《保险公司治理指引》	治理结构：明确责任，董事会结构，职能和责任，结构和适宜性，问责，精算师，外部审计师；内部治理机制：内部控制，信息报告；利益相关者保护：信息披露，赔付

资料来源：郝臣. 中国保险公司治理研究[M]. 北京：清华大学出版社，2015.

（二）保险公司治理结构与机制特殊性分析

1. 股东治理特殊性分析

股东治理是保险公司治理的基础。从结构上来说，保险公司与一般公司相比存在一定的差异。我国保险公司多数为非上市保险公司，股权结构相对比较集中，第一大股东持股比例比较高，特别是在一些外资保险公司中，还存在只有两个股东的现象，而且两个股东持股比例也比较接近。

除结构之外，保险公司股东治理的特殊性主要体现为股东在保险公司所有利益相关者中的地位。保险公司资金提供者既有股东，也包括广大的投保人。投保人提供资金的数量和所占比例远远超过股东，同时由于信息不对称等原因，投保人处于弱势地位，因此投保人的利益更需要保护。在所有利益相关者重要性排名中，股东要在投保人之后。

成为保险公司的股东需要满足一定的条件（不同类型股东要求条件不同），除了上市保险公司之外，自然人不能成为保险公司的股东。

最后，保险公司股权转让和股东行为等都有严格的规定。例如，按照《保险公司股权管理办法》（保监会令〔2018〕第 5 号）的规定，保险公司股权的转让要经过监管机构的批准或者备案；保险公司的股权结构应当清晰、合理，并且应当向监管机构说明实际控制人情况。

2. 董事会治理特殊性分析

由于保险公司业务复杂，经营风险高，管理资产总额庞大，董事会在履职过程中需要投入更多的精力，及时了解来自内控、风险、合规等多方面的经营情况，因此保险公司的董事会规模比一般上市公司大，董事领取的薪酬也更高。平均来看，一般上市公司的董事会规模为 9 人，而上市保险公司董事会规模为 15 人。一般上市公司的董事会成员薪酬前三位的平均值为 46 万元，而保险上市公司董事会成员薪酬前三位的平均值为 301 万元（张扬、郝臣、李慧聪、褚玉萍，2012）。

保险公司特别重视对风险的控制。保险公司董事会结构中设有风险管理委员会，同时设有审计委员会，而且保险公司中审计委员会的责任也更为突出。董事会中同时设有风险管理委员会和审计委员会的保险公司比例明显高于一般上市公司。此外，保险公司董事会下往往设有投资决策委员会，该委员会成为保险公司治理中的重要一环，这也表明了保险公司治理的特殊性。

此外，保险公司治理重视保护广大投保人的利益，《关于银行保险机构加强消费者权益保护工作体制机制建设的指导意见》（银保监发〔2019〕38 号）明确提出董事会承担消费者权益保护工作的最终责任，并要求保险机构董事会设立消费者权益保护委员会，可单独设立，也可采取合并设立等方式。保险机构要明确委员会工作职责、议事决策规则和流程，完善委员会工作运行机制，确保各项工作有效实施，实现消费者权益保护工作目标。

3. 监事会治理特殊性分析

在我国，监事会主要是受股东（大）会的委托对董事会和经理层进行监督。保险公司的监事会相对于一般公司来说，在结构上并没有较大的区别，符合《公司法》的基本要求便可。保险监管机构也没有特别的政策法规文件对保险公司监事会做出特别的规定。如果说有区别，保险公司可能对监事履职能力要求更高，保险公司监事除了需要有财务、法律和经济管理背景知识外，还需要了解保险业务。

4. 高级管理人员治理特殊性分析

对高级管理人员的激励约束是高级管理人员治理的核心内容。随着保险公司的改革重组，保险公司的经营权逐渐分离出来，在董事会领导下，由职业经理人对保险公司进行日常的管理工作。由于保险公司的职业经理人管理的资产总量巨大，业务覆盖面广，公司员工人数众多，需要经理人具有良好的职业道德、丰富的保险和财务管理专业知识、较强的团队组织协调能力和丰富的实战经验。从这个意义上来说，保险公司职业经理人的激励就显得十分重要。从对高级管理人支付的薪酬来看，一般上市公司的高级管理人平均薪酬为 51 万元，而保险公司的高级管理人平均薪酬为 609 万元，远远高于同期一般公司的高级管理人薪酬（张扬、郝臣、李慧聪、褚玉萍，2012）。单纯的高薪酬并不是最优的治理方式，如何完善高级管理人激励体系，进而保护投保人利益，是完善保险公司高级管理人员治理的重要问题。

保险公司是特殊的金融服务企业，以风险为经营对象，属于风险产业。因此，保险公司除了具备普通企业的经营和管理目标外，还有自身特殊的安全性目标，需要保证随时履行对投保人的保险责任。对于保险公司而言，确保其偿付能力，履行对投保人的责任是公司重要的经营目标。相应地，保险公司的治理应该将重点放在建立起一套高效准确的风险防控体系上来，使保险公司的治理具备风险提示和风险预警的功能。比如保险公司设立了行业特有的高级管理人员，包括总精算师、合规负责人、审计责任人等。总精算师对保险公司董事会和总经理负责，当保险公司出现利差损①、偿付能力、现金流等方面的重大风险时，总精算师应及时向中国银保监会报告；为了使保险公司的经营满足合规性要求，保险公司会设立合规部和合规负责人。上述特有高级管理人员的设立与一般的上市公司高级管理人员治理大为不同。

5. 内控与风险管理特殊性分析

《上海证券交易所上市公司内部控制指引》（上证上字〔2006〕460号）指出，内部控制是指上市公司为了保证公司战略目标的实现而对公司战略制定和经营活动中存在的风险予以管理的相关制度安排，它是由公司董事会、管理层及全体员工共同参与的一项活动。上市公司内部控制通常应涵盖经营活动中所有业务环节，包括销货及收款环节、采购及付款环节、生产环节、固定资产管理环节、货币资金管理环节、关联交易环节、担保与融资环节、投资环节、研发环节、人事管理环节等。而保险公司内控环节或者活动包括销售控制活动、运营控制活动、资金运用控制活动和基础管理控制活动。

自2007年以来，上市公司也开始关注和重视风险管理工作，但监管部门或者交易所并没有出台专门的风险管理制度或文件。国务院国资委2006年印发《中央企业全面风险管理指引》（国资发改革〔2006〕108号），指导企业开展全面风险管理工作，关注的风险包括战略风险、财务风险、市场风险、运营风险和法律风险，这与保险公司风险管理关注的保险风险、市场风险、信用风险和操作风险存在较大的差异。

6. 内审与合规管理特殊性分析

根据深交所《中小企业板上市公司内部审计工作指引》，内部审计是指由上市公司内部机构或人员，对其内部控制和风险管理的有效性、财务信息的真实性和完整性以及经营活动的效率和效果等开展的一种评价活动。该指引规定，上市公司应当依据公司规模、生产经营特点及有关规定，配置专职人员从事内部审计工作，且专职人员应不少于3人；内部审计部门的负责人必须专职，由审计委员会提名，董事会任免。但上市公司审计部门的负责人并不属于公司高管范畴，而保险公司的审计责任人是公司

---

① 利差损是指保险资金投资收益率低于有效保险合同的平均预定利率而造成的亏损。预定利率是指保险精算师在计算保险产品保费和责任准备金时，预测收上来的保费的收益率后所采用的利率，其实质是保险公司因使用了客户的资金（保费），而承诺以年复利的方式给予客户的回报。

高级管理人员。

关于合规管理，目前上市公司还没有专门的指引或者办法，因此多数上市公司没有设立合规管理部门和安排专门的合规管理人员。国务院国资委为推动中央企业全面加强合规管理，加快提升依法合规经营管理水平，着力打造法治央企，保障企业持续健康发展，出台了《中央企业合规管理指引（试行）》（国资发法规〔2018〕106号），合规管理负责人由中央企业相关负责人或总法律顾问担任。

7. 外部监管特殊性分析

投保人需要一个"代理人"，在保险公司绩效不佳时对其实施有效的外部干预；而政府对保险公司治理问题的介入，首要的目的正是保护广大的被保险方利益，也就是为投保人充任"代理人"，这为投保人对保险企业实施外部干预和有效控制提供了理论依据（蔡莉莉、黄斌，2006）。

对于一般公司来说，外部监管也是一个重要的外部治理机制，但相对于其他外部治理机制来说，外部监管的作用往往局限于合规性的监管，即不要触碰相关的政策法规底线便可，正常情况下，各监管主体不会参与治理。而对于保险公司来说，外部监管的内容不局限于合规性，涉及偿付能力、市场行为和公司治理三大方面的合规性和有效性，监管的内容更多。另外，监管层次上更深。这样做的目的只有一个，那就是更好地保护广大投保人的利益。所以，对于保险公司来说，外部监管是最重要的外部治理机制之一。

在监管措施方面，保险公司有"整顿"这一特殊治理机制。保险公司未依照规定提取或者结转各项责任准备金，或者未依照规定办理再保险，或者严重违反关于资金运用的规定的，由监管机构责令限期改正，并可以责令调整负责人及有关管理人员。监管机构依法做出限期改正的决定后，保险公司逾期未改正的，监管可以决定选派保险专业人员和指定该保险公司的有关人员组成整顿组，对保险公司进行整顿。整顿决定应当载明被整顿公司的名称、整顿理由、整顿组成员和整顿期限，并予以公告。整顿组有权监督被整顿保险公司的日常业务。被整顿公司的负责人及有关管理人员应当在整顿组的监督下行使职权。整顿过程中，被整顿保险公司的原有业务继续进行。但是，国务院保险监督管理机构可以责令被整顿公司停止部分原有业务，停止接受新业务，调整资金运用。被整顿保险公司经整顿已纠正其违反《保险法》规定的行为，恢复正常经营状况的，由整顿组提出报告，经监管机构批准，结束整顿，并由监管机构予以公告。可见，针对保险公司的整顿与《保险法》中针对一般公司的和解整顿机制完全不同。

8. 信息披露特殊性分析

与一般的公司不同，由于保险产品的复杂性和非通俗性，保险产品技术含量高；

保险公司除经营保险业务外，还利用保险金余额进行复杂的投资理财活动，其财务信息透明度差，保险公司经营者与所有者、被保险人之间存在信息不对称问题，后者对于复杂的保险经营的认识和理解具有一定的局限性，由此产生了内部人控制的可能性，制约了保险市场的发展。因此，对于保险业信息披露的内容和要求相较于一般公司要更为严格。通过对比保险公司同一般上市公司信息披露的要求也可以得出这一结论。

一般上市公司信息披露的目的是规范发行人、上市公司及其他信息披露义务人的信息披露行为，保护投资者合法权益。中国证监会对上市公司信息披露的要求主要包括年度报告、中期报告、季度报告以及对投资者做出投资决策有重大影响的信息。而要求保险公司信息披露的主要目的是规范保险公司的信息披露行为，保障投保人、被保险人和受益人的合法权益。中国银保监会对保险公司信息披露的要求包括基本信息、财务会计信息、风险管理状况信息、保险产品经营信息、偿付能力信息、重大关联交易信息、重大事项信息、风险与合规管理状况和公司治理等方面的信息。即使是非上市保险公司，也需要对监管机构和社会公众定期并按照规定的格式披露相关信息。

9. 控制权市场接管约束机制特殊性分析

接管机制是基于控制权市场的公司外部治理机制。接管机制的存在会对不称职的董事和高级管理人员形成持续性的约束。这一机制在上市公司中发挥了重要的作用。保险公司的利益相关者十分广泛，在金融和经济体系中的地位十分重要，其控制权的转移往往牵涉更大范围利益相关者的利益，因此这一行业中的控制权转移往往受到监管机构的严格控制。同时，时间拖延和信息泄露使得兼并收益锐减，控制权市场的治理机制难以发挥作用。但保险公司存在基于控制权市场的另外一种接管机制，即监管机构进行的接管。

保险公司市场退出是和控制权市场紧密相关的一个机制，也是与保险公司的市场准入相对的一个概念，一般指通过市场等多种手段使失败的保险公司终止存续状态。保险公司的市场退出可以分为主动性市场退出和被动性市场退出两种情况（卓志，2006）。退出机制方面，由于保险公司缺乏一般的退出机制，因此只能通过业务转让的办法来退出。而出于同样的原因，为了保护广大投保人的利益，监管机构在保险业务转让中也会发挥重要的作用。2011年9月《保险公司保险业务转让管理暂行办法》（保监会令〔2011〕第1号）（以下简称《办法》）确立了保险业务转让的基本原则，即平等、自愿、公开、公平原则，以及保护投保人、被保险人利益的原则。《办法》规定，转让方保险公司须就转让相关事宜书面通知投保人、被保险人，并须征得其同意。受让方保险公司须依照原保险合同，继受转让方对投保人、被保险人和受益人负有的义务。以上要求充分体现了中国银保监会对保险业务退出程序的重视和对投保人的严格保护，而这都加大了退出保险行业的成本，也就间接增加了进入保险行业的壁垒，减少了市场竞争。

10. 经理人市场声誉约束机制特殊性分析

经理人市场声誉约束机制是公司治理的重要外部治理机制之一。1999 年,由国务院发展研究中心等多家单位联合进行的"中国企业经营者问卷调查"给出的结果表明,国有大中型企业扭亏的关键因素中排在第一位的是"选聘优秀企业经营者"。就保险公司经理人市场来说,因为我国保险公司总体数量不超过 300 家,远远少于上市公司和一般公司的数量,因此保险公司职业经理人市场规模总体有限,经理人市场中信息不对称程度相对较低,所有者基本上能够掌握经理人的信息。此外,在评价经理人经营能力方面,监管机构需要对经理人的资格进行审批和考试,评价其是否具备任职所必需的知识和能力水平,这是一般公司没有的环节,因此保险公司职业经理人的素质总体相对较高。因此,同等职业经理人市场完善程度下,保险公司经理人市场声誉约束机制更加有效。

11. 产品市场竞争约束机制特殊性分析

习近平总书记在 2020 年 7 月 21 日企业家座谈会上的讲话中指出,"到 2019 年底,我国已有市场主体 1.23 亿户,其中企业 3858 万户,个体工商户 8261 万户"。可见我国非保险业市场主体数量较多,市场竞争较为充分。提供保险产品的公司数量总体上少于制造业、服务业等其他行业公司的数量;即使是上市公司,制造业上市公司的数量也显著多于保险业的所有公司。所以,保险公司产品市场竞争约束机制的效果还是要弱于制造业等行业的公司。另外,这些保险公司中,无论是财产险公司,还是人身险公司,由于历史等多方面原因,都存在市场份额较大的公司,市场份额前 10 家公司占据了市场绝大多数的份额,市场集中度比较高,市场不是一个充分竞争的市场,这种情况下,产品市场竞争约束机制的作用效果也会大打折扣。

12. 外部利益相关者治理特殊性分析

股东、债权人、客户、监管机构、政府其他部门、审计机构、媒体、社区等是所有公司的利益相关者,保险公司和一般公司所面临的外部利益相关者从类型上来说并无显著区别。但保险公司各利益相关者投入专用性资产的状况与一般公司相比则有显著差异。在一般公司中,股东和债权人是核心外部利益相关者,供应商、客户是重要外部利益相关者,监管机构、政府其他部门、审计机构、媒体、社区等是一般外部利益相关者;保险公司经营特殊性决定了股东、投保人(相当于一般公司的客户,也是保险公司债权人)和监管机构是保险公司核心外部利益相关者即核心治理主体,集团公司、资产管理公司、一般债权人等是保险公司的重要外部利益相关者即重要治理主体,其他外部利益相关者均是一般外部利益相关者即一般治理主体。

(三)保险公司治理风险特殊性分析

保险公司具有一般金融企业的经营特性,即高负债或高杠杆比率。保险公司经营的主要资金由三部分构成：自有资本金、非寿险责任准备金和寿险责任准备金。在这里面，除了自有资本金外，其他部分都是由被保险人交纳的保险费汇集而成的。

高负债比例经营会加重经典的股东债权人代理问题，从而强化保险公司管理者从事高风险项目的激励和能力，使保险公司的经营存在更大的风险隐患。由于保险公司涉及的利益相关者范围大，受众广泛，因而保险公司在金融体系中的影响范围和程度都较大。这种风险具有极强的传染效应，因此保险公司的经营风险一旦暴露，很可能会演变为治理风险，其破坏力将大大超过对一般上市公司的影响力。次贷危机中的美国国际集团（American International Group，缩写为 AIG）就是经营风险引发治理风险的例子。公司治理风险是保险公司在经营管理活动过程中面临的诸多风险中的一个重要方面，它有别于以财务指标为导向的财务风险、市场风险等，具有基础性、根源性特征。从这个角度来看，金融机构治理风险的范畴比一般公司更加广泛。

（四）保险公司治理评价特殊性分析

纵观各类公司治理评价系统可以发现，几乎所有公司治理评价系统均涉及对公司股权结构或股东权益、董事会、监事会、经理层以及信息披露水平的评价，但这些既有的各类公司治理评价系统均系针对一般意义上的上市公司而未重视公司特性的差异；就保险公司治理评价指标体系而言，其既须科学、客观与全面地反映保险公司治理质量或状况的真实内涵与水平，亦须体现保险公司治理的特性与差异。

保险公司治理评价内容往往比一般公司治理评价内容涵盖面更为广泛。例如董事会是否下设风险管理委员会，公司是否设立总精算师和合规负责人，主要负责人权力制衡情况，内部授权体系是否完善，高级管理人员胜任能力衡量，审计委员会工作是否有效等。与此同时，保险行业的公司治理评价标准也比一般上市公司标准高，比如对于董事会成员的考核不仅需要关注相关专业背景，还需要考量董事会的专业结构、管理经验和胜任能力以及是否建立了相应的培训制度并严格执行。

此外，与一般公司治理评价由金融中介或学术机构等第三方开展不同，保险公司治理评价是由中国银保监会这一监管机构主导展开的，主要服务于衡量保险行业整体治理状况，起到加强对保险公司监管的作用。

（五）保险公司治理监管特殊性分析

保险公司如果治理先进、制度健全、内控严密，一般不会实施不法经营行为，也不会因制衡失效而产生经营风险；相反，如果公司治理落后、制度混乱、内控不严，则容易违法经营，产生经营风险。因此，在完善保险监管体系的过程中，公司治理监管应运而生。通过这种监管，监管机构将触角深入到保险公司内部，引导、督促保险公司建立科学、合理的公司治理结构与机制，前移了监管关口，扩大了监管范围，深化了监管程度，提高了监管的有效性。

2005年，IAIS将保险公司治理监管、偿付能力监管和市场行为监管作为保险监管的三大支柱，这就凸显了保险公司治理监管的重要性。保险业重视利益相关者利益，而广大的投保人又无法实施有效的债权治理，因此，保险公司治理监管的目的就是发挥公司治理这一内部机制的作用，通过监管使公司治理真正发挥作用，提高监管的整体效能。保险业的监管主要由中国银保监会实施，其监管内容较多，监管强度较大；一般上市公司的监管主要由中国证监会实施。

保险公司治理监管不仅仅限于一般上市公司的内容，而是深入到保险公司管理层的任命和经营过程中的定价行为等层面。

第三节　保险公司治理研究逻辑

一、保险公司治理研究逻辑构建

保险公司治理的特殊性决定了保险公司治理并不是公司治理理论在保险领域的简单套用，而是一般公司治理理论与保险公司特殊性的有机统一（李维安、曹廷求，2005）。其研究内容既要探讨一般公司治理研究所关注的治理结构、治理机制在保险行业的作用，还要探讨基于保险行业自身特殊性的治理机制。保险公司治理的研究须同时兼顾好经典的公司治理问题和具有其自身特殊性的治理问题，要探索出一条解决其自身一般和特殊治理问题的路径。同时，由于保险行业经营的特殊性，一些在一般公司治理研究中难以观察和解决的问题得以凸显，相关研究能够丰富和拓展一般公司治理理论研究的结论。所以保险公司治理研究不仅可以解决保险公司治理特殊性问题，还可以将保险公司作为一般公司治理理论研究的优良样本。

保险公司治理研究的内容与一般公司治理相比既有共性，又具有其特殊性。作为公司治理理论与保险行业的结合，保险公司治理一方面要依赖于一般公司治理机制作用的发挥，这就体现在股权、董事会等治理机制的作用上；另一方面，保险公司因其经营的特殊性，治理目标、治理结构、治理机制等必然体现出特殊性。李维安和郝臣（2009）在国内较早提出金融机构经营特殊性决定了其治理目标特殊性这一观点；之后，郝臣等学者多次在研究过程中提出并论述保险公司经营特性决定了保险公司治理特殊性这一观点，详见表7-2。

本章通过对保险公司治理研究文献的分析，从整体上对保险公司治理的研究思路进行梳理，提出保险公司治理研究逻辑就是保险公司经营的特殊性决定了其治理的特殊性，保险公司经营特殊性是保险公司治理研究的逻辑起点，详见图7-3。图7-3的保险公司治理研究逻辑示意图就是在表7-2中研究的基础上，进一步优化和总结而提炼出来的。

表 7-2　保险公司经营特殊性决定其治理特殊性相关文献梳理

编号	作者	具体文献	所在页码
1	李维安、郝臣	金融机构治理及一般框架研究[J]. 农村金融研究, 2009(4).	11
2	郝臣、李慧聪、罗胜	保险公司治理研究：进展、框架与展望[J]. 保险研究, 2011(11).	124
3	张扬、郝臣、李慧聪、褚玉萍	保险公司治理特殊性分析——三家上市保险公司的案例研究[J]. 管理案例研究与评论, 2012(4).	268
4	张扬、郝臣、李慧聪	国外保险公司治理研究：主题、逻辑与展望[J]. 保险研究, 2012(10).	86
5	李维安、郝臣	公司治理手册[M]. 北京：清华大学出版社, 2015.	331
6	郝臣	中国保险公司治理研究[M]. 北京：清华大学出版社, 2015.	153
7	郝臣	保险公司治理对绩效影响实证研究——基于公司治理评价视角[M]. 北京：科学出版社, 2016.	108
8	郝臣、李慧聪、崔光耀	治理的微观、中观与宏观——基于中国保险业的研究[M]. 天津：南开大学出版社, 2017.	153
9	郝臣、崔光耀	保险公司治理概念之辨析与拓展——基于中国实践视角[J]. 公司治理评论, 2018(1).	1
10	郝臣	保险法人机构治理评价新思路[J]. 上海保险, 2018(4).	13
11	郝臣、付金薇、李维安	国外保险公司治理研究最新进展——基于 2008—2017 年文献的综述[J]. 保险研究, 2018(4).	117
12	李维安、郝臣	国有控股金融机构治理研究[M]. 北京：科学出版社, 2018.	534

资料来源：作者整理

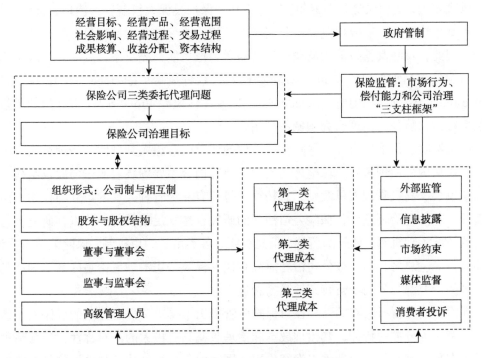

图 7-3　保险公司治理研究逻辑示意图
资料来源：作者整理

二、保险公司治理研究逻辑分析

保险公司治理的逻辑起点是保险公司经营的特殊性，即经营目标多元性、经营产品长期性与复杂性、资本结构高负债性、经营范围广泛性、社会影响遍及性、经营过程稳健性和持续性、交易过程非即时性、成果核算不确定性、收益分配复杂性和政府管制严格性等，其经营特殊性决定了其治理的特殊性。一般公司治理研究的核心问题是所有者和管理者间的代理成本最小化，以上这些特点使得保险公司中投保人（债权人）的利益保护成为其治理要解决的重要问题，进而保险公司治理的核心问题就成为包含所有者、管理者、债权人三者的总代理成本最小化，即第一类代理成本、第二类代理成本和第三类代理成本最小化。这就决定了保险公司治理的目标与一般公司不同，保险公司治理特别要突出利益相关者中广大投保人的利益保护。在一般公司，采用利益相关者治理的视角可能还受到一定程度质疑；但在保险公司中，投保人作为保险公司的债权人，其利益保护受到特别的重视，采用利益相关者治理观来研究有关治理问题，其必要性和重要性则是显而易见的。不同组织形式保险公司治理的有关研究，就是基于解决这三方利益冲突的不同方式而展开的。

保险公司治理特殊性主要体现在其治理目标上。保险公司治理目标的内涵已在第三章相关章节进行过分析。由于保险公司产品特殊性和资本结构特殊性，其经营过程中的风险较大，治理风险容易累积，这都不利于保护投保人权益这一治理目标的实现。而正是基于这一点，有效控制保险公司风险承担成为保险公司治理目标特殊性的具体体现。因此，反映其偿付能力的偿付能力溢额、偿付能力充足率，反映其风险承担水平和行为的包括承保风险（underwriting risk）、杠杆风险（leverage risk）、投资风险（investment risk）、信用风险（credit risk）以及总体风险（total risk）等在内的风险承担指标常被保险公司治理研究领域所使用。

围绕保险公司治理目标，保险公司治理的研究已经深入到具体的治理结构与机制层面上。从内部治理来看，保险公司治理的研究内容主要围绕着股东与股权结构、董事与董事会、高级管理人员激励、总精算师等特有高级管理人员的设立与作用、两职设置等。从外部治理来看，保险公司治理的研究也是立足于其行业特点，研究该行业特有的外部治理机制，如外部监管、信息披露、各类市场约束机制、保险消费者投诉、媒体监督等。总之，与一般公司治理研究相比，保险公司治理无论是内部治理还是外部治理的研究都与公司经营特殊性紧密相连。

保险公司经营所具有的外部性对保险监管提出了要求。保险公司的投保人（债权人）具有广为分散的特征，其治理成本和治理收益具有极大的不对称性，参与治理的途径也有限，因此债权治理难以发挥作用，同时保险公司经营的特殊性使其整体的经营风险不断积聚，一旦经营失败，社会成本巨大，这就需要监管机构作为重要的外部治理主体发挥积极作用。目前，保险行业的监管已经从原有的偿付能力监管、市场行为监管拓展到公司治理监管上来，自 2006 年便形成了完整的监管三支柱框架。

第四节　保险公司治理研究框架

一、保险公司治理研究框架构建

保险公司治理的目标是保护包括投保人在内的利益相关者利益，提高治理质量是实现这个目标的基本途径。围绕保险公司治理质量，学术界从治理合规性和治理有效性两个方面展开了大量的研究；在治理有效性方面，主要是对结果性和过程性两类指标进行研究。结果性指标包括公司绩效（performance）和公司效率（efficiency），过程性指标主要是指公司行为（behavior）。上述内容便构成了保险公司治理研究的框架，详见图 7-4。

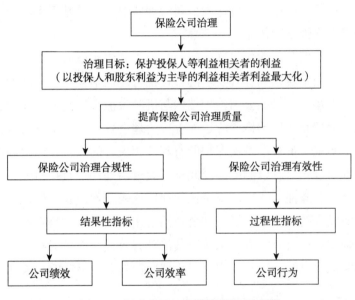

图 7-4　保险公司治理研究框架示意图
资料来源：作者整理

保险公司治理质量是一个综合的概念，治理合规性和治理有效性是其最主要的构成内容。治理合规性是指保险公司在治理实践中，其治理行为符合相关规定的程度。按照规定要求不同或治理层次不同，治理合规又可以分为强制合规和自主合规，也可称为初级合规和高级合规。强制合规或初级合规是底线，也是通常所说狭义的合规，其对应进行的治理就是强制性治理；而自主合规或高级合规多是自发主动的行为，也是各方所倡导的和鼓励的，是广义合规的主要内容，其对应开展的治理就是自主性治理。治理有效性是指治理职能或作用发挥的程度，治理有效的前提是治理合规，治理合规的终极目的是治理有效。随着各方不断追求治理有效的目标，治理规则在不断完善，进而治理合规性也需要相应的提升；治理合规性提升后，治理有效性提升的可能性也会大大增加；再结合治理实践发展中遇到的新的有效性问题，通过实证研究提出新的解决办法和要求，会进一步推动治理规则修改升级。治理合规和治理有效在这样的循环往复中螺旋式上升。

回答保险公司治理合规性如何这一问题，需要借助治理评价这一工具或者手段。治理合规性的要求或标准往往直接来源于明确的规定，这些规定是对长期以来理论研究和实践证明的提升治理有效性方法的总结和提炼，是否符合这些规定相对直观明确且可测度，因而大多数治理评价在内容上实质也就是合规性评价。保险公司治理评价是对保险公司治理质量特别是治理合规性的科学量化，一套完整的治理评价系统包括治理评价指标、治理评价标准、治理评价模型、治理评价指数等要素，其中治理评价指标是整个评价系统的核心。需要说明的是，保险公司经营的特殊性决定了不能将上市公司治理评价系统直接用于评价保险公司治理状况，需要基于保险公司治理实践特点来研究和制定其评价指标体系。

回答保险公司治理有效性如何这一问题，需要利用实证研究或案例研究的方法。在治理实践中，已经发现达到合规要求的公司也可能面临公司治理问题，总结起来就是依据合规性要求建立起来的公司治理结构与机制没能很好地发挥作用，甚至是空架子，在此基础上治理有效性的概念应运而生，治理有效性是对治理合规性的升级。公司治理的目标是实现决策科学进而保护所有利益相关者的利益，但治理职能或作用的发挥表现在多方面且相对难以测度，因此难以通过治理评价直接研究每个治理主体或者行业样本的治理有效性。所以研究中往往使用代表公司成长、绩效、效率等反映因公司治理进步而提升的指标来间接反映公司治理作用的有效发挥情况，其中针对单个治理主体可以采用案例研究等方法来研究其治理有效性，而针对行业样本等大样本治理主体则采用实证研究的方法来观测公司治理变量与有关指标的相关性（correlation）。

二、保险公司治理有效性研究范式

在一般公司治理领域研究中，实证研究是治理有效性研究的主流方法，能够从定量角度回答一组样本的宏观治理有效性情况，但不能明晰每一个治理主体的有效性情况；随着研究的深入，案例研究、实验研究、问卷调查和实地访谈等方法也逐渐被导入，这类方法可以给出具体每个治理主体的有效性判断，但不适用于行业或者全样本的研究，两类方法相辅相成。一般公司治理领域研究有效性已经形成了绩效—效率—行为（PEB）经典范式或者框架。早期研究主要从绩效视角入手，目前的研究则较多是从效率视角开展，行为视角的研究是未来的一个趋势；行为决定了效率，而效率是绩效的重要影响因素，因此从绩效到效率再到行为是研究治理有效性逐步深入的过程。也有学者认为效率也是绩效范畴，即效率绩效；本章认为绩效和效率虽然均属于结果层面内容，但如上分析，二者之间存在一定的影响和被影响关系，所以将其独立出来进行研究。

保险公司治理有效性研究可以遵循上述研究范式，并从盈利能力（profitability）、代理成本（agency cost）和风险承担（risk-taking）三个逐渐深入的层次来检验我国保险公司治理的有效性，本章将其称为 PAR 研究范式，这一研究思路是对经典范式的深入和拓展。在绩效方面，可以重点关注保险公司盈利能力，保险公司盈利能力直接涉及对投保人等利益相关者利益的保障；在效率方面，可以聚焦于保险公司的治理效率即代理成本；在行为方面，可以考虑保险公司高负债经营、承保和投资是保险公司两大核心业务以及保险公司本身经营的就是风险等特点，强调保险公司的风险承担行为，具体包括总体风险、杠杆风险、承保风险和投资风险。在衡量保险公司盈利能力、代理成本和风险承担的指标上，需要基于我国保险公司经营的特点，对部分已有研究的相关衡量指标进行优化调整，不能简单套用上市公司或者一般公司的相关衡量指标。

现有关于保险公司治理有效性的研究均围绕内部治理和外部治理的各个要素展开。内部治理要素主要包括组织形式、组织结构、股权结构、董事会治理、高级管理人员治理等，外部治理要素主要包括外部监管、社会责任、信息披露、利益相关者治理等。由于保险公司治理的目标是保护作为保险公司债权人的投保人等利益相关者的利益，而保险公司资本结构的高负债性、经营产品的专业性等特点，使得保险公司外部监管、信息披露等外部治理机制相对于一般公司来说更加重要，早期的保险公司治理研究也主要是围绕外部治理相关内容展开的。

思考题

1. 除了本章介绍的之外，保险公司经营还有哪些特殊性？
2. 除了本章介绍的之外，保险公司治理还有哪些特殊性？
3. 如何理解公司治理合规性和有效性？保险公司治理合规性和保险公司治理有效性之间是什么样的关系？

第三篇 治理体系

第八章

保险公司治理体系

【本章概要】

实务界和理论界关于保险公司治理体系界定的侧重点略有不同,实务界更强调治理应用,而理论界则更关注治理研究,但从最终的构成内容上来看,两种体系包括的具体内容并无不同。本章主要展示保险公司治理体系的构成,并重点分析作为治理制度核心的保险公司章程。

【学习目标】

掌握保险公司治理体系包括的主要内容;理解实务界和理论界关于治理体系划分的区别及其原因;理解公司治理体系具体内容之间的相互关系;了解保险公司治理章程的详细规定。

第一节 保险公司治理体系概述

一、实务界保险公司治理体系

中国保险行业协会 2018 年发布了包括《保险业公司治理实务指南:总体框架》(T/IAC 21-2018)在内的我国金融业首批公司治理四项团体标准文件。《保险业公司治理实务指南:总体框架》指出,保险公司治理框架或体系包括治理结构、治理机制和治理监督三部分内容,如图 8-1 所示。

标准文件认为保险公司治理是指一套包括正式或非正式的、内部或外部的制度或机制来协调保险公司与所有利益相关者之间的利益关系以保证公司决策的科学化,从而最终维护保险公司各方面利益的一种制度安排。

标准文件认为保险公司治理结构是指保险公司决策、监督以及保障利益相关者利益的组织安排。其中,治理结构包括股东与股东(大)会、董事与董事会、监事与监事会、高级管理层等内容。

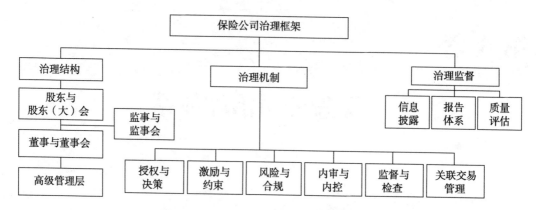

图 8-1 实务界保险公司治理体系示意图

资料来源：保险业公司治理实务指南：总体框架（T/IAC 21-2018）[S]. 中国保险行业协会，2018.

标准文件认为保险公司治理机制是指为提升保险业公司治理的有效性，围绕保险公司价值创造的核心环节而实施的一系列公司内部管控活动与制度安排。治理机制包括但不限于授权与决策、激励与约束、风险与合规、内审与内控、监督与检查、关联交易管理等内容。

标准文件认为治理监督是指为加强保险业公司治理的透明度和有效性，通过多维度监督评估方式，促进公司治理责权合理、制衡有效、运行透明的一种治理保障。治理监督包括信息披露、报告体系、质量评估等内容。

除了上述标准文件，还有学者从治理实务角度对保险公司治理体系框架进行了研究，例如，董迎秋、金铭卉、崔亚南、刘婷和郝臣（2018）构建了我国保险业公司治理的基本框架，认为从实务角度，保险业公司治理框架的基本内容主要包括治理结构、治理机制和治理监督三大部分，该划分方法与标准文件《保险业公司治理实务指南：总体框架》完全一致。关于保险公司治理体系具体构成内容的定位，梁涛（2020）提出，党的领导是中国特色保险业公司治理的本质特征，规范的股东行为是中国特色保险业公司治理的重要基石，高效率的董事会是中国特色保险业公司治理的中心要素，良好的外部市场约束和利益相关者权益保护机制是中国特色保险业公司治理的重要组成部分。

二、理论界保险公司治理体系

本书第 2 章通过梳理李维安著《公司治理》、席酉民和赵增耀著《公司治理》、李维安著《公司治理学（第 4 版）》、高明华等著《公司治理学》、张咏莲和沈乐平著《公司治理学（第 3 版）》、刘彦文和张晓红著《公司治理（第 2 版）》、宋剑涛和王晓龙著《公司治理学（第 2 版）》、上海国家会计学院著《公司治理》、蔡锐和孟越著《公司治理学（第 2 版）》、吴炯著《公司治理》、李传军著《公司治理学》、马连福等著《公司治理（第2版）》、高闯著《公司治理教程》、王世权等译《国际公司治理》等国内外经典公司治理学的教材内容可以发现，所有教材无一例外都将内部治理和外部治理相关内容作为教材的核心。冯根福（2006）认为国家（或政府）也是公司治理体系的重要组成部分。郑志刚（2010）提出将公司治理体系分为治理结构与治理机制。在借鉴一般公司治理体系的基础上，基于保险公司治理领域研究的内容与进展，本章给出了完整的保险公司治理体系，如图8-2所示。

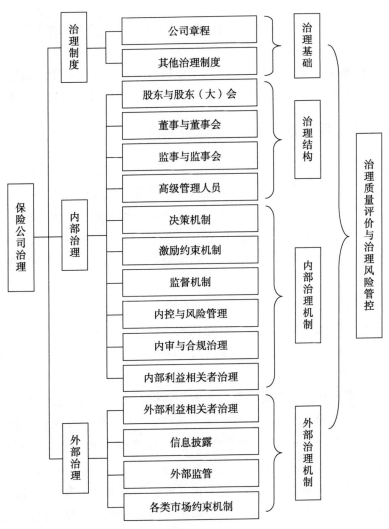

图8-2 理论界保险公司治理体系示意图

资料来源：作者整理

保险公司治理体系按照制度安排内容不同可以分为治理制度、内部治理与外部治理、治理质量评价与治理风险管控几个方面的内容。其中，治理制度分为公司章程和其他治理制度（包括股东（大）会议事规则、董事会及其专业委员会议事规则、监事会议事规则等），这些制度构成了治理基础；内部治理分为治理结构和内部治理机制，"三会一层"构成了治理结构的主要内容，而决策机制、激励约束机制、监督机制、内控与风险管理、内审与合规管理、内部利益相关者治理等构成了内部治理机制；外部利益相关者治理、信息披露、外部监管和各类市场约束机制等构成了外部治理机制，由于外部治理突破了法人边界而不存在治理结构的问题；而保险公司治理质量如何以及保险公司治理风险有哪些，又需要进行治理质量评价和治理风险管控。

第二节 保险公司治理制度：公司章程

本节主要对保险公司治理体系中治理制度的核心——公司章程做出详细说明，关于保险公司治理体系中内部治理和外部治理内容的分析，详见第九章和第十章。[①]

一、保险公司章程载明事项的总体性规定

《保险公司章程指引》（保监发〔2017〕36号）（以下简称《章程指引》）规定保险公司章程至少应包括以下各章：总则；经营宗旨和范围；注册资本与股份；股东和股东（大）会；董事会；监事会；总经理及其他高级管理人员；财务会计制度、利润分配和审计；公司基本管理制度；通知和公告；合并、分立、增资、减资、解散和清算；公司治理特殊事项；修改章程；附则。上市保险公司还应符合中国证监会关于上市公司章程的相关规定。

保险公司章程应按照《公司法》等法律法规和监管规定载明公司名称、公司住所、组织形式、公司开业批准文件文号与营业执照签发日期（该项不适用开业前提交的公司章程）、营业期限和法定代表人等公司基本事项，且事项的内容应与中国银保监会行政许可的内容一致。

保险公司章程须载明"公司董事、监事、高级管理人员应当经过中国银保监会任职资格核准"及"公司必须遵守法律法规，执行国家统一的金融保险方针、政策，接受中国银保监会的监督管理"。公司章程须载明规定公司章程效力的下列条款："本章程自生效之日起，即成为规范公司的组织与行为、公司与股东、股东与股东之间权利义务关系的具有法律约束力的文件，对公司、股东、董事、监事、高级管理人员具有法律约束力的文件。公司发起人协议、股东出资协议或者其他股东协议中的内容与章程规定不一致时，以本章程为准。"

保险公司章程应载明规定公司经营宗旨、经营范围的条款，经营范围表述应与中国银保监会行政许可的内容一致。

[①] 关于我国保险内部治理和外部治理现状的分析请参考：郝臣. 中国保险公司治理发展报告 2018[M]. 天津：南开大学出版社，2019；郝臣. 中国保险公司治理发展报告 2019[M]. 天津：南开大学出版社，2020.

在不违反法律、法规及《章程指引》要求的前提下，保险公司可以在其章程中增加《章程指引》规定以外的、适合本公司实际需要的其他内容，也可以对《章程指引》规定的内容做文字和顺序的调整或者变动。发生上述情形的，保险公司应当在报送中国银保监会审核的章程材料中，对增加或者修改的《章程指引》的内容进行解释说明。

二、保险公司章程关于注册资本与股份的事项

保险公司章程应载明公司最新的注册资本数额、股份总数。公司章程须载明"公司增加或者减少注册资本，应按照《公司法》、中国银保监会及其他监管机构的有关规定和本章程约定的程序办理"。根据公司实际情况，公司可在章程中就公司新增资本时，原股东是否可优先按照实缴的股份比例认缴出资做出规定。

保险公司章程应载明"公司变更注册资本应上报中国银保监会批准并依法向登记机关办理变更登记"。公司应根据《公司法》、中国银保监会及其他监管机构的有关规定，将公司增加注册资本，以及收购本公司股份的情形、方式等内容在公司章程中予以明确。

保险公司章程须载明"公司的股份可以依法转让，但必须符合中国银保监会及有关监管机构的相关规定和本章程约定"。公司章程须载明"股东转让公司股份应当依法办理股份转让的相关手续，并应自股份转让协议签署之日起十五个工作日内书面报告公司"。

保险公司章程须载明"公司不得为董事、监事和高级管理人员购买本公司股份提供借款、担保等形式的财务资助"。公司章程应明确股东持有本公司股份的限制转让期限，相关内容应符合法律法规和监管相关规定。

三、保险公司章程关于股东和股东（大）会的事项

保险公司章程应载明股东享有的权利。公司可根据实际情况增加股东其他权利内容，但应当符合法律法规和监管规定。

保险公司章程须载明"董事、监事、高级管理人员违反法律法规、监管规定或者本章程约定，损害公司或者股东利益的，股东有权直接向中国银保监会反映问题"。

保险公司章程应规定股东承担的义务。公司可根据实际情况增加股东其他义务内容，但应当符合法律法规和监管规定。

保险公司章程须载明如下条款："若股东的出资行为、股东行为等违反法律法规和监管相关规定的，股东不得行使表决权、分红权、提名权等股东权利，并承诺接受中国银保监会对其采取的限制股东权利、责令转让股权等监管处置措施。"

保险公司章程应载明"公司的股东不得利用其关联关系损害公司利益。违反规定给公司造成损失的，应当承担赔偿责任"。

保险公司章程应载明公司控股股东、实际控制人对公司和其他股东负有相关义务的如下条款:"公司控股股东及实际控制人对公司和其他股东负有诚信义务。控股股东应严格依法行使出资人的权利,不得利用利润分配、资产重组、对外投资、资金占用、借款担保、保险资金运用、关联交易等方式损害公司和其他股东的合法权益,不得利用其控制地位损害公司和其他股东的利益。控股股东应当对同时在控股股东和公司任职的人员进行有效管理,防范利益冲突。控股股东的工作人员不得兼任公司的执行董事和高级管理人员,控股股东的董事长除外。"但《保险集团公司管理办法》(保监发〔2010〕29号)等监管规定对保险集团公司作为公司控股股东另有规定的,从其规定。

保险公司章程应明确股东(大)会的职权。公司章程应按照《公司法》等法律法规和监管规定,载明股东(大)会会议制度的相关内容,包括但不限于会议召集、提案和会议通知、会议召开、表决和决议、会议记录及其签署、公告等。公司章程应明确股东(大)会召开方式,并须载明"应由股东(大)会以特别决议通过的议案,不得采用通讯表决方式召开会议"。

保险公司章程应规定股东(大)会召集人及其递补顺序、会议召集具体程序等有关会议召集的内容。公司章程须载明独立董事提议召开临时股东(大)会的如下条款:"1/2以上且不少于两名独立董事提议召开临时股东(大)会的,董事会应当根据法律法规、监管规定和本章程约定,在收到提议后十日内提出同意或者不同意召开临时股东(大)会的书面反馈意见。董事会同意召开临时股东(大)会的,应在作出董事会决议后的五日内发出召开股东(大)会的通知。董事会不同意召开临时股东(大)会的,独立董事应当向中国银保监会报告。"

保险公司须按照《公司法》、监管规定并结合公司自身情况在章程中规定股东(大)会提案与通知的相关内容,包括但不限于提案和通知的必备内容及要求、提案人资格、通知时限以及选举董事、监事提案的特殊要求等。

保险公司须按照《公司法》、监管规定并结合公司自身情况在章程中规定股东(大)会召开的相关内容,包括但不限于股东和董事、监事、高级管理人员的出席要求、会议主持人及其递补顺序、会议召开程序、会议记录等。

保险公司章程须明确应由股东(大)会以普通决议、特别决议通过的具体事项。

四、保险公司章程关于董事会的事项

保险公司章程应当载明具体董事提名规则,包括但不限于董事提名方式、程序等有关内容。

保险公司章程应规定董事的任职条件、任免程序、职权和义务、尽职和考核等内容,上述内容应当符合《公司法》《保险公司董事会运作指引》(保监发〔2008〕58号)、《保险公司董事、监事和高级管理人员任职资格管理规定》(保监会令〔2010〕第2

号）等法律法规和监管规定。除监管规定外，公司可在公司章程中增加对董事忠实义务、勤勉义务及其他义务的要求。

保险公司章程须载明如下条款："公司董事为自然人的，应具有良好的品行和声誉，具备与其职责相适应的专业知识和工作经验，并符合法律法规及中国银保监会规定的条件。违反本条规定选举、委派董事的，该选举、委派无效。董事在任职期间出现不符合法律法规、监管规定有关董事资格或者条件情形的，公司应当解除其职务。"

保险公司章程须载明"董事可以由总经理或者其他高级管理人员兼任，但兼任总经理或者其他高级管理人员职务的董事以及由职工代表担任的董事，总计不得超过公司董事总数的1/2"。

保险公司章程应规定董事辞职生效或者任期届满后承担忠实义务的具体期限。

保险公司章程应规定独立董事任职条件、提名、选举和免职、职责、义务和保障等内容，相关内容应符合《公司法》《保险机构独立董事管理办法》（银保监发〔2018〕35号）等法律法规和监管规定。

保险公司章程须载明"独立董事应当具备较高的专业素质和良好的信誉，符合法律法规和中国银保监会规定的条件"。

保险公司章程须规定独立董事发表意见的下列条款："独立董事应当对公司股东（大）会或者董事会讨论事项发表客观、公正的独立意见，尤其应当就以下事项向董事会或者股东（大）会发表意见：①重大关联交易；②董事的提名、任免以及高级管理人员的聘任和解聘；③董事和高级管理人员的薪酬；④利润分配方案；⑤非经营计划内的投资、租赁、资产买卖、担保等重大交易事项；⑥其他可能对保险公司、被保险人和中小股东权益产生重大影响的事项；⑦法律法规、监管规定或者本章程约定的其他事项。独立董事对上述事项投弃权或者反对票的，或者认为发表意见存在障碍的，应当向公司提交书面意见并向中国银保监会报告。"

保险公司章程须明确董事会的构成，包括执行董事、非执行董事及独立董事的人数。董事会组成人数应当具体、确定，不得为区间数。具体条款表述应是："董事会由[人数]名董事组成，设董事长1人，副董事长[人数]人，执行董事[人数]人，非执行董事[人数]人，独立董事[人数]人。董事长和副董事长由董事会以全体董事的过半数选举产生。"

保险公司章程须明确董事会职权。公司章程须载明"董事会职权由董事会集体行使。董事会法定职权原则上不得授予董事长、董事或者其他个人及机构行使，确有必要授权的，应通过董事会决议的方式依法进行。授权一事一授，不得将董事会职权笼统或者永久授予公司其他机构或者个人行使"。公司章程须载明"董事会应当就注册会计师对公司财务报告出具的非无保留意见的审计意见向股东（大）会作出说明"。

保险公司章程应载明规定董事长职权的条款。董事会应谨慎授予董事长职权，公司章程中不得出现董事长可以代行董事会职权等方面的相关表述。

保险公司章程应按照《公司法》《保险公司董事会运作指引》（保监发〔2008〕58号）等法律法规和监管规定，载明董事会会议制度的相关内容，包括但不限于会议召集、提案和会议通知、会议召开、表决和决议（包括表决规则）、会议记录及其签署、公告等。

保险公司章程须载明"董事会应当每年向股东（大）会报告关联交易情况和关联交易管理制度执行情况"，并规定关联董事回避表决的如下条款："董事会在审议重大关联交易时，关联董事不得行使表决权，也不得代理其他董事行使表决权。该董事会会议由过半数的非关联董事出席即可举行。董事会会议所做决议须经非关联董事2/3以上通过。出席董事会会议的非关联董事人数不足三人的，应将交易提交股东（大）会审议。"

保险公司章程应当明确不得采用通讯表决方式召开会议表决的事项，包括但不限于利润分配方案、薪酬方案、重大投资及资产处置、聘任及解聘高级管理人员等。

保险公司章程应规定董事会下设专业委员会的名称、构成及主要职责的相关内容。

五、保险公司章程关于监事会的事项

保险公司章程应当写明具体监事提名规则，包括但不限于监事提名方式、程序等有关内容。

保险公司章程应规定监事的任职条件、任免程序、职权和义务的相关内容，并应符合《保险公司董事、监事和高级管理人员任职资格管理规定》（保监会令〔2010〕第2号）等法律法规和监管规定。

保险公司章程须载明有关监事任职的如下条款："公司监事应具有良好的品行和声誉，具备与其职责相适应的专业知识和工作经验，并符合法律法规及中国银保监会规定的条件。董事、高级管理人员不得兼任监事。"

保险公司章程须明确监事会的构成。监事会组成人数应当具体、确定，不得为区间数。监事会中职工代表的比例应当符合《公司法》的规定。

保险公司章程应规定监事会职权。除《公司法》规定的内容外，监事会职权应包括"监事会可以提名独立董事"的内容。

保险公司章程应按照《公司法》等法律法规和监管规定，载明监事会会议制度的相关内容，包括但不限于会议召集、提案和会议通知、会议召开、表决和决议（包括表决规则）、会议记录及其签署、公告等。

六、保险公司章程关于总经理及其他高级管理人员的事项

保险公司应根据法律法规、监管规定和公司具体情况，在章程中规定属于公司高

级管理人员的范围。

保险公司应根据法律法规、监管规定和公司具体情况，在章程中明确总经理的职权。监管规定要求其他高级管理人员职责和权利应当在公司章程中明确的，公司章程应载明相应条款。

保险公司章程须规定"总经理应制订经理工作细则，报董事会批准后实施"。

七、保险公司章程关于财务会计制度、利润分配和审计的事项

保险公司章程应按照法律法规、监管规定及公司情况规定公司财务会计制度的主要事项，包括会计年度、会计报告、利润分配方式等内容。

保险公司章程须载明"公司不得为他人债务向第三方提供担保"的条款并根据监管规定列明除外条款。对外担保的除外条款包括：公司在正常经营管理活动中的下列行为：诉讼中的担保；出口信用保险公司经营的与出口信用保险相关的信用担保；海事担保。除下属成员公司外，保险集团公司不得为其他公司提供担保。保险集团公司对下属成员公司的担保行为应当遵守中国银保监会相关监管规定。

保险公司章程须载明"公司偿付能力达不到监管规定时，公司不得向股东分配利润"和"公司按照国家有关规定提取保证金、保险保障基金和各项保险责任准备金"。

保险公司章程应按照监管规定明确公司内部审计制度、专职审计人员、内部审计报告路径等内容。

保险公司章程应就聘用、解聘为公司财务报告进行定期法定审计的会计师事务所的程序等相关内容做出规定。其中，公司聘用会计师事务所及其报酬事项应由股东（大）会决定并须在公司章程中载明。

八、保险公司章程关于其他方面的事项

保险公司章程应对公司相关制度包括但不限于关联交易、信息披露、内控合规、内部审计、保险消费者合法权益保护等做出原则性规定。

保险公司章程应当载明公司的通知和公告办法的条款。公司章程须载明"公司指定具有较大影响力的全国性媒体为刊登公司公告和信息披露的媒体"。

保险公司章程应当规定公司合并、分立、增资和减资相关内容，包括但不限于办理程序、通知和公告时限、责任承担等。公司章程须载明公司合并、分立、增资和减资应当报中国银保监会批准的条款。

保险公司章程应当规定公司的解散和清算事由、办理程序等相关内容。经营有人寿保险业务的保险公司，其章程不得规定法定情形以外的解散事由。公司章程须载明公司解散须报中国银保监会批准，清算工作由中国银保监会监督指导的条款。

保险公司章程须就有关替代和递补机制做出规定，并应载明如下条款："董事长不能履行职务或者不履行职务的，由副董事长履行职务（设有多名副董事长的，公司章程应当明确履行特定职务副董事长的确定方式）；副董事长不能履行职务或者不履行职务的，由半数以上董事共同推举一名董事履行职务。总经理不能履行职务或者不履行职务的，由董事会指定的临时负责人代行总经理职权。董事长、总经理不能履行职务或者不履行职务影响公司正常经营情况的，公司应按章程规定重新选举董事长、聘任总经理。"

保险公司章程应预先列明公司治理机制可能失灵的情形、公司可采取的内部纠正程序及申请中国银保监会指导的程序。公司治理机制失灵的情形，包括但不限于：董事会连续一年以上无法产生；公司董事长期冲突，且无法通过股东（大）会解决；公司连续一年以上无法召开股东（大）会；股东表决时无法达到法定或者公司章程约定的比例，连续一年以上不能做出有效的股东（大）会决议；因偿付能力不足进行增资的提案无法通过；公司现有治理机制无法正常运转导致公司经营管理发生严重困难等情形及中国银保监会认定的其他情形。

保险公司章程须载明"当出现本章程约定的公司治理机制失灵情形且公司采取的内部纠正程序无法解决时，公司、单独或者合计持有公司 1/3 以上股份的股东、过半数董事有权向中国银保监会申请对公司进行监管指导"。

保险公司章程须规定中国银保监会进行监管指导的如下条款："中国银保监会依据公司治理机制失灵存在的情形进行相应的监管指导。如发现保险公司存在重大治理风险，已经严重危及或者可能严重危及保险消费者合法权益或者保险资金安全的，股东、公司承诺接受中国银保监会采取的要求公司增加资本金、限制相关股东权利、转让所持保险公司股权等监管措施；对被认定为情节严重的，承诺接受中国银保监会对公司采取的整顿、接管措施。"

保险公司章程应载明如下条款："公司偿付能力不足时，股东负有支持公司改善偿付能力的义务。出现下列情形之一的，不能增资或者不增资的股东，应当同意其他股东或者投资人采取合理方案增资，改善偿付能力：①中国银保监会责令公司增加资本金的；②公司采取其他方案仍无法使偿付能力达到监管要求而必须增资的。"

保险公司章程须载明修改章程事由的如下条款："有下列情形之一的，公司应当修改章程：①《公司法》《保险法》或者有关法律法规及监管规定修改后，章程内容与相关规定相抵触；②公司章程记载的基本事项或者规定的相关权利、义务、职责、议事程序等内容发生变更的；③其他导致章程必须修改的事项。"公司章程应当载明章程修改程序等相关内容的条款。

保险公司应当依法制定股东（大）会议事规则、董事会议事规则和监事会议事规则，并作为章程的附件。

保险公司章程须载明"本章程经股东（大）会审议通过，并经中国银保监会核准之日起生效"。

思考题

1. 实务界和理论界对保险公司治理体系的界定哪种更科学？为什么？
2. 实务界和理论界的保险公司治理体系中各还有哪些内容需要考虑？
3. 保险公司章程重要吗？为什么？

第九章

保险公司内部治理

【本章概要】

本章在界定股东治理、董事会治理、监事会治理和高级管理人员治理内涵的基础上，详细分析了作为保险公司内部治理主要构成部分的股东治理、董事会治理、监事会治理、高级管理人员治理、内控与风险管理、内审与合规管理等的具体内容。

【学习目标】

理解股东治理、董事会治理、监事会治理和高级管理人员治理等重要概念的内涵；熟悉保险公司股东类型、股东权利与义务，以及股东（大）会的形式、职权、召集召开、决议表决和报告等内容；熟悉保险公司董事的任职资格、提名与选举、任期与免职、职权与义务、考核与问责，以及董事会的规模与构成、职权、召集与召开、决议表决、记录与档案和报告等内容；了解保险公司监事会的规模与结构、职权、召集与召开、报告等内容；熟悉保险公司总经理、董事会秘书、合规负责人、总精算师、财务负责人和审计责任人等高级管理人员的任职资格和主要职责；熟悉保险公司内部控制、风险管理、内部审计、合规管理的机构、人员、活动和监管要求等。

第一节 保险公司股东治理

一、股东治理的内涵

股东治理（shareholder governance）是指关于股东、股权结构安排、股东（大）会运作等基于股权的系列制度安排，是公司治理的基础内容，也被称为公司治理的股东与股东（大）会维度。

伴随公司组织形式的出现，公司股东限于能力和时间等原因，将资本交给了更有经营能力的董事会和经理层来运作管理，于是便形成了公司法人财产，股东拥有财产最终所有权，但是经营权转移给了董事会和经理层。1932 年 Berle 和 Means 发现，在股权分散背景下，公司的经营层控制了公司，出现了经营层损害股东利益的现象或者潜在的可能，为了更好地保护股东利益而进行的相关制度安排设计便是经典的股东治理。例如，关于公司股东（大）会法律地位的规定、关于股东（大）会职权的规定以及关于股东（大）会召集程序和议事规则的有关规定。

更广义的股东治理还涉及对小股东权益保护的有关问题。特别是近年来 LLSV 等学者发现，在公司治理实践中，公司股权结构并非 Berle 和 Means 发现的那样分散，而是越来越集中，即使在英美公司治理模式国家，控制权和现金流权分离背景下，也会出现大股东侵害小股东利益的行为。围绕这样问题而进行的累积投票制的导入、控股股东关联交易的控制、最终控制人链条的披露等内容是更广义的股东治理问题。

二、我国保险公司股东

（一）保险公司股东类型及其条件

可以成为保险公司股东的主体包括：①境内企业法人；②境内有限合伙企业；③境内事业单位、社会团体；④境外金融机构。需要说明的是，事业单位和社会团体只能成为保险公司财务Ⅰ类股东，国务院另有规定的除外；自然人只能通过购买上市保险公司股票成为保险公司财务Ⅰ类股东，中国银保监会另有规定的除外。

根据持股比例、资质条件和对保险公司经营管理的影响，保险公司股东分为以下四类：①财务Ⅰ类股东，是指持有保险公司股权不足 5%的股东；②财务Ⅱ类股东，是指持有保险公司股权 5%以上，但不足 15%的股东；③战略类股东，是指持有保险公司股权 15%以上，但不足 1/3 的股东，或者其出资额、持有的股份所享有的表决权已足以对保险公司股东（大）会的决议产生重大影响的股东；④控制类股东，是指持有保险公司股权 1/3 以上，或者其出资额、持有的股份所享有的表决权已足以对保险公司股东（大）会的决议产生控制性影响的股东。

保险公司财务Ⅰ类股东应当具备如下条件：①经营状况良好，有合理水平的营业收入；②财务状况良好，最近 1 个会计年度盈利；③纳税记录良好，最近 3 年内无偷漏税记录；④诚信记录良好，最近 3 年内无重大失信行为记录；⑤合规状况良好，最近 3 年内无重大违法违规记录；⑥法律、行政法规以及中国银保监会规定的其他条件。

保险公司财务Ⅱ类股东除符合财务Ⅰ类股东应当具备的条件规定外，还应当具备以下条件：①信誉良好，投资行为稳健，核心主业突出；②具有持续出资能力，最近 2 个会计年度连续盈利；③具有较强的资金实力，净资产不低于 2 亿元人民币；④法律、行政法规以及中国银保监会规定的其他条件。

保险公司战略类股东除符合财务Ⅰ类股东、财务Ⅱ类股东应当具备的条件规定外，还应当具备以下条件：①具有持续出资能力，最近3个会计年度连续盈利；②净资产不低于10亿元人民币；③权益性投资余额不得超过净资产；④法律、行政法规以及中国银保监会规定的其他条件。

保险公司控制类股东除符合财务Ⅰ类股东、财务Ⅱ类股东、战略类股东应当具备的条件规定外，还应当具备以下条件：①总资产不低于100亿元人民币；②最近一年末净资产不低于总资产的30%；③法律、行政法规以及中国银保监会规定的其他条件。国家另有规定的可以不受上面第二项限制。

（二）保险公司股东权利与义务

保险公司股东的权利：①按照其所持有的股份份额获得股利和其他形式的利益分配；②依法请求、召集、主持、参加或者委派股东代理人参加股东（大）会，并行使相应的表决权；③单独或者合计持有公司章程约定的比例以上股份的股东有提名董事或者监事的权利；④对公司的经营进行监督，依法提出建议或者质询；⑤依照法律法规、监管规定及公司章程的规定转让、赠与或者质押其所持有的股份；⑥查阅公司章程、股东名册、公司债券存根、股东（大）会会议记录、董事会会议决议、监事会会议决议、财务会计报告；⑦公司终止或者清算时，按其所持有的股份份额参加公司剩余财产的分配；⑧对股东（大）会作出的公司合并、分立决议持异议的股东，要求公司收购其股份；⑨股东名册记载及变更请求权；⑩法律法规、监管规定或者公司章程约定的其他权利。[①]

此外，若股东的出资行为、股东行为等违反法律法规和监管相关规定的，股东不得行使表决权、分红权、提名权等股东权利，并接受中国银保监会对其采取的限制股东权利、责令转让股权等监管处置措施。

保险公司股东的义务：①遵守法律法规、监管规定和公司章程；②依其所认购的股份和入股方式缴纳股款；③入股资金和持股行为应当符合监管规定，不得代持和超比例持股；④除法律法规、监管规定的情形外，不得退股；⑤以其所认购的股份为限对公司承担责任；⑥不得滥用股东权利损害公司或者其他股东的利益；⑦不得滥用公司法人独立地位和股东有限责任损害公司债权人的利益；⑧公司偿付能力达不到监管要求时，股东应支持公司改善偿付能力；⑨持有公司5%以上股份的股东之间产生关联关系时，应当在5个工作日内向公司提交书面报告；⑩应当向公司如实告知其控股股东、实际控制人情况，在其控股股东、实际控制人发生变更后5个工作日内将变更情

[①] 本章第一节、第二节和第三节分别从股东与股东（大）会、董事与董事会、监事与监事会等内部治理结构层面来呈现保险公司股东治理、董事会治理和监事会治理的内容，并没有专门设立决策机制、激励约束机制和监督机制相应章节，但实际上，在对内部治理结构分析的过程中已经包括了内部治理机制的相应内容，例如上述关于保险公司股东权利的分析就是治理机制层面内容。

况以及变更后的关联方及关联关系情况书面通知公司,并须履行监管规定的程序;⑪所持公司股份涉及诉讼、仲裁、被质押或者解质押时,应当于前述事实发生后 15 个工作日内以书面形式通知公司,公司应当将相关情况及时通知其他股东;⑫股东发生合并、分立、解散、破产、关闭、被接管等重大事项或者其法定代表人、公司名称、经营场所、经营范围及其他重大事项发生变化时,应当于前述事实发生后 15 个工作日内以书面形式通知公司;⑬服从和执行股东(大)会的有关决议;⑭在公司发生风险事件或者重大违规行为时,应当配合监管机构开展调查和风险处置;⑮股东质押其持有的保险公司股权的,不得损害其他股东和公司的利益,不得约定由质权人或者其关联方行使表决权;⑯法律法规、监管规定及公司章程约定应当承担的其他义务。

保险公司的股东不得利用其关联关系损害公司利益。违反规定给公司造成损失的,应当承担赔偿责任。公司控股股东及实际控制人对公司和其他股东负有诚信义务。控股股东应严格依法行使出资人的权利,不得利用利润分配、资产重组、对外投资、资金占用、借款担保、保险资金运用、关联交易等方式损害公司和其他股东的合法权益,不得利用其控制地位损害公司和其他股东的利益。控股股东应当对同时在控股股东和公司任职的人员进行有效管理,防范利益冲突。控股股东的工作人员不得兼任公司的执行董事和高级管理人员,控股股东的董事长除外。《保险集团公司管理办法》(保监发〔2010〕29 号)等监管规定对保险集团公司作为公司控股股东另有规定的,从其规定。

三、我国保险公司股东(大)会

(一)保险公司股东(大)会形式

保险公司股东(大)会有年度股东(大)会和临时股东(大)会两种形式。保险公司年度股东(大)会应当每年召开一次年会。有下列情形之一的,保险公司应当在两个月内召开临时股东(大)会:董事人数不足《公司法》规定人数或者公司章程所定人数的 2/3 时;公司未弥补的亏损达实收股本总额 1/3 时;单独或者合计持有公司 10%以上股份的股东请求时;董事会认为必要时;监事会提议召开时;公司章程规定的其他情形。

(二)保险公司股东(大)会职权

一般公司股东(大)会的职权:①决定公司的经营方针和投资计划;②选举和更换非由职工代表担任的董事、监事,决定有关董事、监事的报酬事项;③审议批准董事会的报告;④审议批准监事会的报告;⑤审议批准公司的年度财务预算方案、决算方案;⑥审议批准公司的利润分配方案和弥补亏损方案;⑦对公司增加或者减少注册资本做出决议;⑧对发行公司债券做出决议;⑨对公司合并、分立、解散、清算或者变更公司形式做出决议;⑩修改公司章程;⑪公司章程规定的其他职权。

除《公司法》规定的内容外，保险公司股东（大）会的法定职权至少应包括：①对发行公司债券或者其他有价证券及公司上市做出决议；②修改公司章程，审议股东（大）会、董事会和监事会议事规则；③对收购本公司股份做出决议；④对聘用、解聘为公司财务报告进行定期法定审计的会计师事务所做出决议；⑤审议批准公司设立法人机构、重大对外投资、重大资产购置、重大资产处置与核销、重大资产抵押等事项；⑥审议法律法规、监管规定或者公司章程约定的应当由股东（大）会决定的其他事项。

需要注意的是：股东（大）会不得将其法定职权授予董事会、其他机构或者个人行使；公司应将《公司法》和上述列举的股东（大）会职权一并在章程中载明。

（三）保险公司股东（大）会召集与召开

保险公司的公司章程应规定股东（大）会召集人及其递补顺序、会议召集具体程序等有关会议召集的内容。保险公司股东（大）会会议由董事会召集，董事长主持；董事长不能履行职务或者不履行职务的，由副董事长主持；副董事长不能履行职务或者不履行职务的，由半数以上董事共同推举一名董事主持。董事会不能履行或者不履行召集股东（大）会会议职责的，监事会应当及时召集和主持；监事会不召集和主持的，连续 90 日以上单独或者合计持有公司 10%以上股份的股东可以自行召集和主持。

需要说明的是：1/2 以上且不少于两名独立董事提议召开临时股东（大）会的，董事会应当根据法律法规、监管规定和公司章程约定，在收到提议后 10 日内提出同意或者不同意召开临时股东（大）会的书面反馈意见；董事会同意召开临时股东（大）会的，应在做出董事会决议后的 5 日内发出召开股东（大）会的通知；董事会不同意召开临时股东（大）会的，独立董事应当向中国银保监会报告。

保险公司须按照《公司法》、监管规定并结合公司自身情况在章程中规定股东（大）会提案与通知的相关内容，包括但不限于提案和通知的必备内容及要求、提案人资格、通知时限以及选举董事、监事提案的特殊要求等。

单独或者合计持有公司 3%以上股份的股东，可以在股东（大）会召开 10 日前提出临时提案并书面提交董事会；董事会应当在收到提案后 2 日内通知其他股东，并将该临时提案提交股东（大）会审议。临时提案的内容应当属于股东（大）会职权范围，并有明确议题和具体决议事项。股东（大）会不得对大会通知中未列明的事项做出决议。

保险公司召开年度股东（大）会会议，应当将会议召开的时间、地点和审议的事项于会议召开 20 日前通知各股东；临时股东（大）会应当于会议召开 15 日前通知各股东；发行无记名股票的，应当于会议召开 30 日前公告会议召开的时间、地点和审议事项。

保险公司须按照《公司法》、监管规定并结合公司自身情况在章程中规定股东（大）会召开的相关内容，包括但不限于股东和董事、监事、高级管理人员的出席要求、会议主持人及其递补顺序、会议召开程序、会议记录等。

（四）保险公司股东（大）会决议

保险公司股东（大）会审议有关关联交易事项时，关联股东不应当参与投票表决，其所代表的有表决权的股份数不计入有效表决总数。公司应当在章程中明确股东（大）会选举董事和监事时，是否实行累积投票制和其具体实施规则等相关内容。股东（大）会就选举董事、监事进行表决时，鼓励公司实行累积投票制。公司单个股东（关联股东或者一致行动人合计）持股比例超过50%的，股东（大）会就选举董事、监事进行表决时，必须实行累积投票制。

普通决议须由出席股东（大）会的股东所持表决权的过半数通过，特别决议须由出席股东（大）会的股东所持表决权的2/3以上通过。

保险公司以下事项应以普通决议通过：①公司的经营方针和投资计划；②选举和更换非由职工代表担任的董事、监事，决定有关董事、监事的报酬和支付方法；③董事会和监事会的工作报告；④公司年度财务预算方案、决算方案；⑤公司的利润分配方案和弥补亏损方案；⑥聘用、解聘为公司财务报告进行定期法定审计的会计师事务所；⑦除法律法规、监管规定或者公司章程约定应当以特别决议通过以外的其他事项。

保险公司以下事项应以特别决议通过：①公司增加或者减少注册资本；②发行公司债券或者其他有价证券及上市；③收购本公司股份；④公司的分立、合并、解散和清算或者变更公司形式；⑤公司章程的修改；⑥公司涉及设立法人机构、重大对外投资、重大资产处置与核销、重大资产抵押等事项；⑦免去独立董事职务；⑧法律法规、监管规定或者公司章程约定的，以及股东（大）会以普通决议认定会对公司产生重大影响的、需要以特别决议通过的其他事项。

（五）保险公司股东（大）会报告

保险公司股东（大）会定期会议召开10日前，公司须将会议通知以书面和电子邮件的方式报告中国银保监会。公司应当在股东（大）会决议做出后30日内向中国银保监会报告决议情况。

第二节 保险公司董事会治理

一、董事会治理的内涵

董事会治理（board governance）是指为了有效发挥董事会的治理作用而进行的有

关制度安排，是公司治理的核心内容，也被称为公司治理的董事与董事会维度。董事会规模的设计、董事的提名与选举、董事的任职资格、董事会中执行董事与非执行董事比例安排、董事会中专业委员会的设立与运作、董事会成员的激励约束、董事会及其成员的评价、董事会的召集与召开、董事会会议议案表决与会议记录的生成与存档等均是董事会治理的重要内容；实际上，广义的董事会治理内容还包括高级管理人员治理内容，即董事会对高级管理人员的治理问题，但为了更好地梳理相关内容，本章将高级管理人员治理内容作为一个单独的部分。

在公司法人的股东（大）会、董事会、监事会和经理①四大机构中，股东（大）会作为公司的权力机构，拥有最高决策权，而董事会的职责是执行股东（大）会的决议，是执行机构。董事会是指按照《公司法》设立的，由公司的全体董事组成的常设的经营决策和业务执行机关。从形式意义上讲，是指依照公司立法的规定召开的、由董事参加的会议。董事会的权力源于股东（大）会的授权并受其限制，对股东（大）会负责。但20世纪以来，由于所有权与经营权的分离，股东（大）会的权限和作用日益减小，而董事会的权限和作用逐渐扩大。在公司的实际经营活动中，董事会已不再是单纯的执行机构，而是具有一定经营决策职能的机构。可以这样说，在公司的决策权力系统中，董事会仍然是执行机构；但是在执行决策的系统内，董事会则成为经营决策机构，经理机构是实际执行机构。董事会处于公司决策系统和执行系统的交叉点，是公司运行的中心。所以董事会作为公司的常设机构，代表股东执行公司业务，执行股东（大）会的决定，负责经营决策和日常经营管理活动，一般对外作为公司的代表。

二、我国保险公司董事

（一）保险公司董事任职资格管理

中国银保监会根据法律和国务院授权，对保险公司董事、监事和高级管理人员任职资格实行统一监督管理。中国银保监会的派出机构根据授权负责辖区内保险公司分支机构高级管理人员任职资格的监督管理，但中资再保险公司分公司和境外保险公司分公司除外。保险公司董事、监事和高级管理人员，应当在任职前取得中国银保监会核准的任职资格。

保险公司董事、监事和高级管理人员应当遵守法律、行政法规和中国银保监会的有关规定，遵守保险公司章程。保险公司董事、监事和高级管理人员应当具有诚实信用的品行、良好的合规经营意识和履行职务必需的经营管理能力。保险公司董事、监事和高级管理人员应当通过中国银保监会认可的保险法规及相关知识测试。保险公司

---

① 法律中"经理"的含义同实践中"经理"的含义并不完全相同。法律中的经理是指对公司日常经营管理工作负总责的管理人员，实践中一般称为总经理。实践中负责公司某一部门具体管理工作的所谓经理或部门经理不是法律中所讲的"经理"，不享有《公司法》规定的经理职权。

董事长应当具有金融工作5年以上或者经济工作10年以上工作经历。保险公司董事和监事应当具有5年以上与其履行职责相适应的工作经历。保险公司董事会秘书应当具有大学本科以上学历以及5年以上与其履行职责相适应的工作经历。

不予核准任职资格的情形有：①无民事行为能力或者限制民事行为能力；②贪污、贿赂、侵占财产、挪用财产或者破坏社会主义市场经济秩序，被判处刑罚，执行期满未逾5年，或者因犯罪被剥夺政治权利，执行期满未逾5年；③被判处其他刑罚，执行期满未逾3年；④被金融监管部门取消、撤销任职资格，自被取消或者撤销任职资格之日起未逾5年；⑤被金融监管部门禁止进入市场，期满未逾5年；⑥被国家机关开除公职，自做出处分决定之日起未逾5年；⑦因违法行为或者违纪行为被吊销执业资格的律师、注册会计师或者资产评估机构、验证机构等机构的专业人员，自被吊销执业资格之日起未逾5年；⑧担任破产清算的公司、企业的董事或者厂长、经理，对该公司、企业的破产负有个人责任的，自该公司、企业破产清算完结之日起未逾3年；⑨担任因违法被吊销营业执照、责令关闭的公司、企业的法定代表人，并负有个人责任的，自该公司、企业被吊销营业执照之日起未逾3年；⑩个人所负数额较大的债务到期未清偿；⑪申请前1年内受到中国银保监会警告或者罚款的行政处罚；⑫因涉嫌从事严重违法活动，被中国银保监会立案调查尚未作出处理结论；⑬受到其他行政管理部门重大行政处罚未逾2年；⑭在香港、澳门、台湾地区或者中国境外被判处刑罚，执行期满未逾5年，或者因严重违法行为受到行政处罚，执行期满未逾3年；⑮中国银保监会规定的其他情形。

保险公司董事、监事和高级管理人员，应当在任职前向中国银保监会提交下列书面材料一式三份，并同时提交有关电子文档：①拟任董事、监事和高级管理人员任职资格核准申请书；②中国银保监会统一制作的董事、监事和高级管理人员任职资格申请表；③拟任董事、监事或者高级管理人员身份证、学历证书等有关证书的复印件，有护照的应当同时提供护照复印件；④对拟任董事、监事或者高级管理人员品行、专业知识、业务能力、工作业绩等方面的综合鉴定；⑤拟任高级管理人员劳动合同签章页复印件；⑥中国银保监会规定的其他材料。

中国银保监会应当自受理任职资格核准申请之日起20日内，作出核准或者不予核准的决定。20日内不能作出决定的，经审批机关负责人批准，可以延长10日，并应当将延长期限的理由告知申请人。决定核准任职资格的，应当颁发核准文件；决定不予核准的，应当作出书面决定并说明理由。

独立董事取得任职资格核准后，应当按照监管规定在具有较大影响力的全国性媒体上就其独立性发表声明。

保险公司董事、监事或者高级管理人员有下列情形之一的，其任职资格自动失效：①获得核准任职资格后，保险公司超过2个月未任命；②从该保险公司离职；③受到中国银保监会禁止进入保险业的行政处罚；④出现《公司法》第一百四十七条第一款或者《保险法》第八十二条规定的情形。

（二）保险公司董事提名与选举

保险公司董事会任期届满前3个月，董事会秘书应当以书面形式通知各位董事，董事长应当启动董事会换届程序。董事会秘书应当向有董事提名权的股东或其他提名人发出通知，通知内容包括现有董事会人员名单、本届董事会任期起止时间、提名规则与截止时间等。

有董事提名权的股东或其他提名人应当在截止时间前将其提名的董事候选人名单及其个人资料以书面形式提交董事会秘书。

保险公司董事会提名薪酬委员会根据法律、行政法规、监管规定和公司章程对董事任职条件的规定，对董事候选人进行审查，并向董事会提交审查意见及合格董事候选人名单。

保险公司董事会根据提名薪酬委员会提交的合格董事候选人名单，提请召开股东（大）会选举董事。

除采取累积投票制外，保险公司股东（大）会选举董事，应当对每一董事候选人逐一进行审议和表决。在实行累积投票制时，股东的表决权票数是按照股东所持有的股份数与所选举的董事或监事人数的乘积计算，而不是直接按照股东所持有的股份数计算。

（三）保险公司董事任期与免职

保险公司董事每届任期不得超过3年，可以连选连任。董事任期从正式任命之日起计算，至该届董事会任期届满时止。董事任期届满未及时改选的，原董事仍应当继续履行董事职务，直至新一届董事会就任。

免除董事职务时，提出免职意见的股东或机构应当书面通知董事会，经提名薪酬委员会就免职事项出具独立审慎的意见后，提交股东（大）会审议。

拟任独立董事获得中国银保监会任职资格核准后，应当在具有较大影响力的全国性媒体和保险机构官方网站公布拟任独立董事任职声明，表明独立性并承诺勤勉尽职，保证具有足够的时间和精力履行职责。任职声明应当报中国银保监会备案。

董事被股东（大）会免职、死亡或者存在其他不能履行董事职责的情况，导致董事会人数低于《公司法》规定的最低人数或董事会表决所需最低人数时，公司可以通过章程约定董事会职权由股东（大）会行使，直至董事会人数符合要求。

当保险公司董事会人数低于《公司法》规定的最低人数或公司章程所定人数的2/3时，公司应当在5个工作日内启动董事补选程序，在2个月内召开股东（大）会选举董事。

补选产生的董事的任期至该届董事会任期届满时止。

（四）保险公司董事职权与义务

保险公司董事根据公司章程，通过董事会会议和其他合法方式对董事会职权范围内的事项进行决策，对高级管理人员进行监督，切实维护保险公司、股东、被保险人和其他利益相关者的合法权益。董事个人对董事会决议承担责任。董事长、副董事长、董事会专业委员会委员除履行董事职责外，还应当根据法律、行政法规、监管规定及公司章程的规定履行其职务所要求的其他职责。

保险公司董事职权行使的保障体现在多个方面。例如，董事对公司事务有知情权，保险公司应当保障董事对公司事务的知情权。公司应当建立向董事的信息报送制度，规范信息报送的内容、频率、方式、责任主体、保密制度等，使董事能够充分了解公司的经营管理情况。董事可以对公司进行调研，及时了解公司的财务、内控、合规、风险管理及其他经营情况。董事行使职权时，保险公司有关人员应当积极配合，不得拒绝、阻碍或者隐瞒，不得进行不当干预。董事正常行使职权遇到障碍，应当向中国银保监会报告。

保险公司董事的义务有：①对保险公司负有忠实义务（duty of loyalty），董事应当严格遵循《公司法》第二十一条、第一百四十八条、第一百四十九条及其他相关条文对董事忠实义务的规定，不得利用其在公司的职权谋取不正当利益；②对保险公司负有勤勉义务（duty of care），董事应当保证有足够的时间和精力谨慎、勤勉地履行职责，董事应当持续关注公司经营管理状况，按时参加董事会会议。

保险公司董事连续 2 次未亲自出席，也不委托其他董事出席董事会会议的，视为不能履行职责，董事会、监事会或者股东应当提请股东（大）会予以撤换。董事一年内 2 次未亲自出席董事会会议的，公司应当向其发出书面提示。独立董事在一届任期之内 2 次被提示的，不得连任。独立董事在第二届任期内存在前述情形的，不得受聘担任其他保险公司独立董事。董事应当积极参加公司和监管机构等组织的培训，持续具备履行职责所需的专业知识和能力。

（五）保险公司董事尽职考核与问责

保险公司应当建立董事尽职考核评价制度，规范董事尽职考核评价的主体、方式、内容、标准和程序。

保险公司董事会应当每年对董事进行尽职考核评价，并向股东（大）会和监事会提交董事尽职报告。董事尽职报告包括以下内容：①董事出席董事会会议的情况，包括未亲自出席会议的次数及原因；②董事在董事会上的表决情况和发表意见的情况，包括投弃权或者反对票的情况及原因；③董事为了解公司经营管理状况所做的工作及向公司反馈的意见；④董事参加培训的情况；⑤董事为改善公司经营管理所做的其他工作及公司认为应当考核评价的其他内容。

保险公司董事违反法律、行政法规、监管规定或者公司章程的规定，给保险公司或者股东造成损失的，应当承担赔偿责任。但经证明在表决时曾表明异议并记载于会议记录的，该董事可以免除责任。保险公司可以建立董事职业责任保险制度。中国银保监会认为保险公司董事或董事会存在不尽职行为的，可以通过以下方式进行监督：责令做出说明，监管谈话，以监管函的方式责令改正。

独立董事受到中国银保监会行政处罚的，或独立董事未尽勤勉义务，连续3次未亲自出席董事会会议，而保险机构未在3个月内予以免职的，中国银保监会可以责令保险机构撤换有关独立董事。独立董事被责令撤换的，中国银保监会将在具有较大影响力的全国性媒体上予以公布。

三、我国保险公司董事会

（一）保险公司董事会规模与构成

按照《公司法》规定，股份有限公司设董事会，其成员为5人至19人。董事会成员中可以有公司职工代表。董事会中的职工代表由公司职工通过职工代表大会、职工大会或者其他形式民主选举产生。有限责任公司设董事会，其成员为3人至13人；但是，公司股东人数较少或者规模较小的有限责任公司，可以设1名执行董事，不设董事会。执行董事可以兼任公司经理。

保险公司董事会人数应当符合《公司法》和公司章程的规定。鼓励保险公司建立由7至13名董事组成的专业、高效的董事会。

保险公司董事会成员中应当有财务和法律方面的专业人士。鼓励保险公司聘用精算专业人士担任董事。

保险公司董事会由执行董事、非执行董事和独立董事构成，其比例由公司章程规定。执行董事是指在保险公司除担任董事外还担任其他经营管理职务，或者其工资和福利由公司支付的董事。非执行董事是指不在保险公司担任除董事外的其他职务，且公司不向其支付除董事会工作报酬外的其他工资和福利的董事。独立董事是指根据《保险机构独立董事管理办法》（银保监发〔2018〕35号）的规定任职的董事。

保险公司董事可以由总经理或者其他高级管理人员兼任；但兼任总经理或者其他高级管理人员职务的董事以及由职工代表担任的董事，总计不得超过公司董事总数的1/2。

（二）保险公司董事长

保险公司董事会设董事长1人，可以设副董事长。董事长和副董事长由公司全体董事的过半数选举产生和罢免。董事长召集和主持董事会会议，检查董事会决议的实施情况。副董事长协助董事长工作，董事长不能履行职务或者不履行职务的，由副董事长履行职务;副董事长不能履行职务或者不履行职务的,由半数以上董事共同推举一名董事履行职务。

(三)保险公司董事会职权

一般公司董事会职权:①召集股东(大)会会议,并向股东(大)会报告工作;②执行股东(大)会的决议;③决定公司的经营计划和投资方案;④制定公司的年度财务预算方案、决算方案;⑤制定公司的利润分配方案和弥补亏损方案;⑥制定公司增加或者减少注册资本以及发行公司债券的方案;⑦制订公司合并、分立、解散或者变更公司形式的方案;⑧决定公司内部管理机构的设置;⑨决定聘任或者解聘公司经理及其报酬事项,并根据经理的提名决定聘任或者解聘公司副经理、财务负责人及其报酬事项;⑩制定公司的基本管理制度;⑪公司章程规定的其他职权。

除《公司法》规定的内容外,保险公司董事会职权至少应包括:①制订公司增加或者减少注册资本、发行债券或者其他证券及上市的方案;②拟订公司重大收购、收购本公司股份或者合并、分立、解散及变更公司形式的方案;③审议批准公司对外投资、资产购置、资产处置与核销、资产抵押、关联交易等事项;④聘任或者解聘公司高级管理人员,并决定其报酬事项和奖惩事项;⑤制订公司章程的修改方案;拟订股东(大)会议事规则、董事会议事规则;审议董事会专业委员会工作规则;⑥提请股东(大)会聘请或者解聘为公司财务报告进行定期法定审计的会计师事务所;⑦听取公司总经理的工作汇报并检查总经理的工作;⑧选聘实施公司董事及高级管理人员审计的外部审计机构。注意事项:公司应将《公司法》和上述列举的董事会职权一并在章程中载明。

保险公司董事会职权由公司章程依据法律、行政法规、监管规定和公司实际明确规定。董事会职权由董事会集体行使。董事会法定职权原则上不得授予董事长、董事或其他个人及机构行使。某些具体决策事项确有必要授权的,应当通过董事会决议的方式依法进行。授权应当一事一授,不得将董事会职权笼统或永久授予其他机构或个人行使。董事会的法定职权不得以章程、股东(大)会决议等方式予以变更或者剥夺。

(四)保险公司董事会专业委员会

保险公司根据监管规定与实际需要,在董事会下设专业委员会。专业委员会是董事会的辅助决策机构,为董事会决策提供专业意见,或经董事会授权就专业事项进行决策。为切实提高董事会决策效率和水平,保险公司至少应当在董事会下设审计委员会和提名薪酬委员会。

保险公司审计委员会由3名以上不在管理层任职的董事组成,独立董事担任主任委员。审计委员会成员应当具备与其职责相适应的财务和法律等方面的专业知识。审计委员会负责定期审查内部审计部门提交的内控评估报告、风险管理部门提交的风险评估报告以及合规管理部门提交的合规报告，并就公司的内控、风险和合规方面的问题向董事会提出意见和改进建议。审计委员会负责提名外部审计机构。

保险公司提名薪酬委员会由 3 名以上不在管理层任职的董事组成，独立董事担任主任委员。提名薪酬委员会负责审查董事及高级管理人员的选任制度、考核标准和薪酬激励措施；对董事及高级管理人员的人选进行审查并向董事会提出建议；对高级管理人员进行绩效考核并向董事会提出意见。提名薪酬委员会应当使保险公司高级管理人员薪酬激励措施与公司经营效益和个人业绩相适应。

按照《关于银行保险机构加强消费者权益保护工作体制机制建设的指导意见》（银保监发〔2019〕38 号）规定，保险公司董事会要设立消费者权益保护委员会，可单独设立，也可采取合并设立等方式。

保险公司应当制定董事会议事规则与董事会专业委员会议事规则，规范董事会及其专业委员会运作程序。

（五）保险公司董事会会议类型、召集与召开

保险公司董事会会议分为定期会议和临时会议。定期会议每年至少召开 4 次。会议名称按照董事会届数和会议次序命名，定期会议和临时会议连续编号。

为保证董事能按时出席董事会会议，提高会议决策效率和质量，董事会秘书可以于每年第四季度拟定下一年度董事会会议计划，对下一年度董事会定期会议召开的大致时间、常规议题等进行规划，并将计划通过公司网站、办公系统或其他方式告知公司董事、监事、高级管理人员及其他相关人员。

有董事会提案权的机构或个人以及负责提案工作的部门、中介机构和相关单位，可以根据董事会会议计划的安排，提前做好提案的提出和准备工作。

保险公司董事会会议由董事长召集。董事长不履行或不能履行职务的，根据《公司法》和公司章程确定接替董事长履行职务的副董事长或董事。

保险公司召开董事会临时会议的情形：①代表 1/10 以上表决权的股东提议；②1/3 以上董事提议；③2 名以上独立董事提议；④监事会提议；⑤董事长认为有必要的。

除董事长提议外，召开董事会临时会议的提议应当载明下列事项，并以书面形式直接或通过董事会秘书送达董事长：①提议人姓名或者名称；②事由；③会议召开方式；④其他要求。除定期会议和董事长提议的临时会议外，董事长应当自接到提议后 10 日内，召集和主持董事会临时会议。

保险公司董事会会议提案应当有明确需要审议和表决的事项，且审议事项在董事会职权范围之内。提案分为正式提案和临时提案。正式提案是指在会议召开之前确定作为会议议题并在规定时限内送达董事的提案。临时提案是指未在规定时限内送达董

事或在董事会召开过程中提出的提案。

保险公司召开董事会定期会议的，在会议通知发出前，董事长应当直接或通过董事会秘书与有提案权的机构或个人进行协商，询问是否有需要列入董事会会议审议的提案。提议召开董事会临时会议的，提议人应当同时以书面形式提交提案。提案送达董事至董事会会议召开之前，董事认为提案内容不明确、不具体或者有关材料不充分的，可以直接或通过董事会秘书要求提案人补充资料或作进一步说明。

保险公司董事可以在会前向董事会秘书、会议召集人和公司管理人员、各专业委员会、会计师事务所和律师事务所等有关人员和机构了解决策所需要的信息。公司应当为董事了解相关情况提供便利和协助。

保险公司董事会会议原则上不得对会议通知中未列明的提案作出决议。有提案权的机构或个人因特殊事由提出临时提案，经公司所有董事一致同意豁免临时提案的程序瑕疵的，可以对临时提案进行审议和表决。

保险公司召开董事会定期会议的，应当于会议召开 10 日前，将会议通知以书面方式送达董事，同时通知列席会议的监事。公司应当在章程或董事会议事规则中明确董事会临时会议的通知方式和通知时限。公司召开董事会临时会议的，应当在约定的通知时限内向董事发出会议通知。会议通知内容包括：①会议召开时间、地点和方式；②会议召集人；③会议提案；④联系人和联系方式；⑤发出通知的日期。会议资料迟于通知发出的，公司应给董事以足够的时间熟悉相关材料。

保险公司董事会会议应当有过半数的董事（包括委托其他董事代为出席的董事）出席方可举行。董事会会议应当由董事本人出席。董事因故不能出席的，可以书面委托其他董事代为出席。委托书应当载明：①委托人和受托人姓名；②授权范围，包括受托人是否有权对临时提案进行表决等；③委托人签字。受托董事应当在会议召开前向主持人提交书面委托书，并在授权范围内行使权利。1 名董事原则上不得接受超过 2 名未亲自出席会议的董事的委托。独立董事只能委托独立董事代为出席会议。在审议关联交易事项时，非关联董事不得委托关联董事代为出席。

保险公司监事和总经理可以列席董事会会议。其他高级管理人员及相关工作人员、中介机构经会议主持人同意，其他董事未提出异议的，可以列席会议。董事会秘书未兼任董事的，应当列席董事会会议。董事原则上不得携随同人员参加会议。确有必要的，应当征得参会董事一致同意，并提交有效的身份证明。随同人员不得代表董事发言或提问，不得代表董事进行表决。董事会审议事项涉及公司商业秘密的，会议主持人可以随时要求随同人员离开会场。中国银保监会可以委派监管人员作为会议观察员列席会议。公司应当向观察员提供所有会议资料。观察员列席会议时，不得对会议讨论或决议事项发表意见，并对公司的商业秘密承担保密责任。

保险公司董事会会议原则上应当以现场召开的方式进行，以利于董事充分交流和讨论。通过视频、电话等方式召开会议，能够保证参会的全体董事进行即时交流讨论的，视为现场召开。对需要以董事会决议的方式审议通过，但董事之间交流讨论的必要性不大的议案，可以采取通讯表决的方式进行。通讯表决的通知和送达等内容，由公司章程或议事规则予以明确。涉及利润分配方案、薪酬方案、重大投资及资产处置、聘任及解聘高级管理人员以及其他涉及公司风险管理的议案，不得采用通讯表决方式召开会议。具体范围由公司章程或议事规则予以明确。

会议具体议程由会议主持人确定，但主持人不得随意增减议题或变更议题顺序。董事会会议正式开始前，董事会秘书应当就会议出席和列席情况、会议提案及议题安排、表决要求等内容向参会人员进行说明。在审议会议议题时，提案人或相关工作人员应当采取 PPT 或其他方式，对议题内容进行说明，提请董事注意审议时需要重点关注的内容。参会董事应当认真阅读有关会议材料，在充分了解情况的基础上独立、客观、审慎地发表意见。接受其他董事委托出席的，应当说明委托人的审核意见。按照规定需要专业委员会审查的提案，专业委员会应当向董事会提交书面意见。会议主持人应当有效维护会场秩序，充分保障参会董事发言、讨论和询问的权利。

（六）保险公司董事会会议决议表决

保险公司董事会决议采取举手、口头或书面投票的方式进行表决。董事会决议表决实行一人一票。包括董事长在内的每名董事仅有一票表决权。董事会决议经全体董事的过半数通过方可生效。公司章程可以规定特别决议的特别通过要求。董事会审议和表决事项时，应当确保议案已经过充分讨论，并尽量采取逐一审议、逐一表决的方式进行。董事表决的意思表示包括同意、反对和弃权。董事在会议中途退场的，且未书面授权其他董事代为表决的，视为弃权，其已经做出的表决为有效表决。

保险公司董事会在审议重大关联交易时，关联董事不得行使表决权，也不得代理其他董事行使表决权。该董事会会议由过半数的非关联董事出席即可举行。董事会会议所作决议须经非关联董事 2/3 以上通过。出席董事会会议的非关联董事人数不足 3 人的，应将交易提交股东（大）会审议。

全体董事过半数或两名以上独立董事认为会议议题不明确、不具体，或者因会议材料不充分等事由导致其无法对决议事项作出判断时，会议主持人可以宣布对该议题暂缓表决，同时对该议题再次提交审议的时间及应当满足的条件提出明确要求。参会董事对某一议题审议意见存在明显分歧时，会议主持人征得全体董事过半数同意，可以宣布对该议题暂缓表决。

现场召开会议的，会议主持人应当当场宣布表决结果。通过视频、电话等方式召开会议的，董事可以通过举手或口头方式进行表决。公司应当在会议结束后 5 个工作日内完成决议书面签署；事后的书面签署与会议表决不一致的，以会议表决为准。以通讯表决方式召开董事会会议的，通讯表决应当在保障董事充分表达意见的基础上，采取一事一表决的方式，不得要求董事对多个事项只做出一个表决；董事会秘书应当在表决时限结束后 5 个工作日内通知董事表决结果。董事会的决议内容违反法律、行政法规的无效；董事会的会议召集程序、表决方式违反法律、行政法规，或者决议内容违反公司章程的，股东可以按照《公司法》的规定请求人民法院撤销。

（七）保险公司董事会会议记录与档案

公司应当制作董事会会议记录，出席会议的董事应当在会议记录上签名。董事对会议记录有不同意见的，可以在签字时附加说明。鼓励公司同时采取录音、录像等方式记录董事会会议情况。

保险公司董事会会议记录包括以下内容：①会议召开的时间、地点、方式和主持人；②董事出席、委托出席、缺席的情况，会议列席人员；③会议议程；④董事发言要点；⑤每一决议事项的表决方式和结果，包括投弃权和反对票的董事姓名；⑥列席会议的监事的意见；⑦其他需要记录的情况。

保险公司应当制作董事会会议档案。档案材料包括会议通知及董事的签收回执、会议签到簿、董事代为出席的授权委托书、会议材料、董事签字确认的会议记录、会议录音录像资料等。每次董事会会议档案应当单独装订成册，按照董事会会议名称连续编号。会议档案由公司永久保存。董事会专业委员会会议的召开程序、档案保存等，由公司参照相关指引规定，在专业委员会议事规则中明确。

（八）保险公司董事会会议报告

保险公司召开董事会定期会议的，应当于会议召开 10 日前，以书面和电子邮件的方式报告中国银保监会。报告邮箱：cg@circ.gov.cn。

保险公司召开董事会临时会议的，在通知各位董事的同时，以书面和电子邮件的方式报告中国银保监会。时间紧急的，可以先以电话方式报告。

保险公司应当在每次董事会会议后 30 日内，将会议决议以书面和电子邮件的形式报告中国银保监会。会议决议应当包括以下内容：①会议召开的时间、地点、方式和主持人；②董事出席、委托出席、缺席的情况，会议列席人员；③每一决议事项的表决方式和结果，包括投弃权和反对票的董事姓名。

第三节　保险公司监事会治理

一、监事会治理的内涵

监事会治理（governance of board of supervisors）是指为了有效监督董事和高级管理人员而进行的关于监事、监事会结构与运作等的一系列制度安排，是公司治理的重要内容。监事会治理具体来说包括监事会规模的确定，监事会中股东监事、职工监事和外部监事比例安排，监事的提名与选举，监事的激励与约束，以及监事会召开会议次数和表决程序的规定等。

世界各国的公司内部监督机制主要有三种类型：①并列型（以日本为代表）；②双层型（以德国为代表）；③单一型（以美国为代表）。其中，前两种又被称为"二元制"，在大陆法系国家较为盛行；后一种又被称为"一元制"，流行于英美法系国家。两种模式究竟谁优谁劣，难以定论，因为公司经营的质量业绩等是由多种因素共同决定的，而且这两种模式都是与其公司传统、经营理念、股权结构、资本市场的发展状况以及各种外部环境相联系相适应的，不同内部监督模式的选择都是有其制度背景的（彭真明、江华，2003）。

我国公司监事制度始于1992年国家体改委发布的《股份有限公司规范意见》和《有限责任公司规范意见》（体改生〔1992〕31号），此前，《中华人民共和国民法通则》《中华人民共和国中外合资经营企业法》《中华人民共和国中外合作经营企业法》[①]等法律法规中，"监事""监事会"并未作为监督机关出现（李建伟，2004）。1993年《公司法》设相关条文规范公司监事会制度，2005年修订《公司法》时对监事会职能进行了强化。我国《公司法》规定设立监事会作为专门的公司监督机关，与董事会平行，共同向股东（大）会负责并报告工作。这在立法方式上接近日本，而在监事会人员的构成方面，则要求监事会由股东代表和公司职工代表组成，又与德国类似。股东出资建立公司，将公司委托给董事会经营管理，董事会再委托给经理机构负责日常经营管理。只要存在资产委托，就会存在对代理人的监督问题。为保障股东的权益，防止董事会和经理机构滥用职权，必须建立监事会这一监督机构。监事会是公司内部的监察机构，负责检查、监督公司经营管理活动。监事会直接对股东（大）会负责，与董事会具有平行的法律地位。

二、我国保险公司监事会治理

（一）保险公司监事会规模与结构

我国保险公司治理整理法规文件中，没有专门针对监事会治理的具体规定，所以相关内容多来自《公司法》。按照《公司法》规定，股份有限公司设监事会，其成员不得少于3人。有限责任公司设监事会，其成员不得少于3人；股东人数较少或者规模较小的有限责任公司，可以设1~2名监事，不设监事会。

保险公司监事会应当包括股东代表和适当比例的公司职工代表，其中职工代表的比例不得低于1/3，具体比例由公司章程规定。监事会中的职工代表由公司职工通过职工代表大会、职工大会或者其他形式民主选举产生。

---

① 《中华人民共和国外商投资法》自2020年1月1日起施行，《中华人民共和国中外合资经营企业法》《中华人民共和国外资企业法》《中华人民共和国中外合作经营企业法》同时废止。

保险公司监事的任职资格：董事、高级管理人员不得兼任监事。监事的任期每届为 3 年。监事任期届满，连选可以连任。监事任期届满未及时改选，或者监事在任期内辞职导致监事会成员低于法定人数的，在改选出的监事就任前，原监事仍应当依照法律、行政法规和公司章程的规定，履行监事职务。

保险公司监事会设主席 1 人，可以设副主席。监事会主席和副主席由全体监事过半数选举产生。监事会主席召集和主持监事会会议；监事会主席不能履行职务或者不履行职务的，由监事会副主席召集和主持监事会会议；监事会副主席不能履行职务或者不履行职务的，由半数以上监事共同推举一名监事召集和主持监事会会议。

（二）保险公司监事会职权

保险公司监事会职权：①检查公司财务；②对董事、高级管理人员执行公司职务的行为进行监督，对违反法律、行政法规、公司章程或者股东（大）会决议的董事、高级管理人员提出罢免的建议；③当董事、高级管理人员的行为损害公司的利益时，要求董事、高级管理人员予以纠正；④提议召开临时股东（大）会会议，在董事会不履行公司法规定的召集和主持股东（大）会会议职责时召集和主持股东（大）会会议；⑤向股东（大）会会议提出提案；⑥依照公司法第一百五十二条的规定，对董事、高级管理人员提起诉讼；⑦公司章程规定的其他职权。

（三）保险公司监事会会议召集与召开

按照《公司法》规定，监事会每 6 个月至少召开一次会议。监事可以提议召开临时监事会会议。监事会决议应当经半数以上监事通过。监事会的议事方式和表决程序，除《公司法》有规定的外，由公司章程规定。监事会应当对所议事项的决定做成会议记录，出席会议的监事应当在会议记录上签名。

（四）保险公司监事会会议报告

保险公司监事会发现董事会决议违反法律法规或公司章程时，应当依法要求其立即改正。董事会拒绝或者拖延采取改正措施的，保险公司监事会应当提议召开临时股东（大）会。股东（大）会不接受监事会意见的，保险公司监事会应当向中国银保监会报告。保险公司监事会应当每年将监事的尽职情况向股东（大）会报告，并同时报送中国银保监会。

第四节　保险公司高级管理人员治理

一、高级管理人员治理的内涵

高级管理人员治理（executive governance）是指为了有效发挥经理及其所带领的

高管团队在公司治理中的作用,即有效执行董事会的决策,最终为公司创造价值而进行的各种制度安排,是公司治理的重要内容,也被称为经理层治理、高级管理人员治理、高管治理或公司治理的高级管理人员维度。关于总经理的任职资格设计、总经理的职权规定、董事长与总经理的两职设计、总经理的业绩考核、高级管理人员的激励约束机制等内容均属高级管理人员治理范畴。

在多数国家的公司法中,董事会是公司的决策和执行机构,经理机构没有独立的法律地位,只是董事会的附属机构。但继所有权与经营权分离之后,公司的经营决策权与经营决策执行权之间又出现进一步的分离。董事会作为经营决策机构,不直接行使公司的日常经营管理权,而是选择具有专门知识、专门技能的职业经理作为经营代理人。

在我国《公司法》中,经理是公司的经营决策执行机构,负责公司的日常经营管理的工作。董事会与经理之间是一种委托代理关系。经理人作为董事会聘任的高级职员,在董事会授权范围内,具体处理公司的日常经营管理事务,并对董事会负责。

二、我国保险公司高级管理人员治理

保险公司高级管理人员主要是指对保险公司经营管理活动和风险控制具有决策权或者重大影响的下列人员:①公司总经理、副总经理和总经理助理;②公司董事会秘书、合规负责人、总精算师、财务负责人和审计责任人。

(一)保险公司总经理

法律中,与作为公司"机关"的股东(大)会、董事会并列的"经理",是指对公司日常经营管理工作负总责的管理人员,实践中一般称为"总经理"。总经理是保险公司经营决策执行人,对董事会负责,在董事会的授权范围内处理公司的日常经营管理事务。

保险公司总经理、副总经理和总经理助理应该具备以下条件:①大学本科以上学历或者学士以上学位;②从事金融工作8年以上或者经济工作10年以上。

保险公司总经理除具有前款规定条件外,还应当具有下列任职经历之一:①担任保险公司分公司总经理以上职务高级管理人员5年以上;②担任保险公司部门负责人5年以上;③担任金融监管机构相当管理职务5年以上;④其他足以证明其具有拟任职务所需知识、能力、经验的职业资历。

保险公司总经理主要职责:①主持公司的生产经营管理工作,组织实施董事会决议;②组织实施公司年度经营计划和投资方案;③拟订公司内部管理机构设置方案;④拟订公司的基本管理制度;⑤制定公司的具体规章;⑥提请聘任或者解聘公司副经理、财务负责人;⑦决定聘任或者解聘除应由董事会决定聘任或者解聘以外的负责管理人员;⑧董事会授予的其他职权。

经理列席董事会会议。公司章程对经理职权另有规定的，从其规定。

（二）保险公司董事会秘书

保险公司董事会秘书也是公司高级管理人员，这一点在一般公司治理领域也达成了共识。保险公司董事会秘书主要职责：①根据规定的程序及董事长的要求筹备股东（大）会和董事会会议；②制作和保管股东（大）会、董事会会议档案及其他会议资料文件，保管公司股东、董事、监事和高级管理人员的名册和相关资料；③按照监管规定的要求向中国银保监会报告公司股东（大）会、董事会会议通知及决议；④协助股东、董事及监事行使权利、履行职责；⑤负责公司对外信息披露和投资者关系管理等事务；⑥协助公司董事长起草公司治理报告；⑦根据监管机构的要求报告本公司治理结构方面的矛盾和问题；⑧根据监管机构的要求组织董事等相关人员参加培训等。

（三）保险公司合规负责人

合规是指保险公司及其保险从业人员的保险经营管理行为应当符合法律法规、监管规定、公司内部管理制度以及诚实守信的道德准则。保险公司合规负责人是指全面负责保险公司的合规管理工作的保险公司高级管理人员。保险公司应当设立合规负责人。合规负责人不得兼管公司的业务、财务、资金运用和内部审计部门等可能与合规管理存在职责冲突的部门，保险公司总经理兼任合规负责人的除外。

保险公司任命合规负责人，应当依据《保险公司董事、监事和高级管理人员任职资格管理规定》（保监会令〔2010〕第2号）及中国银保监会的有关规定申请核准其任职资格。保险公司解聘合规负责人的，应当在解聘后10个工作日内向中国银保监会报告并说明正当理由。

保险公司合规负责人对董事会负责，接受董事会和总经理的领导，并履行以下职责：①全面负责公司的合规管理工作，领导合规管理部门；②制定和修订公司合规政策，制订公司年度合规管理计划，并报总经理审核；③将董事会审议批准后的合规政策传达给保险从业人员，并组织执行；④向总经理、董事会或者其授权的专业委员会定期提出合规改进建议，及时报告公司和高级管理人员的重大违规行为；⑤审核合规管理部门出具的合规报告等合规文件；⑥公司章程规定或者董事会确定的其他合规职责。

（四）保险公司总精算师

总精算师是指保险公司总公司负责精算以及相关事务的高级管理人员。我国从2017年起在各类保险公司中全面实施总精算师制度，保险公司应当设立总精算师职位。总精算师对保险公司董事会和总经理负责，并应当向中国银保监会及时报告保险公司的重大风险隐患。

总精算师应当遵守法律、行政法规和中国银保监会的规定，遵守保险公司章程和职业准则，公正、客观地履行精算职责。中国银保监会依法审查总精算师任职资格，并对总精算师履职行为进行监督管理。

总精算师应当具备诚实信用的良好品行和履行职务必需的专业知识、从业经历和管理能力。担任总精算师应当具备下列条件：①取得中国精算师资格3年以上；②从事保险精算、保险财务或者保险投资工作8年以上，其中包括5年以上在保险行业内担任保险精算、保险财务或者保险投资管理职务的任职经历；③在中华人民共和国境内有住所；④中国银保监会规定的其他条件。取得国外精算师资格3年以上的，可以豁免前款第①项规定的条件，但应当经中国银保监会考核，确认其熟悉中国的保险精算监管制度，具有相当于中国精算师资格必需的专业知识和能力。

总精算师有权获得履行职责所需的数据、文件、资料等相关信息，保险公司有关部门和人员不得非法干预，不得隐瞒或者提供虚假信息。总精算师有权参加涉及其职责范围内相关事务的保险公司董事会会议，并发表专业意见。

保险公司总精算师主要职责：①分析、研究经验数据，参与制定保险产品开发策略，拟定保险产品费率，审核保险产品材料；②负责或者参与偿付能力管理；③制定或者参与制定再保险制度，审核或者参与审核再保险安排计划；④评估各项准备金以及相关负债，参与预算管理；⑤参与制定股东红利分配制度，制定分红保险等有关保险产品的红利分配方案；⑥参与资产负债配置管理，参与决定投资方案或者参与拟定资产配置指引；⑦参与制定业务营运规则和手续费、佣金等中介服务费用给付制度；⑧根据中国银保监会和国家有关部门规定，审核、签署公开披露的有关数据和报告；⑨根据中国银保监会规定，审核、签署精算报告、内含价值报告等有关文件；⑩按照规定，向保险公司和中国银保监会报告重大风险隐患；⑪中国银保监会或者保险公司章程规定的其他职责。

保险公司有下列情形之一的，总精算师应当根据职责要求，向保险公司总经理提交重大风险提示报告，并提出改进措施：①出现可能严重危害保险公司偿付能力状况的重大隐患的；②在拟定分红保险红利分配方案等经营活动中，出现严重损害投保人、被保险人或者受益人合法权益的情形的。

总精算师应当将重大风险提示报告同时抄报保险公司董事会。总精算师提交重大风险提示报告的，保险公司应当及时采取措施防范或者化解风险，保险公司未及时采取有关措施的，总精算师应当向中国银保监会报告。

（五）保险公司财务负责人

所称保险公司财务负责人，是指保险公司负责会计核算、财务管理等公司价值管理活动的总公司高级管理人员。保险公司应当设立财务负责人职位。保险公司任命财务负责人，应当在任命前向中国银保监会申请核准拟任财务负责人的任职资格；未经核准的，不得以任何形式任命。财务负责人向董事会和总经理报告工作。保险公司应当规定董事会每半年至少听取一次财务负责人就保险公司财务状况、经营成果以及应当注意问题等事项的汇报。

担任财务负责人应当具备条件：①大学本科以上学历；②从事金融工作 5 年以上或者从事经济工作 8 年以上；③具有在企事业单位或者国家机关担任领导或者管理职务的任职经历；④具有国内外会计、财务、投资或者精算等相关领域的合法专业资格，或者具有国内会计或者审计系列高级职称；⑤熟悉履行职责所需的法律法规和监管规定，在会计、精算、投资或者风险管理等方面具有良好的专业基础；⑥对保险业的经营规律有比较深入的认识，有较强的专业判断能力、组织管理能力和沟通能力；⑦能够熟练使用中文进行工作；⑧在中华人民共和国境内有住所；⑨中国银保监会规定的其他条件。

保险公司应当在公司章程中明确规定财务负责人的职责和权利。财务负责人的聘任、解聘及其报酬事项，由保险公司董事会根据总经理提名决定。保险公司董事会应当对财务负责人的履职行为进行持续评估和定期考核，及时更换不能胜任的财务负责人。

保险公司财务负责人主要职责：①负责会计核算和编制财务报告，建立和维护与财务报告有关的内部控制体系，负责财务会计信息的真实性；②负责财务管理，包括预算管理、成本控制、资金调度、收益分配、经营绩效评估等；③负责或者参与风险管理和偿付能力管理；④参与战略规划等重大经营管理活动；⑤根据法律、行政法规和有关监管规定，审核、签署对外披露的有关数据和报告；⑥中国银保监会规定以及依法应当履行的其他职责。

（六）保险公司审计责任人

保险公司审计责任人是指保险公司负责对其内部控制的健全性和有效性、业务财务信息的真实性和完整性、经营活动的效率和效果以及经营管理人员任期内的经济责任等开展检查、评价和咨询等活动的高级管理人员。

保险公司应设立审计责任人职位。审计责任人纳入保险公司高级管理人员任职资格核准范围，对董事会负责，向董事会审计委员会报告工作；同时负责与管理层沟通，并通报审计结果。

审计责任人由董事长或审计委员会提名，报董事会聘任。没有设立董事会的保险公司，审计责任人由管理层聘任。审计责任人不得同时兼任保险公司财务或者业务工作的领导职务。审计责任人岗位变动要按相关规定事后向中国银保监会报告。

审计责任人应在任职前取得中国银保监会核准的任职资格，符合以下条件：①大学本科以上学历或者学士以上学位；②从事审计、会计或财务工作 5 年以上或金融工作 8 年以上，熟悉金融保险业务；③具有在企事业单位或者国家机关担任领导或者管理职务的任职经历；④中国银保监会关于高级管理人员任职资格的其他规定。

保险公司审计责任人履行的职责，包括但不限于：①指导编制保险公司年度内部审计计划、内部审计预算和人力资源计划；②组织实施内部审计项目，确保内部审计质量；③向审计委员会报告，与管理层沟通，报告内部审计工作进展情况；④及时向审计委员会或管理层报告内部审计发现的重大问题和重大风险隐患；⑤协调处理内部审计部门与其他机构和部门的关系。

第五节　保险公司内控与风险管理

一、保险公司内部控制

（一）保险公司内部控制概述

保险公司内部控制（internal control of insurance company）是指保险公司各层级的机构和人员，依据各自的职责，采取适当措施，合理防范和有效控制经营管理中的各种风险，防止公司经营偏离发展战略和经营目标的机制和过程。

保险公司内部控制的目标包括：行为合规性、资产安全性、信息真实性、经营有效性和战略保障性。

保险公司建立和实施内部控制应当遵循的原则：全面和重点相统一，制衡和协作相统一，权威性和适应性相统一，有效控制和合理成本相统一。

保险公司内部控制体系包括以下三个组成部分：①内部控制基础，包括公司治理、组织架构、人力资源、信息系统和企业文化等；②内部控制程序，包括识别评估风险、设计实施控制措施等；③内部控制保证，包括信息沟通、内控管理、内部审计应急机制和风险问责等。

（二）内部控制的机构与人员

保险公司应当建立由董事会负最终责任、管理层直接领导、内控职能部门统筹协调、内部审计部门检查监督、业务单位负首要责任的分工明确、路线清晰、相互协作、高效执行的内部控制组织体系。

保险公司董事会要对公司内控的健全性、合理性和有效性进行定期研究和评价。公司内部控制组织架构设置、主要内控政策、重大风险事件处置应当提交董事会讨论和审议。董事会具体承担内部控制管理职责的专业委员会，应当有熟悉公司业务和管理流程、对内部控制具备足够专业知识和经验的专家成员，为董事会决策提供专业意见和建议。

保险公司监事会负责监督董事会、管理层履行内部控制职责，对其疏于履行内部控制职能的行为进行质询。对董事及高级管理人员违反内部控制要求的行为，应当予以纠正并根据规定的程序实施问责。

保险公司管理层应当根据董事会的决定，建立健全公司内部组织架构，完善内部控制制度，组织领导内部控制体系的日常运行，为内部控制提供必要的人力、财力、物力保证，确保内部控制措施得到有效执行。保险公司应当明确合规负责人或董事会指定的管理层成员具体负责内部控制的统筹领导工作。

保险公司内控管理职能部门负责对保险公司内部控制的事前、事中的统筹规划、组织推动、实时监控和定期排查。保险公司可以指定合规管理部门或风险管理部门作为内控管理职能部门，或者对现有管理资源进行整合，建立统一的内部控制、合规管理及风险管理职能力量。

保险公司内部审计部门对内部控制履行事后检查监督职能。内部审计部门应当定期对公司内部控制的健全性、合理性和有效性进行审计，审计范围应覆盖公司所有主要风险点。审计结果应按照规定的时间和路线进行报告，并向同级内控管理职能部门反馈，确保内控缺陷及时彻底整改。保险公司内部审计部门应当与内控管理职能部门分离。

（三）保险公司内部控制活动

保险公司应当以市场和客户为导向、以业务品质和效益为中心组织实施销售控制活动。保险公司应当根据不同渠道和方式销售活动的特点，制定有针对性的内部控制制度，强化对销售过程的控制，防范销售风险。销售控制主要包括销售人员和机构管理、销售过程管理、销售品质管理、佣金手续费管理等活动的全过程控制。

保险公司应当以效率和风险控制为中心，按照集中化、专业化的要求，组织实施运营控制活动。保险公司应当针对运营活动的不同环节，制定相应的管理制度，强化操作流程控制，确保业务活动正常运转，防范运营风险。运营控制主要包括产品开发管理、承保管理、理赔管理、保全管理、收付费管理、再保险管理、业务单证管理、电话中心管理、会计处理和反洗钱等活动的全过程控制。

保险公司应当以安全性、收益性、流动性为中心，按照集中、统一、专业、规范的要求，组织实施资金运用控制活动。资金运用控制包括资产战略配置、资产负债匹配、投资决策管理、投资交易管理和资产托管等活动的全过程控制。保险公司应当针对资金运用的不同环节，制定相应的管理制度，规范保险资金运用的决策和交易流程，防范资金运用中的市场风险、信用风险、流动性风险和操作风险及其他风险。保险公司委托资产管理公司或其他机构运用保险资金的，应当确保其内部控制措施满足保险公司的内控要求。

保险公司应当按照制度化、规范化的要求，组织实施基础管理控制活动。基础管理控制主要包括战略规划、人力资源管理、计划财务、信息系统管理、行政管理、精算法律、分支机构管理和风险管理等活动的全过程控制。其中，风险管理既是保险公司基础管理的重要组成部分，也是内部控制监控的重要环节。保险公司应当针对基础管理的各项职能和活动，制定相应的管理制度并组织实施，确保基础管理有序运转、协调配合，为公司业务发展和正常运营提供支持和服务。

（四）内控控制的评价与监管

保险公司应当制定内部控制评价制度，每年对内部控制体系的健全性、合理性和有效性进行综合评估，编制内部控制评估报告。

保险公司内部控制评价制度应当包括实施内控评价的主体、时间、方式、程序、范围、频率、上报路线以及报告所揭示问题的处置和反馈等内容。

保险公司内部控制评价应当由公司内部审计部门、内控管理职能部门和业务单位分工协作，配合完成。保险公司应当将内部控制评价作为对公司经营管理风险点进行梳理排查和整改完善的持续性、系统性工作。

保险公司实施完成内部控制评价工作以后，应当编制内部控制评估报告。保险公司可以根据本单位实际，指定内部审计部门或内控管理职能部门牵头负责评估报告的编制工作。

保险公司内控评价结果分合格、一般缺陷、重大缺陷和实质性漏洞四类。

保险公司内部控制评估报告应当提交董事会审议。审议通过后的内部控制评估报告，应当于每年4月30日前以书面和电子文本方式同时报送中国银保监会。上报中国银保监会的内控评估报告应当附董事会声明，声明内容包括：董事会对建立健全和有效实施内部控制履行了指导和监督职责；董事会及其全体成员对报告内容的真实性、准确性和完整性承担个别及连带责任。中国银保监会可以根据监管需要，要求保险公司在内控评估报告报送前取得外部审计机构的鉴证结论。

中国银保监会可以根据监管需要，对保险公司内部控制情况进行检查。检查方式包括对部分内控环节或业务单位进行抽查以及组织进行全面评价两种。中国银保监会采取全面评价方式，可以委托独立的中介机构进行，保险公司应当配合并承担相应费用。中国银保监会派出机构负责对辖区内保险公司分支机构内部控制进行检查。

二、保险公司风险管理

（一）风险管理的机构与人员

保险公司风险管理（risk management of insurance company）是指保险公司围绕经营目标，对保险经营中的风险进行识别、评估和控制的基本流程以及相关的组织架构、制度和措施。保险公司风险管理应当遵循全面管理与重点监控相统一、独立集中与分工协作相统一、充分有效与成本控制相统一的原则。

保险公司应当明确风险管理目标，建立健全风险管理体系，规范风险管理流程，采用先进的风险管理方法和手段，努力实现适当风险水平下的效益最大化。

保险公司应当建立由董事会负最终责任、管理层直接领导，以风险管理机构为依托,相关职能部门密切配合,覆盖所有业务单位的风险管理组织体系。保险公司可以在董事会下设立风险管理委员会负责风险管理工作。风险管理委员会成员应当熟悉保险公司业务和管理流程,对保险经营风险及其识别、评估和控制等具备足够的知识和经验。没有设立风险管理委员会的,由审计委员会承担相应职责。

保险公司董事会风险管理委员会应当全面了解公司面临的各项重大风险及其管理状况,监督风险管理体系运行的有效性,对以下事项进行审议并向董事会提出意见和建议:①风险管理的总体目标、基本政策和工作制度;②风险管理机构设置及其职责;③重大决策的风险评估和重大风险的解决方案;④年度风险评估报告。

保险公司可以设立由相关高级管理人员或者部门负责人组成的综合协调机构,由总经理或者总经理指定的高级管理人员担任负责人。风险管理协调机构主要职责如下:①研究制定与保险公司发展战略、整体风险承受能力相匹配的风险管理政策和制度;②研究制定重大事件、重大决策和重要业务流程的风险评估报告以及重大风险的解决方案;③向董事会风险管理委员会和管理层提交年度风险评估报告;④指导、协调和监督各职能部门和各业务单位开展风险管理工作。

保险公司应当设立风险管理部门或者指定工作部门具体负责风险管理相关事务工作。该部门主要职责如下:①对风险进行定性和定量评估,改进风险管理方法、技术和模型;②合理确定各类风险限额,组织协调风险管理日常工作,协助各业务部门在风险限额内开展业务,监控风险限额的遵守情况;③资产负债管理;④组织推动建立风险管理信息系统;⑤组织推动风险文化建设。设有风险管理协调机构的,该部门为其办事机构。

(二)风险评估与控制

保险公司应当识别和评估经营过程中面临的各类主要风险,包括保险风险、市场风险、信用风险和操作风险等:①保险风险指由于对死亡率、疾病率、赔付率、退保率等判断不正确导致产品定价错误或者准备金提取不足,再保险安排不当,非预期重大理赔等造成损失的可能性;②市场风险是指由于利率、汇率、股票价格和商品价格等市场价格的不利变动而造成损失,以及由于重大危机造成业务收入无法弥补费用的可能性;③信用风险是指由于债务人或者交易对手不能履行合同义务,或者信用状况的不利变动而造成损失的可能性;④操作风险指由于操作流程不完善、人为过错和信息系统故障等原因导致损失的可能性。此外,保险公司还应当对战略规划失误和公司治理结构不完善等给公司带来不利影响的其他风险予以关注。

保险公司应当在广泛收集信息的基础上,对经营活动和业务流程进行风险评估。风险评估包括风险识别、风险分析、风险评价三个步骤。其中,风险识别是指识别经营活动及业务流程中是否存在风险以及存在何种风险;风险分析是指对识别出的风险进行分析,判断风险发生的可能性及风险发生的条件;风险评价是指评估风险可能产生损失的大小及对保险公司实现经营目标的影响程度。

保险公司应当根据风险发生的可能性和对经营目标的影响程度，对各项风险进行分析比较，确定风险管理的重点。保险公司应当根据风险管理总体策略，针对各类重大风险制定风险解决方案。风险解决方案主要包括解决该项风险所要达到的具体目标、所涉及的管理及业务流程、所需的条件和资源、所采取的具体措施及风险管理工具等内容。

（三）风险管理的监督与改进

保险公司应当对风险管理的流程及其有效性进行检验评估，并根据评估结果及时改进。

保险公司各职能部门和业务单位应当定期对其风险管理工作进行自查，并将自查报告报送风险管理部门。

保险公司风险管理部门应当定期对各职能部门和业务单位的风险管理工作进行检查评估，并提出改进的建议和措施。

保险公司风险管理部门应当每年至少一次向管理层和董事会提交风险评估报告。风险评估报告主要包括以下内容：①风险管理组织体系和基本流程；②风险管理总体策略及其执行情况；③各类风险的评估方法及结果；④重大风险事件情况及未来风险状况的预测；⑤对风险管理的改进建议。

董事会或者其风险管理委员会可以聘请中介机构对保险公司风险管理工作进行评价，并出具评估报告。

（四）风险管理的监管

保险公司应当及时向中国保监会报告本公司发生的重大风险事件。

保险公司应当按照《保险公司风险管理指引（试行）》（保监发〔2007〕23号）及偿付能力编报规则的要求，在年报中提交经董事会审议的年度风险评估报告。

中国银保监会定期对保险公司及其分支机构的风险管理工作进行检查。中国银保监会可以根据检查结果，对风险管理存在严重缺陷的保险公司出具风险提示函。保险公司应当按照风险提示函的要求及时提交整改方案，采取整改措施并提交整改情况报告。

第六节　保险公司内审与合规管理

一、保险公司内部审计

（一）内部审计机构与人员

保险公司内部审计（internal audit of insurance company）是一种独立、客观的确认

和咨询活动，它通过运用系统化和规范化的方法，审查、评价并改善保险公司的业务活动、内部控制和风险管理的适当性和有效性，以促进保险公司完善治理、增加价值和实现目标。

保险公司应建立与公司目标、治理结构、管控模式、业务性质和规模相适应，与预算管理、人力资源管理、作业管理等相对独立的内部审计体系。内部审计部门的工作不受其他部门的干预或者影响。内部审计人员不得参与被审计对象业务活动、内部控制和风险管理等有关的决策和执行。

保险公司应以制度形式明确董事会、审计委员会、审计责任人和内部审计部门及其人员职责和权限，并统一制定各级内审机构和人员的管理制度，包括岗位设置、岗位责任、任职条件、考核办法、薪酬制度、轮岗制度、培训制度等。

保险公司董事会对内部审计体系的建立、运行与维护负有最终责任。没有设立董事会的，由保险公司法定代表人或负责人履行有关职责。

保险公司应建立独立的内部审计体系，内部审计应垂直管理，鼓励有条件的保险公司实行内部审计集中化管理，进一步强化内部审计体系的独立性。规模较小或实行集中化管理的保险公司省级及以下分支机构，在满足内部审计工作需要的前提下，可不再设置单独的审计部门或岗位。法律法规对上市公司内部审计设置另有规定的，从其规定。内部审计垂直化管理是指保险公司分级设置独立的内部审计部门，总部对各级内部审计部门进行统一管理和计划安排，各级内部审计部门分级承担内部审计职责并上报审计结果。内部审计集中化管理是指保险公司设置专门的内部审计机构或部门，统一制定实施预算管理、人力资源管理、作业管理等内部审计管理制度，其他各级机构（含保险子公司及各分支机构）可不再设置内部审计部门和岗位。实行垂直管理的各保险公司审计部门人员应实施委派制，各级机构审计部门负责人的聘任、考核和薪酬应由上级机构或者总公司统一管理、逐级考核，被审计对象不应参与内部审计部门和内部审计人员的考核。

保险公司应在董事会下设立审计委员会。审计委员会成员由不少于3名不在管理层任职的董事组成。已建立独立董事制度的，应由独立董事担任审计委员会主任委员。审计委员会成员应具备胜任工作职责的专业知识和经验。

保险公司董事会审计委员会在内部审计工作中履行的职责，包括但不限于：①审核保险公司内部审计管理制度并向董事会提出建议；②指导保险公司内部审计有效运作，审核保险公司年度内部审计计划、内部审计预算和人力资源计划，并向董事会提出建议，董事会审议通过后负责管理实施；③审阅内部审计工作报告，评估内部审计工作的结果，督促重大问题的整改；④评估审计责任人工作并向董事会提出意见，至少每季度一次听取审计责任人关于审计工作进展情况的报告。

保险公司内部审计部门履行的职责，包括但不限于：①拟定保险公司内部审计制度；②编制年度内部审计计划、内部审计预算和人力资源计划；③实施年度内部审计计划，跟踪整改情况，开展后续审计；④法律、法规、监管规定和保险公司确定的其他内部审计职责。

保险公司应配备足够数量的内部审计人员。专职内部审计人员数量原则上应不低于保险公司员工人数的5‰，且配备专职内部审计人员不少于3名。其中持有注册内部审计师、注册会计师等证书或具有与会计、审计、信息技术、投资等内审工作相关的中级以上专业技术资格的人员应不低于专职内部审计人员的35%。

（二）内部审计的开展

保险公司总经理应确保内部审计部门的独立性及履职所需资源与权限。内部审计部门和内部审计人员履职所需的资源，包括经审计委员会批准的内部审计预算和人力资源计划，以及必要的办公场地、系统、设备等。内部审计部门和内部审计人员履行职责时享有下列权限：①实时查阅与被审计对象经营活动有关的文件、资料等，包括电子数据；②参加或者列席保险公司经营管理的重要会议，参加相关业务培训；③有权进行现场实物勘查，或者就与审计事项有关的问题对有关机构和个人进行调查、质询和取证；④对可能被转移、隐匿、篡改、毁弃的相关资料、资产，有权采取相应的保全措施；⑤对内部审计发现的违反法律、法规、监管规定或者内部管理制度的行为予以制止，对相关机构和人员提出责任追究或者处罚建议；⑥向董事会或者管理层提出改进管理、提高效益的意见或建议。

保险公司监事会可以对内部审计工作进行指导和监督。对于认真履职并发现重大案件、揭示重大风险的内部审计人员，经审计委员会批准后，保险公司可给予特别嘉奖。

内部审计部门和内部审计人员应全面关注保险公司的风险，以风险为导向组织实施内部审计。内部审计部门应根据法律法规，结合公司发展战略，在风险评估的基础上，编制年度内部审计计划，审计重点、审计频率和频度应与保险公司业务性质、复杂程度、风险状况和管理水平相适应，其中年度内部审计计划应包括监管制度要求的审计内容。内部审计人员应充分运用重要性原则，考虑差异或者缺陷的性质、数量等因素，合理确定重要性水平。

内部审计部门和内部审计人员应严格按照规范的审计流程和适当的审计方法实施审计。内部审计部门应在实施必要的审计程序后，及时出具审计报告。内部审计部门应建立健全审计报告分级复核制度，明确规定各级复核人员的要求和责任。内部审计部门应建立健全审计质量控制制度和程序，将审计结果形成审计报告，征求被审计对象的意见后，报送审计责任人或其授权人员签发，并发送至被审计对象和适当管理层，审计责任人对审计报告负有最终责任。

保险公司董事会和管理层应采取有效措施，确保包括审计结论、审计意见或审计建议、咨询活动结果等在内的内部审计结果得以充分利用。保险公司应对审计发现问题及时组织整改,并按规定严格追究相关责任人的责任;对审计发现问题未按照要求及时进行整改处理的,保险公司应对有关负责人问责。保险公司在考核经济目标、任免所属单位负责人之前,应将内部审计结果作为重要依据。

(三)内部审计的监管

中国银保监会及其派出机构依法对保险公司内部审计工作实施指导、检查和评价:①实行内部审计集中化管理的保险公司,由中国银保监会统一指导、检查;②实行内部审计垂直化管理的保险公司,由中国银保监会协同派出机构实施对口指导、检查;③中国银保监会组织开展对保险公司内部审计工作的评价。

保险公司应按照以下要求向中国银保监会报告:①每年5月15日前向中国银保监会提交上一年度的内部审计工作报告,报告中应包括公司年度审计工作计划和内部审计工作总结;②及时向中国银保监会报告审计中发现的重大风险问题;③内部审计机构对省级分公司及其分支机构的审计报告,由省级分公司在报告完成后10个工作日内报送当地银保监局;④保险公司对内部审计中发现的重大问题未予有效整改处理的,审计责任人应直接向中国银保监会报告相关情况;⑤中国银保监会要求的其他事项。

保险公司董事和高级管理人员在组织实施内部审计工作中有如下情形的,董事会未按照《保险机构内部审计工作规范》(保监发〔2015〕113号)第十三条有效履行职责的、审计委员会未按照《保险机构内部审计工作规范》第十六条有效履行职责的、审计责任人未按照《保险机构内部审计工作规范》第十九条有效履行职责的、总经理未按照《保险机构内部审计工作规范》第二十三条有效履行职责的、保险公司未及时按照《保险机构内部审计工作规范》第三十八条的规定对审计发现问题问责的,中国银保监会将依照相关规定追究上述主体责任。

二、保险公司合规管理

(一)相关主体合规职责界定

保险公司合规管理(compliance management of insurance company)是保险公司通过建立合规管理机制,制定和执行合规政策,开展合规审核、合规检查、合规风险监测、合规考核以及合规培训等,预防、识别、评估、报告和应对合规风险的行为。合规管理是保险公司全面风险管理的一项重要内容,也是实施有效内部控制的一项基础性工作。

保险公司董事会对公司的合规管理承担最终责任,履行以下合规职责:①审议批准合规政策,监督合规政策的实施,并对实施情况进行年度评估;②审议批准并向中国保监会提交公司年度合规报告，对年度合规报告中反映出的问题，提出解决方案；③决定合规负责人的聘任、解聘及报酬事项；④决定公司合规管理部门的设置及其职能；⑤保证合规负责人独立与董事会、董事会专业委员会沟通；⑥公司章程规定的其他合规职责。

保险公司董事会可以授权专业委员会履行以下合规职责：①审核公司年度合规报告；②听取合规负责人和合规管理部门有关合规事项的报告；③监督公司合规管理，了解合规政策的实施情况和存在的问题，并向董事会提出意见和建议；④公司章程规定或者董事会确定的其他合规职责。

保险公司监事或者监事会履行以下合规职责：①监督董事和高级管理人员履行合规职责的情况；②监督董事会的决策及决策流程是否合规；③对引发重大合规风险的董事、高级管理人员提出罢免的建议；④向董事会提出撤换公司合规负责人的建议；⑤依法调查公司经营中引发合规风险的相关情况，并可要求公司相关高级管理人员和部门协助；⑥公司章程规定的其他合规职责。

保险公司总经理履行以下合规职责：①根据董事会的决定建立健全公司合规管理组织架构，设立合规管理部门，并为合规负责人和合规管理部门履行职责提供充分条件；②审核公司合规政策，报经董事会审议后执行；③每年至少组织一次对公司合规风险的识别和评估，并审核公司年度合规管理计划；④审核并向董事会或者其授权的专业委员会提交公司年度合规报告；⑤发现公司有不合规的经营管理行为的，应当及时制止并纠正，追究违规责任人的相应责任，并按规定进行报告；⑥公司章程规定、董事会确定的其他合规职责。保险公司分公司和中心支公司总经理应当履行上述第三项和第五项规定的合规职责以及保险公司确定的其他合规职责。

保险公司总公司及省级分公司应当设置合规管理部门。保险公司应当根据业务规模、组织架构和风险管理工作的需要，在其他分支机构设置合规管理部门或者合规岗位。保险公司分支机构的合规管理部门、合规岗位对上级合规管理部门或者合规岗位负责，同时对其所在分支机构的负责人负责。保险公司应当以合规政策或者其他正式文件的形式，确立合规管理部门和合规岗位的组织结构、职责和权利，并规定确保其独立性的措施。

合规管理部门履行以下职责：①协助合规负责人制订、修订公司的合规政策和年度合规管理计划，并推动其贯彻落实，协助高级管理人员培育公司的合规文化；②组织协调公司各部门和分支机构制订、修订公司合规管理规章制度；③组织实施合规审核、合规检查；④组织实施合规风险监测、识别、评估和报告合规风险；⑤撰写年度合规报告；⑥为公司新产品和新业务的开发提供合规支持，识别、评估合规风险；⑦组织公司反洗钱等制度的制订和实施；⑧开展合规培训，推动保险从业人员遵守行为准则，并向保险从业人员提供合规咨询；⑨审查公司重要的内部规章制度和业务规程，并依据法律法规、监管规定和行业自律规则的变动和发展，提出制订或者修订公司内部规章制度和业务规程的建议；⑩保持与监管机构的日常工作联系，反馈相关意见和建议；⑪组织或者参与实施合规考核和问责；⑫董事会确定的其他合规管理职责。

（二）合规管理的开展

保险公司应当按照《保险公司合规管理办法》（保监发〔2016〕116号）的规定，建立健全合规管理制度，完善合规管理组织架构，明确合规管理责任，构建合规管理体系，推动合规文化建设，有效识别并积极主动防范、化解合规风险，确保公司稳健运营。

保险公司应当根据业务规模、人员数量、风险水平等因素为合规管理部门或者合规岗位配备足够的专职合规人员。合规人员应当具有与其履行职责相适应的资质和经验，具有法律、保险、财会、金融等方面的专业知识，并熟练掌握法律法规、监管规定、行业自律规则和公司内部管理制度。

保险公司应当建立三道防线的合规管理框架，确保三道防线各司其职、协调配合，有效参与合规管理，形成合规管理的合力。保险公司各部门和分支机构履行合规管理的第一道防线职责，对其职责范围内的合规管理负有直接和第一位的责任。保险公司合规管理部门和合规岗位履行合规管理的第二道防线职责，合规管理部门和合规岗位应向公司各部门和分支机构的业务活动提供合规支持，组织、协调、监督各部门和分支机构开展合规管理各项工作。保险公司内部审计部门履行合规管理的第三道防线职责，定期对公司的合规管理情况进行独立审计。

保险公司应当在合规管理部门与内部审计部门之间建立明确的合作和信息交流机制。内部审计部门在审计结束后，应当将审计情况和结论通报合规管理部门；合规管理部门也可以根据合规风险的监测情况主动向内部审计部门提出开展审计工作的建议。

（三）合规管理的监管

保险公司应当制定其进行合规管理的纲领性文件的合规政策，经董事会审议通过后报中国保监会备案。保险公司应当通过制定相关规章制度，明确保险从业人员行为规范，落实公司的合规政策，并为保险从业人员执行合规政策提供指引。

保险公司应当于每年4月30日前向中国保监会提交公司上一年度的年度合规报告。保险公司董事会对合规报告的真实性、准确性、完整性负责。

保险公司及其相关责任人违反《保险公司合规管理办法》（保监发〔2016〕116号）规定的，中国银保监会可以根据具体情况采取责令限期改正、调整风险综合评级、调整公司治理评级、监管谈话、行业通报和其他监管措施。对拒不改正的，依法予以处罚。

思考题

1. 如何理解保险公司股东治理？
2. 保险公司股东治理和保险公司董事会治理是否有联系？如果有，如何联系？
3. 如何提高保险公司监事会治理的有效性？
4. 相对于一般公司，保险公司高级管理人员治理有哪些特殊性？

第十章

保险公司外部治理

【本章概要】

本章在界定外部监管、信息披露、控制权市场、经理人市场和产品市场内涵的基础上,详细分析了作为保险公司外部治理重要组成部分的外部监管、信息披露、接管机制、声誉约束和市场竞争等的具体原理与内容。

【学习目标】

理解保险公司外部监管的重要性;掌握保险公司监管的主要内容;理解保险公司信息披露的重要性,了解保险公司信息披露的原则与依据,掌握保险公司信息披露的内容、方式与时间及其管理制度;理解保险公司控制权市场的特殊性,掌握保险公司接管机制的相关规定;了解我国保险公司经理人市场的现状与问题;理解产品市场竞争的治理作用原理,熟悉我国产品市场竞争的现状。

第一节 保险公司外部监管

一、保险监管的内涵

保险监管(insurance regulation)是指国家对保险业的监督和管理,是保险监管机构依法对保险人、保险市场进行监督管理,以确保保险市场规范运作和保险人稳健经营,保护被保险人的根本利益,促进保险业健康发展的整个过程。需要说明的是,保险监管主要是从监管机构角度出发;而对于保险公司来说,保险监管是来自监管部门的外部监管。为了方便理解,本节使用了保险监管一词,从多个方面介绍了我国的保险监管体系。

观察各国保险的监管制度不难发现,一些国家对保险实施较为严格的监管,一些国家的保险监管却较为宽松。一般认为,保险监管的宽松抑或严格是不同国家差异性的经济、人文和保险制度背景的必然结果。事实上,保险监管与采取何种保险监管理论为依据密切相关，而保险监管理论更受经济理论（例如保险监管的公众利益理论、捕捉或追逐理论和监管经济理论）或经济学派的影响（卓志，2001）。

除了理论因素之外，保险监管还受实践因素的影响。保险监管就是在与保险业发展的否定之否定过程中不断发展和完善的（冷煜，2009）。当保险监管跟不上行业发展需要，成为制约其进一步发展的因素时，就需要根据新条件修订或制定监管规则。从全球监管变迁看，自保险监管起源至今，全球监管已经历了放松监管和严格监管二者之间几个周期的转换。每一次的转换都是由一些保险公司的连续破产或者发生波及所在国甚至全球保险市场的重大事件所直接诱发的。19世纪初，保险业崇尚价格自由，保险公司自主定价，恶性竞争，导致风险大量积累，由此引发全球保险监管进入严格管制阶段；20世纪中后期，由于长期以来过度的严格监管使保险公司效率低下，同时伴随着保险市场全球化和国际化趋势的日益演进，国际保险市场逐步形成，保险监管遇到了新的课题，监管难度大幅度增加，开始了逐步放松市场行为监管并加强偿付能力监管的阶段；再到21世纪初期，美国安然事件的发生使人们发现，几乎所有出现问题的金融机构都存在糟糕的公司治理，这再次引发了重新建立严格管制的要求。从各国监管的演进看，尽管不同国家的监管模式转变的具体时间各不相同，但基本上都遵循了全球监管变迁的规律，都根据本国保险市场发展的实际情况，在严格监管与放松监管间实现着转换；都从单一的市场行为监管，到市场行为与偿付能力监管并重，再到以偿付能力监管为主，最终又都认识到基于风险的动态偿付能力监管的重要性，遵循了全球保险监管模式发展的趋势，螺旋式发展、波浪形前进，随着保险业的创新与发展而不断健全和完善。

监管的本质是公权力对市场的合理干预。从自由主义经济学的观点出发，政府规制市场的合法性主要基于两点：一是校正非公平性，二是抑制负外部性。监管作为一种行政行为，必然包括规则、执行、效果等要素。换句话说，一套完整的保险公司监管体系，应当包括一个事先公开的、为保险公司所普遍遵守的、以惩罚机制作为强制性保障的规则体系，这其中主要是指保险公司监管的制度环境；还应包括一个有严格程序约束和权利保障的执行体系，这其中涉及监管的行为或手段和部分监管的制度环境内容；一个科学严谨的效果评价和反馈体系，也是一套完整监管体系不可或缺的部分，例如中国银保监会开展的保险公司治理评价就是典型的评价机制之一。总体来说，一套完整的保险公司监管体系主要包括监管的目标、监管的行为或手段，监管的内容，监管的原则，监管的效果评价与反馈，监管的制度环境五大核心内容。监管的目标决定了监管行为或手段以及监管的内容，而监管的行为或手段以及监管内容又会反过来影响监管目标的实现；监管行为或手段侧重点不同，或者说导向不同，又会产生监管方式的问题，常见的监管方式有市场型、行政型和法律引导型；监管内容侧重点不同就会带来监管的导向问题，如侧重合规性导向还是有效性导向。

二、我国保险监管体系

（一）我国保险监管的机构

1. 原中国保监会成立前的保险监管机构

保险监管制度的完善与否、保险监管职能是否充分发挥及保险监管效果是否有效，在很大程度上取决于保险监管组织的完善程度，即保险监管主体或机构的建立和完善程度（刘宝璋，2005）。

中国保险监管始于计划经济体制下的政府管制。中华人民共和国成立后，中国人民银行既是经营实体，也承担了金融管理的部分职能，是保险业最初的主管机关。1952年，中国人民银行仿效苏联将保险交由财政部管理。国内保险停办期间，中国人民保险公司在行政上成为中国人民银行国外业务局的一个处。1984年中国人民保险公司从中国人民银行分离，后者开始专门行使中央银行职能，同时对保险业实施监管。1985年3月3日由国务院发布的《中华人民共和国保险企业管理暂行条例》（以下简称《保险企业管理暂行条例》）（国发〔1985〕33号）是我国第一部保险业管理方面的规范性法律文件，该条例于1985年4月1日生效，条例规定国家保险管理机关是中国人民银行。

之后，中国人民银行逐步加强了保险业监管的内设机构。1995年颁布的《保险法》也明确规定中国人民银行是保险业的监管机关。1995年7月，中国人民银行成立保险司，专司对中资保险公司的监管；同时，中国人民银行加强了系统保险监管机构建设，要求在省级分行设立保险科，省以下分支行配备专职保险监管人员。

2. 原中国保监会成立后的保险监管机构

为落实银行、证券、保险分业经营、分业管理的方针，更好地对保险业进行监督管理，国务院于1998年11月18日批准原中国保监会成立，作为国务院直属事业单位，实质拥有独立和完整的行政管理权，依据《保险法》专司全国商业保险市场的监管职能。

2003年，原中国保监会从副部级单位升格为正部级单位，同年原中国银监会成立。1948年成立的中国人民银行、1992年成立的中国证监会、1998年成立的原中国保监会、2003年成立的原中国银监会形成了"一行三会"的中国金融监管格局，结束了中国人民银行"大一统"的监管体制。2017年7月，第五次全国金融工作会议决定设立国务院金融稳定发展委员会，作为国务院统筹协调金融稳定和改革发展重大问题的议事协调机构。2018年3月21日，中共中央印发了《深化党和国家机构改革方案》，整合中国银监会和中国保监会职责，组建中国银保监会，我国金融监管格局从"一行三会"调整为"一委一行两会"。

(二)我国保险监管的目标

1. 部分国家、地区和组织的保险监管目标

保险监管作为一种具有特定内容的政府规制行为,有其确定的目标。保险监管目标(regulation goal),是指一个国家或地区建立整个保险监管制度的动机,也即通过保险监管所要实现的目的,它是一切保险监管制度设计、方式采纳与手段选择的出发点(胡坚、高飞,2004)。

美国保险监督官协会(The National Association of Insurance Commissioners,缩写为 NAIC)指出,保险监管的目标是保护公众利益,提高市场竞争,促进公平与公正地对待保险投保人,提高保险公司的可靠性、偿付能力和财务稳健性,支持和完善保险业的国家监管。英国审慎监管局(Prudential Regulation Authority,缩写为 PRA)指出,保险监管的目标是促进所监管公司的安全与稳健,确保为保险投保人或潜在投保人提供适度的保护,促进有效竞争。德国联邦金融监管局(Federal Financial Supervisory Authority,缩写为 BaFin)指出,保险监管的目标是充分保护投保人的利益,随时可以履行保险合同规定的义务,保证商业运作正常进行并符合法定规定。瑞士金融市场监督管理局(Swiss Financial Market Supervisory Authority,缩写为 FINMA)指出,金融监管的目标是保护债权人、投资者和保险投保人的利益,确保金融市场的正常运作,保持瑞士金融中心的声誉和竞争力。日本金融监管厅(Financial Services Agency,缩写为 FSA)指出,鉴于保险行业的公共性,保险监管的目的在于确保保险业务的健全性以及运营的合理性、保险销售的公正性,进而确保签订保险者的利益,也有益于国民生活的安定以及国民经济的健全发展。我国香港保险业监理处(Office of the Commissioner of Insurance,缩写为 OCI)指出该处的使命是保障保单持有人的利益以及促进保险业的整体稳定。IAIS 指出保险监管的目标是保持保险市场的高效、公平、安全和稳定,以保护投保人的利益。

2. 我国保险监管目标的梳理

1998 年 11 月 18 日,温家宝在出席原中国保监会成立大会上的讲话中指出:"中国保监会为国务院直属事业单位,是全国商业保险的主管机关,根据国务院授权履行行政管理职能,依照法律、法规统一监督管理保险市场。主要任务是:拟定有关商业保险的政策法规和行业规划;依法对保险企业的经营活动进行监督管理和业务指导,依法查处保险企业违法违规行为,保护被保险人的利益;维护保险市场秩序,培育和发展保险市场,完善保险市场体系,推进保险改革,促进保险企业公平竞争;建立保险业风险的评价与预警系统,防范和化解保险业风险,促进保险企业稳健经营与业务的健康发展。"

2001 年 10 月 11 日在中国人民大学举办的"中国的保险监管与精算实务国际研讨

会"上,时任原中国保监会副主席吴小平指出了我国保险监管的三大目标。第一个目标是维护被保险人的利益。在保险市场上,由于保险知识的专业性很强,保险合同也是由保险公司单方面制定的,保险费率等重要事项已经事先确定,被保险人因而处于弱势地位。同时,由于保险代理人实行的是佣金制,存在营销员误导投保人的问题,被保险人的利益也容易受到侵害。如果不加强监管,侵害被保险人利益的事层出不穷,就会使投保人或被保险人对市场失去信心,从而危及保险业的健康发展。因此,保险监管必须把维护被保险人的利益放在首位。第二个目标是维护公平竞争的市场秩序。我国的保险市场上,保险公司既有国有独资的,也有股份制的,还有外资的。保险监管就是要充当球场裁判的角色,维护公平竞争的市场秩序。这里一要防止市场垄断,二要防止过度竞争,因为二者最终都将损害被保险人的利益。第三个目标是保护保险体系的安全与稳定。金融体系的安全与稳定不仅关系到一个国家的经济稳定,而且关系到一个国家的政治稳定。金融体系稳定,才能很好地保护被保险人的利益。这里包括两层含义:一是不能以损害被保险人利益、抑制竞争和效率为代价;二是不排除单个的保险公司因经营失败而自动或被强制退出市场。

2010年原中国保监会系统招考录用计划机构介绍中指出,保险监管目标为:保护保单持有人利益,促进保险业持续、快速、协调发展,防范和化解风险。

原中国保监会出版的《中国保险市场年报》逐年表述了保险监管目标。其中,2005—2012年《中国保险市场年报》将保险监管目标表述为"保护保单持有人利益,促进保险业持续、快速、协调发展,防范和化解风险",2013—2016年《中国保险市场年报》将保险监管目标表述为"保护保单持有人的利益,防范和化解风险,促进保险业持续健康发展"。

除此之外,相关法规文件中也给出了我国保险监管目标的不同表述方式,整理如表10-1所示。

3. 我国保险监管目标的确定

保险监管的目标,有的国家在保险立法中予以明确规定,有的则体现在其监管制度中。设定明确的监管目标,是建立我国保险监管制度体系的基础,更是制定各项监管政策和措施的依据和出发点;实际工作中的经验和常识也告诉我们,做任何一件事情,明确的目标都是工作效率的保证;因此,不需要再论证我国保险监管制度体系建设是否需要有明确的监管目标,需要论证的是我国保险监管的目标究竟是什么,但是这个问题却一直没有得到很好的解决(谢志刚、崔亚,2014)。

保护保险消费者的利益是保险业发展的基石,中国保险监管存在监管目标不明确,监管重点不突出,监管手段简单化等问题(王峰虎、张怀莲,2003)。当前保险业抵御化解风险的能力明显提高,但个别公司在经营中偏离"保险姓保"的发展理念,偏离保险保障的主业,存在潜在的风险隐患;对此监管机构将更加居安思危,把防风险放

表 10-1 相关法规文件关于我国保险监管目标的表述

编号	时间	出处	监管目标
1	1985年3月3日	《保险企业管理暂行条例》	促进保险事业的发展，维护被保险方（在保险单或保险凭证中称被保险人）的利益，发挥保险的经济补偿作用，以利于社会主义现代化建设和人民生活的安定。
2	1992年11月7日	《中华人民共和国海商法》	维护当事人各方的合法权益，促进海上运输和经济贸易的发展。
3	1995年6月30日	《保险法》	保护保险活动当事人的合法权益，加强对保险业的监督管理，促进保险事业的健康发展。
4	1996年7月25日	《保险管理暂行规定》	促进保险事业健康发展。
5	2000年1月3日	《保险公司管理规定》	维护保险市场的正常秩序，保护被保险人的合法权益，促进保险事业健康发展。
6	2003年7月7日	《中国保险监督管理委员会主要职责内设机构和人员编制规定》	维护保险业的合法、稳健运行。
7	2004年5月13日	《保险公司管理规定》	维护保险市场的正常秩序，保护被保险人的合法权益，促进保险业健康发展。
8	2009年2月28日	《保险法》	保护保险活动当事人的合法权益，加强对保险业的监督管理，维护社会经济秩序和社会公共利益，促进保险事业的健康发展。
9	2015年4月24日	《保险法》	保护保险活动当事人的合法权益，加强对保险业的监督管理，维护社会经济秩序和社会公共利益，促进保险事业的健康发展。

资料来源：作者整理

在更加突出的位置。谢志刚和崔亚（2014）认为保险业中的风险按照主体不同可分为：保险消费者的风险、保险公司的风险和保险行业的系统性风险。针对上述三类风险，保险监管的目标相应地设定为：提升社会公众的保险意识，保护消费者的合法权益；督促保险公司合规经营、审慎经营；完善行业治理，营造良好市场环境。要建立一套风险导向的保险监管制度体系，首先应该有风险导向的监管目标，而且监管目标应该直接针对保险业中的主要风险类别，即消费者的风险、保险公司的风险以及行业系统性风险。根据对风险后果的承担者和风险形成、传导路径的分析，上述三类风险互为因果关系，因此不宜将保护消费者的合法权益作为保险监管的唯一目标和终极目标，而应该将保险监管目标按照三个层次分别列示，并按照风险的形成和演变规律制定相应的监管措施，尤其是针对行业系统性风险实施行业治理，营造良好的市场环境（谢志刚、崔亚，2014）。

基于上述梳理和分析，本章认为，监管目标应具有多元性、层次性和简洁性三个特点。多元性是指监管目标可以包括多方面内容，层次性是指这些内容逻辑上多层次递进，简洁性要求内容表述上力求简洁。因此，本章将我国保险监管目标表述为：保护投保人的合法权益，确保保险公司合规、审慎经营，促进保险业健康发展。

（三）我国保险监管的方式

1. 主要保险监管方式

公告监管，又称公示主义，是指保险公司定期将营业结果呈报监管机构，并予以公告。除此之外，国家很少对保险业进行其他干预。公告监管的优点是，通过自由经营，保险业在自由竞争的环境中得到充分发展；缺点是，一般公众对保险业的优劣评判标准不易掌握，对不正当竞争无能为力。这种方式最为宽松，英国主要采取这种监管方式。

规范监管，又称准则主义，是指由保险监管机构规定保险业经营的一定准则，要求保险业共同遵守的监管方式。这种监管方式与公告监管方式相比，虽对保险经营的重大事项，如最低资本额的要求、法定公布的主要内容等有明确规定，但保险机关的监管仅仅是在形式上加以审查，这就导致许多形式上合法，而实质上不合法的行为时有发生，难以管理。这种方式较上一种方式严格，但未触及保险业经营管理的实体，目前大部分国家都不采用这种方式（荷兰和德国曾经采用过这种方式）。

实体监管，又称批准主义，是指国家制定有完善的保险监管规则，国家保险监管机构具有较大的权威和权力。保险组织创设时，必须经政府审批核准，发放许可证。经营开始后，在财务、业务等方面进行有效的监督和管理，在破产清算时，仍予以监管，这就是所谓的"全程"监管方式。实体监管方式是从规范监管方式的基础上发展而来的。规范监管的基础是立法，实体监管的基础除了完备的法律体系外，还包括严格的执法和高素质的行政管理人员。这是当今大多数国家，如日本、美国、德国等都采用的监管方式。

2. 我国目前的保险监管方式

我国保险监管方式上，一直采用实体监管方式。与公告监管和规范监管两种监管方式相比，实体监管回避了许多形式上的内容，追求更有效的监督管理，更为严格、具体和全面。

（四）我国保险监管的手段

1. 主要保险监管手段

保险监管手段是保险监管机关实施监管的工作方法的总称，是监管方式的具体体现。一般来说，国家不同，保险监管手段的使用及作用效果会略有侧重和差异，同时，同一国家内，不同监管手段在不同的经济、社会、文化时期所起的作用也是不同的。保险监管手段因保险监管方式不同而有差异，主要有行政手段（administrative means）、经济手段（economic means）和法律手段（legal means）。

行政手段就是依靠国家和政府以及企业行政领导机构自上而下的行政隶属关系，采用指示、命令、规定等形式强制干预保险活动，市场经济并不绝对排斥国家和政府的行政管理，有时还要凭借这些行政力量为保险经济运行创造良好的外部环境和社会条件，及时纠正干扰保险市场正常秩序的不良倾向。但过分集中化、行政化的管理，会阻碍保险业务的拓展和保险经营者的积极性发挥，要使保险市场真正充满生机和活力，就应使保险企业真正成为独立核算、自主经营、自负盈亏，具有自我发展、自我约束能力的企业，尽量减少和弱化行政干预手段的使用。

经济手段就是根据客观经济规律的要求，国家运用财政、税收、信贷等各种经济杠杆，正确处理各种经济关系来管理保险业的方法。用经济手段管理保险市场，就要尊重经济运行规律，遵守等价交换原则，充分发挥市场、价格、竞争的作用，以达到效益最大化。

法律手段是指运用有关经济方面的法律和保险法律、规定、法令、条例等对保险业进行监督管理的方法。市场经济发展到今天，其对法治的呼唤也越来越强烈，因而法律手段逐渐受到各国保险监管机构的青睐。

2. 我国目前的保险监管手段

监管手段的选择往往需要考虑保险业发展的实际状况和所要解决的问题，在我国保险业发展初期，行政手段和经济手段是主要的监管手段，而随着我国保险业政策法规的完善，法律手段成为最主要的监管手段，同时行政手段和经济手段也发挥着重要作用，对于一些特殊问题，行政手段有时更加高效。

（五）我国保险监管的途径

1. 主要保险监管途径

保险监管的途径包括现场检查（on-site regulation）和非现场监管（off-site regulation）。现场检查需要监管人员到监管对象现场进行监管，现场检查包括常规检查和专项检查。非现场监管是指监管机构在采集、分析、处理寿险公司相关信息的基础上，监测、评估寿险公司风险状况，进行异动预警和分类监管的过程。

非现场监管与现场检查一样，都是保险监管的重要手段。非现场监管与现场检查是相辅相成的监管手段。与现场检查相比，非现场监管主要具有如下特点。

第一，全面综合。每年对各保险公司的风险状况、风险管理能力进行综合分析、评价，能够全面反映每家保险公司的整体风险状况。

第二，提前预警。对保险公司的业务风险进行季度监测，能够提早预警保险公司可能存在的风险。

第三，节省成本。非现场监管在采集保险公司相关信息的基础上，尽可能借助信息技术对风险进行监测、评价，并根据评价结果实施分类监管，能够最大限度地节省成本。

第四，非现场实施。现场检查需要进驻保险公司，在公司经营现场实施检查；而非现场监管是对保险公司相关信息的采集、分析和处理，基本在非现场实施。

2. 我国目前的保险监管途径

在保险业信息化水平比较低的阶段，现场检查是我国保险业监管的重要途径；随着我国保险业信息化水平的提高、大数据技术的应用和各种模型的开发，非现场监管的重要性日益凸显。两者相辅相成，非现场监管发现的问题可能需要到现场进行检查和确认，而现场检查的结果又会反过来指导非现场监管的开展。

（六）我国保险监管的内容

1. 主要保险监管内容

保险监管内容按照监管对象不同，可以分为保险经营机构监管和保险中介机构监管。其中，对保险经营机构的监管可以分为保险机构监管、保险经营监管和保险资金运用监管。保险机构监管包括，对保险机构准入和退出的监管（包括对保险机构设立、变更、整顿、接管、分立、合并、撤销以及破产清算等方面的监管）、对保险机构管理人员及专业人员的监管和对外资保险公司的监管等。保险经营监管包括经营范围的监管、偿付能力的监管、费率和条款的监管、再保险业务的监管、业务竞争监督管理、衍生工具监管和交易行为监管等。保险资金运用监管包括运用的渠道和比例的监管等。对保险中介机构的监管包括资格监管、业务监管和财务监管等。

本节主要是从监管主要内容或者核心内容视角来探讨更加宏观层面的保险监管内容问题。保险监管内容或者支柱包括市场行为（market conduct）、偿付能力（solvency）和公司治理（corporate governance）三个方面。市场行为监管实际就是市场交易行为监管。偿付能力监管有广义和狭义之分，广义的偿付能力监管实际是指以确保公司最终能履行对客户的承诺和其他偿债义务为目的的监管，基本涵盖了整个监管体系，狭义的偿付能力监管主要指财务监管（financial regulatory），一般采用狭义的定义。偿付能力监管的实质是资本充足率监管。西方国家一系列公司丑闻发生后，国际组织和政府机构对公司治理监管有了深入认识，相继发布了一系列指引文件或监管规则，如OECD 发布的《保险公司治理指引》（Guidelines for Insurers' Governance）、IAIS 发布的《保险公司治理核心原则》（Insurance Core Principles on Corporate Governance）等，把公司治理纳入监管范畴，推动了监管工作的深入。特别是 2006 年 IAIS 维也纳年会明确提出市场行为、偿付能力和公司治理三支柱的现代保险监管框架，使公司治理监管成为各国保险监管的一致行动。

2. 我国目前的保险监管内容

如果从人民银行退出经营领域专司央行职能，开始对保险市场进行管理起算，保险监管的历史可以按监管内容的不同分为三个阶段。

第一个阶段：市场行为监管独重阶段（1984—2003年）。我国早期对保险公司的监管行为，大部分可以纳入市场行为监管的范畴，大体包括针对保险公司经营过程中以下环节行为的监管：市场准入环节，主要通过对保险公司及其分支机构的牌照审查，确保保险公司取得合格的交易主体资格；交易达成环节，主要通过对保险产品和费率的审查以及交易过程中的误导、不正当竞争等行为的控制，确保公平交易和公平竞争；服务履行环节，通过对后续经营过程的监管，确保保险公司按照合同约定提供合格的保险服务。从国际上看，部分国家对市场行为监管持放松的态度，除保险公司经营保险业务需取得许可之外，保险产品、交易达成等都不作为监管的重点。随着市场日益成熟，我国保险监管在这些环节上也有所放松。但从我国保险市场的发展阶段来看，市场行为监管在保险监管中将长期具有重要地位。主要基于以下理由：一是我国消费者保护的法律体系不完善，尤其是民事追责机制极不发达，经营者在单个市场交易中仍处于明显的强势地位；二是社会诚信体系不完善，经营过程中弄虚作假行为仍然严重，违规成本低，违规现象普遍；三是保险消费者的消费识别和理性选择能力弱。这些都决定了我国保险市场和发达国家保险市场有很大区别，因此市场行为监管在中国保险监管中将长期居于重要地位且具有很强的中国特色。

第二个阶段：市场行为和偿付能力监管并重阶段（2003—2006年）。偿付能力监管最早是在1995年颁布的《保险法》中规定的。1996年中国人民银行发布《保险管理暂行规定》（银发〔1996〕255号），专门用一章的内容规定偿付能力监管，明确规定了偿付能力最低额度要求和实际偿付能力的确定规则。但在当时的情况下，偿付能力监管并未实际开展。主要有以下几个方面的原因：一是在计划经济体制下，国有企业并不是市场风险的最终承担者，国家对金融机构实际上提供了隐形的信用担保，金融机构一旦存在破产可能，国家就会采用财政注资或剥离坏账等方式对金融机构实施救助，偿付能力监管无实质意义；二是当时国家对国有保险公司的注资并未实际到账，没有资本金，无法计算偿付能力；三是国有保险公司占市场份额的垄断地位，如果对其他保险公司实施偿付能力监管而豁免最大的国有保险公司，有失公平；四是偿付能力监管规则比较宽泛，实施细则极不完善。2003年，原中国保监会发布《保险公司偿付能力额度及监管指标管理规定》（保监会令〔2003〕第1号），标志着偿付能力监管正式启动。中国人保和中国人寿两家国有保险公司上市募集了大量资金，使资本金得以充实，也为偿付能力监管创造了条件。偿付能力监管的制度体系已基本建成，对公司经营也发挥着越来越实质的约束作用。

第三个阶段：市场行为、偿付能力和公司治理三支柱的监管框架基本确立阶段（2006年至今）。2006年原中国保监会发布《关于规范保险公司治理结构的指导意见

（试行）》（保监发〔2006〕2号），标志着公司治理监管的确立，也标志着三支柱监管框架的确立。公司治理监管的形成，有多方面的背景因素使然。一是改革深入的需要。2003年，国有公司改制并上市，但上市本身并不是目的，重点在于引入外部资本的约束，迫使国有公司接受国际资本市场规则的改造，从而克服国有体制的问题，成为真正能够做到自主经营、自负盈亏的市场化的公司。如何才能完成上市后时代的公司改革历程并且实现目标？答案就是公司治理。启动公司治理监管，进一步完善公司治理就成为继续深化公司体制改革的中心任务，也是最终实现改革目标的必由之路。二是改善监管的需要。建立市场秩序的过程中，外部监管固然重要，但市场主体自身的约束力才是根本。治理不善的公司对风险缺乏本能的应对反应，对市场信号不敏感，利润机制对公司制导效应不强，导致公司失常、市场失灵。实践中，在监管机构多年查处的情况下，公司违规行为依然屡禁屡犯，甚至出现全行业所有公司都亏损的局面。因此，通过公司治理监管使公司成为正常利润导向、具备有效风险应对机制的公司，是提高监管效能的治本之策。三是顺应国际监管趋势的需要。我国正是在这样的背景下，开始了保险公司治理的实践历程，并使三支柱的模式成为我国保险监管的架构体系。"十三五"期间，我国在保险监管体系方面，坚持机构监管与功能监管相统一，宏观审慎和微观审慎相统一，加快建设以风险为导向的监管制度，不断加强公司治理、偿付能力和市场行为的三支柱监管。

伴随着保险行业的快速发展，保险监管也在不断进步完善。我国保险监管构筑了以公司治理和内控为基础，以偿付能力监管为核心，以现场检查为重要手段，以资金运用监管为关键环节，以保险保障基金为屏障的五道防线（吴定富，2008）。

第二节　保险公司信息披露

一、信息披露的内涵

信息披露（information disclosure）主要是指公众公司以招股说明书、上市公告书、定期报告和临时报告等形式，把公司及与公司相关的信息，向投资者和社会公众公开披露的行为。

信息披露的基本内容包括：发行和上市新股的初次披露，主要是招股说明书、上市公告书；定期报告，主要包括年度报告、半年度报告和季度报告；临时报告，上市公司根据有关法规对某些可能给上市公司股票的市场价格产生较大影响的事件予以披露的报告称为临时报告，临时报告包括会议决议、重大事件公告和公司收购公告，具体包括公司董事会决议、公司监事会决议、公司股东大会决议、公司资产的收购与出售、关联交易、公司股票异常波动、公司的其他重大事项比如重大担保、重大诉讼仲裁、重大投资行为、重大损失、重大行政处罚、募集资金的使用与变更、减资、合并、分立、解散或申请破产的决定、更换会计师事务所、经营方针和经营范围的重大变化等。具体见图10-1。

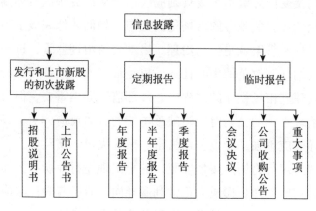

图10-1 我国上市公司信息披露主要内容
资料来源：作者整理

《公司法》《证券法》有部分对上市公司信息披露的法律规定，2007年1月30日发布的《上市公司信息披露管理办法》（证监会第40号令）则是我国迄今为止最权威最全面的上市公司信息披露法规。《上市公司信息披露管理办法》指出，发行人、上市公司的董事、监事、高级管理人员应当忠实、勤勉地履行职责，保证披露信息的真实、准确、完整、及时、公平；中国证监会依法对信息披露文件及公告的情况、信息披露事务管理活动进行监督，对上市公司控股股东、实际控制人和信息披露义务人的行为进行监督；证券交易所应当对上市公司及其他信息披露义务人披露信息进行监督，督促其依法及时、准确地披露信息，对证券及其衍生品种交易实行实时监控。

《上市公司治理准则》（中国证券监督管理委员会公告〔2018〕29号）指出，上市公司应当建立并执行信息披露事务管理制度；上市公司及其他信息披露义务人应当严格依照法律法规、自律规则和公司章程的规定，真实、准确、完整、及时、公平地披露信息，不得有虚假记载、误导性陈述、重大遗漏或者其他不正当披露；董事、监事、高级管理人员应当保证上市公司披露信息的真实、准确、完整、及时、公平；上市公司应当制定规范董事、监事、高级管理人员对外发布信息的行为规范，明确未经董事会许可不得对外发布的情形；董事长对上市公司信息披露事务管理承担首要责任；董事会秘书负责组织与协调公司信息披露事务以及办理上市公司信息对外公布等相关事宜；上市公司应当依照有关规定披露公司治理相关信息，定期分析公司治理状况，制定改进公司治理的计划和措施并认真落实。

二、我国保险公司信息披露

（一）保险公司信息披露原则与依据

保险公司信息披露（information disclosure of insurance company）是指保险公司向社会公众公开其经营管理相关信息的行为。

保险公司信息披露应当遵循真实、准确、完整、及时、有效的原则，不得有虚假记载、误导性陈述和重大遗漏。保险公司信息披露应当尽可能使用通俗易懂的语言。

保险公司应当按照法律、行政法规和中国银保监会的规定进行信息披露。保险公司可以在法律、行政法规和中国银保监会规定的基础上披露更多信息。

（二）保险公司信息披露内容

保险公司应当披露下列信息：①基本信息；②财务会计信息；③保险责任准备金信息；④风险管理状况信息；⑤保险产品经营信息；⑥偿付能力信息；⑦重大关联交易信息；⑧重大事项信息；⑨中国银保监会规定的其他信息。

其中，保险公司披露的基本信息应当包括公司概况、公司治理概要和产品基本信息。保险公司披露的公司概况应当包括下列内容：①公司名称；②注册资本；③公司住所和营业场所；④成立时间；⑤经营范围和经营区域；⑥法定代表人；⑦客服电话、投诉渠道和投诉处理程序；⑧各分支机构营业场所和联系电话。保险公司披露的公司治理概要应当包括下列内容：①实际控制人及其控制本公司情况的简要说明；②持股比例在5%以上的股东及其持股情况；③近三年股东（大）会主要决议，至少包括会议召开的时间、地点、出席情况、主要议题以及表决情况等；④董事和监事简历；⑤高级管理人员简历、职责及其履职情况；⑥公司部门设置情况。保险公司披露的产品基本信息应当包括下列内容：①审批或者备案的保险产品目录、条款；②人身保险新型产品说明书；③中国银保监会规定的其他产品基本信息。

保险公司披露的上一年度财务会计信息应当与经审计的年度财务会计报告保持一致，并包括财务报表、财务报表附注和审计报告的主要审计意见。其中财务报表，包括资产负债表、利润表、现金流量表、所有者权益变动表和附注；财务报表附注，包括财务报表的编制基础，重要会计政策和会计估计的说明，重要会计政策和会计估计变更的说明，或有事项、资产负债表日后事项和表外业务的说明，对公司财务状况有重大影响的再保险安排说明，企业合并、分立的说明，以及财务报表中重要项目的明细；审计意见中存在带强调事项段的无保留意见、保留意见、否定意见或者无法表示意见的，保险公司还应当就此作出说明，而实际经营期未超过三个月的保险公司年度财务会计报告可以不经审计。

保险公司披露的上一年度保险责任准备金信息包括准备金评估方面的定性信息和定量信息。保险公司应当按照准备金的类别提供以下说明：未来现金流假设、主要精算假设方法及其结果等。保险公司应当按照准备金的类别列示准备金评估结果以及与前一年度评估结果的对比分析。保险公司披露的保险责任准备金信息应当与财务会计报告的相关信息保持一致。

保险公司披露的风险管理状况信息应当与经董事会审议的年度风险评估报告保持一致，并包括下列内容：①风险评估，包括保险风险、市场风险和信用风险等风险的敞口及其简要说明，操作风险、战略风险、声誉风险、流动性风险等的简要说明；②风险控制，包括风险管理组织体系简要介绍、风险管理总体策略及其执行情况。

人身保险公司披露的产品经营信息应当包括下列内容：①上一年度原保险保费收入居前五位的保险产品的名称、主要销售渠道、原保险保费收入和退保金；②上一年度保户投资款新增交费居前三位的保险产品的名称、主要销售渠道、保户投资款新增交费和保户投资款本年退保；③上一年度投连险独立账户新增交费居前三位的投连险产品的名称、主要销售渠道、投连险独立账户新增交费和投连险独立账户本年退保。财产保险公司披露的产品经营信息是指上一年度原保险保费收入居前五位的商业保险险种经营情况，包括险种名称、保险金额、原保险保费收入、赔款支出、准备金、承保利润。

保险公司披露的上一年度偿付能力信息是指经审计的第四季度偿付能力信息，至少包括核心偿付能力充足率、综合偿付能力充足率、实际资本和最低资本等内容。

保险公司披露的重大关联交易信息应当包括下列内容：①交易概述以及交易标的的基本情况；②交易对手情况；③交易的主要内容和定价政策；④独立董事的意见；⑤中国银保监会规定的其他事项。重大关联交易的认定和计算，应当符合中国银保监会的有关规定。

保险公司有下列重大事项之一的，应当披露相关信息并作出简要说明：①控股股东或者实际控制人发生变更；②更换董事长或者总经理；③当年董事会累计变更人数超过董事会成员人数的 1/3；④公司名称、注册资本、公司住所或者营业场所发生变更；⑤经营范围发生变化；⑥合并、分立、解散或者申请破产；⑦撤销省级分公司；⑧对被投资企业实施控制的重大股权投资；⑨发生单项投资实际投资损失金额超过公司上季度末净资产总额 5%的重大投资损失，如果净资产为负值则按照公司注册资本 5%计算；⑩发生单笔赔案或者同一保险事故涉及的所有赔案实际赔付支出金额超过公司上季度末净资产总额 5%的重大赔付，如果净资产为负值则按照公司注册资本 5%计算；⑪发生对公司净资产和实际营运造成重要影响或者判决公司赔偿金额超过 5000 万元人民币的重大诉讼案件；⑫发生对公司净资产和实际营运造成重要影响或者裁决公司赔偿金额超过 5000 万元人民币的重大仲裁事项；⑬保险公司或者其董事长、总经理受到刑事处罚；⑭保险公司或者其省级分公司受到中国银保监会或者其派出机构的行政处罚；⑮更换或者提前解聘会计师事务所；⑯中国银保监会规定的其他事项。

（三）保险公司信息披露方式与时间

保险公司应当建立公司网站，并在公司网站披露公司的基本信息。公司基本信息发生变更的，保险公司应当自变更之日起 10 个工作日内更新。

保险公司应当制作年度信息披露报告，年度信息披露报告应当至少包括财务会计信息、保险责任准备金信息、风险管理状况信息、保险产品经营信息和偿付能力信息等内容。保险公司应当在每年 4 月 30 日前在公司网站和中国银保监会指定的媒介上发布年度信息披露报告。

保险公司发生重大关联交易信息、重大事项信息规定事项之一的，应当自事项发生之日起 10 个工作日内编制临时信息披露报告，并在公司网站上发布。临时信息披露报告应当按照事项发生的顺序进行编号并且标注披露时间，报告应当包含事项发生的时间、事项的起因、目前的状态和可能产生的影响。

保险公司不能按时进行信息披露的，应当在规定披露的期限届满前向中国银保监会报告相关情况，并且在公司网站公布不能按时披露的原因以及预计披露时间。

保险公司网站应当保留最近五年的公司年度信息披露报告和临时信息披露报告。

保险公司在公司网站和中国银保监会指定媒介以外披露信息的，其内容不得与公司网站和中国银保监会指定媒介披露的内容相冲突，且不得早于公司网站和中国银保监会指定媒介的披露时间。

（四）保险公司信息披露监管

保险公司应当建立信息披露管理制度并报中国银保监会。信息披露管理制度应当包括下列内容：①信息披露的内容和基本格式；②信息的审核和发布流程；③信息披露的豁免及其审核流程；④信息披露事务的职责分工、承办部门和评价制度；⑤责任追究制度。保险公司修订信息披露管理制度后，应当在修订完成之日起 10 个工作日内向中国银保监会报告。

保险公司董事会秘书负责管理公司信息披露事务。未设董事会的保险公司，应当指定公司高级管理人员负责管理信息披露事务。保险公司应当将董事会秘书或者指定的高级管理人员、承办信息披露事务的部门的联系方式报中国银保监会。上述情况发生变更的，保险公司应当在变更之日起 10 个工作日内向中国银保监会报告。

保险公司应当在公司网站主页置顶的显著位置设置信息披露专栏，名称为"公开信息披露"。保险公司所有公开披露的信息都应当在该专栏下分类设置子栏目列示，一级子栏目名称分别为"基本信息""年度信息""重大事项""专项信息"等。其中，"专项信息"栏目下设"关联交易""股东股权""偿付能力""互联网保险""资金运用""新型产品""交强险"等二级子栏目。上市保险公司可以在"投资者关系"栏目下披露《保险公司信息披露管理办法》（银保监会令〔2018〕第 2 号）要求披露的相关内容。

保险公司有下列行为之一的，由中国银保监会依据法律、行政法规进行处罚：①未按照《保险公司信息披露管理办法》的规定披露信息的；②未按照《保险公司信息披露管理办法》的规定报送或者保管报告、报表、文件、资料的，或者未按照规定提供有关信息、资料的；③编制或者提供虚假的报告、报表、文件、资料的；④拒绝或者妨碍依法监督检查的。

上市保险公司按照上市公司信息披露要求已经披露了规定的相关信息的，可免予重复披露。保险集团公司下属的保险公司已经按照《保险公司信息披露管理办法》规定披露保险责任准备金信息、保险产品经营信息等信息的，保险集团公司可免于重复披露。对于上述免于重复披露的内容，上市保险公司或者保险集团公司应当在公司网站和中国银保监会指定的媒介上披露链接网址及其简要说明。

第三节　保险公司控制权市场接管约束

一、控制权市场的内涵

公司控制权市场（market for corporate control），又称接管市场（takeover market），是指由不同潜在接管主体争夺公司控制权所形成的市场。

与接管紧密相关的一个概念是并购，并购是达成接管的主要手段，主要涉及两个公司之间的关系，而接管则反映公司股东与管理层关系的变化。除并购之外，收集其他股东的代理权也是实现公司接管的有效手段之一。

二、控制权市场治理效应

（一）国外学者对控制权市场治理效应的关注

需要说明的是，公司控制权市场本身并不是外部治理机制，而是通过控制权市场对公司高管产生的接管约束。具体来说，控制权市场接管约束机制是指通过接管市场形成对不良管理者进行替换的持续性外部威胁。具体的过程是通过收集股权或投票代理权取得对公司的控制，然后接管和更换不良管理层。这种收集可以是从市场上逐步买入小股东的股票，也可以是从大股东手中批量购入股票。

Manne（1965）较早地注意到了资本市场上的接管对经理的约束作用，提出了经典的接管机制或控制权市场理论。根据该理论，即使公司内部治理机制未能发挥作用，企业管理者也不会在执行职务时过分滥用其权利，因为公司控制权交易市场会治理这些不称职的企业管理者。

自20世纪80年代起，Jensen成为公司控制权市场理论的主要倡导者，其主要的观点是：当内部变化受到来自现职管理层的阻碍时，资本市场是公司重构的渠道之一。

在有效的外部治理机制下，面对企业经营业绩下降的现象，中小股东会抛售或寻机转让公司股票，从而导致股价下跌，控制权发生转移并最终导致管理层的更换。之后，调整董事会和经理层、整顿公司业务和重新制定公司的发展战略，使企业重新回到利润最大化轨道上，这时证券市场将重新对企业股票价格进行定位，股价上升，接管者便从中受益。

影响控制权市场接管约束机制有效性的重要因素之一是公司的股权结构。在股权高度集中的市场环境中，控制权市场很难发挥治理效应。例如，在奥地利，只有四家上市公司能够接受英美式的敌意收购，因为只有这些公司的股份被充分分散在小股东的手中。与奥地利一样，德国公司许多股份都是由大型持股人如银行所持有，银行与企业之间联系密切。在意大利，大型持股人非常普遍，这削弱了公司控制权市场接管约束机制的治理效果。主银行制是日本公司治理的典型模式，该模式表现为几家银行买入一些企业的股票，同时向其提供贷款并指定一个主银行[①]，其他银行则将它们的监督权委托给主银行行使，这种情形下，控制权市场接管约束机制几乎不发挥作用。

公司控制权市场接管约束机制治理作用的发挥依赖于资本市场的效率：公司股票的价格要能够充分反映有关公司的各种信息；公司股票要具有良好的流动性，才能够使接管方在发起行动时以较低的交易成本获取所需的股票份额。我国资本市场的现状制约了控制权市场作用的发挥：股票市场炒作严重，市盈率普遍偏高，股票价格很难真实反映公司的经营管理情况，从而无法为潜在的接管方提供有用的价值信号；上市公司存在大量的非流通股，使得接管方较难仅仅通过流通市场就获取赢得控制权的足够股份，即使通过非流通股交易市场进行收购，由于涉及谈判和定价等问题，交易成本升高，这也增大了接管的难度。

（二）国内学者对控制权市场治理效应的研究

沈艺峰（2000）首先阐述了现代公司控制权市场的主流理论，然后扼要介绍了以特拉华州、纽约州和宾夕法尼亚州为代表的美国35个州反收购立法的主要内容，最后再重点讨论美国第二次反收购立法浪潮对公司控制权市场主流理论的挑战。王刚义（2002）认为公司控制权市场作为证券市场重要的功能模块，其发展和规范程度从根本上决定了证券市场的效率。赵增耀和刘新权（2002）对国外关于公司控制权市场理论的相关争论进行了分析。崔宏和夏冬林（2006）通过对兴业房产的案例分析，发现其公司控制权市场机制表现出了与国外主流理论和国内普遍研究结论截然不同的特

[①] 主银行一般是指对于某些企业来说在资金筹措和运用等方面容量最大的银行，并拥有与企业持股、人员派遣等综合性、长期性、固定性的交易关系。在企业发生财务危机时，主银行出面组织救援，例如允许企业延期还本付息或提供紧急融资等措施；企业重组时，主银行拥有主导权。以上这些行为与机构安排上的总和就构成了人们通常所说的主银行制度，简称主银行制（main bank system）。主银行制为日本20世纪60—70年代经济取得成功发挥了重要作用。

征：在外部，公司股权的全流通与分散性没有引发更多的市场接管行为；在内部，代理权结构表现出了异乎寻常的超稳定性特征，且持股比例相近的股东对大股东的监督机制也归于失效。高愈湘、张秋生、杨航和张金鑫（2004）对我国上市公司控制权市场的公司治理效应进行了实证分析，发现国内公司控制权市场对公司高管总体上无明显的更替作用，我国的公司控制权市场未能发挥相应的公司治理效应。

三、保险公司控制权市场接管约束机制分析

我国保险公司控制权市场不同于一般公司控制权市场，因此基于公司控制权市场的外部治理机制也有所差异。基于控制权市场的保险公司外部治理机制主要是指接管机制，但保险公司接管机制不是像一般公司那样由潜在股东等主体来实施，而是由监管机构来实施。

（一）接管机制的基本规定

按照《保险法》规定，保险公司有下列情形之一的，国务院保险监督管理机构可以对其实行接管：①公司的偿付能力严重不足的；②违反《保险法》规定，损害社会公共利益，可能严重危及或者已经严重危及公司的偿付能力的。被接管的保险公司的债权债务关系不因接管而变化。

接管组的组成和接管的实施办法，由国务院保险监督管理机构决定，并予以公告。

接管期限届满，国务院保险监督管理机构可以决定延长接管期限，但接管期限最长不得超过两年。

接管期限届满，被接管的保险公司已恢复正常经营能力的，由国务院保险监督管理机构决定终止接管，并予以公告。

被整顿、被接管的保险公司有《中华人民共和国企业破产法》（以下简称《破产法》）（中华人民共和国主席令第54号）第二条规定情形的，国务院保险监督管理机构可以依法向人民法院申请对该保险公司进行重整或者破产清算。

（二）接管案例

市场经济体制确立后，我国先后发生8例监管机构对保险公司进行接管的案例：中国人民银行陕西省分行接管永安财产保险股份有限公司（1997年），原中国保监会接管新华人寿保险股份有限公司（2007年）、中华联合财产保险股份有限公司（2011年）和安邦保险集团股份有限公司（2018年），中国银保监会接管天安财产保险股份有限公司（2020年）、华夏人寿保险股份有限公司（2020年）、天安人寿保险股份有限公司（2020年）和易安财产保险股份有限公司（2020年）。其中陕西省人行接管永安保险公司、原中国保监会接管安邦集团以及中国银保监会接管天安财产保险股份有限公司、华夏人寿保险股份有限公司、天安人寿保险股份有限公司和易安财产保险股份

有限公司为行政接管,原中国保监会运用保险保障基金接管新华人寿和中华联合保险属于市场接管。

行政接管时,包括属于股东(大)会权力在内的公司所有权力均被接管;市场接管时,一般由原中国保监会运用保险保障基金以市场价购买公司股份实现控股,并在公司恢复正常经营后转移股份,实施渐进式管理救助,属于控股式接管。

《安邦保险集团股份有限公司接管实施办法》第三条规定:接管工作组负责人行使安邦集团法定代表人职权,接管工作组行使安邦集团的经营管理权,安邦集团股东大会、董事会、监事会停止履行职责,集团及各级机构经理、副经理按照接管工作组授权履行职责。接管工作组自接管之日起履行下列职责:①接管财产、信息系统、印章和账簿、文书等资料;②聘请专业管理团队履行管理职责,并负责制定考核激励评价制度;③决定安邦集团的经营管理,保证安邦集团业务正常运行,完善内控制度;④清查安邦集团资产和负债,依法保全、追收、管理和处分资产,以安邦集团名义处理对外事务以及参加诉讼、仲裁或其他法律程序;⑤控制安邦集团风险,提出风险化解方案;⑥协助有关部门对有关违法违规行为进行调查;⑦原中国保监会要求履行的其他职责。

《安邦保险集团股份有限公司接管实施办法》规定,接管期限暂定一年。接管期满,如果公司经营基本稳定、相关资产处置基本完成、主要战略股东完成注资,接管工作组向原中国保监会报送评估报告,经批准后可以结束接管。如接管工作未达预期效果,安邦集团没有完成股权重组,尚未恢复正常经营,报原中国保监会批准后,酌情延长一年,但整体接管期限最长为两年。两年期满如经营仍未改善,或者有事实可以认定无法达成接管目的,经接管工作组评估并提交报告,报原中国保监会批准后可结束接管,依法采取其他监管措施。

与行政接管紧密相关的保险公司外部治理机制是限期整顿。行政接管与限期整顿同为监管机关派员参与问题保险公司日常业务的两种行政强制措施,但在限期整顿中,监管机关不直接介入被整顿保险公司的日常经营,只是对其经营进行监督,问题保险公司的负责人及管理人员仍可行使职权。行政接管是较限期整顿更为严厉的行政强制措施。

第四节　保险公司经理人市场声誉约束

一、经理人市场的内涵

目前理论界对职业经理人和职业经理人市场并没有一个公认的、统一的定义。李锡元、陈贝贝和秦润莹(2015)认为职业经理人是职业化的企业家,具有专业化的管理知识和技能，以从事企业管理活动为职业，为完成企业主或股东制定的运营目标而担任高级管理职务的受薪人员。盛运华和邵婧（2001）将职业经理人定义为受过经济学、管理学等专业训练，用自己的专业知识为企业服务的管理者。刘传（2001）认为职业经理人就是"职业"+"经理人"，即在公司中负责经营管理并以此为主要生活来源的人。梦然（2002）则提出，凡是能够代替资本家在生产劳动过程中执行管理、监督、决策等职能的企业雇员，都可以称为职业经理人。上海市劳动和社会保障局出台的《职业经理人职业标准》文件，将职业经理人定义为：运用全面的经营管理知识和丰富的管理经验，独立对一个经济组织或部门开展经营或进行管理的个人。

有了职业经理人，便会形成职业经理人市场（labour market）。职业经理人市场简称经理人市场，李新春（2003）认为经理人市场是一个"职业"企业的雇佣市场。经理人市场有狭义和广义的区分，狭义的经理人市场是指进行职业经理人这种特殊的人力资源交易的场所，广义的经理人市场是指职业经理人这种特殊人力资源使用权交易关系的总和。

二、经理人市场治理效应

需要说明的是，经理人市场本身并不是公司的外部治理机制，经理人市场声誉约束机制主要是指基于一个完善或者成熟的经理人市场，通过充分发挥声誉机制的作用实现对经理人行为的约束，进而降低委托代理成本。

在经理人市场上，经理人的报酬是其"价格"信号，而经理人以往的努力和业绩则是其"质量"信号，经理人市场具有信号显示和传递作用，它能把企业的业绩与企业家的人力资本价值对应联系起来。经理人市场一方面为企业提供了一个广泛筛选、鉴别经理人能力的平台，另一方面又能使企业拥有在发现选错经理人后及时改正并重新选择的机会（高明华，2012）。可以说，没有职业化的经理人市场，企业就无法选聘到具有高能力的企业家人才，更无法判断选聘来的高管是否对企业忠诚（高明华，2012）。

经理人市场的治理作用主要体现在可以减少上市公司财务舞弊现象（袁春生、祝建军，2007）和能够对经理人产生隐性的激励作用（叶迎，2007）等方面。而对经理人的激励作用来源于经理人市场的声誉机制。在竞争的经理人市场上，经理人与整个市场之间进行的是一个重复博弈；市场根据观察到的业绩给经理人不断重复定价；经理人如果不努力，其业绩表现就会不佳，人力资本的市场价值就会下降；经理人对自身声誉（决定其市场价值）的关心足以诱使他为股东努力工作（张维迎，2005）。

Fama（1980）较早提出了声誉效应，他认为在竞争的经理人市场中，经理的市场价值取决于其过去的经营业绩；从长期来看，经理必须对自己的经营行为负责，因此，即使公司内部没有显性的激励合同，经理也有努力工作的积极性，因为这样做有助于建立良好的声誉，提高自己在经理人市场上的竞争力，从而增加未来的收入。Harris 和 Holmstrom（1982）通过正式的模型证明了 Fama 提出的声誉效应在一定程度上可以解决代理人问题，即声誉可以成为一种有效的正向外部激励，但其发挥作用的前提是存在一个发达的经理人市场。外部激励的方向和效果往往取决于银行所处的市场环境，一个规范、发达的市场环境，可以为银行经理提供有效的正向外部激励；而一个不规范、不完善的市场环境，常常会营造出各种逆向外部激励。经理人市场的完善，有利于增强声誉机制的激励作用，也有利于增强声誉机制的约束作用。经理人往往会因维护外部声誉而克制私欲，减少非效率投资行为。他们在声誉和私利上进行重复的博弈，约束自己的行为，做出正确的投资决策（吴孟莹、李旭炎，2016）。

三、我国经理人市场现状

我国经理人市场仍处于发育成长的不成熟时期，市场环境和制度变迁在不断塑造适应未来发展的经理人市场。就我国上市公司而言，由于缺乏有效的外部经理人市场，经理人通常由大股东委派，人才提拔的行政力往往高于市场力；其中的国家控股和参股企业一般都是在政府批准以后才由董事会任命，也就是说，董事会任命只是形式上的，实质上仍然由上级主管部门最终决定（高明华，2001）。

我国经理人市场整体上发展还不够成熟，在职业经理人素质、经理人市场等方面都存在不同程度的问题，问题主要体现为：经理人的综合素质参差不齐；经理人的团队精神、沟通能力等方面的素质不到位；经理人培养接班人的能力、手段和动机不到位；经理人的个人素质、职业道德有待进一步提高（霍爱玲，2002；张剑光，2006）。

丁富国（2003）则提出我国经理人市场存在以下九大问题："经营者才能"没有完全成为真正意义上的商品进入流通领域；对国企在职领导的考核方式缺乏规范性和科学性；企业经理人缺乏相关的法规的保护；社会中介组织运作不规范，对经理人缺乏社会的制约机制；法人治理结构形同虚设，难以发挥应有的制衡作用；政企不分；企业家激励制度尚未建立；"猎头公司"缺乏自己的服务"品牌"；人才自由进入和退出市场受到相当多的限制。

李锡元、陈贝贝和秦润莹（2015）则认为经理人市场存在着市场分割、效率低下和风险失控等问题。经理人市场化选聘的程度偏低，导致经理人的整体素质偏低；对职业经理人的激励侧重短期激励，不利于职业经理人采取长期战略经营企业；企业对职业经理人信用状况的了解有限、信用评估的方式不足，缺乏对职业经理人不良行为的披露与惩戒的途径，导致其对职业经理人的约束能力有限（李锡元、何劭强、伍林，2016）。

市场主体的择优机制不健全、合约执行的交易费用太高、社会信用基础脆弱等因素，阻碍了职业经理人的社会化，制约了经理人市场规模（王伯成、万俊毅，2003）。

四、保险公司经理人市场声誉约束机制分析

保险行业经理人市场是我国经理人市场的重要组成部分。保险行业经理人市场是指保险经理人供求双方交易关系的总和（李康乐，2008）。各保险公司的高级管理人员一般有以下几个来源：国有保险公司的行政任命、公司内部培养、从竞争对手处"挖人"、由主要的股东推荐和借助猎头公司物色人选等（李康乐，2008）。

与上市公司相比，一方面，保险行业的经理人市场的总体规模十分有限，行业体量较小，进而导致该行业职业经理人数量有限；另一方面，保险行业职业经理人的任职资格要求较高，而且存在一定的行业进入壁垒，不像上市公司经理人的流动那样自由。经理人选拔机制的不合理导致经理人流动性增强，人才缺口又会导致保险公司用人饥不择食，引发恶性循环（王新永，2008）。此外，近年来保险行业经理人非正常变更频率较高，也从侧面显示出我国保险行业经理人市场发展的不完善。基于上述分析，我国保险行业经理人市场声誉约束机制作用还没有得到充分的发挥。

第五节　保险公司产品市场竞争约束

一、产品市场的内涵

产品市场（product market）是指有形物质产品或劳务交换的场所。产品市场是个"显示屏"，公司的绩效会在这里显示无遗，没有什么能掩盖管理者的出类拔萃或平庸无能。

二、产品市场治理效应

产品市场本身不是外部治理机制，产品市场竞争约束机制是指在一个竞争性产品市场，避免公司被竞争性市场所淘汰，以及竞争性市场上公司所传递出的公司管理者的能力与努力状况等信息对公司管理者所形成的约束力量。

很多经济学家（Alchian，1950；Friedman，1953；Stigler，1958）认为，市场竞争（尤其是产品市场竞争）可以一劳永逸地解决公司治理问题。Jensen（2003）在其著作《企业理论——治理、剩余索取权和组织形式》（*A Theory of the Firm: Governance, Residual Claims, and Organizational Forms*）中指出，"虽然产品和要素市场作为组织管理的一个控制力量反应过慢，但无法以竞争价格提供顾客满意商品的企业必将被淘汰，这一市场规则时刻都起着作用"。

如果产品市场竞争足够激烈的话，企业的经理就可能受到更大的约束。产品市场竞争对经理的约束主要来自两个方面。一方面，在充分竞争的市场上，只有最有效率的企业才能生存，只有好的产品才能被消费者接受从而占有市场，企业的经理自然也就面临更大的压力（Machlup，1967）。竞争性的产品市场作为一种"硬预算约束"（hard budget constraint）和激励机制（Hart，1983），不时考验着企业的生存能力，并淘汰不合格企业，给经理们造成了极大的外在压力。另一方面，产品市场竞争可以提供有关经理行为的更有价值的信息（张维迎，2005）。竞争的产品市场还可服务于一种信号机制，可以作为公司业绩评价的标准（林毅夫，1996），因为公司治理的内在结构的最终结果反映在公司产品的市场竞争力上。股东和董事会可以通过竞争的产品市场了解有关企业经营状况和绩效的有效信息，从而在一定程度上获取有关代理人的能力和努力程度的信息，并据此对代理人做出评价。产品市场竞争有利于降低委托人与代理人之间信息不对称的程度，有利于对代理人进行有效的监督和控制。

产品市场发挥作用的前提是必须维持产品市场的竞争性，杜绝不公平的竞争行为，而我国产品市场中存在相当严重的垄断现象，主要表现为行政垄断问题突出，经济垄断大量存在，以及垄断与市场集中度低、规模不经济并存，从而削弱了产品市场作为外部监控机制的作用。

三、保险公司产品市场竞争约束机制分析

表10-2统计了2009年以来我国历年所有保险公司市场份额比例情况，2009年至2019年，各年市场份额比例最大值依次为30.0577%、26.9386%、24.1732%、22.0913%、21.6811%、17.0993%、24.0313%、13.4839%、14.7383%、14.0648%和14.1899%。市场份额占比在1%以下的公司占同期保险公司总数的比例依次为89.22%、88.57%、87.50%、88.00%、88.37%、87.79%、86.01%、85.26%、87.20%、89.02%和87.73%，详见表10-3。这两组数据表明，我国保险产品市场总体上还是比较集中的，几家大型保险公司占据了绝对市场份额，图10-2和图10-3所示也说明了这一点。这种背景下，产品市场竞争的治理效应会大打折扣。

表 10-2 我国保险公司市场份额比例描述性统计分析

年份	平均值	中位数	标准差	极差	最小值	最大值
2009	0.9804	0.1121	3.4698	30.0577	0.0000	30.0577
2010	0.9524	0.0995	3.2232	26.9386	0.0000	26.9386
2011	0.8929	0.1132	2.9461	24.1732	0.0000	24.1732
2012	0.8000	0.0944	2.6320	22.0913	0.0000	22.0913
2013	0.7752	0.1000	2.5771	21.6811	0.0000	21.6811
2014	0.7634	0.1232	2.2572	17.0993	0.0000	17.0993
2015	0.6993	0.1046	2.3580	24.0313	0.0000	24.0313
2016	0.6410	0.0944	1.7076	13.4839	0.0000	13.4839
2017	0.6098	0.0767	1.7922	14.7383	0.0000	14.7383
2018	0.5780	0.0723	1.7765	14.0648	0.0000	14.0648
2019	0.6135	0.0776	1.8375	14.1899	0.0000	14.1899

资料来源：作者整理

表 10-3 不同市场份额区间公司所占比例   %

年份	市场份额 5%以上公司比例	市场份额 1%~5%公司比例	市场份额 1%以下公司比例
2009	5.88	4.90	89.22
2010	6.67	4.76	88.57
2011	6.25	6.25	87.50
2012	4.80	7.20	88.00
2013	5.43	6.20	88.37
2014	4.58	7.63	87.79
2015	2.80	11.19	86.01
2016	2.56	12.18	85.26
2017	3.05	9.76	87.20
2018	2.89	8.09	89.02
2019	3.07	9.20	87.73

资料来源：作者整理

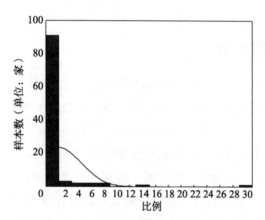

图 10-2　2009 年我国保险市场份额比例分布图
资料来源：作者整理

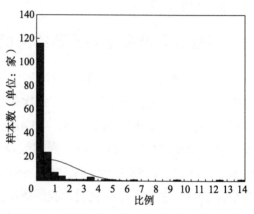

图 10-3　2019 年我国保险市场份额比例分布图
资料来源：作者整理

第六节　保险公司消费者投诉

一、消费者投诉与保险消费者权益保护

刘迎霜（2011）指出，由于金融服务具有无形性、专业性和信用性等特点，金融市场中的消费者比普通消费者更容易受到侵害。对此，黄星刚（2019）也同样认为由于保险产品专业性较强，普通消费者仅仅依靠自身生活经验很难充分理解保险合同的各项条款，因此在保险产品销售过程中，很可能出现保险公司利用信息不对称优势侵害消费者权益的情况。

对此，郑伟（2012）的研究表明，向法院提起保险纠纷案件诉讼、向保险监管机构信访投诉、向消费者协会投诉是消费者维权的三种主流方式。姚飞（2006）则通过对国际保险市场的研究指出,在欧美较为成熟的保险市场中,消费者的维权一般是向作为当事人的公司投诉,或向行业协会投诉,而向政府监管部门投诉和向法院提起诉讼则是消费者维权的最后防线。

二、我国保险公司消费者投诉状况

(一)历年投诉总量统计

根据中国银保监会公布的历年保险消费投诉情况的通报文件,可以看出,2012—2015 年中国银保监会接收的保险消费投诉量逐年增加,2016 年减少,2017 年极速攀升至 2016 年的 5 倍,2018 年仅略有减少,2019 年达到历史新高,详见表 10-4。

表 10-4 历年保险消费者投诉总量统计

年份	统计样本数(家)	投诉量(件)
2012	99	17157
2013	102	21283
2014	120	27818
2015	124	30133
2016	126	19422
2017	147	93111
2018	156	88454
2019	164	93719

资料来源:根据中国银保监会官网(http://www.cbrc.gov.cn/)公开数据整理

(二)历年亿元保费投诉量统计

中国银保监会还公布了保险消费者投诉相对量指标,其中之一是保险公司亿元保费投诉量。该指标计算公式为:保险公司亿元保费投诉量=当期投诉件总量/当期保费总量。

统计分析表明,2012—2019 年,平均每 1 亿元保费会出现至少 1 个投诉。2013—2016 年保险公司亿元保费平均投诉量呈现下降趋势,而 2016 年之后,保险公司亿元保费平均投诉量开始大幅度增长。特别是 2019 年,保险公司亿元保费平均投诉量已经超过 5 件/亿元,保险消费投诉量越来越多,具体见表 10-5。

表 10-5 历年亿元保费投诉量统计 单位:件/亿元

年份	样本数	平均值	中位数	标准差	极差	最小值	最大值
2012	96	2.26	1.50	3.77	35.28	0.01	35.29
2013	100	4.11	1.85	18.98	190.87	0.04	190.91

续表

年份	样本数	平均值	中位数	标准差	极差	最小值	最大值
2014	115	2.62	1.77	3.53	25.04	0.02	25.06
2015	120	2.37	1.56	3.61	33.05	0.02	33.07
2016	123	1.32	0.79	2.30	19.69	0.00	19.69
2017	144	4.56	2.70	5.10	26.66	0.03	26.69
2018	160	4.88	2.81	9.73	107.00	0.00	107.00
2019	161	5.87	2.54	12.07	119.46	0.05	119.51

资料来源：根据中国银保监会官网（http://www.cbrc.gov.cn/）公开数据整理

（三）历年万张保单投诉量统计

中国银保监会公布的另外一个保险消费者投诉相对量指标是保险公司万张保单投诉量。该指标计算公式为：保险公司万张保单投诉量＝当期投诉件总量/保单总量。

统计分析表明，2014—2016 年，保险公司万张保单平均投诉量逐年下降，2016 年低至 0.27 件/万张。而 2017 年的万张保单平均投诉量增长了 2 倍多，2018 年更是达到了 1.21 件/万张，保险消费投诉量持续保持在较高水平；2019 年万张保单平均投诉量为 0.98 件/万张，见表 10-6。

表 10-6　历年万张保单投诉量统计　　　　　　　单位：件/万张

年份	样本数	平均值	中位数	标准差	极差	最小值	最大值
2014	117	0.71	0.40	1.08	7.18	0.00	7.18
2015	120	0.53	0.37	0.61	5.45	0.00	5.45
2016	123	0.27	0.18	0.35	2.21	0.00	2.21
2017	144	0.85	0.64	0.75	3.37	0.00	3.37
2018	160	1.21	0.60	5.21	65.00	0.00	65.00
2019	161	0.98	0.59	2.48	29.12	0.00	29.12

资料来源：根据中国银保监会官网（http://www.cbrc.gov.cn/）公开数据整理

三、消费者投诉是保险公司重要的外部治理机制

消费者投诉是保险消费者维权手段。为了解决保险公司的消费者投诉问题，原中国保监会早在 2011 年就成立了消费者权益保护局，并于 2012 年发布了《关于做好保险消费者权益保护工作的通知》（保监发〔2012〕9 号），保险消费者权益保护的地位日益凸显。已有相关研究也多从保险消费者这一主体权益保护展开（郑伟，2012），保险消费者投诉是消费者维护自身合法权益最为普遍和有效的方式。

基于利益相关者理论，保险消费者是保险公司重要的利益相关者，基于保险公司

经营的特点，投诉是保险消费者参与治理的重要途径；而对于保险公司这一主体来说，消费者投诉（consumer complaint）就是其重要的外部治理机制。已有学者关注了消费者投诉这一外部治理机制的治理效应，王奇、吕晓亮和殷源华（2016）基于 2013 年和 2014 年保险消费者对财产险公司投诉的数据实证分析了保险消费者投诉以及媒体报道对保险公司绩效的影响。结果发现，保险消费者投诉量越高，保险公司绩效越低；同时还发现，在保险消费者投诉越高的情况下，媒体报道对公司绩效的边际影响越大。

思考题

1. 保险公司外部治理有哪些内容？
2. 保险公司外部治理和一般公司外部治理相比有哪些特点？
3. 保险公司外部治理和保险公司内部治理是互补还是替代关系？为什么？
4. 如何提高保险公司外部治理主体的积极性？

第四篇　治理评价

第十一章

一般公司治理评价

【本章概要】

本章界定了公司治理评价的内涵，从监管、市场发展、公司科学决策、投资者投资决策、学术研究等不同视角分析了公司治理评价的重要意义，最后梳理了国内外已有公司治理评价系统。

【学习目标】

掌握公司治理评价的内涵，掌握公司治理评价系统包括的内容，理解公司治理评价的重要性，了解国内外主要公司治理评价系统。

第一节 公司治理评价的意义

一、公司治理质量是公司治理领域关注的焦点

股市的健康发展需要四个条件：一是宏观经济的基本面要好；二是上市公司质量要高；三是投资者的成熟度和理性度要高；四是监管要适度、有效（成思危，2009）。[①]

除了公司绩效评价，越来越多的投资者开始关注公司治理状况，公司治理是公司质量最重要的方面，而公司治理评价源于人们对公司价值的关注。完善的公司治理机制对于保证市场秩序具有十分重要的作用，公司治理改革已经成为全球性的焦点问题。近二十年来，全球公司治理研究的关注主体由以美国为主逐步扩展到英美日德等主要发达国家，而最近几年已扩展到转轨和新兴市场国家。研究内容也随之从治理结构与机制的理论研究，扩展到治理模式与原则的实务研究。目前公司治理质量与治理环境备受关注，研究重心也因此转移到公司治理评价和治理指数。

公司治理经过四十多年的探索与积累，已取得一些成效：相关法律法规政策体系的形成，使治理有所依；多层次治理监管体系的搭建，使治理有所约；上市公司治理

[①] 详见孙利英，陈捷，严学锋. 高端聚焦：中国上市公司治理改革新动向[J]. 董事会，2009（5）：47-49.

水准逐渐提高，使治理有所得。尽管中国上市公司治理起步晚于国外，但现在已经走过建立治理结构、建设好治理机制两步。目前中国上市公司治理进入到了以质量为核心的改革发展重要阶段，仅仅建立治理结构和机制是不够的，更重要的是实现治理的有效性，例如已经设立的提名委员会，是否能真正提名，这是治理要走的第三步。这其中，公司治理评价又是非常重要的环节，通过评价能够及时发现治理存在的问题，进而提高治理有效性。

二、公司治理评价的具体意义

（一）有利于政府监管并促进资本市场的完善与发展

公司治理指数反映了公司治理水平。详细编制并定期公布公司治理指数，能够使监管机构及时掌握其监管对象的公司治理结构与治理机制的运行状况，从而在信息反馈方面确保其监管有的放矢。同时，有利于证券监管机构及时掌握中国公司治理状况以及相关的准则、制度等的执行情况。利用该系统，证券监管机构可以及时了解其监管对象在控股股东行为、董事会、监事会、高管的选聘与激励约束机制和信息披露与内部控制等方面的建立情况与完善程度以及可能存在的公司治理风险等，有利于有效发挥监管机构对于公司的监管作用。

（二）有利于对公司形成强有力的声誉制约并促进证券市场质量提高

基于融资以及公司持续发展的考虑，公司必须注重其在证券市场以及投资者心中的形象。建立公司治理评价系统，可以对公司治理的状况进行全面、系统、及时的跟踪，从而形成强有力的声誉制约。而定期将评价的结果公布，则可以弥补中国企业外部环境约束较弱的缺陷。由于公司治理评价状况的及时公布而产生的信誉约束，将促使公司不断改善其公司治理状况，最大限度地降低公司治理风险，因此有利于强化公司信用，提高证券市场质量。公司的信用是建立在良好的公司治理结构与治理机制的基础之上的，一个治理状况良好的公司必然具有良好的企业信用。不同时期公司治理指数的动态比较，反映了公司治理质量的变动状况，有利于形成动态声誉制约。

（三）有利于公司科学决策与监控机制诊断控制并完善

公司治理指数使公司（被评价对象）能够及时掌握本公司治理的总体运行状况以及公司在控股股东行为、董事会、监事会、经理层等方面的治理状况以及信息披露、内部控制状况，及时对可能出现的问题进行诊断，有针对性地采取措施，从而确保公司治理结构与治理机制处于良好的状态，进而提高公司决策水平和公司竞争力。定期提供公司治理评价信息，将使管理当局及时地发现公司治理潜在的风险，并采取积极的措施降低与规避监控风险；投资者可以利用公司治理评价所提供的有关公司治理质量、公司治理风险的全面信息，了解其投资对象，获得科学决策所需的信息资源。

（四）为投资者投资提供鉴别工具并指导投资

及时量化的公司治理指数，能够使投资者对不同公司的治理水平与风险进行比较，掌握拟投资对象在公司治理方面的现状与可能存在的风险。同时根据公司治理指数、风险预警与公司治理成本以及公司治理绩效的动态数列，可以判断投资对象公司治理状况与风险的走势及其潜在投资价值，从而提高决策水平。传统上，投资者主要分析投资对象的财务指标，但财务指标具有局限性。建立并定期公布公司治理指数，将促进信息的公开，降低信息不对称性，提高决策科学性。例如，成立于1992年的LENS投资管理公司的投资选择原则是从财务评价和公司治理评价两个角度找出价值被低估和可以通过公司治理提高价值的公司。美国机构投资者服务组织（Institutional Shareholder Services，缩写为ISS）、英国指数公司富时集团（FTSE Group）还建立起了公司治理股价指数，为其会员提供公司治理咨询服务。

（五）有利于建立公司治理实证研究平台并提高公司治理研究水平

中国公司治理指数使公司治理的研究由理论层面的研究具体到量化研究和实务研究，有利于解决公司治理质量、公司治理风险、公司治理成本与公司治理绩效度量这些科学问题。公司治理评价过程中的一系列调查研究的成果是顺利开展公司治理实证研究的重要数据资源。这一平台的建立，将使公司治理理论研究与公司治理实践得以有机结合，进一步提高公司治理理论研究对公司治理实践的指导作用。

第二节 国内外主要公司治理评价系统

一、公司治理评价系统的内涵

评价是人们对某个特定客体的判断，是主观对于客观的认识活动。这种主观认识活动，有利于人们对客观事物及其规律的认识与把握，从而采取有效措施，改进组织的相应方面，提高效率。公司治理评价就是对公司治理结构与治理机制的状况进行的评价；具体地说，就是根据公司治理的环境，设置公司治理评价指标体系与评价标准，并采用科学的方法，对公司治理状况做出的客观、准确的评价（李维安，2005）。

公司治理评价系统也被称为公司治理评价体系。如图11-1所示，一套完整的公司治理评价系统包括治理评价指标、治理评价标准、治理评价模型、治理评价指数、评价指标权重、治理维度权重等内容，其中治理评价指标是公司治理评价系统的核心，其他方面内容属于治理评价方法层面内容。

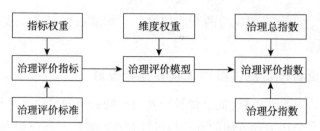

图 11-1　公司治理评价系统示意图
资料来源：作者整理

二、国内外已有公司治理评价系统

国内外对公司治理评价与指数的研究经历了公司治理的基础理论研究、公司治理原则与应用研究、公司治理评价系统与治理指数研究三个阶段，并由商业机构的公司治理评价发展到非商业性机构的公司治理评价。中外学者对公司治理评价的关注是基于满足公司治理实务发展的需要，尤其是机构投资者的需要。

公司治理评价萌芽于1950年杰克逊·马丁德尔（Jackson Martindel）提出的董事会绩效分析，随后一些商业性的组织也推出了公司治理状况的评价系统。较规范的公司治理评价研究是由美国机构投资者服务组织（Institutional Shareholder Services，缩写为ISS）在1952年设计的正式评价董事会的程序，评价内容涉及董事会及其主要委员会的结构与组成、公司章程与制度、公司所属州的法律、高管和董事会成员的薪酬、相关财务业绩、"超前的"治理实践、高管持股比例和董事受教育状况等。随后出现了公司治理诊断与评价的系列应用研究成果，如 Salmon（1993）提出诊断董事会的 22 个问题。1998年标准普尔公司（S & P）创立公司治理评价系统，该评价系统于2004年进行了修订，评价内容涉及所有权结构、利益相关者的权利和相互关系、财务透明度和信息披露、董事会结构和程序等。1999 年欧洲戴米诺（Deminor）推出戴米诺公司治理评价系统，评价内容涉及股东权利与义务、接管防御的范围、信息披露透明度和董事会结构等。2000 年亚洲里昂证券（CLSA）推出里昂公司治理评价系统，评价内容涉及管理层的约束、透明度、小股东保护、独立性、公平性、问责性、股东现金回报以及公司社会责任等。在国内，2003 年南开大学中国公司治理研究院（原南开大学公司治理研究中心）李维安教授率领的南开大学中国公司治理研究院评价课题组推出中国第一个全面系统的公司治理评价系统，即中国上市公司治理评价系统，并于2004 年公布《中国公司治理评价报告》，同时发布 2003 年中国上市公司治理指数(China Corporate Governance Index of Nankai University，缩写为 $CCGI^{NK}$，也称南开治理指数)。该指数从 2003 年至今已经连续发布 17 年，先后累计对 34416 家样本上市公司开展了治理评价。

三、已有公司治理评价系统的异同点

一般而言，公司治理评价系统具有以下四个共同特征。第一，评价系统均由一系列详细指标组成，且各个评价系统均包括了三个因素：股东权利、董事会结构和信息披露。第二，在所有的评价系统中，评分特点是相同的。总体而言，较低的得分意味着较低的治理水平，反之意味着较好的治理状况。但也有一些例外。例如，布朗斯威克（Brunswick Warburg）的治理风险分析，它是以惩罚得分的形式来计算，得分越高，公司的治理风险越大；Gompers、Ishii 和 Metrick（2003）等学者使用的"G"指数以及在此基础上 Bebchuck、Cohen 和 Ferrell（2009）推出的"E"指数，该指数分值越高，代表公司反接管条款越多、股东权利受到的限制就越多。第三，绝大多数评价系统都使用了权重评级方法，根据治理各要素重要程度的不同赋予其不同的权重，从而计算出公司治理评价值。第四，获取评价所需信息的方法是一致的，主要来自公开可获得信息，其他信息通过与公司关键员工的访谈而获得。

不同评价系统的主要区别在于两个方面。第一，评价系统的应用范围不同。一些评价系统是用来评价某一个别国家公司的治理状况，例如中国上市公司治理指数，主要用于评价中国上市公司的治理状况；另一些评价系统则涉及多个国家的公司治理评价，如标准普尔、戴米诺和里昂证券评价系统包含了国家层次的分析。第二，各评价系统在具体评价指标、评价指标体系结构以及关注重点方面都存在显著差异。例如中国上市公司治理指数中包括了监事会治理维度内容，而标准普尔等公司治理评价系统则没有考虑监事会治理评价指标。即使各评价系统包括的评价指标相同，但评价指标的权重也不完全相同。

公司治理评价的研究与应用对公司治理实践具有指导意义。由于公司治理环境的差异，各种公司治理评价系统的内容、标准和方法具有各自的特点和适用性（杨馥，2009）。正如上述对不同评价系统的对比所看到的，不同的评价系统有不同的适用条件，中国公司的治理环境、治理结构和机制与国外有很大的差别，因而直接将国外评价系统移植到国内必将产生水土不服现象。只有借鉴国际经验，结合中国公司所处的法律环境、政治制度、市场条件以及公司本身的发展状况，设置具有中国特色的公司评价指标体系，并采用科学的方法对公司治理状况做出评价，才能正确反映中国公司治理状况。

思考题

1. 公司治理质量高低对于公司来说重要吗？如果重要，如何体现？
2. 你是如何理解公司治理评价的？

第十二章

保险公司治理评价

【本章概要】

本章在梳理国内外金融机构治理评价开展情况基础上,重点分析了我国保险公司治理评价的早期探索、全面开展和深入提高三个阶段,并基于监管机构先后三次公布的治理评价结果,对我国保险公司治理状况进行了详细的统计分析,最后提出了保险公司治理评价优化的建议。

【学习目标】

了解金融机构治理评价的最新进展;理解保险公司治理评价相对于银行和一般公司治理评价的特殊性;掌握我国监管机构保险公司治理评价开展的具体情况;基于治理评价结果,熟悉我国保险公司治理的整体状况;理解保险公司治理评价改进的必要性和可行性。

第一节 国内外相关行业治理评价

一、国外银行治理评价开展情况

银行业是金融业的重要组成部分,因此银行治理评价对于保险公司治理评价的开展有非常重要的参考价值。许多国家的中央银行及其他的金融监管者主要采用CAMEL方法去分析和评价一个银行的健康与否。CAMEL法通过评估银行的资本充足率(capital adequacy)、资产质量(asset quality)、管理(management)、收益水平(earnings)和流动性(liquidity)来判断银行的状况。其他一些评级机构对银行业进行评级,往往也会参照这种分析模式。而随着公司治理越来越被重视,在银行业的评价系统中引入公司治理作为一个评价因素(G factor)的呼声也越来越高。

作为在银行评价中添加公司治理因素的先行者,亚洲开发银行的Mathur 和 Burhan(1999)以 CAMEL-IN-A-CAGE 来直观地说明如何在银行评价系统中体现公司治理的因素，这就是亚洲开发银行所倡导的"5＋7"的银行治理评价。前面的"5"是指国际通用的 CAMEL 法的五大要素，而"7"就是与公司治理相关的因素。

I——独立董事（independent directors）：董事会是否独立与客观，大多数的董事是否为独立董事，如何保证董事会的独立与客观。

N——提名委员会（nominating committee）：该委员会是否选择最称职的董事候选人，选择标准如何，董事是否具有对董事会和银行有帮助的能力、经历和品德，董事与总经理的任命是否受政府官员的影响，提名委员会是否避免了裙带影响。

A——审计委员会（audit committee）：审计委员会的工作是否有效。

C——薪酬与合规委员会（compensation and compliance committee）：报酬组合方案是否能够吸引并留住最好的人才，各种报酬方案是否与股东收益挂钩，合规委员会工作是否有效，银行合规经营的记录如何。

A——责任与透明度（accountability）：董事会是否考虑到并表现出对大多数股东的责任感，对少数股东是否公平，董事会是否有高效的程序避免利益冲突，董事会是否建立了道德行为指引。

G——公司治理委员会（governance committee）：银行是否有公司治理委员会，与国际最佳做法相比状况如何，委员会是否详细规定了对董事的要求，委员会是否能够与政治干预和指令保持距离。

E——评价、效率和教育（evaluation, effectiveness and education）：是否存在一个对董事会及其成员以及首席执行官的评价机制，董事会的效率如何，董事会是否是"橡皮图章"，董事会成员是否抽出足够时间并定期参加董事会会议，董事会是否在影响银行业绩和前景等重要方面接受教育和指导。

二、国内银行治理评价开展情况

目前，我国银行监管机构已经建立了公司治理评级体系。2004 年，原中国银监会出台了《股份制商业银行风险评级体系（暂行）》（银监发〔2004〕3 号），2006 年整合修改为《商业银行监管评级内部指引（试行）》（银监发〔2005〕88 号）。该评级体系采用国际通用的 CAMEL 评级体系，其中第三项管理要素评级的第一部分即为公司治理评估，评估的主要要素包括：银行治理的基本架构；银行治理的决策机制；银行治理的执行机制；银行治理的监督机制和银行治理的激励约束机制。2019 年 11 月中国银保监会发布《银行保险机构公司治理监管评估办法（试行）》（银保监发〔2019〕43 号），国有大型商业银行、股份制商业银行、城市商业银行、民营银行、农村商业银行、外资银行、保险集团（控股）公司、保险公司、相互保险社及自保公司等我国境内依法设立的商业银行和商业保险机构统一执行该办法。该办法指出，银行保险机构公司治理监管评估应遵循依法合规、客观公正、标准统一、突出重点等原则。

（一）评估内容和评估方法

银行保险机构公司治理监管评估内容主要包括：党的领导、股东治理、董事会治理、监事会和高管层治理、风险内控、关联交易治理、市场约束、其他利益相关者治理等方面。

公司治理监管评估包括合规性评价、有效性评价、重大事项调降评级三个方面。合规性评价：满分100分，主要考查银行保险机构公司治理是否符合法律法规及监管规定，监管部门对相关指标逐项评价打分。有效性评价：重点考查银行保险机构公司治理机制的实际效果，主要关注存在的突出问题和风险。监管部门在合规性评价基础上对照有效性评价指标进行扣分；对银行保险机构改善公司治理有效性的优秀实践可予以加分。重大事项调降评级：当机构存在公司治理重大缺陷甚至失灵情况时，监管部门对前两项综合评分及其对应评估等级进行调降，形成公司治理监管评估结果。

公司治理监管评估总分值为100分，评估等级分为五级：90分以上为A级，80分以上至90分为B级，70分以上至80分为C级，60分以上至70分为D级，60分以下为E级。

存在下列情形的，可直接评定为E级：①拒绝或者阻碍公司治理监管评估；②隐瞒公司治理重要事实、资产质量等方面的重大风险或提供虚假材料；③股东虚假出资、出资不实、循环注资、抽逃出资或变相抽逃出资；④股东通过隐藏实际控制人、隐瞒关联关系、隐形股东、股权代持、表决权委托、一致行动约定等隐性行为规避监管审查，对银行保险机构的控制权或主导权造成实质影响；⑤公司治理机制失灵，股东（大）会、董事会长期无法正常召开或做出决策；⑥出现兑付危机、偿付能力严重不足；⑦监管部门认定的其他公司治理机制失灵情形。

（二）评估程序和评估分工

公司治理监管评估每年开展一次，主要评估上一年度公司治理状况。在公司治理监管评估过程中，监管部门可结合实际，适当向前追溯或向后延伸。

公司治理监管评估工作办公室设在中国银保监会公司治理监管部，统筹指导银行保险机构公司治理监管评估工作；各机构监管部门、各银保监局具体实施公司治理监管评估工作。

公司治理监管评估流程主要包括机构自评、监管评估、结果反馈、督促整改等环节。

银行保险机构按照规定开展公司治理自评估，形成对本机构的公司治理自评估报告，每年1月底前将自评估报告及相关证明材料报送监管部门。

中国银保监会直接监管的银行保险机构的监管评估，由相关机构监管部门组织实施；银保监局直接监管的银行机构的监管评估，由银保监局组织实施。相关机构监管部门结合日常监管信息、机构风险状况等情况，对银保监局直接监管银行机构的评估结果进行复核。

监管评估采取非现场评估和现场评估相结合的方式。每一年度现场评估比例原则上不低于同一类型机构的 30%。

监管评估应重点结合银行保险机构自评估报告及非现场监管、现场检查等掌握的信息，对相关机构公司治理评分要素逐项评分，明确评分依据，对发现的重大问题予以确认，形成监管评估报告。

机构监管部门、银保监局原则上应于每年 4 月底前完成监管评估，并将相关情况报公司治理监管评估工作办公室。

结果反馈由负责监管评估的机构监管部门和银保监局实施，反馈内容包括公司治理监管评估结果、公司治理存在的主要问题及整改要求。

中国银保监会建立银行保险机构公司治理监管评估信息系统，加强评估全过程的信息化管理。

（三）评估结果和结果运用

公司治理监管评估结果是衡量银行保险机构公司治理水平的重要标准。评估等级为 A 级（优秀），表示相关机构公司治理各方面健全，未发现明显的合规性及有效性问题，公司治理机制运转有效。评估等级为 B 级（较好），表示相关机构公司治理基本健全，同时存在一些弱点，相关机构能够积极采取措施整改完善。评估等级为 C 级（合格），表示相关机构公司治理存在一定缺陷，公司治理合规性或有效性需加以改善。评估等级为 D 级（较弱），表示相关机构公司治理存在较多突出问题，合规性较差，有效性不足，公司治理基础薄弱。评估等级为 E 级（差），表示相关机构公司治理存在严重问题，合规性差，有效性严重不足，公司治理整体失效。

中国银保监会将公司治理监管评估结果作为监管部门配置监管资源、采取监管措施和行动的重要依据，并在市场准入、现场检查立项、监管评级、监管通报等环节加强对评估结果的运用。

中国银保监会根据公司治理监管评估结果，对银行保险机构依法采取不同监管措施：①对 A 级机构，不采取特别监管措施；②对 B 级机构，关注公司治理风险变化，并通过窗口指导、监管谈话等方式指导机构逐步完善公司治理；③对 C 级机构，除可采取对 B 级机构的监管措施外，还可视情形依法采取下发风险提示函、监管意见书、监管措施决定书、监管通报，责令机构对相关责任人予以问责，要求机构限期整改等措施；④对 D 级机构，除可采取对 C 级机构的监管措施外，在市场准入中，认定其公司治理未达到良好标准，同时还可根据《银行业监督管理法》《保险法》等法律法规，采取责令调整相关责任人、责令暂停部分业务、停止批准开办新业务、停止批准增设分支机构、限制分配红利和其他收入等监管措施；⑤对 E 级机构，除可采取对 D 级机构的监管措施外，还可根据《中华人民共和国银行业监督管理法》《中华人民共和国保险法》等法律法规，对机构及责任人进行处罚。

第二节　我国保险公司治理评价三阶段

一、保险公司治理评价早期探索阶段

这一阶段的探索性工作始于监管机构进行的治理摸底检查和专项自查工作，2006 年 9 月至 10 月，原中国保监会对保险公司治理状况进行了首次全面摸底检查；2007 年初，原中国保监会发布了《关于落实〈关于规范保险公司治理结构的指导意见〉的通知》（保监发〔2007〕1 号）等系列完善保险公司治理的制度措施。

为推动保险公司切实落实相关制度，持续改善公司治理，原中国保监会在 2007 年底开展了保险公司治理专项自查活动。此次自查要求保险公司董事长作为第一责任人要加强对此项工作的领导。董事会秘书等相关人员要切实承担起自查报告的汇总填报以及相关的协调职责。各公司要认真查找公司治理中存在的不足。根据自查依据和自查事项的要求逐项填报，不得漏项，填报内容必须真实、准确、完整。公司独立董事要加强监督，对自查结果进行核实。自查报告应由董事长和两名独立董事共同签名。原中国保监会将适时组织抽查，对不认真自查、不真实、不完整报送自查结果的公司予以处罚。自查结果真实性将列入保险公司的诚信记录，作为董事长和独立董事任职资格审查管理的重要依据。

自查依据包括：《保险法》《公司法》《保险公司管理规定》（保监会令〔2004〕第 3 号）、《关于规范保险公司治理结构的指导意见（试行）》（保监发〔2006〕2 号）、《关于落实〈关于规范保险公司治理结构的指导意见〉的通知》（保监发〔2007〕1 号）、《保险公司独立董事管理暂行办法》（保监发〔2007〕22 号）、《保险公司关联交易管理暂行办法》（保监发〔2007〕24 号）、《保险公司总精算师管理办法》（保监会令〔2007〕第 3 号）、《保险公司合规管理指引》（保监发〔2007〕91 号）、《保险公司内部审计指引（试行）》（保监发〔2007〕26 号）、《保险公司风险管理指引（试行）》（保监发〔2007〕23 号）、《向保险公司投资入股暂行规定》（保监发〔2000〕49 号）以及公司章程和其他有关公司治理的文件。自查事项涉及六大方面：股东及股东（大）会（15 个小问题），董事及董事会（20 个小问题），监事及监事会（7 个小问题），管理层（10 个小问题），内控、风险管理和合规（11 个小问题），关联交易（2 个小问题）。

二、保险公司治理评价全面开展阶段

《关于规范报送〈保险公司治理报告〉的通知》（保监发改〔2010〕169号）要求保险公司按照规定的内容和格式要求，于每年4月30日前向原中国保监会报送经董事会审议通过的上一年度公司治理报告，报告中关于公司治理状况的自我和监管评分工作的要求标志着原中国保监会全面开展保险公司治理评价，实现了我国保险公司治理评价从临时性的摸底或自查向常态化开展的转变。

公司治理报告合计包括11个部分，其中声明和公司概况是基础性内容。实质性内容包括制度建设、股东及股权、董事会、监事会、管理层、激励约束机制、关联交易、信息披露和公司治理评价9个部分。公司治理评价部分给出了公司治理评价指标体系，包括：遵守性指标（30%），合计29个评价指标；有效性指标（70%），合计65个评价指标；调节性指标，合计6个评价指标。其中遵守性指标和有效性指标分为定性和定量两类，定性的取值为1、2、3、4分，28个评价指标赋值为1，32个评价指标赋值为2，8个评价指标赋值为3，2个评价指标赋值为4；定量类的取值给一个区间范围，为1~3分，合计24个评价指标。合规性与有效性指标最高评分为196，最低评分为0。调节性指标最高评分为0，最低评分为–155。所以公司治理评价总体最高评分为196，最低为–155。

2010年之后，原中国保监会又先后两次出台文件规范我国保险公司治理评价有关问题，分别是2012年2月10日发布的《关于进一步做好〈保险公司治理报告〉报送工作的通知》（保监发改〔2012〕124号），2015年6月1日发布的《中国保监会关于进一步规范报送〈保险公司治理报告〉的通知》（保监发改〔2015〕95号）。

三、保险公司治理评价深入提高阶段

为综合评价保险公司治理状况，原中国保监会2015年12月7日出台《保险法人机构公司治理评价办法（试行）》（保监发〔2015〕112号）（以下简称《办法》），《办法》对保险公司治理评价机制、内容和方法、结果运用等方面做了系统规定；为全面摸清保险行业治理现状，按照《办法》规定，原中国保监会于2017年上半年开展了首次覆盖全行业的保险公司治理现场评估工作，并于2017年9月27日公布了评价结果，此次参与评估的130家中资保险公司治理综合评价平均得分为83.74分，49家外资保险公司治理综合评价平均得分为86.21分。2019年11月中国银保监会发布《银行保险机构公司治理监管评估办法（试行）》（银保监发〔2019〕43号），该办法自发布之日起施行，《保险法人机构公司治理评价办法（试行）》（保监发〔2015〕112号）同时废止。

第三节　我国保险公司治理评价结果分析

一、2015年度保险法人机构公司治理状况与问题分析

2015年12月，原中国保监会出台《保险法人机构公司治理评价办法（试行）》（保监发〔2015〕112号），对保险法人机构的公司治理评价机制、内容和方法等方面做了全面系统的规定，并于2016年首次开展了保险法人机构公司治理综合评价工作，对127家中资保险法人机构2015年的公司治理水平和风险状况进行评价。

（一）2015年度保险法人机构公司治理状况

2016年11月，原中国保监会在其官网发布了《中国保监会关于2015年度保险法人机构公司治理评价结果的通报》，本章通过整理原中国保监会披露的监管评分和自评分结果，对2015年度我国保险法人机构公司治理的状况进行分析。

此次保险法人机构公司治理评价中，保险法人机构公司治理监管评分平均值为85.8分，而自评分平均值为94.2分；保险法人机构公司治理自评分结果整体高于监管评分结果。2015年度保险法人机构公司治理评价结果类型详见表12-1。

表12-1　2015年度保险法人机构公司治理评价结果类型

治理评分	数量与占比	[0,60]（不合格）	[60,70]（重点关注）	[70,90]（合格）	[90,100]（优质）	合计
监管评分	数量（家）	4	2	72	49	127
	占比（%）	3.15	1.57	56.69	38.58	100.00
自评分	数量（家）	0	1	14	111	126
	占比（%）	0.00	0.79	11.11	88.10	100.00

资料来源：根据中国银保监会官网（http://www.cbrc.gov.cn/）公开数据整理

（二）2015年度保险法人机构公司治理问题分析

基于保险监管机构公布的2015年度保险法人机构公司治理的评价结果，本章发现：第一，保险法人机构公司治理状况多处于中上水平，公司治理监管评分在[70,90]的合格类保险法人机构占比最高，说明我国保险法人机构公司治理水平仍旧存在提升的空间；第二，公司治理监管评分在[90,100]的优质类保险法人机构比例达到近40%，表明我国保险业存在一定数量公司治理较好的保险法人机构，可以发挥行业示范作用；第三，我国保险法人机构对自身治理水平的评价明显高于监管机构的客观评价结果，说明大量保险法人机构没有意识到自身存在的公司治理问题。

二、2017 年度保险法人机构公司治理状况与问题分析

按照 2015 年 12 月发布的《保险法人机构公司治理评价办法（试行）》规定，原中国保监会于 2017 年上半年首次开展了覆盖全行业的保险法人机构的公司治理现场评估工作，评价对象包括财产险公司、人身险公司、再保险公司、集团公司和资产管理公司，并于 2017 年 9 月通报评估结果。

（一）2017 年度保险法人机构公司治理状况

根据 2017 年 9 月原中国保监会在官网披露的《中国保监会关于 2017 年保险法人机构公司治理评价结果的通报》（保监发改〔2017〕261 号），本章首先分析了我国保险法人机构公司治理的总体发展情况；其次根据《保险法人机构公司治理评价办法（试行）》（保监发〔2015〕112 号）的规定，将公司治理的评价结果划分为优质、合格、重点关注和不合格四类，按照不同资本性质、业务类型和组织形式对我国保险法人机构公司治理状况进行分类比较分析。

1. 总体分析

从总体结果来看，参与评价的保险法人机构的公司治理综合评分（60%×监管评分＋40%×自评分）平均值为 84.42 分，中位数为 86.05 分，标准差为 7.34；其中，综合评分的最大值为 96.80 分[1]，最小值为 63.95 分[2]，详见表 12-2。而监管评分方面，保险法人机构的公司治理监管评分的平均值为 81.24 分，中位数为 81.75 分，标准差为 8.50；其中，监管评分的最大值为 97.00 分[3]，最小值为 60.25 分[4]，详见表 12-2。需要说明的是，2017 年度监管机构网站没有公开披露保险法人机构公司治理自评分数据。

表 12-2 2017 年度保险法人机构公司治理评价分数描述性统计

治理评分	样本数（家）	平均值	中位数	标准差	极差	最小值	最大值
综合评分	179	84.42	86.05	7.34	32.85	63.95	96.80
监管评分	181	81.24	81.75	8.50	36.75	60.25	97.00

资料来源：根据中国银保监会官网（http://www.cbrc.gov.cn/）公开数据整理

2. 不同资本性质的比较分析

将保险法人机构按照不同资本性质划分为中资保险法人机构和外资保险法人机构，进行比较分析。中资保险法人机构中，参与评价的 130 家中资保险法人机构的综合评分平均值为 83.74 分，中位数为 83.98 分，标准差为 7.88，最大值为 96.80 分，最

---

[1] 中国人寿保险（集团）公司的公司治理综合评分为 96.80 分。
[2] 君康人寿保险股份有限公司的公司治理综合评分为 63.95 分。
[3] 友邦保险上海分公司的公司治理监管评分为 97.00 分。
[4] 华夏人寿保险股份有限公司和君康人寿保险股份有限公司的公司治理监管评分均为 60.25 分。

小值为 63.95 分；参与评价的 130 家中资保险法人机构的监管评分平均值为 79.74 分，中位数为 79.75 分，标准差为 8.81，最大值为 96.00 分，最小值为 60.25 分。2017 年度中资保险法人机构公司治理评价结果类型详见表 12-3。

表 12-3　2017 年度中资保险法人机构公司治理评价结果类型

治理评分	数量与占比	[0,60)（不合格）	[60,70)（重点关注）	[70,90)（合格）	[90,100]（优质）	合计
综合评分	数量（家）	0	4	91	35	130
	占比（%）	0.00	3.08	70.00	26.92	100.00
监管评分	数量（家）	0	21	85	24	130
	占比（%）	0.00	16.15	65.38	18.46	100.00

资料来源：根据中国银保监会官网（http://www.cbrc.gov.cn/）公开数据整理

外资保险法人机构中，参与评价的 49 家外资保险法人机构的综合评分平均值为 86.21 分，中位数为 86.35 分，标准差为 5.13，最大值为 95.10 分，最小值为 72.10 分；参与评价的 51 家外资保险法人机构的监管评分平均值为 85.06 分，中位数为 86.25 分，标准差为 6.08，最大值为 97.00 分，最小值为 70.00 分。2017 年度外资保险法人机构公司治理评价结果类型详见表 12-4。

表 12-4　2017 年度外资保险法人机构公司治理评价结果类型

治理评分	数量与占比	[0,60)（不合格）	[60,70)（重点关注）	[70,90)（合格）	[90,100]（优质）	合计
综合评分	数量（家）	0	0	35	14	49
	占比（%）	0.00	0.00	71.43	28.57	100.00
监管评分	数量（家）	0	0	38	13	51
	占比（%）	0.00	0.00	74.51	25.49	100.00

资料来源：根据中国银保监会官网（http://www.cbrc.gov.cn/）公开数据整理

3. 不同业务类型的比较分析

按照不同业务类型，保险法人机构可以划分为财产险公司、人身险公司、再保险公司、集团公司和资产管理公司。财产险公司中，参与评价的 74 家财产险公司的综合评分平均值为 84.13 分，中位数为 85.83 分，标准差为 7.00，最大值为 95.40 分，最小值为 69.75 分；参与评价的 75 家财产险公司的监管评分平均值为 80.74 分，中位数为 81.00 分，标准差为 8.03，最大值为 93.50 分，最小值为 64.25 分。2017 年度财产险公司治理评价结果类型详见表 12-5。

表 12-5　2017 年度财产险公司治理评价结果类型

治理评分	数量与占比	[0,60]（不合格）	[60,70]（重点关注）	[70,90]（合格）	[90,100]（优质）	合计
综合评分	数量（家）	0	1	55	18	74
	占比（%）	0.00	1.35	74.32	24.32	100.00

续表

治理评分	数量与占比	[0,60)（不合格）	[60,70)（重点关注）	[70,90)（合格）	[90,100]（优质）	合计
监管评分	数量（家）	0	8	56	11	75
	占比（%）	0.00	10.67	74.67	14.67	100.00

资料来源：根据中国银保监会官网（http://www.cbrc.gov.cn/）公开数据整理

人身险公司中，参与评价的70家人身险公司的综合评分平均值为84.36分，中位数为86.30分，标准差为7.66，最大值为95.70分，最小值为63.95分；参与评价的71家人身险公司的监管评分平均值为81.78分，中位数为82.25分，标准差为8.95，最大值为97.00分，最小值为60.25分。2017年度人身险公司治理评价结果类型详见表12-6。

表12-6　2017年度人身险公司治理评价结果类型

治理评分	数量与占比	[0,60)（不合格）	[60,70)（重点关注）	[70,90)（合格）	[90,100]（优质）	合计
综合评分	数量（家）	0	3	47	20	70
	占比（%）	0.00	4.29	67.14	28.57	100.00
监管评分	数量（家）	0	9	43	19	71
	占比（%）	0.00	12.68	60.56	26.76	100.00

资料来源：根据中国银保监会官网（http://www.cbrc.gov.cn/）公开数据整理

再保险公司中，参与评价的4家再保险公司综合评分平均值为84.46分，监管评分的平均值为81.44分，综合评分和监管评分的评分结果均集中于[70,90]的合格类区间。集团公司中，参与评价的11家集团公司综合评分平均值为89.26分，监管评分的平均值为86.25分，综合评分和监管评分的评分结果均在70分以上的优质类和合格类区间。资产管理公司中，参与评价的20家资产管理公司综合评分平均值为83.03分，监管评分的平均值为78.38分，综合评分和监管评分的评分结果均在60分以上。

4. 不同组织形式的比较分析

保险法人机构按照组织形式不同可以划分为股份制法人机构和有限制法人机构两大类。股份制法人机构中，参与评价的105家股份制法人机构的综合评分平均值为83.16分，中位数为83.40分，标准差为7.68，最大值为96.05分，最小值为63.95分；参与评价的106家股份制法人机构的监管评分平均值为79.13分，中位数为78.88分，标准差为8.66，最大值为94.75分，最小值为60.25分。2017年度股份制法人机构治理评价结果详见表12-7。

表12-7　2017年度股份制法人机构治理评价结果

治理评分	数量与占比	[0,60)（不合格）	[60,70)（重点关注）	[70,90)（合格）	[90,100]（优质）	合计
综合评分	数量（家）	0	4	77	24	105
	占比（%）	0.00	3.81	73.33	22.86	100.00

续表

治理评分	数量与占比	[0,60)（不合格）	[60,70)（重点关注）	[70,90)（合格）	[90,100]（优质）	合计
监管评分	数量（家）	0	17	71	18	106
	占比（%）	0.00	16.04	66.98	16.98	100.00

资料来源：根据中国银保监会官网（http://www.cbrc.gov.cn/）公开数据整理

有限制法人机构中，参与评价的 74 家有限制法人机构的综合评分平均值为 86.21 分，中位数为 86.38 分，标准差为 6.35，最大值为 96.80 分，最小值为 71.90 分；参与评价的 75 家有限制法人机构的监管评分平均值为 84.22 分，中位数为 85.50 分，标准差为 7.25，最大值为 97.00 分，最小值为 67.25 分。2017 年度有限制法人机构治理评价结果详见表 12-8。

表 12-8 2017 年度有限制法人机构治理评价结果

治理评分	数量与占比	[0,60)（不合格）	[60,70)（重点关注）	[70,90)（合格）	[90,100]（优质）	合计
综合评分	数量（家）	0	0	49	25	74
	占比（%）	0.00	0.00	66.22	33.78	100.00
监管评分	数量（家）	0	4	52	19	75
	占比（%）	0.00	5.33	69.33	25.33	100.00

资料来源：根据中国银保监会官网（http://www.cbrc.gov.cn/）公开数据整理

（二）2017 年度保险法人机构公司治理问题分析

基于对保险监管机构公布的 2017 年度保险法人机构公司治理评价结果的分析，本章发现：第一，保险法人机构的治理监管评分多集中于 70~90 分的区间，监管评分下的保险法人机构治理处于中等水平，缺乏高治理水平的保险法人机构；第二，外资保险法人机构的公司治理的综合评分和监管评分结果均较中资保险法人机构更好，标准差也更小，表明外资保险法人机构治理水平相对中资保险法人机构较高，各外资保险法人机构之间的治理水平差异也较小，我国中资保险法人机构的公司治理问题应当受到重视；第三，资产管理公司的综合评分和监管评分均最低，表明我国资产管理公司的公司治理存在较大的提升空间，而集团公司的评分结果处于优质类区间的公司比例较高，表明我国集团公司的公司治理水平较其他类保险法人机构更高；第四，有限制保险法人机构的公司治理的综合评分和监管评分结果均较股份制保险法人机构更好，标准差也更小，我国股份制保险法人机构的治理状况有待提高。

三、2018 年度保险法人机构公司治理状况与问题分析

2018 年，中国银保监会依据《保险法人机构公司治理评价办法（试行）》（保监发〔2015〕112 号），抽取 1 家保险集团公司、28 家财产险公司、20 家人身险公司、1 家

保险资产管理公司,共计 50 家中资保险法人机构,开展公司治理现场评估工作。

(一)2018 年度保险法人机构公司治理状况

根据 2019 年 1 月中国银保监会在官网披露的《中国银保监会关于 2018 年保险法人机构公司治理现场评估结果的通报》(银保监发〔2019〕2 号),本章首先基于评价结果分析了我国保险法人机构公司治理的总体发展情况;其次根据《保险法人机构公司治理评价办法(试行)》(保监发〔2015〕112 号)的规定,将公司治理的评价结果划分为优质、合格、重点关注和不合格四类,按照不同资本性质、业务类型和组织形式对我国保险法人机构公司治理状况进行分类比较分析。

1. 总体分析

从总体结果来看,参与评价的保险法人机构的公司治理综合评分平均值为 80.49 分,中位数为 81.85 分,标准差为 8.60,最大值为 91.10 分,最小值为 39.75 分,详见表 12-9。监管评分方面,保险法人机构的公司治理监管评分的平均值为 76.36 分,中位数为 77.00 分,标准差为 6.85,最大值为 88.50 分①,最小值为 60.00 分②。自评分方面,保险法人机构的公司治理自评分的平均值为 89.94 分,中位数为 93.00 分,标准差为 13.87,最大值为 99.00 分,最小值为 0.00 分③,详见表 12-9。

表 12-9 2018 年度保险法人机构公司治理评价分数描述性统计

治理评分	样本数(家)	平均值	中位数	标准差	极差	最小值	最大值
综合评分	50	80.49	81.85	8.60	51.35	39.75	91.10
监管评分	50	76.36	77.00	6.85	28.50	60.00	88.50
自评分	50	89.94	93.00	13.87	99.00	0.00	99.00

资料来源:根据中国银保监会官网(http://www.cbrc.gov.cn/)公开数据整理

2. 不同业务类型的比较分析

本章接下来同样对财产险公司、人身险公司、集团公司和资产管理公司的治理状况进行了比较分析。财产险公司中,参与评价的 28 家财产险公司的综合评分平均值为 80.35 分,中位数为 83.00 分,标准差为 10.02,最大值为 90.95 分,最小值为 39.75 分;参与评价的 28 家财产险公司的监管评分平均值为 76.72 分,中位数为 79.13 分,标准差为 7.03,最大值为 86.75 分,最小值为 60.00 分;参与评价的 28 家财产险公司的自评分平均值为 89.35 分,中位数为 93.50 分,标准差为 17.82,最大值为 99.00 分,最小值为 0.00 分。2018 年度财产险公司治理评价结果详见表 12-10。

---

① 阳光人寿保险股份有限公司的公司治理监管评分为 88.50 分。
② 燕赵财产保险股份有限公司的公司治理监管评分为 60.00 分。
③ 都邦财产保险股份有限公司因未按要求报送公司治理报告及自评表,其公司治理自评分为 0 分。

表 12-10　2018 年度财产险公司治理评价结果

治理评分	数量与占比	[0,60)（不合格）	[60,70)（重点关注）	[70,90)（合格）	[90,100]（优质）	合计
综合评分	数量（家）	1	1	24	2	28
	占比（%）	3.57	3.57	85.71	7.14	100.00
监管评分	数量（家）	0	6	22	0	28
	占比（%）	0.00	21.43	78.57	0.00	100.00
自评分	数量（家）	1	0	6	21	28
	占比（%）	3.57	0.00	21.43	75.00	100.00

资料来源：根据中国银保监会官网（http://www.cbrc.gov.cn/）公开数据整理

人身险公司中，参与评价的 20 家人身险公司的综合评分平均值为 80.38 分，中位数为 79.63 分，标准差为 6.55，最大值为 91.10 分，最小值为 68.00 分；参与评价的 20 家人身险公司的监管评分平均值为 75.85 分，中位数为 76.38 分，标准差为 6.86，最大值为 88.50 分，最小值为 63.00 分；参与评价的 20 家人身险公司的自评分平均值为 90.30 分，中位数为 90.00 分，标准差为 5.75，最大值为 99.00 分，最小值为 81.00 分。2018 年度人身险公司治理评价结果详见表 12-11。

表 12-11　2018 年度人身险公司治理评价结果

治理评分	数量与占比	[0,60)（不合格）	[60,70)（重点关注）	[70,90)（合格）	[90,100]（优质）	合计
综合评分	数量（家）	0	2	16	2	20
	占比（%）	0.00	10.00	80.00	10.00	100.00
监管评分	数量（家）	0	5	15	0	20
	占比（%）	0.00	25.00	75.00	0.00	100.00
自评分	数量（家）	0	0	9	11	20
	占比（%）	0.00	0.00	45.00	55.00	100.00

资料来源：根据中国银保监会官网（http://www.cbrc.gov.cn/）公开数据整理

集团公司和资产管理公司各有一家公司参与这次公司治理评价，其中，参与评价的集团公司综合评分为 81.20 分，监管评分为 74.00 分，自评分为 92.00 分；参与评价的资产管理公司综合评分为 86.05 分，监管评分为 78.75 分，自评分为 97.00 分。

3. 不同组织形式的比较分析

本章同样对股份制法人机构和有限制法人机构的治理状况进行了分析，同时也关注了相互制法人机构的治理状况。股份制法人机构中，参与综合评分的 42 家股份制法人机构的综合评分平均值为 80.43 分，中位数为 81.85 分，标准差为 8.93。其中，股份制法人机构综合评分的最大值为 91.10 分，最小值为 39.75 分；参与评价的 42 家股份制法人机构的监管评分平均值为 76.36 分，中位数为 76.88 分，标准差为 6.78，最大值为 88.50 分，最小值为 60.00 分；参与评价的 42 家股份制法人机构的自评分平均值为

89.21 分，中位数为 92.50 分，标准差为 14.95，最大值为 99.00 分，最小值为 0.00 分。2018 年度股份制法人机构治理评价结果详见表 12-12。

表 12-12 2018 年度股份制法人机构治理评价结果

治理评分	数量与占比	[0,60]（不合格）	[60,70]（重点关注）	[70,90]（合格）	[90,100]（优质）	合计
综合评分	数量（家）	1	3	35	3	42
	占比（%）	2.38	7.14	83.33	7.14	100.00
监管评分	数量（家）	0	9	33	0	42
	占比（%）	0.00	21.43	78.57	0.00	100.00
自评分	数量（家）	1	0	14	27	42
	占比（%）	2.38	0.00	33.33	64.29	100.00

资料来源：根据中国银保监会官网（http://www.cbrc.gov.cn/）公开数据整理

有限制法人机构中，参与评价的 7 家有限制法人机构的综合评分平均值为 82.03 分，中位数为 82.65 分，标准差为 6.16，最大值为 90.95 分，最小值为 73.20 分；参与评价的 7 家有限制法人机构的监管评分平均值为 77.71 分，中位数为 78.75 分，标准差为 6.65，最大值为 86.25 分，最小值为 67.00 分；参与评价的 7 家有限制法人机构的自评分平均值为 93.86 分，中位数为 95.00 分，标准差为 3.80，最大值为 98.00 分，最小值为 87.00 分。2018 年度有限制法人机构治理评价结果详见表 12-13。

表 12-13 2018 年度有限制法人机构治理评价结果

治理评分	数量与占比	[0,60]（不合格）	[60,70]（重点关注）	[70,90]（合格）	[90,100]（优质）	合计
综合评分	数量（家）	0	0	6	1	7
	占比（%）	0.00	0.00	85.71	14.29	100.00
监管评分	数量（家）	0	1	6	0	7
	占比（%）	0.00	14.29	85.71	0.00	100.00
自评分	数量（家）	0	0	1	6	7
	占比（%）	0.00	0.00	14.29	85.71	100.00

资料来源：根据中国银保监会官网（http://www.cbrc.gov.cn/）公开数据整理

相互制法人机构中，只有 1 家公司参与公司治理评价，其综合评分为 72.25 分，监管评分为 66.75 分，自评分为 93.00 分。

（二）2018 年度保险法人机构公司治理问题分析

基于保险监管机构公布的 2018 年度保险法人机构公司治理的评价结果，本章发现：第一，我国保险公司自评分值偏高，且方差较大，说明我国保险法人机构对其自身公司治理问题的认识不充分且存在较大差异；第二，人身险类保险法人机构的监管评分和自评分结果均高于财产险类保险法人机构，说明我国人身险类保险法人机构的公司治理水平整体较财产险类保险法人机构更好；第三，有限制保险法人机构公司治理的评分结果均较股份制保险法人机构更好，标准差也更小，表明我国有限制保险法人机构的治理状况要优于股份制保险法人机构，各有限制保险法人机构之间的治理水平差异也较小。

四、近年来我国保险法人机构公司治理发展趋势分析

将2015年、2017年和2018年三次保险法人机构公司治理评价结果进行比较发现，保险法人机构的公司治理监管评分平均值从2015年的85.8分下降到2018年的76.72分；保险法人机构的公司治理自评分均值从2015年的94.2分下降到2017年的89.19分，而在2018年公司治理自评分有微小回升，为89.35分，仍与2015年的自评分均值存在较大差距；保险法人机构的公司治理综合评分平均值从2015年的89.2分下降到2018年的81.77分，如图12-1所示。

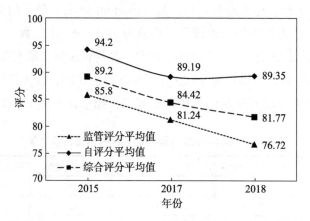

图12-1　2015、2017和2018年度保险法人机构治理比较

资料来源：作者整理

由此可见，我国保险法人机构的公司治理水平在最近几年呈现出一定的下降趋势，治理问题日渐凸显。需要说明的是，三次评价的样本并不完全相同，因此该结论从统计学角度来说还需要进一步验证。

第四节　保险公司治理评价优化

一、保险公司治理评价的总结

公司治理理论研究经过治理原则阶段之后，进入公司治理评价阶段。近年来，国际上对于保险公司的治理评价主要是由非官方的评级机构或媒体完成的。例如，亚太

区著名期刊《亚洲公司治理》(*Corporate Governance Asia*)评选的"亚洲公司治理年度杰出表现奖"(Corporate Governance Asia Annual Recognition Awards),就考虑了保险公司的治理情况,而中国平安保险(集团)股份有限公司曾于2007年获奖。国际著名财经期刊《欧洲货币》(*Euromoney*)的最佳治理公司排名中,也添加了关于保险公司治理的排名。

但是,需要说明的是,这些治理评价都是根据一般公司的治理评价系统进行的,除了原中国保监会和中国银保监会《保险公司治理报告》中的公司治理评价之外,国际上和国内尚无基于保险公司治理特点设计的专门的、科学的、详细的和可操作的保险公司治理评价指标体系。

二、保险公司治理评价系统设计:从一维到三维

(一)保险公司治理多维评价模型

公司治理评价的目的就是科学、全面、准确地评价公司治理的质量。公司治理的评价不应仅局限于按照上述提到的国内外经典公司治理评价系统中的治理内容维度进行,还要考虑合规性的层次和公司组织的法律形式,即从治理层次和治理对象维度进行系统全面的评价。未来的保险公司治理评价是三维的,甚至是多维的,详见图12-2。

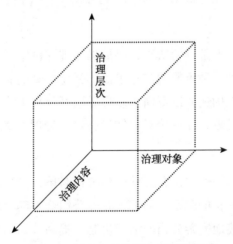

图 12-2 保险公司治理多维评价模型
资料来源:作者整理

(二)治理内容维度

公司治理评价可以重点关注内部治理,也可以将外部治理作为评价的核心,亦可考虑内外部治理相结合;在我国的制度背景下,治理评价以内部治理为主,包括股东治理、董事会治理、监事会治理等,考虑保险公司治理的特殊性,外部监管和利益相

关者治理等维度也需要纳入评价系统中。

（三）治理层次维度

公司治理评价主要是评价治理合规性，而治理合规性具有层次性，包括强制性合规（也称一般合规）和自主性合规（也称高级合规）。因此，可以将治理评价分为强制合规评价和自主合规评价两个层次：其中强制合规是公司治理合规的底线，不允许公司触碰；而自主合规则是鼓励性内容，是公司在治理方面创新和超前的一个体现。

（四）治理对象维度

按照评价对象或者治理对象的特质不同，可以将治理评价细分为不同治理对象的治理评价。例如，按照资本性质，可将评价对象分为中资和外资两种类型保险公司治理评价；按照险种类型，则可以分为财产险和人身险两种类型保险公司治理评价；按照组织形式可分为相互制保险公司、有限责任制公司和股份有限制保险公司治理评价；按照治理对象上市情况，治理评价可以分为上市公司治理评价和非上市公司治理评价。

三、保险公司治理评价结果应用：从基础到深入

我国保险公司治理合规性较高，但治理有效性总体上偏低，为了推进我国保险公司治理能力现代化进程，在评价结果的应用上可以加强以下三个方面的工作：

（一）监管层面

建立评价机制本身并不是目的所在，要加强治理评价结果在监管中的作用，很重要的一点就是要将其作为一种重要的监管手段，强化监管的有效性；除了监管加强应用评价结果之外，监管机构还要以双向互动形式展开评价工作，即每年评价完后需要将评价结果反馈给评价对象，使评价对象知道其自身治理的优势和不足。

（二）公司层面

根据评价结果，可以制作并发布最佳治理公司名单，发挥评价结果的激励作用和示范效应，在提高公司声誉的激励推动下，其他公司会主动向治理标杆公司学习，从具体操作的层面上更直接地完善公司的治理机制，提高公司治理水平；而治理标杆公司也会进一步提高公司自身的治理水平，维持公司自身的标杆地位以提高公司声誉和效益。

（三）研究层面

随着保险业信息化特别是监管信息化水平的提升，可以开发保险公司治理相关的专业数据库，建设治理数据库一方面可以为基于大数据技术的建模、挖掘和使用等奠定基础；另一方面，相关数据库建设也可以推进保险公司治理领域研究的进展，打破制约理论研究的瓶颈因素，而理论研究的深入也能更好地指导治理实践的发展。

思考题

1. 哪些主体可以进行保险公司治理评价？不同主体开展治理评价有什么样的区别？
2. 相对于一般公司，保险公司治理评价有什么样的特殊性？
3. 哪些治理指标可以用来评价保险公司治理质量？
4. 请尝试设计一套保险公司治理评价系统。

第十三章

上市保险公司治理评价

【本章概要】

本章梳理了我国境内外上市保险公司的情况,同时基于公司披露的公司治理信息对我国 A 股上市保险公司"三会一层"状况进行了描述;然后详细介绍了南开大学中国公司治理研究院设计的中国上市公司治理评价指标体系;最后基于中国上市公司治理指数($CCGI^{NK}$)对我国 A 股上市保险公司治理质量进行了总体和分维度的分析。

【学习目标】

了解我国境内外上市保险公司的概况,了解我国 A 股上市保险公司治理结构与机制的特点,理解公司治理评价指标体系的构成,掌握我国上市保险公司治理的整体状况。

第一节 我国上市保险公司概况

一、我国上市保险公司总体说明

截至 2020 年 8 月底,我国境内上市保险公司有 5 家,分别为中国人寿保险股份有限公司、中国平安保险(集团)股份有限公司、中国太平洋保险(集团)股份有限公司、新华人寿保险股份有限公司和中国人民保险集团股份有限公司,其中中国人寿保险股份有限公司和中国太平洋保险(集团)股份有限公司实现了三地上市(分别为"A+H+N"和"A+H+L"),中国平安保险(集团)股份有限公司、新华人寿保险股份有限公司和中国人民保险集团股份有限公司实现了"A+H"两地上市。

境外上市保险公司也有 5 家,分别为中国太平保险集团、中国人民财产保险股份有限公司、泛华保险服务集团、中国再保险集团股份有限公司、众安在线财产保险公司。

需要说明的是：第一，中国人寿保险股份有限公司、中国平安保险（集团）股份有限公司、中国太平洋保险（集团）股份有限公司、中国人民保险集团股份有限公司、中国太平保险集团、中国再保险集团股份有限公司实际上都是保险经营机构中的集团公司，泛华保险服务集团是保险中介机构中的集团公司，只有新华人寿保险股份有限公司、中国人民财产保险股份有限公司和众安在线财产保险公司是严格意义上的上市保险公司；第二，本章所指上市保险公司不包括挂牌[①]保险公司。

二、境内上市保险公司概况

（一）中国人寿公司简介

中国人寿保险股份有限公司（以下简称"中国人寿"或"国寿股份"，其中证券监管机构多用"中国人寿"，行业监管机构多用"国寿股份"）是中国人寿保险（集团）公司（以下简称"国寿集团"）的核心成员单位，公司注册资本为人民币282.65亿元；其控股股东国寿集团，是国有特大型金融保险央企，国家副部级单位，2019年财富500强排名第51位。

中国人寿保险（集团）公司前身是成立于1949年的原中国人民保险公司；1996年，根据《保险法》关于财产险和人身险分业经营的要求，中国人民保险公司改组为中国人民保险（集团）公司，下设中保财产保险有限公司、中保人寿保险有限公司和中保再保险有限公司，3家公司分别为当时国内最大的专业产险公司、最大的专业寿险公司、唯一的专业再保险公司；中保人寿保险有限公司1999年更名为中国人寿保险公司；2003年，经国务院和原中国保监会批准，中国人寿保险公司进行重组改制，变更为中国人寿保险（集团）公司。

2003年12月17日、18日，中国人寿在纽约和中国香港上市，创造了2003年全球最大首次公开发行（initial public offering，缩写为IPO）纪录。2007年1月9日，中国人寿回归A股（股票代码：601682），在上海上市，成为首家在三地上市的保险公司。

经过长期的发展和积淀，中国人寿业务版图不断扩大，参股国寿资管、国寿财险、国寿养老，下设国寿（苏州）养老养生投资有限公司（以下简称"苏州养生"）、上海瑞崇投资有限公司（以下简称"上海瑞崇投资"）、国寿（北京）健康管理有限公司（以下简称"国寿健康"）等多家子公司，在2016年入主广发银行，业务范围全面涵盖人

[①] 挂牌是指非上市公司股票在场外市场（新三板与区域性股权交易中心）挂牌交易，在挂牌时不能发行新股，因此挂牌不是上市。截至2020年8月，全国中小企业股份转让系统显示，我国有25家保险机构挂牌，其中财产险公司3家，保险经纪与代理服务机构18家，其他保险活动类4家。3家财产险公司分别是永诚财产保险股份有限公司（2015年12月28日挂牌）、众诚汽车保险股份有限公司（2016年8月12日挂牌）和锦泰财产保险股份有限公司（2016年12月15日挂牌）。

身险、养老保险（企业年金）、资产管理、银行等多个领域。中国银保监会官网（http://www.cbrc.gov.cn/）披露数据显示，2017 年中国人寿实现原保险保费收入 5 122.68 亿元，市场份额 19.7%，市场排名第一位。

中国人寿作为中国人身险业的"领头羊"，股改上市 10 年后，在 2013—2017 年的 5 年间，业务稳健发展，推进转型升级，严格风险防控，经营管理成绩显著。原保险保费收入由 2013 年的 3267 亿元增加到 2017 年的 5123 亿元，基本实现两年跨越一个千亿平台，成为国内首家总保费过 5000 亿元的人身险公司。其中，续期保费由 2013 年的 1907 亿元增加到 2017 年的 2881 亿元，年均复合增长率超 10%；2017 年首年期交保费和续期保费之和占总保费比重达到 78.3%，续期保费拉动效应进一步显现，持续发展能力大幅增强。近年来中小险企的迅速崛起，占领挤压大型险企市场份额，加之国寿保险主动优化结构、控制趸交业务规模，使得市场份额连年下滑，2017 年企稳至 19.7%，占据行业第一的位置。但 2018 年和 2019 年的最新数据显示，其领先优势在逐步减弱，行业地位遭遇一定挑战。

（二）中国平安公司简介

中国平安保险（集团）股份有限公司（以下简称"中国平安""平安"或"平安集团"，其中证券监管机构多称"中国平安"，行业监管机构多称"平安集团"）于 1988 年在深圳成立。2004 年 6 月 24 日在香港上市，H 股股票代码为 02318；2007 年 3 月 1 日在上海证券交易所上市，A 股股票代码为 601318。历经保险业务—综合金融—"金融＋科技"三十余年的发展，平安已成为全国最大的综合金融服务提供商，为探索"金融＋生态"商业模式奠定了坚实的基础。

第一阶段（1988—1998 年）探索现代保险、搭建机制平台。1988 年，平安保险公司成立，开始经营财产险业务。1994 年开始率先引进个人营销体系，推行个人人身险营销业务。平安不断优化股权结构，先后引入摩根士丹利、高盛公司、汇丰等海外投资者，较早形成了多元化的股权结构。同时，与日本第一生命等国外成熟保险公司合作，引进学习国际先进管理制度和国际化管理标准，搭建了以保险为主业的现代化经营平台。

第二阶段（1998—2008 年）专注保险经营、探索综合金融。平安早在 1995 年就开始布局综合金融业务，在 1995 年、1996 年先后成立了证券公司和信托公司。1998 年，在平安的全国工作会议上，马明哲先生作《构建跨世纪远景，实施新时期战略》报告，提出平安下一个十年将朝着"国际一流的综合金融服务集团"目标迈进。2003 年，开始在平安集团的统筹下进行综合金融布局，实现金融全牌照。2006 年，平安全国运营管理中心在上海张江正式投入运营，率先在中国金融保险行业引入"金融工厂"概念，用统一的大后台为前线金融产品提供全方位的支持和服务。这一时期，平安从前线业务和后台支持上初步建立起"一个客户、一个账户、多个产品、一站式服务"的综合金融体系。

第三阶段（2008年至今）强化综合金融实践，探索"金融＋科技"。在这一阶段，平安贯彻"科技引领金融"的方针，明确"以个人客户为中心"的经营理念，在不断完善传统综合金融业务的同时，开始布局互联网与科技板块。2012年，陆金所成立，平安互联网金融开启全面布局。2014年开始，随着平安好房、平安好医生等公司成立，平安深化"互联网+综合金融"模式，围绕"医、食、住、行、玩"生活场景为客户提供一站式服务，平安的发展愿景也从"个人综合金融服务提供商"拓展为"个人金融生活服务提供商"。在科技运用方面，平安于2010年率先推出MIT移动展业平台，随后通过"E行销""口袋E""展E宝"等工具，在全销售流程上武装代理人，2015年推出全面面向个人客户的平安人寿"E服务"APP（后改名"金管家"APP），打造出联动线上、线下的移动综合金融生活服务平台。2017年，平安确立"金融+科技"双驱动战略，以人工智能、区块链、云、大数据和安全五大核心技术为基础，深度聚焦金融科技与医疗科技两大领域，对内提质增效，提升传统金融业务的竞争力，对外通过输出创新科技与服务，促进科技成果转化为价值。

从利润构成来看，人身险业务是集团利益的主要来源，财产险、银行、证券和信托利润占比之和低于人身险且逐年下降，金融和医疗科技利润贡献程度呈上升趋势。

（三）中国太保公司简介

中国太平洋保险（集团）股份有限公司（又称"太平洋保险"，以下简称"中国太保""太保"或"太保集团"，证券监管机构多称"中国太保"，行业监管机构多称"太保集团"）是在1991年5月13日成立的中国太平洋保险公司的基础上组建而成的保险集团公司，总部设在上海。2007年12月25日，中国太保的正式挂牌上市意味着中国第一家真正意义上的以保险集团整体上市的金融股登陆A股市场，发行价格为30元/股；2009年12月23日登陆H股市场，发行价格为28.00港元/股。中国太保A股股票代码：601601；H股股票代码：02601。

中国太保以成为"行业健康稳定发展的引领者"为愿景，始终以客户需求为导向，专注保险主业，做精保险专业，创新保险产品和服务，提升客户体验，价值持续增长，实力不断增强，连续九年入选《财富》（Fortune Magazine）世界500强，2019年位列第199位。2019年实现营业收入554.13亿美元，同比增长3.07%，实现净利润40.15亿美元，同比增长95.0%。为超过1.23亿名客户提供全方位风险保障解决方案、财富规划和资产管理服务。

中国太保积极服务于国家战略、实体经济和民生保障，主动响应"一带一路"倡议，提供累计超过5 000亿元的保险保障，覆盖65个不同国家地区的不同项目。同时，参与多层次医疗体系建设、服务"三农"建设、应对人口老龄化挑战、支持食品安全治理体系构建、助力小微企业发展、实施具有社会和环境效益的投资项目，为助力国家发展和增进民生福祉保驾护航。

平时注入一滴水，难时拥有太平洋。中国太保充分发挥经济"减震器"和社会"稳定器"的功能，过去十年累计赔付金额近 5600 亿元，及时做好京昆高速特大车祸、九寨沟地震以及"飞鸽""纳沙"等重大灾难事故的理赔服务。"太好赔""太 e 赔""e 农险"等一系列精细化服务，让客户获得极简、极速、极暖的保险服务。财产险公司、人身险公司分别获年度经营评价最高等级 A 级和服务评价 AA 级，成为行业发展和服务新标杆。

中国太保以"做一家负责任的保险公司"为使命，各类精准扶贫项目已覆盖全国 460 万建档立卡贫困户，创建了大病保险扶贫、农险扶贫、产业扶贫、投资扶贫、智力扶贫等多种可复制推广的典型模式，136 名优秀干部深入开展驻村帮扶工作，带领广大村民走上共同富裕之路。同时，关爱孤残儿童、助梦希望小学，在"弱有所扶"上不断取得新进展。连续八年获中国企业社会责任榜"杰出企业奖"，同时入选中国 A 股市场环境、社会、治理（ESG）绩效最佳"美好 50 公司"。

中国太保承诺坚持做保险行业的"长跑者"，坚持高质量发展道路，推进实施"转型 2.0"。围绕"客户体验最佳、业务质量最优、风控能力最强"三大目标，聚焦人才和科技两大关键因素，补齐关键短板，实现方式转变、结构优化和动能转换。

2020 年 6 月 17 日，中国太保沪伦通全球存托凭证（global depository receipt，缩写为 GDR）于伦敦证券交易所沪伦通板块正式挂牌（证券代码：CPIC）交易，发行定价为 17.60 美元，公司由此成为第一家在上海、香港、伦敦三地上市的中国保险企业，也是我国继中国人寿之后第二家在三地上市的保险公司。

（四）新华保险公司简介

新华人寿保险股份有限公司（以下简称"新华保险"或"新华人寿"，证券监管机构多称"新华保险"，行业监管机构多称"新华人寿"）成立于 1996 年 9 月，总部位于北京市，是一家大型人身险公司，目前拥有新华资产管理股份有限公司、新华家园养老服务（北京）有限公司和新华世纪电子商务有限公司、新华家园健康科技（北京）有限公司、新华养老保险股份有限公司、北京新华卓越康复医院有限公司等子公司。2011 年，新华保险在上海证券交易所和香港联合交易所同步上市，A 股股票代码为 601336，H 股股票代码为 01336。

2017 年，新华保险蝉联《福布斯》（*Forbes*）和《财富》（*Fortune Magazine*）双料世界 500 强，同时获得穆迪 A2、惠誉 A 的保险公司财务实力评级。

（五）中国人保公司简介

中国人民保险集团股份有限公司（以下简称"中国人保"），是由1949年10月20日在北京西郊民巷108号挂牌成立的中国人民保险公司（被誉为"新中国保险业的长子"）发展变革而来。2012年12月7日，中国人保在香港联合交易所完成了H股上市（股票代码：01339），开创了中管保险集团境外整体上市的先河。2018年11月16日，中国人保集团在上海证券交易所正式登陆A股市场（股票代码：601319），成为国内第五家"A+H"股上市的保险公司。

目前，中国人保旗下拥有中国人民财产保险股份有限公司、中国人保资产管理有限公司、中国人民健康保险股份有限公司、中国人民人寿保险股份有限公司、中诚信托有限责任公司、人保投资控股有限公司、人保资本投资管理有限公司、人保金融服务有限公司、人保再保险股份有限公司、中国人民养老保险有限责任公司、中国人民保险（香港）有限公司、中盛国际保险经纪有限责任公司等10多家专业子公司，实现了全保险产业链和银行、信托等非保险金融领域战略布局，业务范围覆盖财产险、人身险、再保险、资产管理、不动产投资和另类投资、金融科技、年金和养老金、保险经纪等方面。自2010年入榜《财富》（*Fortune Magazine*）刊发的世界500强以来，中国人保排位不断提升，2019年以年营业收入753.77亿美元位列第121位。

三、境外上市保险公司概况

（一）中国太平公司简介

中国太平保险集团（以下简称"中国太平"），2000年6月29日在香港联合交易所上市（股票代码：00966），成为中国保险业首家上市公司。中国太平的业务种类繁多，除财产保险、人寿保险、再保险、保险经纪外，还涉及企业年金、资产经营管理、实业投入、证券经纪、财务融资、基金经营管理等领域，属下机构遍及中国大陆、中国港澳地区、新加坡、日本、印度尼西亚、英国、荷兰、新西兰等国家和地区。

（二）中国人保财险公司简介

中国人民财产保险股份有限公司（以下简称"中国人保财险"），2003年11月6日在香港联交所成功挂牌上市（股票代码：02328），成为中国内地金融机构境外上市"第一股"。中国人保财险是中国人保旗下标志性主业，凭借综合实力相继成为北京2008年奥运会、2010年上海世博会保险合作伙伴。2008年，公司保费收入突破1000亿元，成为国内第一家年度保费突破千亿元大关的非寿险公司，进入全球非寿险业务前十强。2011年，中国人保财险在全球可比上市非寿险公司中排名攀升至第七位，亚洲排名稳居第一；公司的车险保费收入突破1000亿元，其车险成为国内非寿险公司首个年保费收入超千亿的单一险种。

（三）泛华集团公司简介

泛华保险服务集团（以下简称"泛华集团"），2007年10月31日登陆美国纳斯达克主板（股票代码：CISG），成为亚洲保险中介行业第一家在全球主要资本市场上市的公司。泛华集团于20世纪90年代在广东开始保险代理服务，至今已经发展成为融财产保险、人寿保险、保险公估、保险经纪、消费者金融、个人财富经营管理等为一体的多元化综合金融服务集团。

（四）中国再保险公司简介

中国再保险集团股份有限公司（以下简称"中国再保险"），2015年10月26日在香港主板上市（股票代码：01508）。该公司由财政部和中央汇金投资有限责任公司发起设立，主要致力于再保险业务，通过其子公司——中国财产再保险有限责任公司、中国人寿再保险股份有限公司、中国大地财产保险股份有限公司、中再资产管理股份有限公司和华泰保险经纪有限公司——提供包括再保险、直接保险、资产管理和保险经纪在内的产品和服务。

（五）众安保险公司简介

众安在线财产保险公司（以下简称"众安保险"），2017年9月28日正式登陆香港联交所（股票代码：06060）。该公司是一家互联网保险公司，提供的保险包括生活消费保险、消费金融保险、健康保险、汽车保险和航旅保险，相应的保险产品包括退货运费险、网络支付安全险、账户安全险、手机意外险、手机碎屏险、保贝计划、马上花、个人健康险、健康团险计划、航意航延险等。

第二节　我国上市保险公司"三会一层"

本节以中国人寿、中国平安、中国太保、新华保险和中国人保5家境内A股上市公司为分析对象，基于公开数据，从"三会一层"角度分析其治理状况。

一、上市保险公司股东与股东大会

（一）上市保险公司股权集中度

如表13-1所示，5家上市保险公司2019年第一大股东平均持股比例为45.28%，数值在30%~70%之间；中国人寿第一大股东持股比例最高，为68.37%；中国太保第一大股东持股比例最低，为30.60%。如表13-2所示，5家上市保险公司2019年前十大股东平均持股比例为83.29%；中国人寿前十大股东持股比例最高，为97.69%；中国平安前十大股东持股比例最低，为59.61%。

表 13-1　上市保险公司第一大股东持股比例　　　　　　　　　　　　%

公司简称	2013 年	2014 年	2015 年	2016 年	2017 年	2018 年	2019 年	平均值
中国人寿	68.37	68.37	68.37	68.37	68.37	68.37	68.37	68.37
中国平安	6.08	5.41	32.10	32.09	32.72	32.78	33.44	26.02
中国太保	30.58	30.59	30.59	30.60	30.60	30.60	30.60	30.60
新华保险	31.99	32.62	33.14	33.14	33.14	33.14	3.14	32.93
中国人保	—	—	—	—	—	67.60	60.84	63.09
平均值	34.26	34.25	41.05	41.05	41.21	46.50	45.28	—

资料来源：根据各保险公司历年年报整理

表 13-2　上市保险公司前十大股东持股比例　　　　　　　　　　　　%

公司简称	2013 年	2014 年	2015 年	2016 年	2017 年	2018 年	2 19 年	平均值
中国人寿	94.73	94.82	96.91	97.21	97.27	97.62	7.69	96.75
中国平安	27.80	20.79	56.45	59.25	59.04	59.01	9.61	50.14
中国太保	75.57	75.38	77.12	78.19	77.18	78.43	9.61	77.64
新华保险	87.27	83.94	85.45	85.39	85.30	82.44	2.83	84.46
中国人保	—	—	—	—	—	97.66	6.69	96.93
平均值	71.34	68.73	78.98	80.01	79.70	83.03	3.29	—

资料来源：根据各保险公司历年年报整理

（二）上市保险公司股权性质

判断一个公司的股权性质，主要看实际控制人，在没有实际控制人的情况下需进一步观察其控股股东。实际控制人一般不是公司的控股股东，但能够支配公司行为。由表 13-3 可知，除中国平安和中国太保外，其余 3 家上市保险公司的控股股东均为国有性质。年报显示，中国平安和中国太保无实际控制人。

根据中国平安 2019 年年报，中国平安最大的股东是香港中央结算（代理人）有限公司，这家公司是集中清算的中介公司，是 H 股股东账户的股份总和，因此这家公司并不是真正意义上的股东；中国平安的第二大股东是深圳市投资控股有限公司，占股比例为 5.27%，但并不是中国平安持股最多的机构。目前中国平安持股数量最多的是卜蜂集团，因为中国平安第四大股东（New Orient Ventures Limited）和第五大股东（商发控股有限公司）都是卜蜂集团（即正大集团）间接控股的公司，卜蜂集团间接持有中国平安的股份比例达到 7.18%。但这一比例也没有达到学术文献中 20% 这一相对控股的临界值。因此本章将中国平安的控股股东性质确认为其他类型。与此相类似，中国太保的控股股东性质也确定为其他类型。

表 13-3　上市保险公司实际控制人与控股股东性质

公司简称	实际控制人	控股股东性质
中国人寿	国家财政部	国有控股
中国平安	无实际控制人	其他类型
中国太保	无实际控制人	其他类型
新华保险	中国投资有限责任公司	国有控股
中国人保	国家财政部	国有控股

资料来源：根据各保险公司2019年报整理

（三）上市保险公司股东大会召开次数

如表 13-4 所示，2019 年上市保险公司股东大会平均召开次数为 2.20 次；其中，中国平安 2019 年召开股东大会 4 次；中国太保股东大会召开次数较少，近 7 年平均值为 1.43 次。

表 13-4　上市保险公司股东大会召开次数　　　　　　单位：次

公司简称	2013年	2014年	2015年	2016年	2017年	2018年	2019年	平均值
中国人寿	2	3	2	2	2	2	2	2.15
中国平安	2	1	3	4	1	5	4	2.86
中国太保	1	1	2	1	2	1	2	1.43
新华保险	4	2	2	2	3	2	2	2.43
中国人保	-	-	-	-	-	5	1	3.00
平均值	2.25	1.75	2.25	2.25	2.00	3.00	2.20	-

资料来源：根据各保险公司历年年报整理

二、上市保险公司董事与董事会

（一）上市保险公司董事会构成

如表 13-5 所示，上市保险公司 2019 年董事人数平均为 13.60 人；其中人数最多的新华保险达到 15 人，人数最少的中国人寿董事人数为 12 人。2019 年独立董事平均人数与往年比略有下降，除中国人寿独立董事人数为 4 人外，其他 4 家公司独立董事人数均为 5 人。

表 13-5　上市保险公司董事及独立董事数量　　　　　　单位：人

董事会构成		中国人寿	中国平安	中国太保	新华保险	中国人保	平均值
2013年	董事人数	11	19	12	13	-	13.75
	独立董事人数	4	7	4	6	-	5.25
2014年	董事人数	11	19	14	15	-	14.75
	独立董事人数	4	7	5	6	-	5.50

续表

	董事会构成	中国人寿	中国平安	中国太保	新华保险	中国人保	平均值
2015年	董事人数	12	17	14	13	—	14.00
	独立董事人数	4	6	5	5	—	5.00
2016年	董事人数	11	17	14	12	—	13.50
	独立董事人数	4	6	5	5	—	5.00
2017年	董事人数	11	17	13	13	—	13.50
	独立董事人数	4	6	5	5	—	5.00
2018年	董事人数	10	15	12	13	14	12.80
	独立董事人数	4	5	5	5	5	4.80
2019年	董事人数	12	14	13	15	14	13.60
	独立董事人数	4	5	5	5	5	4.80

资料来源：根据各保险公司历年年报整理

（二）上市保险公司董事会运作

如表13-6所示，2013—2019年上市保险公司平均每年召开董事会6～10次；2019年董事会平均召开次数最高，达到9.60次；中国平安平均召开董事会6.00次，位于上市保险公司之末；总体来说，上市保险公司能够积极、有效地召开董事会。

如表13-7所示，根据公司年报披露，5家上市保险公司都成立了相应的专门委员会，主要包括战略与投资、审计、提名薪酬、风险管理等委员会。此外，上市保险公司都制定了各委员会工作细则，明确各自的职责与职权，以提升董事会的工作质量。

表13-6　上市保险公司董事会召开次数　　　单位：次

公司简称	2013年	2014年	2015年	2016年	2017年	2018年	2019年	平均值
中国人寿	7	7	6	6	6	8	12	7.43
中国平安	7	5	7	6	5	7	5	6.00
中国太保	6	5	7	6	13	8	9	7.71
新华保险	14	8	9	12	11	10	14	11.14
中国人保	—	—	—	—	—	11	8	9.50
平均值	8.50	6.25	7.25	7.50	8.75	8.80	9.60	

资料来源：根据各保险公司历年年报整理

表13-7　2019年上市保险公司董事会专门委员会构成与运作情况

公司简称	专门委员会构成	专门委员会数量（个）	召开会议次数（次）
中国人寿	审计委员会，提名薪酬委员会，风险管理与消费者权益保护委员会，战略与资产负债管理委员会，关联交易控制委员会。	5	22
中国平安	战略与投资决策委员会，审计与风险管理委员会，提名委员会，薪酬委员会，关联交易控制委员会。	5	11

续表

公司简称	专门委员会构成	专门委员会数量（个）	召开会议次数（次）
中国太保	战略与投资决策委员会，审计委员会，提名薪酬委员会，风险管理委员会。	4	24
新华保险	战略委员会，投资委员会，审计与关联交易控制委员会，提名薪酬委员会，风险管理与消费者权益保护委员会。	5	38
中国人保	审计委员会，提名薪酬委员会，战略与投资委员会，风险管理委员会，关联交易控制委员会。	5	24
平均值		4.80	23.80

资料来源：根据各保险公司2019年报整理

（三）上市保险公司董事激励约束

如表13-8所示，中国平安历年前三名董事报酬总额平均值最高，而中国人保前三名董事报酬总额平均值最低。2019年，中国平安前三名董事报酬总额达3600.51万元，在上市保险公司中排名第一；中国人保前三名董事报酬总额最低，为253.19万元。此外，5家上市保险公司中，中国平安董事持有公司股票数量和比例相对较高，见表13-9。

表13-8 上市保险公司前三名董事报酬总额情况　　　　单位：万元

公司简称	2013年	2014年	2015年	2016年	2017年	2018年	2019年	平均值
中国人寿	503.60	384.21	345.04	586.74	798.80	664.93	417.45	528.68
中国平安	2825.76	2845.27	2755.08	2925.17	3296.39	3451.40	3600.51	3099.94
中国太保	581.90	756.40	197.40	264.40	568.90	477.50	413.50	465.71
新华保险	1160.57	735.24	742.24	545.14	1004.90	964.43	356.21	786.96
中国人保	—	—	—	—	—	238.74	253.19	245.97
平均值	1267.96	1180.28	1009.94	1080.36	1417.25	1159.40	1008.17	—

资料来源：Wind数据库

表13-9 中国平安董事持股情况

统计时间	董事持股数量（股）	董事持股比例（%）
2013年	2020280	0.0255
2014年	2020280	0.0227
2015年	4040560	0.0223
2016年	4478964	0.0245
2017年	5589475	0.0306
2018年	6409591	0.0351
2019年	2954412	0.0162

资料来源：根据各保险公司历年年报整理

（四）上市保险公司董事胜任能力

学历在一定程度上可以反映董事的知识水平和管理能力。如表 13-10 所示，上市保险公司硕士研究生及以上学历董事会成员所占比例较高，其中新华保险达到86.67%，即使比例最低的中国平安和中国太保，硕士研究生及以上学历董事所占比例也达到 78.57%。董事年龄方面，中国人寿董事平均年龄最高，为 57.92 岁；新华保险董事平均年龄最低，为 53.60 岁。上市保险公司董事年龄主要集中于 50～60 岁，见表13-11。总体来说，上市保险公司董事会成员学历高，经验丰富，胜任能力较强。

表 13-10　2019 年上市保险公司董事会成员学历及年龄情况

公司简称	硕士研究生及以上学历数量（人）	比例（%）	平均年龄（岁）
中国人寿	10	83.33	57.92
中国平安	11	78.57	56.29
中国太保	11	84.62	54.46
新华保险	13	86.67	53.60
中国人保	11	78.57	56.57
平均值	11.20	82.35	55.77

资料来源：根据各保险公司 2019 年报整理

表 13-11　2019 年上市保险公司董事会成员年龄分布

年龄阶段（岁）	数量（人）	比例（%）
30～40	1	1.47
40～50	20	29.41
50～60	31	45.59
60～70	13	19.12
70 以上	3	4.41

资料来源：根据各保险公司 2019 年报整理

三、上市保险公司监事与监事会

（一）上市保险公司监事会构成

如表 13-12 所示，自 2013 年开始，各上市保险公司监事会人数总体呈下降趋势，2018—2019 年有所回升。其中，中国平安与新华保险各年监事会人数及历年平均值较高。职工监事是监事会的重要组成人员，如表 13-13 所示，2019 年职工监事数量占监事的比例平均值为 42.00%。

表 13-12　上市保险公司监事数量　　　　　　　　单位：人

公司简称	2013年	2014年	2015年	2016年	2017年	2018年	2019年	平均值
中国人寿	5	5	5	5	3	4	5	4.57
中国平安	7	7	5	5	5	5	5	5.57
中国太保	5	5	5	4	4	4	5	4.57
新华保险	7	7	7	4	4	4	4	5.29
中国人保	—	—	—	—	—	5	5	5.00
平均值	6.00	6.00	5.50	4.50	4.00	4.40	4.80	—

资料来源：根据各保险公司历年年报整理

表 13-13　2019年上市保险公司职工监事

公司简称	职工监事 数量（人）	职工监事 占监事会总人数的比例（%）
中国人寿	2	40.00
中国平安	2	40.00
中国太保	2	40.00
新华保险	2	50.00
中国人保	2	40.00
平均值	2.00	42.00

资料来源：根据各保险公司2019年报整理

（二）上市保险公司监事会运作

如表13-14所示，上市保险公司平均每年召开4~7次监事会；2013—2019年，上市保险公司监事会会议平均召开次数呈现出总体提升的趋势。总体来看，上市保险公司可以按照相关规章制度召开监事会，运作效果良好。

表 13-14　上市保险公司监事会召开次数　　　　　　　　单位：次

公司简称	2013年	2014年	2015年	2016年	2017年	2018年	2019年	平均值
中国人寿	5	6	6	5	5	6	5	5.43
中国平安	4	4	5	5	4	5	4	4.43
中国太保	5	4	4	4	7	6	6	5.14
新华保险	5	5	4	6	4	4	7	5.00
中国人保	—	—	—	—	—	9	9	9.00
平均值	4.75	4.75	4.75	5.00	5.00	6.00	6.20	—

资料来源：根据各保险公司历年年报整理

（三）上市保险公司监事胜任能力

本章同样从监事知识文化水平的角度来分析其胜任能力。如表13-15所示，5家上市保险公司具有本科及以上学历的监事所占比例为 100.00%。其中，中国人保硕士研究生及以上学历监事的比例达 100.00%。由此可知，上市保险公司对监事学历的要求相对较高。

表 13-15 2019 年上市保险公司监事学历情况

公司简称	硕士研究生及以上学历		本科生		两者共占比例（%）
	数量（人）	比例（%）	数量（人）	比例（%）	
中国人寿	3	60.00	2	40.00	100.00
中国平安	3	60.00	2	40.00	100.00
中国太保	3	60.00	2	40.00	100.00
新华保险	1	25.00	3	75.00	100.00
中国人保	5	100.00	0	0.00	100.00

资料来源：根据各保险公司 2019 年报整理

四、上市保险公司高级管理人员

高级管理人员包含总经理、副总经理、董事会秘书和年报上公布的其他高级管理人员。

（一）上市保险公司高级管理人员构成

如果 13-16 所示，上市保险公司高级管理人员平均数量自 2013 年以来有所下降，2017 年有所增加，2018—2019 年整体呈下降趋势。2019 年，中国太保高级管理人员数量最多，达到 10 人；中国人寿最少，为 8 人。

表 13-16 上市保险公司高级管理人员数量　　　　　单位：人

公司简称	2013 年	2014 年	2015 年	2016 年	2017 年	2018 年	2019 年	平均值
中国人寿	12	10	7	8	10	10	8	9.29
中国平安	13	12	13	13	14	12	9	12.29
中国太保	11	10	9	8	9	9	10	9.43
新华保险	14	14	11	9	11	11	9	11.29
中国人保	—	—	—	—	—	10	9	9.50
平均值	12.50	11.50	10.00	9.50	11.00	10.40	9.00	—

资料来源：根据各保险公司历年年报整理

（二）上市保险公司高级管理人员激励

如表 13-17 所示，上市保险公司中，中国平安前三名高级管理人员报酬总额连续 6 年位于上市保险公司首位；中国人寿前三名高级管理人员报酬总额的平均值是 5 家上市保险公司中最低的,2019 年中国人寿前三名高级管理人员报酬总额为 460.30 万元,是中国平安历年平均值的 1/10 左右。

表 13-17　上市保险公司前三名高级管理人员报酬总额情况　　单位:万元

公司简称	2013 年	2014 年	2015 年	2016 年	2017 年	2018 年	2019 年	平均值
中国人寿	225.65	230.60	211.16	440.02	432.00	499.49	460.30	357.03
中国平安	3186.79	3270.56	3180.36	3258.40	3894.39	4219.69	3987.29	3571.07
中国太保	1367.00	1026.20	879.50	969.50	1194.60	982.10	1491.40	1130.04
新华保险	1500.96	1483.73	1451.12	1148.76	1161.88	678.90	523.69	1135.58
中国人保	—	—	—	—	—	691.32	566.23	628.78
平均值	1570.10	1502.77	1430.54	1454.17	1670.72	1414.30	1405.78	—

资料来源:根据各保险公司历年年报整理。

(三)上市保险公司高级管理人员胜任能力

如表 13-18 所示,5 家上市保险公司高级管理人员最低学历为本科,硕士研究生及以上学历高级管理人员占据了很大比例,都超过了 50%。此外,就上市保险公司高级管理人员平均年龄而言,中国人保硕士研究生及以上学历高级管理人员平均年龄最高,为 53.86 岁;中国人寿硕士研究生及以上学历高级管理人员平均年龄最低,为 51.33 岁。总体来说,上市保险公司高级管理人员学历高,经验丰富,工作能力较强。

表 13-18　2019 年上市保险公司高级管理人员学历与年龄

公司简称	硕士研究生及以上学历数量(人)	比例(%)	平均年龄(岁)
中国人寿	6	75.00	51.33
中国平安	8	88.89	52.25
中国太保	8	80.00	52.63
新华保险	9	100.00	53.22
中国人保	7	77.78	53.86
平均值	7.60	84.33	52.66

资料来源:根据各保险公司 2019 年报整理。

第三节　中国上市公司治理评价指标体系

近年来由于理论界和实务界以及相关的政府部门对上市公司的公司治理质量和治理环境格外关注,如何识别公司治理的优劣便成为需要解决的问题,这就迫切需要建立一套适应中国上市公司治理环境的公司治理评价系统。

一、中国上市公司治理评价指标体系构成

基于中国上市公司面临的治理环境特点，南开大学中国公司治理研究院公司治理评价研究组在总结公司治理理论研究、公司治理原则、各类公司治理评价系统以及大量实证研究、案例研究成果的基础上，广泛征求各方面的意见，于2003年推出了我国首套系统的中国上市公司治理评价系统，该评价系统由股东治理、董事会治理、监事会治理、经理层治理、信息披露和利益相关者治理6个维度、19个二级指标、129个具体评价指标组成，评价指标体系如表13-19所示。

表 13-19 中国上市公司治理评价指标体系

治理指数	治理分指数	治理评价要素
中国上市公司治理指数（$CCGI^{NK}$）	股东治理分指数（$CCGI^{NK}_{SH}$）	独立性；关联交易；中小股东权益保护
	董事会治理分指数（$CCGI^{NK}_{BOD}$）	董事权利与义务；董事会运作效率；董事会组织结构；董事薪酬；独立董事制度
	监事会治理分指数（$CCGI^{NK}_{BOS}$）	运行状况；规模结构；胜任能力
	经理层治理分指数（$CCGI^{NK}_{TOP}$）	任免制度；执行保障；激励约束
	信息披露分指数（$CCGI^{NK}_{ID}$）	可靠性；相关性；及时性
	利益相关者治理分指数（$CCGI^{NK}_{STH}$）	参与程度；协调程度

资料来源：南开大学中国公司治理研究院. 中国公司治理评价报告[R]. 研究报告，2019.

中国上市公司治理指数（$CCGI^{NK}$）是基于该评价系统的评价结果，南开大学中国公司治理研究院公司治理评价研究组自2004年开始连续发布每年中国上市公司治理指数（李维安、程新生，2005），该指数也成为反映中国上市公司治理状况的"晴雨表"。

二、中国上市公司治理评价指标体系特点

指标体系是公司治理指数的根本，不同环境需要不同的公司治理评价指标体系。中国上市公司治理评价指标体系反映了上市公司的诸多重要特征。此评价指标体系基于中国上市公司面临的治理环境特点，侧重于公司内部治理机制，强调公司治理的信息披露、中小股东的利益保护、董事会的独立性以及监事会参与治理等，引入利益相关者治理等新的公司治理理念和思想。此外，中国上市公司治理评价指标体系随着治理环境，特别是法律法规的变化，对相关的评价指标、评价标准也在进行动态优化调整。本章也将基于该评价指标体系的评价结果即中国上市公司治理指数，对我国上市保险公司治理状况进行全面分析。

第四节 我国上市保险公司治理评价

本节以南开大学中国公司治理研究院发布的中国上市公司治理指数为依据，对中

国人寿、中国平安、中国太保、新华保险和中国人保 5 家境内 A 股上市的保险公司的治理质量进行分析。

一、上市保险公司治理总体评价

从总体来看，2013—2018 年，上市保险公司治理指数总体呈现先升后降的趋势；上市保险公司治理指数在 2018 年达到最高水平，为 66.64；横向比较来看，中国平安的治理指数平均值为 66.16，高于其他 4 家保险公司；2018 年中国太保公司治理指数高于其他 4 家上市公司，见表 13-20。[①]

表 13-20 上市保险公司治理指数

公司简称	2013 年	2014 年	2015 年	2016 年	2017 年	2018 年	平均值
中国人寿	60.93	63.68	61.14	61.86	60.03	63.63	61.88
中国平安	67.82	67.64	62.13	65.06	65.21	69.09	66.16
中国太保	62.57	70.29	63.10	64.30	63.13	70.02	65.57
新华保险	64.82	62.52	65.08	63.26	60.73	64.55	63.49
中国人保	–	–	–	–	–	65.93	65.93
平均值	64.04	66.03	62.86	63.62	62.27	66.64	–

资料来源：南开大学中国公司治理研究院公司治理数据库

二、上市保险公司治理维度评价

（一）上市保险公司股东治理评价

上市保险公司股东治理指数在 2013—2016 年间逐年下降，在 2017 年又有所回升，2018 年达到历史最高水平，股东治理指数平均值为 68.15；2016 年最低，股东治理指数平均值为 61.54；横向比较来看，又以中国平安较为突出，历年股东治理指数平均值为 66.93；2018 年中国平安股东治理指数也领先于其他 4 家上市保险公司，见表 13-21。

表 13-21 上市保险公司股东治理指数

公司简称	2013 年	2014 年	2015 年	2016 年	2017 年	2018 年	平均值
中国人寿	65.23	66.48	66.05	61.14	62.09	57.99	63.16
中国平安	70.60	68.79	66.53	59.22	63.99	72.43	66.93
中国太保	68.25	66.09	67.15	59.95	67.39	70.83	66.61

[①] 南开大学中国公司治理研究院公司治理评价课题组基于公开信息每年发布上一年的上市公司治理指数，发布时间主要集中在年报披露之后和年底之前这段时间。截至到本书提交出版社，课题组还没有发布反映 2019 年上市公司治理状况的中国上市公司治理指数，因此本节数据只更新到了 2018 年。

续表

公司简称	2013年	2014年	2015年	2016年	2017年	2018年	平均值
新华保险	63.68	65.64	66.73	65.84	65.18	70.43	66.25
中国人保	—	—	—	—	—	69.05	69.05
平均值	66.94	66.75	66.61	61.54	64.66	68.15	—

资料来源：南开大学中国公司治理研究院公司治理数据库

（二）上市保险公司董事会治理评价

上市保险公司董事会治理指数在2013—2019年间呈现逐年上升的趋势，2018年董事会治理指数平均值达到67.09；横向比较来看，中国太保历年董事会治理指数平均值高于其他4家保险公司；2018年中国人寿董事会治理指数最高，为68.84，见表13-22。

表13-22 上市保险公司董事会治理指数

公司简称	2013年	2014年	2015年	2016年	2017年	2018年	平均值
中国人寿	59.68	62.48	60.78	65.68	67.80	68.84	64.21
中国平安	61.78	63.57	63.59	64.94	65.06	66.24	64.20
中国太保	64.86	66.63	68.20	68.75	66.92	68.63	67.33
新华保险	66.72	60.95	68.67	65.65	68.27	64.82	65.85
中国人保	—	—	—	—	—	66.91	66.91
平均值	63.26	63.41	65.31	66.26	67.01	67.09	—

资料来源：南开大学中国公司治理研究院公司治理数据库

（三）上市保险公司监事会治理评价

上市保险公司监事会治理指数自2013年起呈现逐年下降的趋势，到2017年时降至64.79，而2018年监事会治理指数提高到69.33；横向比较来看，中国平安历年监事会治理指数平均值高于其他4家保险公司；2018年中国太保监事会治理指数最高，为73.12，见表13-23。

表13-23 上市保险公司监事会治理指数

公司简称	2013年	2014年	2015年	2016年	2017年	2018年	平均值
中国人寿	66.47	65.77	68.03	65.17	63.63	71.16	66.70
中国平安	71.86	71.38	68.02	67.45	67.60	67.53	68.97
中国太保	68.53	68.29	68.53	61.01	65.09	73.12	67.43
新华保险	70.55	68.25	67.01	65.77	62.85	65.96	66.73
中国人保	—	—	—	—	—	68.86	68.86
平均值	69.35	68.42	67.90	64.85	64.79	69.33	—

资料来源：南开大学中国公司治理研究院公司治理数据库

(四)上市保险公司经理层治理评价

上市保险公司经理层治理指数即上市保险公司高级管理人员治理指数,从激励约束、执行保障等方面反映上市保险公司经理层治理状况。我国上市保险公司经理层治理指数波动较为明显,到 2017 年时经理层治理指数平均值为 49.31,而 2018 年该指数达到 67.14;横向比较来看,除了 2015 年,其他年份中国太保经理层治理指数都优于其他 4 家,见表 13-24。

表 13-24 上市保险公司经理层治理指数

公司简称	2013 年	2014 年	2015 年	2016 年	2017 年	2018 年	平均值
中国人寿	57.64	53.54	51.75	56.96	40.48	60.36	53.46
中国平安	66.23	68.95	59.77	68.75	57.30	72.76	65.63
中国太保	67.35	74.90	54.56	69.14	57.45	74.46	66.31
新华保险	56.23	51.26	54.68	56.45	42.00	64.64	54.21
中国人保	—	—	—	—	—	63.48	63.48
平均值	61.86	62.16	55.19	62.83	49.31	67.14	—

资料来源:南开大学中国公司治理研究院公司治理数据库

(五)上市保险公司信息披露评价

上市保险公司信息披露指数呈现波动的态势,2018 年信息披露指数平均值为 61.65;横向比较来看,2018 年中国人保历年信息披露指数平均值最高,为 66.71,该公司也是 2018 年信息披露指数最高的样本,见表 13-25。

表 13-25 上市保险公司信息披露指数

公司简称	2013 年	2014 年	2015 年	2016 年	2017 年	2018 年	平均值
中国人寿	53.81	65.41	57.11	59.74	62.69	59.36	59.69
中国平安	69.07	61.86	53.23	65.56	72.51	61.55	63.96
中国太保	51.64	62.97	61.87	63.31	59.68	64.06	60.59
新华保险	76.15	67.78	66.43	64.43	67.80	56.56	66.53
中国人保	—	—	—	—	—	66.71	66.71
平均值	62.67	64.51	59.66	63.26	65.67	61.65	—

资料来源:南开大学中国公司治理研究院公司治理数据库

(六)上市保险公司利益相关者治理评价

上市保险公司利益相关者治理指数总体呈现先升后降再上升的趋势,到 2017 年为 61.69,2018 年为 68.56;在各保险公司中,中国平安历年利益相关者治理指数平均值处于较高水平,平均值为 69.93,见表 13-26。

表 13-26　上市保险公司利益相关者治理指数

公司简称	2013	2014	2015	2016	2017	2018	平均值
中国人寿	68.27	72.13	68.54	63.21	64.44	65.14	66.96
中国平安	70.52	76.94	65.78	63.60	63.79	78.95	69.93
中国太保	55.66	90.00	57.50	60.19	63.09	71.30	66.29
新华保险	50.02	62.69	67.82	61.09	55.45	68.29	60.89
中国人保	—	—	—	—	—	59.11	59.11
平均值	61.12	75.44	64.91	62.02	61.69	68.56	—

资料来源：南开大学中国公司治理研究院公司治理数据库

三、我国上市保险公司与其他样本治理比较分析

如表 13-27 所示，通过对比分析我国上市保险公司与非保险上市金融机构公司治理状况，发现 2018 年上市保险公司治理指数均值高于非保险上市金融机构；从各维度来看，上市保险公司在股东治理、董事会治理、监事会治理、经理层治理和利益相关者治理维度表现较好，但信息披露水平有待提高。

表 13-27　我国上市保险公司与非保险上市金融机构治理状况描述性统计比较

治理指数	上市保险公司			非保险上市金融机构		
	样本数（家）	平均值	中位数	样本数（家）	平均值	中位数
公司治理指数	5	66.64	65.93	83	64.93	65.22
股东治理指数	5	68.15	70.43	83	68.11	68.97
董事会治理指数	5	67.09	66.91	83	66.64	66.80
监事会治理指数	5	69.33	68.86	83	65.41	65.95
经理层治理指数	5	67.14	64.64	83	62.00	62.57
信息披露指数	5	61.65	61.55	83	63.41	63.26
利益相关者治理指数	5	68.56	68.29	83	64.25	64.80

资料来源：南开大学中国公司治理研究院公司治理数据库

思考题

1. 相对于非上市保险公司，上市保险公司治理有哪些特点？
2. 如何看待上市保险公司治理质量整体上高于上市公司中非金融行业样本？
3. 境内上市保险公司和境外上市保险公司治理评价有区别吗？如果有，主要体现在哪些方面？

第五篇 治理拓展

第十四章

保险机构治理

【本章概要】

本章首先界定了保险机构的具体构成；然后提出了保险机构治理的内涵，进而对保险公司治理进行了从"微观"到"中观"层面的拓展；最后详细分析了保险机构治理的具体内容和特殊性。

【学习目标】

熟悉保险机构的具体类型，掌握保险机构治理的内涵，理解保险机构治理的内容与特殊性。

第一节 保险机构类型与保险机构治理内涵

一、我国保险机构类型

保险机构（insurance institution）包括保险经营机构（insurance business institution）和保险中介机构（insurance intermediary institution）。保险经营机构包括保险公司、保险集团公司、相互保险组织、再保险公司、保险资产管理公司、保险公司分支机构、外资保险公司代表处以及其他机构；保险中介机构包括保险代理机构、保险经纪机构和保险公估机构等。

（一）保险经营机构

我国财产保险机构包括中国人民财产保险股份有限公司、太平财产保险有限公司、中国大地财产保险股份有限公司、中国太平洋财产保险股份有限公司和中国平安财产保险股份有限公司等合计89家，其中，中资66家，外资23家，详见附表1。我国人身险保险机构包括中国人寿保险股份有限公司、中国太平洋人寿保险股份有限公司、中国平安人寿保险股份有限公司、新华人寿保险股份有限公司和泰康人寿保险股份有限公司等合计98家，其中，中资64家，外资34家，详见附表2。

我国再保险机构合计 11 家,其中,中资 5 家,外资 6 家。具体包括慕尼黑再保险公司北京分公司、瑞士再保险股份有限公司北京分公司、中国财产再保险有限责任公司、中国人寿再保险有限责任公司、德国通用再保险股份公司上海分公司、法国再保险公司北京分公司、汉诺威再保险股份公司上海分公司、RGA 美国再保险公司上海分公司、太平再保险(中国)有限公司、前海再保险股份有限公司和人保再保险股份有限公司,详见附表 3。

根据《保险集团公司管理办法(试行)》(保监发〔2010〕29 号)规定,保险集团公司是指经监管机构批准设立并依法登记注册,名称中具有"保险集团"或"保险控股"字样,对保险集团内其他成员公司实施控制、共同控制和重大影响的公司。保险集团公司在我国保险公司相关政策法规文件适用对象条款中常被称为"保险集团(控股)公司"。我国保险集团公司合计 12 家,全部为中资控股公司,具体包括中国人民保险集团股份有限公司、中国平安保险(集团)股份有限公司、华泰保险集团股份有限公司、中国太平洋保险(集团)股份有限公司、中国人寿保险(集团)公司、安邦保险集团股份有限公司、中华联合保险控股股份有限公司、阳光保险集团股份有限公司、中国再保险(集团)股份有限公司、中国太平保险集团有限责任公司和富德保险控股股份有限公司,详见附表 4。

我国保险资产管理公司合计 26 家,其中,中资 23 家,外资 3 家。具体包括中国人保资产管理有限公司、中国人寿资产管理有限公司、华泰资产管理有限公司、中再资产管理股份有限公司、平安资产管理有限责任公司、泰康资产管理有限责任公司、太平洋资产管理有限责任公司、新华资产管理股份有限公司、太平资产管理有限公司、大家资产管理有限责任公司、生命保险资产管理有限公司、光大永明资产管理股份有限公司、合众资产管理股份有限公司、民生通惠资产管理有限公司、阳光资产管理股份有限公司、中英益利资产管理股份有限公司、中意资产管理有限责任公司、华安财保资产管理有限责任公司、长城财富保险资产管理股份有限公司、英大保险资产管理有限公司、华夏久盈资产管理有限责任公司、建信保险资产管理有限公司、百年保险资产管理有限责任公司、永诚保险资产管理有限公司、工银安盛资产管理有限公司和交银康联资产管理有限公司,详见附表 5。

我国保险公司设有分公司、中心支公司、支公司、营业部、营销服务部以及各类专属机构若干家。保险经营机构中还有外资保险公司代表处[①]。外资保险公司代表处包括日本东京海上日动火灾保险株式会社驻中国总代表处、日本东京海上日动火灾保险株式会社广州代表处、美国国际集团北京代表处、瑞士苏黎世保险公司北京代表处、

---

① 根据《外资保险公司管理条例》规定,申请设立外资保险公司的外国保险公司,应当满足经营保险业务 30 年以上、在中国境内已经设立代表机构两年以上等条件。为了加速我国保险业开放进程,《外资保险公司管理条例实施细则》(银保监会令〔2019〕第 4 号)取消了这两项规定。

英国皇家太阳联合保险集团北京代表处等 131 家[①]。

（二）保险中介机构

保险中介机构，也称为保险中介人，一般可分为狭义保险中介机构和广义保险中介机构。狭义保险中介机构包括保险代理机构、保险经纪机构和保险公估机构；广义保险中介机构除了上述三种以外，还应该包括与保险中介服务有直接关系的单位和个人，如保险顾问、保险咨询事务所、法律事务所、审计事务所、会计师事务所、保险中介行业协会、保险精算师事务所、保险中介资格考试机构和保险中介信用评估机构等。

本章主要采用狭义的定义，即保险中介机构主要指保险代理机构、保险经纪机构和保险公估机构。保险代理机构包括专业代理机构和兼业代理机构。专业代理机构即经监管机构批准取得经营保险代理业务许可证，根据保险人的委托，向保险人收取佣金，在保险人授权的范围内专门代为办理保险业务的单位。兼业代理机构即在从事自身业务的同时，根据保险人的委托，向保险人收取佣金，在保险人授权的范围内代办保险业务的单位。兼业代理机构主要包括银行代理、行业代理和单位代理三种。保险经纪机构是基于投保人的利益，为投保人与保险人订立保险合同提供中介服务，并依法收取佣金的单位。保险公估机构是指接受保险当事人委托，专门从事保险标的的评估、勘验、鉴定、估损、理算等业务的单位。

二、金融机构治理下的保险机构治理

（一）金融机构治理

金融机构治理（financial institution governance）按照关注对象业务类型不同可以分为金融控股公司治理、银行治理、保险公司治理、证券公司治理以及不同业务类型金融机构的分支机构治理等，具体如表 14-1。

1. 不同行业金融机构治理

银行业的金融机构治理包括银行治理和非银行金融机构治理两大类，银行治理包括开发性与政策性银行治理和商业银行治理；而商业银行治理又包括国有商业银行治理、股份制商业银行治理、外资银行治理和其他商业银行治理，城市商业银行治理、农村商业银行治理、农村合作银行治理、住房储蓄银行治理、邮政储蓄银行治理、村镇银行治理和民营银行治理均属于其他商业银行治理范畴；银行业非银行金融机构治理包括信托公司治理、金融资产管理公司治理、财富管理公司治理、财务公司治理、贷款公司治理、货币经纪公司治理、租赁公司治理、担保公司治理、汽车金融公司治

[①] 程竹. 周延礼：外资险企在华资产总额约占 7%[N]. 证券时报，2019-11-04.

理、消费金融公司治理、银行理财公司治理、银行金融资产投资公司治理。

保险业的金融机构治理主要包括金融控股公司治理、保险公司治理、相互保险组织治理、保险资产管理公司治理、保险中介机构治理、保险保障基金公司治理等，金融控股公司治理在我国主要是指保险集团公司治理，保险公司治理又包括再保险公司治理、财产险公司治理和人身险公司治理，其中财产险公司治理又包括自保公司治理。

证券业的金融机构治理包括证券公司治理、基金管理公司治理[①]、证券交易所治理、投资者保护基金公司治理和证券登记结算公司治理等。

期货业的金融机构治理包括期货公司治理和期货交易所治理等。

信托业的金融机构治理包括信托公司治理、信托登记结算公司治理和信托保障基金公司治理等。

其他金融机构治理主要是指外汇交易中心治理、黄金交易所治理、国债登记结算公司治理等。

2. 不同法人资格金融机构治理

此外，金融机构治理按照关注对象法人资格特点不同，可以分为金融法人机构治理和金融非法人机构治理两大类。在金融法人机构治理中，按照法人资格的形态不同，又可以划分为公司法人金融机构治理和非公司法人金融机构治理。金融非法人机构治理主要是指金融机构分支机构治理，主要包括外国及中国港澳台地区银行分行治理和保险机构分支机构治理，其中外国及中国港澳台地区保险机构分支机构治理包括人身险保险机构分支机构治理、财产险保险机构分支机构治理和再保险机构分支机构治理。

需要说明的是，金融机构治理按照业务类型和按法人资格特点划分并不矛盾，往往是相互结合使用。

表 14-1 我国金融机构治理体系

编号	具体分类	分类翻译
1	金融控股公司治理	Financial Holding Company Governance
2	银行治理	Bank Governance
3	开发性与政策性银行治理	Development Bank and Policy Bank Governance
4	商业银行治理	Commercial Bank Governance
5	国有商业银行治理	State-owned Commercial Bank Governance
6	股份制商业银行治理	Joint Stock Commercial Bank Governance
7	城市商业银行治理	City Commercial Bank Governance
8	农村商业银行治理	Rural Commercial Bank Governance
9	农村合作银行治理	Rural Cooperative Bank Governance
10	住房储蓄银行治理	Housing Savings Bank Governance
11	邮政储蓄银行治理	Postal Savings Bank Governance

---

① 基金管理公司治理不同于基金治理，基金治理是指基金发起人、基金托管人和基金管理人（即基金管理公司）三者之间的契约安排，因此基金治理包括了基金管理公司治理。

续表

编号	具体分类	分类翻译
12	村镇银行治理	Village Bank Governance
13	民营银行治理	Private Bank Governance
14	外资银行治理	Foreign Bank Governance
15	农村信用合作社治理	Rural Credit Cooperative Governance
16	农村资金互助社治理	Rural Mutual Cooperative Governance
17	保险公司治理	Insurance Company Governance
18	再保险公司治理	Reinsurance Company Governance
19	财产险公司治理	Property Insurance Company Governance
20	自保公司治理	Captive Insurance Company Governance
21	人身险公司治理	Life Insurance Company Governance
22	相互保险组织治理	Mutual Insurance Institution Governance
23	公司型相互保险组织治理	Corporate Mutual Insurance Institution Governance
24	非公司型相互保险组织治理	Non Corporate Mutual Insurance Institution Governance
25	保险中介机构治理	Insurance Intermediary Institution Governance
26	保险中介集团治理	Insurance Intermediary Group Governance
27	保险经纪机构治理	Insurance Broker Governance
28	保险代理机构治理	Insurance Agent Governance
29	保险公估机构治理	Loss Adjuster Governance
30	证券公司治理	Security Company Governance
31	基金管理公司治理	Fund Management Company Governance
32	期货公司治理	Futures Company Governance
33	信托公司治理	Trust Company Governance
34	资产管理公司治理	Asset Management Company Governance
35	财富管理公司治理	Wealth Management Company Governance
36	财务公司治理	Financial Company Governance
37	贷款公司治理	Loans Company Governance
38	货币经纪公司治理	Money Brokerage Company Governance
39	租赁公司治理	Leasing Company Governance
40	担保公司治理	Guarantee Company Governance
41	汽车金融公司治理	Auto Finance Company Governance
42	消费金融公司治理	Consumer Finance Company Governance
43	银行理财公司治理	Bank Financing Company Governance
44	银行金融资产投资公司治理	Bank Financial Asset Investment Company Governance
45	保障基金公司治理	Protection Fund Governance
46	登记结算公司治理	Depository and Clearing Company Governance
47	证券交易所治理	Stock Exchange Governance
48	期货交易所治理	Futures Exchange Governance
49	黄金交易所治理	Gold Exchange Governance
50	外汇交易中心治理	Foreign Exchange Trading Center Governance
51	金融机构分支机构治理	Financial Institution Branch Governance
52	其他金融机构治理	Other Financial Institution Governance

资料来源：作者整理

(二)保险机构治理

按照公司治理和保险公司治理的内涵,实际上保险业中任何组织均存在治理问题。保险机构治理(insurance institution governance)是保险经营机构治理和保险中介机构治理的总称。

如图 14-1 所示,保险经营机构治理包括财产险公司治理、人身险公司治理、保险集团公司治理、相互保险组织治理、再保险公司治理、保险资产管理公司治理、保险公司分支机构治理、外资保险公司代表处治理等,保险中介机构治理包括保险代理机构治理、保险经纪机构治理和保险公估机构治理。

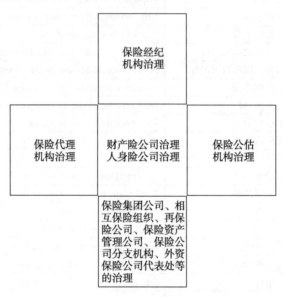

图 14-1 保险机构治理框架示意图
资料来源:作者整理

保险机构是以公司或非公司的形式经营保险及相关业务的经济主体,对于公司形式的保险机构来说必然具有公司的一般特征,一般治理原理也会在保险机构中发挥基础性作用,这一点不能否认。但不同类型的保险机构治理在目标、原则、结构与机制等方面均存在一定的特殊性,即使是不同业务的同类型机构在治理上也存在细微差异。

第二节 保险机构治理主要内容

一、保险集团治理

(一)保险集团治理问题的提出

集团化是我国保险业发展的重要趋势,保险集团在我国保险市场结构中占据着主要地位，发挥着十分重要的作用（董迎秋、夏萍，2019）。伴随保险公司集团化经营态势凸显，出现了多家保险集团公司（insurance group company）。保险集团（insurance group）是保险经营机构的重要组成之一。过去的理论和实践中，经常会出现将保险集团等同于保险集团公司（控股公司）的现象，但随着组织理论的发展和对组织认识与研究的深入，发现保险集团不等同于保险集团公司，保险集团的内涵更加广泛。如果将保险集团公司（控股公司）等同于保险集团，其结果往往是导致保险集团"集"而不"团"，也正是因为如此，保险集团治理相对于保险集团公司来说，也存在着一定的特殊性。

在保险集团已占据我国保险市场绝对主导地位的背景下，要研究我国保险业的公司治理，有必要进一步研究保险集团的治理。对于包括保险经营机构、保险中介机构等在内的任何非一般公司组织的治理研究实际上都是从其特殊性着手，这是这些组织治理的主线，否则没有必要专门对这些组织的治理问题开展研究。保险集团治理也是一样，需要对其治理特殊性展开分析，而治理目标特殊性又是治理特殊性分析的首要环节。

（二）保险集团三个方面的委托代理问题

保险集团是由保险集团公司（控股公司）和子公司形成的一种中间型组织形式。这种中间组织的委托代理问题或治理问题主要有三个方面：第一，保险集团公司自身的治理问题，这与一般公司的治理问题并没有明显区别；第二，保险集团公司和子公司之间的委托代理问题，保险集团各子公司具有法律上的独立性，与集团公司之间存在信息不对称，因而母子公司之间容易产生基于股权关系的"代理问题"；第三，子公司之间的委托代理问题，在子公司之间，各个公司有独特的资源禀赋、有对独立目标的追求但又属于同一保险集团的归属属性，使它们之间同时存在着信任和合作以及"搭便车"和"道德风险"等问题。

二、相互保险组织治理

（一）相互保险组织的主要类型

相互保险组织或互助保险组织，也称为相互制保险组织、互助制保险组织、相互保险机构和互助保险机构等。相互保险组织主要有相互保险公司、相互保险社、保险合作社和交互保险社四种形式。

相互保险公司（mutual insurance company）是相互保险组织最主要的形式。根据国际相互合作保险组织联盟（International Cooperative and Mutual Insurance Federation，缩写为ICMIF）统计，2013年全球相互保险保费收入达1.23万亿美元，占全球保险市场的26.7%，覆盖8.25亿人，相互保险组织总资产超过7.8万亿美元。目前，日本生命人寿（Nippon Life Insurance Company）、美国大都会（National Union Life and Limb Insurance Company）等公司仍然是相互保险公司。我国目前只有1家相互保险公司，即阳光农业相互保险公司。

相互保险社（mutual insurance association）是最早出现的保险组织，也是保险组织的原始形态，是同一行业的人员为了应付灾害事故造成的经济损失而自愿结合起来的集体组织，至今仍在英、美国家广泛存在。相互保险社和相互保险公司的相同之处是，保险机构为全体被保险人所共有，被保险人也是保险人之一。二者不同之处在于，相互保险公司是法人组织，而相互保险社一般是非法人组织；相互保险社的业务仅限于某一团体内的所有成员，相互保险公司无此限制。众惠财产相互保险社是我国首家设立的相互保险社，按照该社章程，该社为企业法人；信美人寿相互保险社是国内首家成立的人寿险相互保险组织，该社也是企业法人。

保险合作社（insurance cooperative），是指由一些对某种风险具有同一保障要求的人自愿集股设立的保险组织，一般属于社团法人。保险合作社以合作原则从事保险业务，一般以人身保险为主，是非营利机构。英国在1867年设立了最早的保险合作社——合作保险社（Co-operative Insurance Society，缩写为CIS）。迄今已有30多个国家和地区有保险合作社这种组织，其中以英国和法国保险合作社数量居多。在美国、日本和新加坡，保险合作社均有一定的影响。保险合作社有由会员缴纳的股本，是一种长期的关系。我国设立的农村保险互助社就是典型的保险合作社，但我国的农村保险互助社注册为企业法人。

交互保险社（reciprocal insurance exchange），也叫互惠保险社，是指具有保险保障需求的若干个人或单位组织，作为社员相互约定交换保险的保险组织，最早创立于1881年。目前交互保险社单独存在于美国，以经营火灾保险和个人汽车险为主。由被保险人即社员互相约定交换保险并约定其保险责任限额，在限额内可将保险责任比例分摊给各社员，同时接受各社员的保险责任。其具有如下特点：交互保险社不具有法人资格，无股本金和准备金，一般是委托具有法人资格的代理人代为经营。

（二）我国相互保险组织的发展

我国自1979年恢复保险业务以来，保险公司的组织形式一直是股份制，2009年新修订的《保险法》明确了我国保险公司组织形式多元化的格局，即股份有限公司、有限责任公司和相互保险公司三类保险公司共同存在和发展。

2005年1月，以黑龙江垦区14年农业风险互助为基础的阳光农业相互保险公司，是经国务院同意、原中国保监会批准和在国家工商总局注册的我国首家相互制保险公司。2011年9月，我国首家农村保险互助社——浙江省慈溪市龙山镇伏龙农村保险互助社正式设立。2013年7月，原有村级互助社试点模式被提升至镇一级，试点区域从慈溪市龙山镇西门外村扩展到慈溪市龙山镇金岙村等8个村，同时在龙山镇专门设立了镇级农村保险互助联社。2016年6月22日,原中国保监会批准信美相互保险社、众惠财产相互保险社和汇友建工财产相互保险社三家相互保险社试点。

我国2015年出台的《相互保险组织监管试行办法》(保监发〔2015〕11号)(以下简称《办法》)指出,相互保险是指具有同质风险保障需求的单位或个人,通过订立合同成为会员,并缴纳保费形成互助基金,由该基金对合同约定的事故发生所造成的损失承担赔偿责任,或者当被保险人死亡、伤残、疾病或者达到合同约定的年龄、期限等条件时承担给付保险金责任的保险活动。

《办法》同时指出,相互保险组织是指,在平等自愿、民主管理的基础上,由全体会员持有并以互助合作方式为会员提供保险服务的组织。它包括一般相互保险组织,专业性、区域性相互保险组织等组织形式。一般相互保险组织相对于其他两类相互保险组织来说没有特殊限制,但其设立要求要严于其他两类相互保险组织,初始运营资金最低1亿元,一般发起会员最少500个。专业性相互保险组织仅能针对特定风险开展专门业务,区域性相互保险组织仅能在地市级以下行政区划开展经营活动,两者的设立门槛都要低于一般相互保险组织。专业性相互保险组织和区域性保险组织的初始运营资金最低1000万元,一般发起会员最少100个。涉农相互保险组织的初始运营资金最低100万元。

(三)相互保险组织治理特殊性的总体分析

相互保险组织治理的特殊性分析同样需要从其治理目标开始,由于相互保险组织的经营目标是非营利性的,所以其治理目标一定是保护好包括投保人在内的所有利益相关者的利益,而在所有利益相关者中,投保人是其核心利益相关者。投保人既是一般意义上的投保人,同时也是相互保险组织的股东。如果说在营利性质的一般保险公司中,对所有利益相关者的重要性排序还存在一定的疑惑或者怀疑,那么在相互保险组织中,投保人的重要性则是毋庸置疑的。

正是因为其治理目标的特殊性,相互保险组织的治理结构与机制安排上相对于一般公司和一般保险公司都存在一定的特殊性。例如,相互保险社和交互保险社一般都不具有法人资格,治理结构上不存在一般公司的"三会一层",即股东(大)会、董事会、监事会和经理层;治理机制上更多地体现为合同或者契约。保险合作社一般多为社团法人,不同于公司法人。在我国,相互保险社和保险合作社被规定为特殊类型的企业法人,而不是公司法人。在具体的治理结构与机制上也不同于一般保险公司,而这种特殊安排主要还是服从于相互保险组织的治理目标。

三、再保险公司治理

再保险也称分保或保险的保险,指保险人将自己所承担的保险责任,部分地转嫁给其他保险人承保的业务。再保险公司(reinsurance company)是指专门从事再保险业务、不直接向投保人签发保单的保险公司，就是保险公司的保险公司。在组织架构上，国际大型再保险公司大都采用了金融控股集团的发展模式，绝大多数的主营业务子公司被设为全资子公司，这些全资子公司的治理是集团治理的一个方面。在全资股权安排下，这些公司的治理与一般保险公司治理相比要简单一些，因为作为治理基础的股权结构中只有一个股东，即通常所说的独资或全资。

四、自保公司治理

图 14-1 中没有列示自保公司治理内容，但考虑其治理的特殊性，所以本部分专门分析自保公司治理。自保公司（captive insurance company）是指由非保险公司中的大型集团公司等投资设立的保险机构，负责承包母公司、子公司或其关联公司的保险业务，是公司自留风险管理技术的一种形式。自保公司从形式上来说，是属于财产险公司。

自保与商业保险、相互保险并称为成熟保险市场的"三剑客"。相比一般商业保险公司，专业自保公司可以通过对业务发展的深刻理解，提供个性化、覆盖广、承保能力强的保险产品，可以通过保险机制安排嵌入集团的全面风险管理体系，有助于提升集团整体风险管理水平。截至 2020 年 8 月，国内公司设立的自保公司共有 8 家，其中包括注册地在境内的中国石油天然气集团公司和中国石油天然气股份有限公司共同出资、中国铁路总公司独资、中国远洋海运集团有限公司独资、广东省粤电集团有限公司和广东电力发展股份有限公司共同出资设立的自保公司[1]，以及注册地在中国香港的中国海洋石油总公司、中国石油化工集团公司、中国广核集团有限公司和上海电气集团股份有限公司的自保公司[2]。

自保公司在经营和治理上与一般保险公司也存在显著差异。目前我国的自保公司都是由大型集团公司设立的，大股东占绝对控制地位，股权结构简单。例如，中石油专属财产保险股份有限公司是由中国石油天然气集团公司和中国石油天然气股份有限公司在中国境内发起设立的首家自保公司，其中，中国石油天然气集团公司持股 51%，中国石油天然气股份有限公司持股 49%；而中国铁路财产保险自保有限公司是由中国铁路总公司出资设立的自保公司，中国铁路总公司持股 100%。同时，由于自保公司主要面向集团内部开展业务，其所涉及的利益相关者也相对简单。

五、保险资产管理公司治理

保险资产管理公司（insurance assets management company）是指经中国银保监会

---

[1] 包括中石油专属财产保险股份有限公司（2013 年设立）、中国铁路财产保险自保有限公司（2015 年设立）、中远海运财产保险自保有限公司（2017 年设立）和广东粤电财产保险自保有限公司（2017 年设立）。

[2] 包括中海油石油保险公司（2000 年设立）、中石化保险有限公司（2013 年设立）、中广核保险有限公司（2014 年设立）和上海电气保险有限公司（2019 年设立）。

会同有关部门批准、依法登记注册、受托管理保险资金的金融机构。保险资产管理公司从事资产管理业务，代理客户进行投资运作以使客户的资金获得保值和增值，这是一种典型的委托代理关系。保险公司作为委托人和资产管理公司签订委托协议，同时制定投资指引，确立与作为代理人的资产管理公司的权利义务关系。资产管理公司治理结构和机制是否完善对于保证委托人的利益影响非常重大（苏媛，2009）。完善公司治理机制是保险资产管理机构做好资管业务的重要前提基础，也是履行好受托责任，服务好人民群众财富管理需求的重要保障（曹宇，2020）。

我国 27 家保险资产管理公司受托管理保险业 69%的资产，保险资产管理公司以保险集团（或保险公司）子公司形式存在，股权结构简单清晰、稳定性较强，股东出资的真实性、合规性较高，股东行为总体稳健审慎，能够按照法律法规和公司章程履行职责，促进完善决策授权机制；"三会一层"机制比较健全，董事会运作相对规范，公司治理体系日趋完善，内控和风险管理水平逐步提升（曹宇，2020）。

目前我国保险资产管理公司都是由保险母公司发起设立的，母公司拥有的股权超过 50%，占绝对的控制地位，股份的流动性差，因此，在这样的股权结构安排下，如何使资产管理公司董事会、监事会和经理层有效运作是其治理的关键。

六、保险公司分支机构和外资保险公司代表处治理

保险公司分支机构（insurance company subsidiaries）包括分公司、中心支公司、支公司、营业部、营销服务部以及各类专属机构。保险公司分支机构不具有法人资格，内部治理较为简单，不设"三会一层"，但同样存在治理的问题，监管部门对其设立、变更、退出以及信息披露方面进行外部监管。

随着对外开放力度加大，外资保险公司的发展速度和市场份额均在发生显著变化。2019 年，外资保险公司的保费收入为 3057.26 亿元，同比增长 29.8%，远超同期中资保险公司的 12.17%。同时，外资保险公司所占据的市场份额也同比上升 0.989%至 7.17%。截至 2019 年第二季度末，境外保险公司在我国一共设立了 59 家外资保险机构和 131 家代表处，绝大部分都在上海（周延礼，2019）。世界五百强中的外国保险公司均已经进入中国的保险市场，外资保险公司在华的资产总额大约占 7%。

外资保险公司代表处（representative office of foreign insurance company）与保险公司分支机构相似，也不具有法人资格。与保险公司分支机构的区别主要在于其没有具体业务，所以外资保险公司代表处在治理上更加简单，监管部门主要对其设立进行审批。

七、保险中介机构治理

（一）我国保险中介机构与中介市场的发展

在我国，保险中介属新兴行业。1949—1988 年间，保险中介业务一直是由中国人

民保险公司垄断经营。1988年以后，保险公司数量逐渐增多，经营方式上采取集研发、销售、理赔、服务等业务于一身的模式。这种模式提高了保险公司的运营成本，降低了保险公司的盈利能力，阻碍了保险公司的发展。这就迫切要求保险专业中介机构的建立。自1999年我国第一家保险专业代理机构山东通泰保险代理公司（2004年已退出市场）成立至今，保险专业中介机构数量激增。自1999年原中国保监会批准江泰、东大和长城3家保险经纪公司筹建至今，我国保险经纪市场发展迅速，机构数量和功能作用都得到极大提升，业务规模得到极大扩展，已经成为保险市场中重要的组成部分。1990年，保险理赔公估技术服务中心在内蒙古自治区正式成立，为日后保险公估机构的设立起到了良好的示范效应。1994年2月，深圳民太安保险公估有限公司经中国人民银行深圳特区分行批准正式注册成立，成为国内第一家专门从事保险公估及相关业务的正式保险公估机构。2002年1月1日，《保险公估机构管理规定》（保监会令〔2001〕第3号）正式颁布实施。自此，中国保险公估业的发展步入有法可依、快速发展的新轨道。2002年我国有保险公估机构23家，2003年我国保险公估机构猛增到120家，2008年增加到273家。

综上，自20世纪80年代初以来，伴随着保险业的复业发展和改革开放进程，我国保险中介服务应运而生，从无到有、从单一到多元，经历了以保险代办点广泛铺开为标志的萌芽起步期（1992年以前）、以保险营销体制引进推广为标志的快速成长期（1992—1999年）、以保险专业中介准入发展为标志的制度突破期（1999—2004年）、以资源型渠道崛起为标志的兼业代理渠道创新扩张期（2004—2009年）、以防范化解风险为标志的转型期（2009年至今）五个主要阶段，初步形成了数量众多、形态多样、功能互补、覆盖广泛的市场体系，成为保险市场不可或缺的重要组成部分（黄洪，2015）。

中国银保监会中介监管部副巡视员施强在"2019中国保险中介发展高峰论坛暨第二届于家堡论坛"上指出，截至2018年底，全国共有保险中介集团公司5家，全国性保险代理公司240家，区域性保险代理公司1550家，保险经纪公司499家，已备案保险公估公司353家，个人保险代理人871万人，保险兼业代理机构3.2万家，代理网点22万余家。其中，银行类保险兼业代理法人机构1971家，代理网点18万余家。

截至2018年底，保险中介渠道实现保费收入3.37万亿元，占全国总保费收入的87.4%。其中，实现财产险保费收入0.95万亿元，占同期全国财产险保费收入的77%；实现人身险保费收入2.4万亿元，占同期全国人身险保费收入的92.3%。分渠道来看，保险专业中介渠道实现保费收入0.49万亿元，保险兼业渠道实现保费收入1.07万亿元、营销员渠道实现保费收入1.8万亿元，分别占同期全国总保费收入的12.7%、27.7%和47.0%。

（二）保险中介机构与保险中介市场的作用

保险市场的三大主体包括保险公司、投保人和介于二者之间的保险中介机构（insurance intermediary institution）。保险市场存在着明显的信息不对称和不完全现象，造成了保险公司和投保人或者消费者之间的相互不信任，而保险产品的复杂性和长期性特点则对投保人的专业能力提出了很高的要求（Cummins 和 Doherty，2006；Eckardt，2007），大量的行政事务、讨价还价等都耗费了投保人和保险公司大量的时间和精力，增加了交易的成本，保险中介机构则能够通过降低交易成本来增加交易双方的价值（Benston 和 Smith，1976；Spulber，1999），因此便有了保险中介机构的存在。它能够降低保险公司和投保人之间的信息不对称程度，缓解二者之间的委托代理问题。所以，无论是从信息经济学角度来说，还是从制度经济学角度来说，保险中介机构都有其存在的必要性和重要性。保险中介机构是保险市场不可或缺的重要组成部分，是联系保险人与被保险人的桥梁和纽带。保险中介机构对于保险业的发展具有加速作用，保险市场的发展在很大程度上取决于保险中介机构的发展。庞大的保险市场需要由一定规模的中介市场来维系和推动。发达的保险中介机构是成熟的保险市场的重要标志（严万全，2012）。

经过 30 多年的发展，保险中介市场经历了各种困难和挑战，取得了突出的成绩，为保险业改革发展做出了历史性贡献，具体体现为如下五点（黄洪，2015）。一是完善了保险产业链。在我国保险产业链上游向下游输送产品、提供服务，以及产业链下游向上游提出需求、反馈信息等过程中，保险中介都发挥了不可替代的价值交换作用，促进了保险产业链的完善和成熟。二是优化了保险资源配置效率。代理、经纪、公估等保险中介的迅速发展，形成了互为补充的中介运行机制，加快了保险公司与中间商之间的社会分工的进程，提高了保险经营集约化程度，更加有效地配置了保险资源，也降低了交易成本。三是提升了保险服务水平。经纪、公估较好地发挥了专业技术、风险管理等优势，营销员、兼业代理等较好地利用了数量众多、贴近服务等特点，为消费者提供了更加专业化、便利化、大众化的保险服务。四是促进了保险业改革发展。保险业的许多重大改革都与保险中介直接相关，如营销体制的引进、银邮渠道的开拓等，都促进了保险业的创新发展。五是普及了保险知识。从某种意义上讲，营销员是保险知识传播的宣传员、播种机，数百万保险从业人员直接接触消费者，已经成为传播保险知识理念、扩大保险社会影响的最直接、最有效的平台。

第三节 保险机构治理特殊性分析

本章第二节在分析保险机构治理主要内容时，已经分析了再保险公司、自保公司、资产管理公司、保险公司分支机构、外资保险公司代表处等保险机构治理的特殊性，因此本节重点分析由保险集团公司和保险子公司所形成的保险集团治理的特殊性、相互保险组织治理的特殊性和保险中介机构治理的特殊性。

一、保险集团治理特殊性分析

（一）保险集团治理目标特殊性

保险集团相对于一般公司来说，委托代理问题更加复杂和明显，保险集团的委托代理问题必然会带来保险集团的代理成本，因此保险集团治理的目标就是要通过各种制度安排来解决这些委托代理问题，降低保险集团的整体代理成本，促进保险集团决策制定的科学化，并最终保证保险集团整体利益，达到"1+1＞2"的效果。保险集团治理更加强调集团公司和子公司即保险公司（insurance company）目标取向的一致性、关系的协调性、行为的协作性和效果的协同性，这与一般公司治理强调单体公司治理目标存在显著差异。

（二）保险集团治理结构与机制特殊性

保险集团治理目标的特殊性决定了保险公司治理结构与机制方面的特殊性。接下来以我国两家上市保险集团公司（控股公司）为例，分析其所形成的保险集团治理方面的具体特殊性。

1. 纵向上：委托代理链条多层次化

保险集团治理已经突破了保险集团公司（控股公司）法人边界，涉及母子公司之间的委托代理问题，子公司往往还存在着子公司，因此，保险集团治理实际上不仅仅局限于保险集团公司（控股公司）和子公司两个层次，还有孙公司甚至更多层次的委托代理问题。以中国平安集团为例，平安财智投资管理有限公司、平安期货有限公司、中国平安证券（香港）有限公司、平安磐海资本有限责任公司是平安证券有限责任公司的子公司，深圳市平安创新资本投资有限公司、平安证券有限责任公司、平安基金管理有限公司和平安利顺国际货币经纪有限责任公司是平安信托有限责任公司的子公司。截至 2019 年 12 月 31 日，中国太保的财务报表已合并子公司有中国太平洋财产保险股份有限公司、太平洋人寿保险股份有限公司、太平洋资产管理有限责任公司、中国太平洋保险（香港）有限公司等 26 家。由此可见，保险集团治理不仅包括保险集团公司（控股公司）的治理，还涉及集团内部母公司与子公司甚至孙公司之间等更多层次的公司治理问题，这就导致委托代理链条的多层次化。

2. 横向上：集团内部沟通非正式化

同一层次子公司之间的沟通或者协调问题是保险集团治理特有的问题。在没有直接股权关系，而同受控股于一个控股公司的情况下，沟通更加复杂和困难，特别是当子公司数量比较多的时候。截至 2019 年底，中国平安财务报表主要已合并子公司有中国平安人寿保险股份有限公司、中国平安财产保险股份有限公司、平安银行股份有限公司、平安信托有限责任公司、平安证券有限责任公司、平安养老保险股份有限公司、平安资产管理有限责任公司、平安健康保险股份有限公司、中国平安保险海外（控股）有限公司、中国平安保险（香港）有限公司、平安国际融资租赁有限公司、中国平安资产管理（香港）有限公司等 90 家。

3. 中心上：集团公司制度安排复杂化

集团公司是整个保险集团的核心原点，处于中心位置，集团公司治理在集团治理中的地位和作用同样处于重要位置。正是因为集团公司治理的重要性，因此集团治理相对于一般单体公司来说，还具有一定的特殊性，主要体现为其治理结构与机制的复杂性。

以中国太保集团控股公司为例，董事会下设战略与投资决策委员会、审计委员会、提名薪酬委员会和风险管理委员会 4 个专业委员会，各委员会对专业问题进行深入研究，并提出建议供董事会参考。

董事会战略与投资决策委员会的主要职责包括对公司及子公司的长期发展战略规划进行研究并提出意见和建议；审核公司的投资决策程序和授权机制，以及保险资金运用的管理方式；对公司的重大投资或者计划、重大资本运作、资产经营项目进行研究并提出意见和建议等。2019 年，战略与投资决策委员会共举行了 6 次会议，对公司利润分配、发展规划实施情况、资产配置方案、发行全球存托凭证（global depository receipts，缩写为 GDR）并在伦敦证券交易所上市以及对外捐赠等事宜提出意见和建议。

审计委员会的主要职责包括提名外部审计机构；审核公司内部审计基本制度并向董事会提出意见，审核公司年度审计计划和审计预算；监督本公司内部审计部门的独立性；审核本公司财务信息及其披露情况；定期检查评估内部控制的健全性和有效性；定期听取审计责任人的汇报，评估审计责任人工作并向董事会提出意见；检讨本公司及附属公司的财务及会计政策及惯例等。2019 年，审计委员会共举行了 7 次会议，审核了公司 2018 年年度报告、2019 年中期报告及季度报告以及内控评估报告、内部审计工作总结等议案。

提名薪酬委员会的主要职责包括：就董事和高级管理人员的薪酬和绩效管理政策、架构向董事会提供建议；对董事和高级管理人员的履行职责情况及年度绩效进行检查及评估；审查董事及高级管理人员的选任制度，并向董事会提出建议；审核总裁提名的高级管理人员候选人；检讨董事会成员多元化政策等。2019 年，提名薪酬委员会共举行了 6 次会议，审核了公司 2018 年度公司治理报告之激励约束机制内容、2018 年度绩效考核结果、2019 年度高级管理人员绩效考核方案、聘任高级管理人员、提名董事候选人等。

风险管理委员会的主要职责包括：对风险管理的总体目标、基本政策和工作制度提出意见和建议；对重大决策的风险评估和重大风险的解决方案提出意见和建议；审核重大关联交易及关连交易[①]；审核保险资金运用管理制度；对资产战略配置规划、年度投资计划和投资指引及相关调整方案提出意见和建议；对公司产品设计、销售和投资的协调机制以及运行状况提出意见和建议；与管理层讨论风险管理系统，确保建立有效的风险管理体系；就有关风险管理事宜的重要调查结果进行研究；偿付能力管理；子公司风险管理等。2019年，风险管理委员会共举行五次会议，审核了公司风险评估报告、合规报告、偿付能力报告、风险资产五级分类报告、日常关联交易等议案。

由此可见，保险集团的治理结构和治理机制相对一般公司更加复杂。

二、相互保险组织治理特殊性分析

相互保险组织包括公司型和非公司型相互保险组织。很早就有学者关注相互制保险公司治理问题的研究，Spiller（1972）对比研究了股份制保险公司和相互制保险公司，认为二者之间的财务绩效差别来源于公司所有权的差异；该研究也被认为是目前对保险公司治理问题开展研究的标志性文献。相互制保险公司将公司所有者与公司客户或债权人合二为一，形成了有别于股份制公司的治理模式，具有化解利益冲突、降低道德风险、解决逆向选择、处理不完全合同等机制；互助是保单持有人参与公司治理的行动基础，分红是保单持有人参与公司治理的行动激励（方国春，2015）。接下来主要以非公司型相互保险组织作为分析对象，比较相互保险组织和一般公司在治理上的一些区别。

（一）最高权力机构是会员（代表）大会

根据《相互保险组织监管试行办法》（保监发〔2015〕11号）的规定，相互保险组织应当设立会员（代表）大会，决定该组织重大事项。会员（代表）大会由全体会员（代表）组成，是相互保险组织的最高权力机构，原则上采取一人一票的表决方式。会员（代表）大会实际上与公司股东（大）会的职能基本相同，但在表决程序上存在重大区别：相互保险组织的会员（代表）大会上，会员进行表决时每人拥有一票表决权，并不以出资份额决定表决权的大小；而一般情况下，公司在股东（大）会上进行表决时，股东的表决权大小是由投资份额多少或者比例所决定的，投资越多，所代表的表决权也就越大。这种表决制度是由相互保险组织本身的性质所决定的，相互保险组织本身并不以营利为主要目的，而是为"具有同质风险保障需求的单位或个人"提

[①] "关连交易"这一术语主要出现在我国香港联交所上市规则中，我国上交所和深交所上市规则、国内会计准则36号等文件中均用"关联交易"一词。

供风险保障，由于每个会员缴纳的保险费形成了所有会员未来风险的保障金，所以每个会员必须具有相同的表决权，而不能以投入相互保险组织资本金额的大小来决定表决权的大小。

除此之外，相互保险组织的会员（代表）大会在表决制度上还有一个重要特点，即依据《相互保险组织监管试行办法》（保监发〔2015〕11号）的规定，部分重大事项在表决时要求达到出席会议的会员或会员代表表决权总数的3/4以上才可以通过；而无论是有限责任公司还是股份有限公司，根据《公司法》的规定，重大事项的表决仅需达到表决权总数的2/3就可通过。这种表决制度也就保证了相互保险组织在经营过程中能够维持一定的稳定性，重大事项的表决须大部分会员都同意才能通过，大多数人的利益在一定程度上有了更好的保障。

（二）导入独立董（理）事制度

根据《相互保险组织监管试行办法》（保监发〔2015〕11号）的规定，一般相互保险组织董（理）事、监事和高级管理人员任职资格管理按照《保险法》和监管机构有关规定执行；专业性、区域性相互保险组织董（理）事、监事和高级管理人员任职资格标准可根据实际情况适度予以降低，但不得违反法律、法规、规章的禁止性要求。

与公司一样，相互保险组织应当设立董（理）事会、监事会以及其他的执行机构，唯一不同的是一般相互保险组织依据《相互保险组织监管试行办法》（保监发〔2015〕11号）的规定必须建立独立董（理）事制度，而普通的股份公司中只有上市公司才有此要求。独立董（理）事制度的建立，也是为了能够更好地监督相互保险组织的经营过程，保障会员的权利。

（三）资金运用上实行全托管制度

根据《相互保险组织监管试行办法》（保监发〔2015〕11号）的规定，相互保险组织的业务范围、保险条款、保险费率以及其他业务规则都与一般的保险公司类似，只是在资金运用方面，保险监督管理机构对相互保险组织做了特殊要求。《相互保险组织监管试行办法》（保监发〔2015〕11号）明确规定相互保险组织的资金应实行全托管制度。相互保险组织应在保证资金安全性的前提下，按照监管机构有关规定进行资金运用。其中，专业性、区域性相互保险组织实行自行投资的，其资金运用限于下列形式：银行存款，国债及其他监管机构认可的低风险固定收益类产品，经监管机构批准的其他形式。专业性、区域性相互保险组织委托经监管机构认可的专业投资机构进行投资的，不受上述形式限制。

（四）信息披露制度

根据《相互保险组织监管试行办法》（保监发〔2015〕11号）的规定，相互保组织应当建立适合相互保险组织经营特点的信息披露制度，保障会员作为保险消费者和相互保险组织所有者的合法权益，使用通俗易懂的语言定期向会员披露产品信息、财务信息、治理信息、风险管理状况信息、偿付能力信息、重大关联交易信息及重大事项信息。因此，相互保险组织信息披露的范围上，相对于一般公司来说，范围要小很多，主要面向相互保险组织的会员；在信息披露的手段上，很多相互保险组织没有专门的官网；在信息披露的内容上，考虑会员的特点，要求采用通俗易懂的语言进行披露。

三、保险中介机构治理特殊性分析

无论是将保险中介机构与一般公司和保险经营机构进行比较，还是在不同类型的中介机构之间进行比较，不难发现，它们在治理的各维度上都存在一定的区别，或者说，保险中介机构治理具有一定的特殊性。

（一）保险中介机构治理目标特殊性

保险中介机构作为保险公司和投保人之间的桥梁和纽带，最基本的作用是通过服务降低二者之间的信息不对称程度，但保险中介机构的介入实际上会带来新的信息不对称问题，即保险公司和中介机构之间以及中介机构和投保人之间的委托代理问题，由此会引发新的道德风险、逆向选择等利益冲突。所以，保险中介机构治理的目标不应局限于中介机构股东利益最大化，还要考虑上游保险公司和下游投保人的利益，以实现整个价值链条的利益最大化。

（二）保险中介机构内部治理薄弱

保险中介机构是连接保险公司和广大投保人的桥梁和纽带，是保险业服务社会的窗口。但在中国保险业快速发展的同时，保险中介机构的违规现象也屡见不鲜（毛路、陈建民，2011）。其中一个重要原因是保险中介机构公司治理结构不完善（钱兵、陈功，2007；段文博、王庆南、王海旭，2008）。目前，我国保险中介机构的组织形式主要是有限责任公司，股东人数多在 5 人以内，详见表 14-2。

许多专业的保险中介机构都是从其他非专业中介发展而来的，并没有一套完善的适合中介机构发展的公司治理结构与机制。比如，公司管理层缺乏专业保险知识，对保险行业经营了解很少，很难正确发挥决策作用；忽视人才的开发和培养，导致从业人员素质低下；中介机构内控能力薄弱，缺乏对公司人员的监控和约束。再如，某些中介从业人员为一己私利损害被保险人的利益，进而损害公司利益。这些实际上都与保险中介机构自身情况或者经营特点息息相关。

表 14-2 我国保险中介机构股东人数分布

股东数	样本数（家）	比例（%）	股东数	样本数（家）	比例（%）
1	552	24.62	17	2	0.09
2	807	35.99	18	6	0.27
3	487	21.72	19	1	0.04
4	155	6.91	20	2	0.09
5	71	3.17	21	2	0.09
6	64	2.85	22	1	0.04
7	31	1.38	23	1	0.04
8	11	0.49	24	1	0.04
9	11	0.49	25	1	0.04
10	12	0.54	27	1	0.04
11	2	0.09	31	1	0.04
12	5	0.22	34	1	0.04
13	2	0.09	38	2	0.09
14	5	0.22	42	1	0.04
15	3	0.13	54	1	0.04

资料来源：中国保险年鉴编委会. 2019 中国保险年鉴[M]. 北京：中国保险年鉴社，2019.

（三）保险中介机构进入和退出市场化程度高

保险专业中介是我国金融领域中市场化程度最高的行业，从建立制度之初，监管机构就重视发挥市场机制对保险中介资源配置的作用，实行日常化审批，并及时将严重违法违规的保险中介机构从市场清除，不设定市场准入和退出数量限制，保持"进口"和"出口"畅通，初步建立起平稳有序的保险中介市场化准入和退出机制。退出市场化还体现在产品市场竞争这一外部治理机制方面。保险中介机构市场地位逐步提高，一些具有人才、专业优势和经营管理较好的保险中介机构逐渐在市场上站稳了脚跟，成为行业的领跑者，通过资源整合和机构扩张，规模逐渐壮大。而一些成立时间短、缺乏资金实力和经营特色的中介机构，在股东压力和市场竞争的双重挤压下，生存受到挑战直至退出市场（于殿江、柏士林、胡玉翠，2011）。

思考题

1. 如何理解保险机构治理？
2. 各类保险机构治理存在哪些差异？为什么会存在一定的差异性？

第十五章

保险业治理

【本章概要】

本章首先界定了金融治理与金融业治理的内涵；然后提出了保险业治理的内涵，进而对保险公司治理进行了从微观到中观再到宏观层面的拓展；最后详细分析了保险业治理的具体内容和特殊性。

【学习目标】

理解金融治理的内涵与重要性，掌握保险机构治理的内涵，掌握一般公司治理、保险公司治理、保险机构治理和保险业治理之间的区别与联系，理解保险机构治理的内容与特殊性。

第一节 金融业治理下的保险业治理

一、金融治理与金融业治理

改革开放以来我国经济一直保持高速增长的态势。GDP总量自1956年的1028亿元增长至2019年的990865亿元，自2010年以来稳居世界第二。这些年经济的快速发展，当然离不开金融提供的支持和配合。"金融很重要，是现代经济的核心。金融搞好了，一着棋活，全盘皆活"（邓小平，1991），这是世界范围普遍的经验和总结。

金融治理（finance governance）是为了实现金融的健康和可持续发展、更好地服务实体经济的目标而做出的关于金融发展的重大事项和问题的前瞻性和应急性的制度安排。按照治理边界，金融治理可以划分为全球金融治理（global finance governance）、区域金融治理（regional finance governance）和国家金融治理（national finance governance）三个层次，治理思想体系框架如图15-1所示。

在金融治理体系框架中，全球层次的金融治理即全球金融治理，国家间协作区域层次的金融治理即区域金融治理，国家内部层次的金融治理即国家金融治理。其中，全球金融治理包括宏观的全球金融治理和一个国家参与全球金融治理两大部分；国家金融治理包括金融与实体经济关系（relationship between finance and real economy）和金融业治理（finance industry governance）两部分；金融业治理按照内容性质不同可以划分为顶层设计（top-level design）、金融监管（finance regulation）和金融机构治理（financial institution governance）三方面，而按照适用行业不同又可分为银行业治理（bank industry governance）、保险业治理（insurance industry governance）等。

金融业治理（finance industry governance）是指经营金融商品的特殊行业的治理，包括银行业治理（bank industry governance）、保险业治理（insurance industry governance）、信托业治理（trust industry governance）、证券业治理（securities industry governance）、基金业治理（fund industry governance）、租赁业治理（leasing industry governance）、投资银行业治理（investment banking industry governance）、期货业治理（futures industry governance）、典当业治理（pawn industry governance）等。

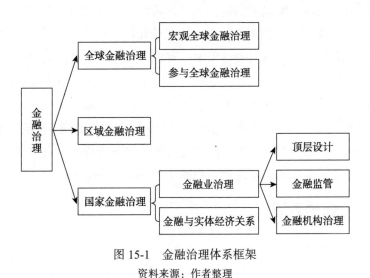

图 15-1　金融治理体系框架
资料来源：作者整理

二、保险业治理的提出

关于保险业与金融业的关系，从理论上看，保险虽然是金融，但保险又不是纯粹的金融；金融讲究资源的"跨期配置"，进而强调"资金融通"，而保险在意资源的"跨状态配置"，从而强调"风险保障"（孙祁祥、郑伟，2017）。如果保险产品不具有保障性或者保障性非常低，那么这些产品是否还能被称为保险产品或者说是否应该由保险公司来经营就值得考虑了，其本质就是保险业是否姓"保"的问题。保险业姓"保"着重强调的是保险不同于金融，或者说强调的是保险的保障功能。

国务院于1979年4月批准《中国人民银行分行行长会议纪要》，并做出了一个重大的决策，即要逐步恢复已经停办的国内保险业务；同年11月召开了全国保险工作会议，具体部署了保险业务的恢复工作。停办了二十多年的国内保险业务就此恢复。之后，作为我国金融业重要组成的保险业，在我国三十多年的改革开放中，先后完成了经营体制改革、股份制改革及公司治理改革等一系列改革创新（孙蓉、杨馥，2008）。我国保险业从1979年恢复，走过了1980年复业、1996年首次扩容、2004年再次扩容、2005年全面开放、2006年"国十条"出台以及2014年新"国十条"出台的高速发展历程。这些年我国保险业快速发展和取得的成绩主要得益于我国保险业治理所做的探索性和卓有成效的工作，这彰显了我国保险业的治理能力。体制和机制的设计与完善是一个行业保持高速、健康和可持续发展的根本原因所在，因此研究行业治理问题不但能够丰富治理理论，还具有重要的应用价值。

十八届三中全会首次提出"治理体系"和"治理能力"的概念，并将其作为全面深化改革的总目标；管理到治理虽然只有一字之差，但实际上却是一种跨越式的发展；一方面党在理论和实践上实现了创新，另一方面党和政府在理念和思维上实现了从管理国家到治理国家的转变（李维安，2013）。保险业的发展将影响经济、社会和政府的发展，即保险业会参与到国家治理过程中：首先，服务国家经济治理，是经济转型升级的重要动力；其次，服务国家社会治理，是改善民生保障的有力支撑；最后，服务政府治理，是转变政府职能的有效抓手。《中共中央关于全面深化改革若干重大问题的决定》先后17次提到"保险"两字，这足以说明保险业的重要性。从这个意义上来说，保险业在完善国家治理体系以及推进治理能力现代化的进程中具有重要意义。当然，保险业只有治理好了，才能更好地参与到国家治理中。

三、保险业治理的内涵

（一）保险业治理

保险业通过契约将资金集中起来，用以补偿被保险人的经济利益。这个行业也存在治理的问题，即保险业治理（郝臣，2017）。保险业服务国家社会治理能力现代化的前提是做好自身的治理。已有学者开始关注保险业治理相关问题，例如吴传俭（2015）研究了我国保险业服务于国家社会治理能力现代化的路径问题，但目前理论界关于保险业治理的内涵、结构与机制等问题还缺乏准确、科学的界定。

Williamson（1975；1996）、李维安（2001；2005）等学者认为治理的本质就是一种制度安排或机制设计。保险业治理（insurance industry governance）是指政府部门对保险行业未来发展的顶层设计即发展方针的制定，监管机构对保险业未来发展方针的落实和对保险机构的监管即发展规划的设计和相关监管制度的制定，包括行业协会在内的非政府组织对保险机构的自律引导即发挥非政府监管的作用，以及行业内包括监管机构、非政府组织、保险经营机构和保险中介机构等组织的治理结构构建与治理机制作用发挥。保险业治理的目标是保证这些组织能够科学和有效地进行决策,保护投保人等利益相关者的利益,最终使保险业在符合国家相关产业政策的前提下健康发展,进而服务经济和社会,参与国家治理。我国保险业治理框架示意图如图 15-2 所示。

上面给出了保险业治理的内涵界定,为了更好地理解其内容,本章用数字"1""2""4""4"来进一步刻画保险业治理,具体含义如下。

所谓"1",是指保险业治理的一大目标。保险业治理的目标是保险业健康发展,也就是说,我国开展的各种类型的治理活动,建立的各种机制与机构,终极目标只有一个,即让我国保险业能够又好又快地发展。

所谓"2",是指保险业治理的两大环境,即制度环境和产业环境。治理活动离不开制度环境,治理好了,制度环境反过来会得到改善;治理活动更离不开产业环境,产业环境中的市场集中度、市场的结构等都可能会对治理产生影响。

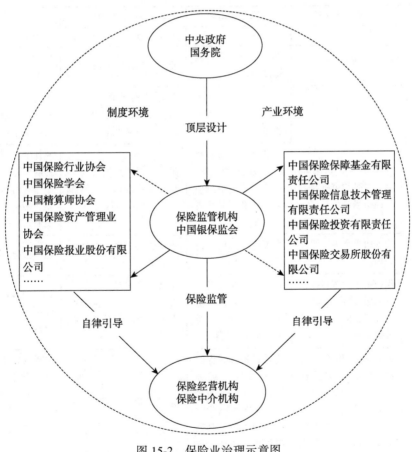

图 15-2 保险业治理示意图

资料来源:作者整理

所谓"4",是指保险业的四大治理机制,即顶层设计、保险监管、自律引导和公司治理。其中顶层设计主要适用于政府这一治理主体,保险监管主要适用于保险监管机构，行业自律与引导主要适用于中国保险行业协会、中国保险学会等非政府组织，而公司治理则适用于保险经营和中介机构。

所谓"4"，是指保险业的四大治理子系统，主要包括保险监管机构治理子系统、非政府组织治理子系统、保险中介机构治理子系统和保险经营机构治理子系统。保险业治理包括了保险机构治理和保险公司治理。

（二）保险业治理与保险公司治理和保险机构治理的区别

保险业治理相对于微观层面的保险公司治理和一般公司治理、中观层面的保险机构治理，在治理主体、治理结构、治理机制、治理边界、治理目标和治理依据等方面存在较多的区别，详见表 15-1。

表 15-1　保险公司治理、保险机构治理与保险业治理的区别

比较内容	一般公司治理	保险公司治理	保险机构治理	保险业治理
治理层次	微观层面	微观层面	中观层面	宏观层面
治理主体	股东、债权人等	股东、投保人、监管机构等	股东、监管机构等	监管机构、行业协会等非政府组织
治理结构	"三会一层"	"三会一层"，但有特有高级管理人员和部门	中介机构治理结构简单，经营机构中每种类型都有一定特殊性	大系统与子系统的关系，子系统与子系统的关系
治理机制	决策机制、监督机制、激励约束机制、产品市场竞争等	决策机制、监督机制、激励约束机制、外部监管、信息披露、外部利益相者治理等	集团公司（控股公司）和分支机构存在控制和沟通等特殊治理机制	总体上有顶层设计、保险监管、自律引导；子系统内部有沟通机制、协调机制、决策机制、监督机制等
治理边界	法人边界之内，即公司内部	法人边界之内，即保险公司内部	超越法人边界，例如保险集团	边界虚化
治理目标	保护中小股东利益，只有在破产和解散情况下，债权人利益才被提到首位	基于利益相关者理论，治理目标是保护投保人和股东等利益相关者的利益	除保险公司和相互保险组织之外，其他保险机构更多追求的是股东利益最大化	行业健康发展，服务经济和社会，参与国家治理
治理依据	公司章程和《公司法》《上市公司治理准则》《上市公司与投资者关系工作指引》《上市公司股东大会规则》《上市公司信息披露管理办法》《企业内部控制基本规范》等	公司章程和《保险公司股权管理办法》《保险公司董事会运作指引》《保险公司董事监事和高级管理人员任职资格管理规定》《保险公司信息披露管理办法》等	各类保险机构章程和《再保险公司设立规定》《保险资产管理公司管理暂行规定》《保险集团公司管理办法（试行）》《外国保险机构驻华代表机构管理办法》等	《保险法》《中国保险监督管理委员会规章制定程序规定》《中国保险监督管理委员会派出机构监管职责规定》和《中国保险监督管理委员会政府信息公开办法》等

资料来源：作者整理

第二节 保险业治理主要内容

保险业治理结构不同于一般公司的"三会一层",保险业治理系统包括四大治理主体,即政府、监管机构、行业协会和保险机构。与之对应的是保险业治理的四大治理机制,即顶层设计、保险监管、自律引导和公司治理。

一、政府与保险业顶层设计

保险业顶层设计是指国家从全局视角,对保险业发展做出统筹规划,以加速保险业改革和发展的整个过程。保险业治理目标有宏观性,且涉及众多利益相关者。保险业治理不仅仅是保险机构各个主体的自身问题,还涉及广大人民群众的利益保护、市场经济的有效运转和政府职能的履行,从公司个体到市场,从市场到政府和人民群众,这些主体的利益保护就构成了保险业治理的重要目标。因此,政府的顶层设计作为保险行业发展的根本指导就显得十分重要。

2006年6月15日,国务院出台《国务院关于保险业改革发展的若干意见》(国发〔2006〕23号),这是国务院首次对我国保险业发展进行的顶层设计,也被称为保险业的"国十条"。保险业新"国十条"即《国务院关于加快发展现代保险服务业的若干意见》(国发〔2014〕29号)于2014年8月10日出台,文件提出,为了适应我国经济社会发展的现实需求,到2020年要基本建成现代保险服务业,使现代保险服务业成为相关方面的支柱力量、有力支撑、有效机制、重要抓手、基本手段、重要渠道和有效工具,并努力实现我国由保险大国向保险强国转变。这是继2006年国务院首次对我国保险业发展进行"顶层设计"之后的再一次宏观布局。

自国内保险业务正式恢复以来,可以说中国的保险业发展驶入了"快车道"。改革开放后,中国保险业完成了经营体制改革、股份制改革及公司治理改革等一系列改革创新,从封闭走向全面对外开放(孙蓉、杨馥,2008)。我国保险业自1980年复业以来,基本保持了一个比世界范围保险业明显更快的增长速度,这主要得益于国务院两次以"顶层设计"的形式对我国保险业的改革发展进行的全面部署。两次保险业"顶层设计"均将保险公司现代企业制度的建设和完善作为改革和发展的重要内容,而其核心是完善保险公司治理,我国保险业走上全面实现治理现代化的行业壮大之路。

二、保险业监管机构与保险监管

保险监管这一治理机制是指国家对保险业的监督与管理,是保险监管机构依法开展的对保险人、保险市场的监督管理,以确保整个市场的规范运作和保险人的稳健经营,保护好被保险人的根本利益,最终促进保险业健康发展的完整过程。

(一)监管机构的变更

中国保险监管最开始表现为政府管制,这与当时的计划经济体制相适应。而在中华人民共和国成立后,行业主管机关一开始是中国人民银行,采用大一统监管模式。之后,为落实我国金融业分业经营、分业管理的方针,更好地对保险业进行监督管理,1998年11月18日,原中国保监会被国务院批准设立。该委员会作为国务院的直属单位,按照国务院的授权行使行政管理职能,依据《保险法》专司保险市场的监管职能。1999年3月,国务院发布《国务院办公厅关于印发中国保险监督管理委员会职能配置内设机构和人员编制规定的通知》(国办发〔1999〕21号),明确了原中国保监会是全国商业保险的主管部门,要履行行政管理职能并统一监督管理我国的保险市场。

(二)法律法规的完善

自1980年我国保险业复业以来,保险业及其监管的相关法律环境也在不断完善。1985年3月3日,由国务院发布的《保险企业管理暂行条例》(国发〔1985〕33号)是新中国成立后第一部保险企业管理法律文件。1995年6月30日,《保险法》出台,与《公司法》共同构成了我国保险业治理的基础法律,并规定国务院保险监督管理机构依法对保险业实施监督管理。2004年6月30日,原中国保监会颁布《中国保险监督管理委员会派出机构监管职责规定》(保监会令〔2004〕第7号),明确派出机构监管的工作职责是在原中国保监会授权范围内对辖区内的保险机构和从业资格等内容进行管理。接下来出台的《保险公估机构监管规定》(保监会令〔2009〕第7号)和《保险公司股权管理办法》(保监会令〔2018〕第5号)等文件,更进一步弥补了原有的监管体系在对不同类型保险机构和各保险机构公司治理的不同内容的监管疏漏。

(三)保险监管的内容

我国的保险监管从央行退出经营领域开始算起,按监管内容的不同大体上可以分为市场行为监管阶段(1984—2003年)、市场行为和偿付能力监管并重阶段(2003—2006年)、完整的三支柱监管框架(2006年至今)三个阶段。2006年1月原中国保监会发布《关于规范保险公司治理结构的指导意见(试行)》(保监发〔2006〕2号),标志着公司治理监管支柱的确立,从此形成了保险公司治理、保险公司偿付能力和保险公司市场行为的"三支柱"监管框架。"三支柱"监管框架顺应国际监管趋势,与国际上通行的OECD《保险公司治理指引》、IAIS《保险公司治理核心原则》等实现了同步。

(四)保险监管的行为、手段和途径

目前,我国保险监管行为主要包括制度引导、审查许可、非现场监管、现场监管、信息披露、风险处置和教育辅导等(罗胜,2012)。监管手段上以法律手段为主、行政手段和经济手段为辅,监管途径上现场检查和非现场检查并重。

（五）监管机构自身治理能力建设

实际上，我国保险机构治理水平的提升，对于监管机构自身治理能力也提出了更高的要求。保险监管机构治理是指为了实现保险监管机构的监管目标而进行的各种制度安排，这其中涉及监管机构的行政级别与职能、监管机构内部部门设置及其职权、监管机构的决策和监督机制等。正所谓"打铁还须自身硬"，针对监管机构内部的治理，原中国保监会 2010 年出台《中国保险监督管理委员会行政处罚程序规定》（保监会令〔2010〕第 5 号），规范行政处罚的程序；2015 年出台《中国保险监督管理委员会政务信息工作办法》（保监发〔2015〕128 号），推进监管机构政务信息工作；《中国银保监会行政处罚办法》（银保监会令〔2020〕第 8 号）自 2020 年 8 月 1 日开始实施。

三、保险行业协会与行业自律

党的十六届三中全会通过的《中共中央关于完善社会主义市场经济体制若干问题的决定》明确了我国各类协会的地位与发展方向，该决定提出，要按照市场化原则来规范和发展各种类型的行业协会、商会等自律性组织。在市场经济体制完善和政府职能转变的背景下，保险行业协会必将发挥越来越重要的作用，因此 2004 年原中国保监会出台了《中国保监会关于加强保险行业协会建设的指导意见》（保监发〔2007〕118 号）。

（一）保险行业自律的作用

作为行业自我规范和自我协调的重要机制的行业自律，是维护市场秩序和保护公平竞争，进而促进行业健康发展的重要手段（金坚强，2010）。保险行业协会自律引导具有政府监管无法比拟的优势（杨晶，2009）。与政府监管相比，行业协会自律能以维护行业协会成员的共同利益、建立公平竞争行业秩序为宗旨，能够降低监管成本、提高监管效率，是市场机制和政府宏观调控的重要补充。保险行业协会参与的行业自律机制可以体现在保险机构经营和管理的多方面，例如反保险欺诈和反垄断等。

（二）保险行业协会治理的提出

中国保险行业协会于 2001 年 2 月 23 日成立，是经原中国保监会审查同意，同时在国家民政部登记注册的全国性的保险业自律组织。中国保险行业协会主要履行督促会员依法合规经营、组织制定行业标准、积极推进保险业信用体系建设和开展会员自律管理等行业自律职责。中国保险行业协会治理是指为了实现保险行业协会的组织目标而进行的各种制度安排。

四、保险机构与公司治理

（一）保险机构治理的内容

我国现有的保险经营机构种类繁多，截至 2019 年 12 月底，共有 89 家财产保险机构、98家人身险保险机构（91家法人机构和7家非法人机构）、13家保险集团公司、26家保险资产管理公司和11家再保险机构（5家法人机构和6家非法人机构），另有多家其他保险公司分支机构和外资保险公司代表处等。公司治理是保证公司决策科学并最终维护公司各方面利益的制度安排，具体来说是包括协调公司与所有利益相关者之间关系的一整套正式或非正式、内部或外部的制度或机制（李维安，2001；2005；2009）。按照公司治理的内涵，实际上保险业中任何组织均存在治理问题。保险机构治理是保险经营机构治理和保险中介机构治理的总称，而保险经营机构治理按照经营机构业务类型不同分为保险公司治理、保险集团公司治理、相互制保险组织治理、再保险公司治理、保险资产管理公司治理、保险公司分支机构治理、外资保险公司代表处治理等，保险中介机构治理按中介机构业务类型不同分为保险代理机构治理、保险经纪机构治理和保险公估机构治理等。这些不同类型的保险机构公司治理在目标、原则、结构与机制等方面与一般公司治理存在一定的差异。

（二）保险中介机构治理的探索

保险中介机构也称保险中介人，是保险公司与投保人之间的桥梁和纽带，也是保险业服务社会的窗口。保险中介机构对于保险业的发展具有加速作用。1992年之前，是保险中介的萌芽起步期，保险代办点大面积铺开；1992—1999年，是保险中介的快速成长期，保险营销体制导入；1999—2004年，是保险中介的制度突破期，专业中介准入发展；2004—2009年，是保险中介的兼业代理渠道创新扩张期，资源型渠道崛起；2009年至今，是保险中介的转型期，防范化解风险。到目前，数量很多、形态丰富、功能互补、覆盖广泛的市场体系已经初步形成，该市场成为我国保险市场的重要组成部分，而且不可或缺（黄洪，2015）。但在中国保险业和保险中介机构快速发展的同时，中介机构的违规现象也频繁发生（毛路、陈建民，2011），其中一个重要原因是保险中介机构公司治理结构不完善（钱兵、陈功，2007）。中介机构发展起步较晚，在我国仍属于新兴行业，许多专业的保险中介机构都是从其他非专业中介发展而来，并没有一套完善的适合中介机构发展的公司治理结构与机制。这使得保险中介机构治理成为保险机构治理的短板，影响和制约着保险机构整体治理水平的提高。

（三）保险经营机构治理的推进

经过多年行业的发展探索以及监管机制的完善，保险经营机构已基本建立起公司自身治理体系，但这一体系在运作过程中未能充分发挥作用。究其根源，可能是优化治理内在动力不足。在我国公司治理整体实践起步不是很早及外部的法律法规环境相对来说不是非常完善的情况下，改善保险机构治理最初采用了"倒逼"的方法，即通过境外上市方式，利用境外成熟资本市场环境来提高公司治理水平（郝臣，2016）。在金融机构国际化过程中，最早走到海外资本市场的是我国的保险公司，2003年可以说是我国保险公司"编队出海"的一年,通过海外上市,不但实现了融资、提高偿付能力的目的,而且优化了股权结构、改进了董事会的结构与运作等。随着2006年《关于规范保险公司治理结构的指导意见(试行)》出台,我国保险公司治理改进推动因素开始由外部环境转为外部监管。但这些推动保险机构治理改进的因素都是外部的,而不是基于保险机构经营和发展的内在需求。

第三节 保险业治理特殊性分析

一、保险业治理目标特殊性

(一)治理目标宏观化

两个"国十条"对保险业治理的目标进行了细致的描述。2006年《国务院关于保险业改革发展的若干意见》(国发〔2006〕23号)指出,保险具有经济补偿、资金融通和社会管理功能,是市场经济条件下风险管理的基本手段,是金融体系和社会保障体系的重要组成部分,在社会主义和谐社会建设中具有重要作用。加快保险业改革发展,有利于应对灾害事故风险,保障人民生命财产安全和经济稳定运行;加快保险业改革发展,有利于完善社会保障体系,满足人民群众多层次的保障需求;加快保险业改革发展,有利于优化金融资源配置,完善社会主义市场经济体制;加快保险业改革发展,有利于社会管理和公共服务创新,提高政府行政效能。保障人民生命财产安全和经济稳定运行、满足人民群众多层次的保障需求、完善社会主义市场经济体制和提高政府行政效能就是保险业治理目标在当时背景下的表述。

2014年《关于加快发展现代保险服务业的若干意见》(国发〔2014〕29号)指出,加快发展现代保险服务业,对完善现代金融体系、带动扩大社会就业、促进经济提质增效升级、创新社会治理方式、保障社会稳定运行、提升社会安全感、提高人民群众生活质量具有重要意义。要坚持市场主导、政策引导,坚持改革创新、扩大开放,坚持完善监管、防范风险,使现代保险服务业成为健全金融体系的支柱力量、改善民生保障的有力支撑、创新社会管理的有效机制、促进经济提质增效升级和转变政府职能的重要抓手,使保险成为政府、企业、居民风险管理和财富管理的基本手段,成为提高保障水平和质量的重要渠道,成为政府改进公共服务、加强社会管理的有效工具。支柱力量、有力支撑、有效机制、重要抓手、基本手段、重要渠道、有效工具,是目前我国保险业治理目标的关键词。

(二)涉及更多利益相关者

通过两个"国十条"对保险业重要意义的分析,可以看出,保险业治理不仅仅是保险机构各个主体自身问题,还涉及广大人民群众的利益保护、市场经济的有效运转和政府职能的履行，从企业个体到市场，从市场到政府和人民群众，这些主体的利益保护就构成了保险业治理的重要目标。

二、保险业治理结构特殊性

（一）由多个具有法人地位的相对独立的子系统构成

保险业治理大系统按照其中的治理主体不同可以分为若干个子系统，其中包括监管机构子系统、各个非政府组织子系统、中介机构子系统、经营机构子系统等。每个子系统一般来说都是一个独立的法人，相互之间的边界也比较清晰。对于经营机构和中介机构来说，法人边界就是各个主体权利的基本界限；而监管机构和非政府组织需要发挥其监管和引导职能，可以突破这一界限。各子系统职能和定位不同，在协同发挥作用时相互补充。而这些子系统内部又具有同一般公司类似的各个治理职能子系统，例如激励系统、约束系统等。

（二）监管机构是所有子系统的核心

在所有的保险业治理子系统中，监管机构子系统居核心地位，其职能能否有效发挥对于保险业治理目标能否顺利实现至关重要。在政府子系统明确保险业发展方针的基础上，保险业发展规划及其落实主要是由监管机构子系统来进行的，对经营机构和中介机构的具体监管工作也是由保险监管机构来负责的。

三、保险业治理机制特殊性

（一）三大治理机制运转方式指令化

保险业治理三大治理机制的有效运转不是依靠各个子系统之间的股权关系，因为它们之间也不像企业集团公司那样，相互之间存在控股与被控股关系，而是依靠包括行政命令、指示、规定、条例以及规章制度等在内的行政指令。保险业治理的顶层设计、保险监管和行业自律三大治理机制均依赖于行政指令来保证有效实施。行政指令具有及时性、效率高、范围广等特点，其作用的发挥主要是依赖于各个子系统的行政层级或者权威。当然，三大治理机制的有效运转也需要包括非行政指令但具有一定约束作用或者引导作用的行业公约等类似内容的辅助，既包括国内相关非政府组织推出的有关规定，也包括国际组织例如 OECD 和 IAIS 等发布的相关指引。

（二）人员任免、激励与约束行政化

在政府和非政府相关子系统，也包括经营机构和中介机构中国有控股性质的子系统中，相关高级管理人员的激励、约束和任免机制方面都具有行政化的特点。一方面，他们本身都带有一定的行政级别，从部级、副部级、厅局级到处级等。另一方面，他

们的薪酬体系往往是参照公务员设置的，相对于一般的经营机构或中介机构的高级管理人员而言，他们的薪酬水平往往会比较低，而这种行政级别的晋升也是对相关主体激励的重要组成部分，这不同于一般的公司。在相关人员约束方面，采用的常是公务员体系管理办法，比如从德能勤绩廉等方面评价他们，不同于一般公司对董事和总经理的评价。对他们的任免也往往是行政性的，通过下发文件的形式进行任命。

（三）决策机制上是集体决策、集体负责制

在一般公司董事会决策中经常采用的是集体决策、个人负责制。我国《公司法》规定，董事应当对董事会的决议承担责任。董事会的决议违反法律、行政法规或者公司章程、股东（大）会决议，致使公司遭受严重损失的，参与决议的董事对公司负赔偿责任。但经证明在表决时曾表明异议并记载于会议记录的，该董事可以免除责任。因此，很多公司董事或者总经理购买了相关责任险。但对于保险业治理系统中的子系统来说，特别是非经营机构和非中介机构子系统，例如保险监管机构治理子系统，更多的重要决策需要经过集体讨论。但在决策责任的担当上，与一般的经营机构和中介机构不同，往往是集体承担。

思考题

1. 如何理解保险业治理？
2. 保险业治理和国家治理能力现代化之间存在什么样的关系？
3. 如何理解保险公司治理、保险机构治理和保险业治理的关系？

第六篇 本土实践

第十六章

我国保险公司治理政策法规

【本章概要】

本章首先界定政策法规的概念及其包括的内容,然后明确了我国保险公司治理政策法规检索方法;基于政策法规文件检索结果,对我国保险公司治理政策法规进行总体分析,随后进行包括发布主体、文件层次、发布年份、内容类型、效力情况和修改情况等方面的具体分析。

【学习目标】

了解广义和狭义政策法规包括的内容,熟悉我国保险公司治理政策法规文件的总体情况,了解我国三大类保险公司治理政策法规划分的依据,掌握我国保险公司治理政策法规的内容类型,了解我国保险公司治理政策法规的发布主体、文件层次、发布年份、效力情况和修改情况。

第一节 我国保险公司治理政策法规总体分析

一、我国保险公司治理政策法规类型

LLSV(1998;2000;2002)研究发现,投资者保护程度源于不同的法源或法系,它直接影响国家金融体系模式;融资模式和所有权结构又决定了公司治理的水平,公司治理水平影响公司价值、公司绩效和经济发展。所以本章专门关注了作为治理环境中重要内容的保险公司治理政策法规状况。

政策法规就是政策和广义的规范性文件的总和。所谓政策主要是指政府及相关部门出台的关于行业发展等有关问题的宏观性文件,一般来说属于方针和规划层面的内容。广义上的规范性文件包括宪法、法律、法规、规章以及国家机关在职权范围内依法制定的具有普遍约束力的文件(即狭义的规范性文件)。

宪法是国家的根本大法,具有最高法律权威和最高法律效力。宪法是制定普通法

律的依据，普通法律的内容都必须符合宪法的规定。

法律是指全国人民代表大会及其常务委员会依照法定程序制定，由国家主席签署，并以国家主席令公布实施的规范性文件。其中，由全国人民代表大会制定和修改的法律称为"基本法律"，如《中华人民共和国刑法》《中华人民共和国民法典》等；由全国人民代表大会常务委员会通过的法律称为"普通法律"，如《中华人民共和国森林法》《中华人民共和国野生动物保护法》等。法律的效力仅次于宪法。

法规通常是对行政法规和地方性法规的总称。行政法规是国务院根据宪法和法律制定，由国务院总理签署，以国务院令发布实施的规范性文件。行政法规的效力低于宪法和法律。地方性法规有两种。一种是省、自治区、直辖市人民代表大会及其常务委员会制定，由大会主席团或者常务委员会用公告公布施行的规范性文件。地方性法规在本行政区域内有效，其效力低于宪法、法律和行政法规。另一种是设区的市的人民代表大会及其常务委员会制定，报省、自治区人民代表大会常务委员会批准后施行的规范性文件。这些地方性法规在本市范围内有效，其效力低于宪法、法律、行政法规和本省、自治区的地方性法规。

规章包括部门规章和地方政府规章。部门规章是指国务院各部（局）、委员会在本部门的权限范围内制定，由部（局）长或者委员会主任签署发布的规范性文件。部门规章在全国范围内有效，其效力低于法律、行政法规和地方性法规。地方政府规章是指省、自治区、直辖市以及设区的市的人民政府制定，由省长、自治区主席、市长签署，以政府令发布实施的规范性文件。地方政府规章在本行政区域内有效，其效力低于法律、行政法规和地方性法规。设区的市的人民政府制定的规章效力，低于省、自治区人民政府制定的规章的效力。

狭义上的规范性文件是指除宪法、法律、法规、规章以外的具有普遍约束力的非立法性文件。通常所说的规范性文件是指狭义上的规范性文件，也称行政规范性文件，就是老百姓俗称的"红头文件"，是指各级人民政府及其工作部门在权限范围内，为实施法律、法规、规章和上级规范性文件按规定程序发布的，在一定时间内相对稳定，规定公民、法人或其他组织的权利义务，具有普遍约束力的行政措施，包括规定、办法、细则、通知、通告、布告等。

依据上述政策法规的界定，本章采用手工方式对我国保险公司治理政策法规进行收集整理。政策法规原文主要来源于中央政府网（http://www.gov.cn/）、中国银保监会官网（http://www.cbrc.gov.cn/）和北大法宝网站（http://www.pkulaw.cn/）。所有政策法规的发布主体、发布时间、文件层次和修改情况等基础信息均通过手工整理和校对。政策法规发布时间范围为1979年到2020年，涉及的有政策、法律、行政法规、部门规章和规范性文件。

二、我国保险公司治理政策法规概况

截至 2020 年 8 月，我国保险公司治理政策法规总共有 205 部。这些保险公司治理政策法规按照政策法规适用的范围从小到大依次涵盖保险公司治理、保险机构治理和保险业治理三大类：第一类，仅适用于保险公司的治理政策法规 100 部；第二类，适用于保险机构（包括保险公司）的治理政策法规 44 部；第三类，适用于保险业（涉及保险机构）的治理政策法规 61 部。每类政策法规又可以根据其内容进行细分。我国保险公司治理政策法规的发布主体共有 15 个，发布政策法规超过 1 部的发布主体按照其发布政策法规的数量排列依次为：原中国保监会、中国银保监会、中国人民保险公司、国务院、中国人民银行和财政部。我国保险公司治理政策法规有政策、法律、行政法规、部门规章、国务院规范性文件、部门规范性文件和行业规定 7 个文件层次。中国在 1979 年发布第一部保险公司治理政策法规，205 部中有 136 部集中在 2006 年至 2019 年期间发布，其他年份发布保险公司治理政策法规数量相对较少。我国 205 部保险公司治理政策法规中，除了 56 部特定背景下的文件以外，有 105 部现行有效，44 部已废止。此外，在所有我国保险公司治理政策法规中，有 183 部自颁布以来未曾修改，有 9 部修改过 1 次，有 7 部修改过 2 次，有 3 部修改过 3 次，有 3 部修改过 4 次。

本章统计了这 205 部保险公司治理政策法规的发布主体、文件编号、文件层次和发布时间，并按照适用范围进行了一级分类，划分为保险公司治理、保险机构治理和保险业治理三类，关于"保险公司治理""保险机构治理""保险业治理"的内涵在本书第二章、十四章和十五章已经进行过界定，本书认为微观层面的保险公司治理、中观层面的保险机构治理和宏观层面的保险业治理之间是紧密相互联系的，不是简单的包含与被包含的关系，因此本章分析了三个层面的政策法规状况，是广义层面上的保险公司治理政策法规。

第二节 我国保险公司治理政策法规具体分析

一、保险公司治理政策法规发布主体分析

通过表 16-1 可知，我国保险公司治理政策法规共有 15 个发布主体。原中国保监会发布了 128 部保险公司治理政策法规，占我国保险公司治理政策法规的 62.44%，是我国保险公司治理政策法规的第一大发布主体。中国银保监会作为第二大发布主体，共发布我国保险公司治理政策法规 29 部（占 14.15%）。中国人民保险公司作为第三大发布主体，共发布我国保险公司治理政策法规 13 部（占 6.34%）。其后分别为国务院（12 部，占 5.85%）、中国人民银行（10 部，占 4.88%）、财政部（4 部，占 1.95%）。此外还有 9 个发布主体分别发布 1 部保险公司治理政策法规，例如，全国人民代表大

会常务委员会于 1995 年颁布《保险法》，中国保险行业协会于 2015 年发布《保险公司董事会提案管理指南》。

表 16-1　我国保险公司治理政策法规发布主体统计

发布主体	数量（部）	比例（%）
财政部	4	1.95
财政部、农业农村部、中国银保监会、林草局	1	0.49
财政部、中国人民银行、中国工商银行、中国农业银行、中国银行、中国人民建设银行、中国人民保险公司	1	0.49
国务院	12	5.85
全国人大常委会	1	0.49
13 家签约保险公司	1	0.49
原中国保监会	128	62.44
原中国保监会、中国证监会	1	0.49
中国保险行业协会	1	0.49
中国共产党第十九届中央委员会	1	0.49
中国人民保险公司	13	6.34
中国人民银行	10	4.88
中国银保监会	29	14.15
中国银保监会、国家发展和改革委员会、教育部、民政部、司法部、财政部、人力资源和社会保障部、自然资源部、住房城乡建设部、商务部、国家卫生健康委、国家税务总局、国家医疗保障局	1	0.49
中国证监会	1	0.49
合计	205	100.00

资料来源：作者整理

二、保险公司治理政策法规文件层次分析

依照文件层次进行分类，我国保险公司治理政策法规可以分为政策、法律、行政法规、部门规章、国务院规范性文件、部门规范性文件和行业规定七大类。部门规范性文件数量最多，共有 135 部，占所有保险公司治理政策法规的 65.85%。部门规章有 41 部，占政策法规总数量的 20.00%。行业规定有 16 部，占政策法规总数量的 7.80%。国务院规范性文件有 8 部，占政策法规总数量的 3.90%。此外还有 3 部行政法规、1 部法律和 1 部政策，分别占比 1.46%、0.49%和 0.49%，分别是国务院在 1983 年发布的《财产保险合同条例》（国发〔1983〕135 号），在 1985 年发布的《保险企业管理暂行条例》（国发〔1985〕33 号），在 2001 年发布的《中华人民共和国外资保险公司管理条例》（以下简称《外资保险公司管理条例》）（国务院令第 336 号），全国人民代表大会常务委员会在 1995 年发布的《保险法》，以及中国共产党第十九届中央委员会在 2018 年发布的《深化党和国家机构改革方案》。详见表 16-2。

表 16-2 我国保险公司治理政策法规文件层次统计

文件层次	数量（部）	比例（%）
政策	1	0.49
法律	1	0.49
行政法规	3	1.46
部门规章	41	20.00
国务院规范性文件	8	3.90
部门规范性文件	135	65.85
行业规定	16	7.80
合计	205	100.00

资料来源：作者整理

三、保险公司治理政策法规发布年份分析

依据表 16-3，我国自 1979 年发布 2 部保险公司治理政策法规以来，1982 年、1983 年、1984 年、1985 年、1988 年、1989 年、1990 年和 1991 年相继分别发布 1 部保险公司治理政策法规，1992 年发布 3 部保险公司治理政策法规，1993 年和 1994 年分别发布 2 部保险公司治理政策法规。而 1995 年共发布保险公司治理政策法规 9 部，数量激增，这主要是由于 1995 年 6 月 30 日第八届全国人民代表大会常务委员会第十四次会议通过了《保险法》，保险公司治理亟需随之调整，大量保险公司治理政策法规应运而生。1996 年至 2005 年期间，我国保险公司治理政策法规发布数量一直保持在 2~7 部，依次为 2 部、3 部、3 部、6 部、3 部、6 部、2 部、2 部、7 部和 3 部。自从 2006 年国务院颁布了推动和完善我国保险事业的《国务院关于保险业改革发展的若干意见》（国发〔2006〕23 号）（又称"国十条"），历年保险公司治理政策法规发布数量逐渐增加。在 2006 年至 2014 年期间，每年发布的政策法规数量依次为 9 部、8 部、7 部、7 部、7 部、5 部、4 部、7 部和 7 部；而 2015 年至今，历年保险公司治理政策法规发布数量显著增加，各年发布的政策法规数量依次为 20 部、12 部、13 部、13 部、17 部和 6 部。需要说明的是 2020 年统计的是上半年的数量。

表 16-3 我国保险公司治理政策法规发布年份统计

发布时间	数量（部）	比例（%）
1979	2	0.98
1982	1	0.49
1983	1	0.49
1984	1	0.49
1985	1	0.49
1988	1	0.49
1989	1	0.49

续表

发布时间	数量（部）	比例（%）
1990	1	0.49
1991	1	0.49
1992	3	1.46
1993	2	0.98
1994	2	0.98
1995	9	4.39
1996	2	0.98
1997	3	1.46
1998	3	1.46
1999	6	2.93
2000	3	1.46
2001	6	2.93
2002	2	0.98
2003	2	0.98
2004	7	3.41
2005	3	1.46
2006	9	4.39
2007	8	3.90
2008	7	3.41
2009	7	3.41
2010	7	3.41
2011	5	2.44
2012	4	1.95
2013	7	3.41
2014	7	3.41
2015	20	9.76
2016	12	5.85
2017	13	6.34
2018	13	6.34
2019	17	8.29
2020	6	2.93
合计	205	100.00

资料来源：作者整理

四、保险公司治理政策法规内容类型分析

如表16-4所示，适用于保险公司的治理政策法规可以按照内容分为公司治理基础政策法规、内部治理政策法规、外部治理政策法规和其他主题政策法规四类。其中，公司治理基础政策法规有16部，占所有公司治理政策法规数量的7.80%。内部治理政策法规共有44部，占所有公司治理政策法规数量的21.47%。其中董监高和股东治理

方面的政策法规数量最多，分别为 14 部（占 6.83%）、13 部（占 6.34%），其次分别为合规管理（5 部，占 2.44%）、董事会治理（4 部，占 1.95%）、内部审计（3 部、占 1.46%）、风险管理（2 部，占 0.98%）、内部控制（2 部，占 0.98%）以及监事会治理（1 部，占 0.49%）。外部治理政策法规有 31 部，为总量的 15.13%。其中外部监管、信息披露、信科治理、退出机制和并购机制方面的政策法规依次有 18 部（占 8.78%）、9 部（占 4.39%）、2 部（占 0.98%）、1 部（占 0.49%）和 1 部（占 0.49%）。此外，其他主题的保险公司治理政策法规共有 9 部，占保险公司治理政策法规的 4.39%。

适用于包括保险公司在内的保险机构的治理政策法规可以分为适用于保险经营机构的治理政策法规和适用于保险中介机构的治理政策法规。保险经营机构治理政策法规有 21 部，占 10.27%，分别适用于保险公司、保险集团、保险资产管理公司、再保险公司、相互保险组织和外国保险机构等不同保险经营机构中的一类或几类。保险中介机构治理政策法规有 23 部，占 11.22%，包括中介机构治理基础（6 部，占 2.93%）以及分别适用于代理机构（7 部，占 3.41%）、经纪机构（5 部，占 2.44%）、公估机构（4 部，占 1.95%）和中介服务集团公司（1 部，占 0.49%）这四类不同保险中介机构治理的政策法规。

适用于涉及保险机构在内的保险业的治理政策法规可以按照内容分为法律、发展方针、发展规划、行业监管、社团组织和监管机构 6 类。其中，行业监管方面的政策法规数量最多，达到 24 部（占 11.71%）；监管机构方面的政策法规为 14 部，占 6.83%；发展规划方面的政策法规为 11 部，占 5.37%；发展方针方面的政策法规有 8 部，占 3.90%。此外还有社团组织方面的政策法规 3 部，法律 1 部，占比分别为 1.46%和 0.49%。

表 16-4　我国保险公司治理政策法规内容分类统计

内容分类			数量（部）	比例（%）
保险公司的治理政策法规		公司治理基础	16	7.80
	内部治理	股东治理	13	6.34
		董事会治理	4	1.95
		监事会治理	1	0.49
		董监高	14	6.83
		风险管理	2	0.98
		合规管理	5	2.44
		内部控制	2	0.98
		内部审计	3	1.46
	外部治理	并购机制	1	0.49
		退出机制	1	0.49
		信科治理	2	0.98
		信息披露	9	4.39
		外部监管	18	8.78
	其他主题		9	4.39

续表

内容分类			数量（部）	比例（%）
保险机构的治理政策法规	经营机构治理	保险公司、保险资产管理公司	2	0.98
		保险集团公司	1	0.49
		保险集团公司、保险公司	2	0.98
		保险集团公司、保险公司、保险资产管理公司	10	4.88
		保险集团公司、保险公司、相互保险社	1	0.49
		保险资产管理公司	1	0.49
		外国保险机构	1	0.49
		相互保险组织	2	0.98
		再保险公司	1	0.49
	中介机构治理	代理机构	7	3.41
		经纪机构	5	2.44
		公估机构	4	1.95
		中介服务集团公司	1	0.49
		中介机构治理基础	6	2.93
保险业的治理政策法规		法律	1	0.49
		发展方针	8	3.90
		发展规划	11	5.37
		行业监管	24	11.71
		社团组织	3	1.46
		监管机构	14	6.83
合计			205	100.00

资料来源：作者整理

五、保险公司治理政策法规效力情况分析

保险公司治理政策法规按照效力情况不同可以分为现行有效、已废止和特定背景三大类。其中特定背景的政策法规主要是指该文件的实施具有一定的背景条件，不存在失效的问题，比如《国务院关于保险业改革发展的若干意见》（国发〔2006〕23号）。在我国所有的205部保险公司治理政策法规中，现行有效的法规共105部，占总量的51.22%，已有44部、约21.46%的政策法规现已废止。其余56部为特定背景政策法规，占总量的27.32%，详见表16-5。

表16-5 我国保险公司治理政策法规效力情况统计

效力情况	数量（部）	比例（%）
现行有效	105	51.22
已废止	44	21.46
特定背景	56	27.32
合计	205	100.00

资料来源：作者整理

六、保险公司治理政策法规修改情况分析

根据表 16-6 统计，我国所有的保险公司治理政策法规中，有 183 部（占 89.27%）自颁布以来未曾修改[①]过，另有 9 部修改过 1 次，所占比例为 4.39%。此外还有 13 部经过多次修改：《外国保险机构驻华代表机构管理办法》《中国保险监督管理委员会派出机构监管职责规定》《保险经纪机构监管规定》《保险专业代理机构监管规定》《保险公估机构监管规定》《保险公司董事、监事和高级管理人员任职资格管理规定》《保险公司股权管理办法》分别修改过 2 次；《中国保险监督管理委员会派出机构监管职责暂行规定》《外资保险公司管理条例》《中华人民共和国外资保险公司管理条例实施细则》（以下简称《外资保险公司管理条例实施细则》）分别修改过 3 次；《保险法》《保险公司管理规定》《中国保险监督管理委员会行政处罚程序规定》分别修改过 4 次。

表 16-6 我国保险公司治理政策法规修改次数统计

修订次数	数量（部）	比例（%）
未修订	183	89.27
修订 1 次	9	4.39
修订 2 次	7	3.41
修订 3 次	3	1.46
修订 4 次	3	1.46
合计	205	100.00

资料来源：作者整理

思考题

1. 如何理解公司治理政策法规对保险公司的影响？
2. 相对于一般公司，保险公司的治理政策法规有什么样的特点？
3. 如何看待个别保险公司在治理方面出现的违法和违规行为？

---

① 政策法规修改的方式包括修订和修正，修订是对整体的修改，而修正是对局部或者个别的修改。

第十七章

我国保险公司治理发展历程

【本章概要】

在梳理我国保险公司治理政策法规文件的基础上，本章基于重要保险公司治理大事件，将我国保险公司治理的发展划分为完全行政型治理、治理理念导入、治理主体股改与上市、治理全面开展和治理能力提升五个阶段，并对每个治理发展阶段的状况进行了总结。

【学习目标】

掌握我国保险公司治理发展的五个阶段；理解保险公司治理发展阶段划分的依据；理解每个公司治理发展阶段面临的主要问题或者挑战；了解我国保险公司治理未来发展的趋势。

第一节 完全行政型治理阶段

不同学者对我国保险公司治理发展阶段的划分并不完全相同，董迎秋和王瑞涵（2018）通过对保险主体、治理机制及监管政策等进行分析，对我国保险公司治理的发展历程进行了阶段划分，将我国保险公司治理发展划分为治理缺位阶段（1979—1995年）、治理导入阶段（1996—2005年）和治理规范阶段（2006年至今）三个阶段，并总结出各阶段的发展路径和发展经验。本章参考已有的研究，将我国保险公司治理发展追溯到新中国第一家保险公司的成立，并将其划分为五个阶段。

一、1949—1959 年的保险公司治理发展

1949—1959 年是保险公司在政企合一计划管理下的完全行政型治理阶段。完全行政型治理是指保险公司采取单一的政府管理体制，实行政企合一的计划管理。1949 年 8 月，由陈云同志主持，在上海召开了由华东、华北、华中、东北、西北五个地区的财政、金融、贸易部门领导干部参加的财经会议。创建中国人民保险公司的建议就是

在这次会议上提出来的。1949 年 9 月 25 日至 10 月 6 日由中国人民银行组织的第一次全国保险工作会议在北京举行。1949 年 10 月 20 日，中国人民保险公司在北京成立，宣告新中国统一的国家保险机构的诞生。作为新中国第一家保险公司，人保在其后的近 60 多年时间里经历了停办、恢复、一家独大、分业经营和集团化发展的跌宕起伏之路。中国人民保险公司成立之初，不仅是一个经营各种保险业务的经济实体，而且是兼有领导与监督全国保险业职能的行政管理机构。因此，开业时总公司和各区公司均设有监理室或监理科。

中国人民保险公司的成立，标志着中国保险事业进入了新的历史时期，开启了人民保险事业的新纪元。公司成立后，一方面通过中国人民银行各地分支机构广泛开展保险业务，另一方面则在有条件的地方建立起自己的保险分支机构。至 1950 年 6 月，总公司已下设区公司 5 个，分公司 31 个，支公司 8 个，办事处 75 个，营业部及派驻所 4 个，在一些边远省份如青海、宁夏设置了分公司，并向新疆派去了干部。保险机构分布之广，保险业务覆盖面之大，是我国保险史上前所未有的。这改变了过去保险集中在上海、天津、汉口等大城市的状况，为在全国范围内开展保险业务创造了条件。1950 年 1 月下旬起，保险监理业务改由中国人民银行金融管理部门处理，人保公司所属的监理部门相继奉令撤销，从而实现了向完全的金融企业过渡的转变。1952 年 6 月，中国人民保险公司从中国人民银行划归财政部领导。

1951 年下半年，上海和天津的 28 家私营保险公司（中外合资与未复业的寿险公司不包括在内）分别组成太平和新丰保险公司，由中国人民保险公司投入一半以上的资金，走上了国家资本主义的道路。1956 年 8 月，太平、新丰两家保险公司通过合并实现了全行业公私合营，标志着中国保险业的社会主义改造完成。

1958 年 12 月，由于认为人民公社化后，保险工作的作用已经消失，财政部决定停办国内保险业务。除上海、哈尔滨、广州、天津的保险业务办理到 1966 年外，其余国内业务全部停办。1959 年，中国人民保险公司从财政部划归中国人民银行领导，取消了保险公司建制。到 1964 年全国共有保险机构 27 个，干部 114 人。1965 年，中国人民保险公司又独立建制，当时的保险总公司包括工友在内总共 86 人。

二、保险公司治理第一个发展阶段总结

1949 年在中国的外商保险公司的保险费收入要占全国保险费收入的 62%，1950 年降低到 9.8%，1952 年则为 0.01%。因此，到 1952 年外商保险公司都陆续申请停业，自动退出中国保险市场。这一阶段我国保险公司在单一的政府直接管理模式下，类似于政府的一个职能部门，完全以传统的行政命令、计划指标来实施运营，治理客体也比较单一，中资的国有保险公司，公司股权结构也比较简单。但是，这种机制所形成的政企不分、约束缺位、所有权和经营权的分离等制度缺陷造成内部人控制与行政干

预下的经营控制，容易形成严重的经营目标偏离问题。实践证明，保险公司改革必须以建立现代企业制度为方向，摆脱行政型治理。

第二节 治理理念导入阶段

一、1980—2000年的保险公司治理发展

（一）1980年保险业复业

1980—2000年是治理主体形成与改制下的治理理念导入阶段。1978年12月党的十一届三中全会后，我国进入社会主义改革和社会主义建设的新历史时期。1979年2月，中国人民银行全国分行行长会议做出恢复国内保险业务的重大决策；1979年4月，国务院批准《中国人民银行分行行长会议纪要》（国发〔1979〕99号），做出了"逐步恢复国内保险业务"的重大决策。1979年4月，人民银行颁发《关于恢复国内保险业务和加强保险机构的通知》，就恢复国内保险业务和保险机构设置等问题做出指示。直到11月全国保险工作会议召开，停办20多年的国内保险业务才就此恢复。

全国保险工作会议结束后，经国务院批准，中国人民保险公司从1980年开始逐步恢复停办了20年的国内保险业务，组建各地分支机构的工作全面展开。国务院于1982年12月通过《国务院对中国人民银行〈关于成立中国人民保险公司董事会的报告〉和〈中国人民保险公司章程〉给中国人民银行的批复》（国函〔1982〕282号）批准了《中国人民保险公司章程》并批准成立中国人民保险公司董事会。当时，在人事级别上，中国人民保险公司直接隶属于中国人民银行，为局级专业公司，各地分公司相当于当地人民银行"处一级企业单位"；职位分配上，省（市）分公司经理可由中国人民银行省（市）一位副行长兼任，各分、支公司内部可以根据业务和人员编制情况，分设若干科（股）；管理体制上，基本沿袭20世纪50年代的总、分、支公司的垂直领导模式。相关人员的人事关系都在中国人民银行，对外是中国人民保险公司北京分公司，对内是中国人民银行北京分行保险处。这种状况一直持续到1984年。

1983年9月，经国务院批准，中国人民保险公司升格为国务院直属局级经济实体，并于1984年1月1日从中国人民银行分离出来，成为副部级建制单位，接受中国人民银行的领导、管理、监督和稽核。作为全国唯一的国家独资保险公司，人保经营管理体制上的弊端逐步显露。总公司统收统支、统一核算、统一交税，对分支公司管得过多，统得过死，同时分支公司又不负盈亏责任，不担风险。这一体制在1984年末成为历史，12月人保召开了历时9天的全国保险工作会议，通过了改革管理体制的方案，改进了核算管理办法和利润留成办法，总公司和分公司实行两级核算，自负盈亏，利润留成比例由5%提高至7%。同时，下放业务经营自主权、干部管理权、自有资金运

用权和财务费用管理权。

恢复国内保险业务以来，我国保险事业逐渐打破了自中华人民共和国成立以来所形成的由中国人民保险公司独家经营的传统格局，并有了很大的发展。1982年，香港民安保险公司经中国人民银行批准，在深圳设立了分公司。1985年3月，国务院颁布《保险企业管理暂行条例》（国发〔1985〕33号），根据该条例有关规定，1986年7月经中国人民银行批准成立了新疆生产建设兵团农牧业生产保险公司。1986年10月，恢复组建的我国第一家股份制综合性银行——交通银行在开业后不久，便将其总管理处从北京迁至上海，并在1987年由上海分行率先组建了保险业务部，开展保险业务。1991年4月，交通银行保险业务部按分业管理的要求而分离出来，组建了中国太平洋保险公司，也将总部设在上海。中国太平洋保险公司是改革开放以来第一家总部设在上海的保险公司，也是我国第一家全国性、综合性的股份制保险公司。1988年3月，经中国人民银行批准，由深圳蛇口工业区招商局等单位合资创办了我国第一家股份制保险公司——平安保险公司，总公司设在深圳。1992年，该公司更名为中国平安保险公司，经营区域扩大至全国。1992年，邓小平同志视察南方的谈话发表使我国的改革开放出现了崭新局面，保险业也开始对外开放。美国国际集团的子公司美国友邦保险公司和美亚保险公司于同年9月经中国人民银行批准在上海开设分公司。随后，日本的东京海上火灾保险公司经批准于1994年11月在上海也开设了分公司，这标志着我国保险市场迈出了国际化的第一步。与此同时，中国天安保险有限公司和大众保险有限公司这两家区域性保险公司分别于1994年12月和1995年1月在上海成立。

（二）1995年《保险法》的颁布

1995年6月，《保险法》颁布，这是新中国成立以来第一部保险基本法，为规范我国保险市场提供了有力的法律依据，也为发展我国保险市场创造了良好的法律环境。第六十九条规定保险公司应当采取下列组织形式：股份有限公司；国有独资公司。第八十一条规定保险公司有下列变更事项之一的，须经金融监督管理部门批准：变更名称；变更注册资本；变更公司或者分支机构的营业场所；调整业务范围；公司分立或者合并；修改公司章程；变更出资人或者持有公司股份10%以上的股东；金融监督管理部门规定的其他变更事项；保险公司更换董事长、总经理，应当报经金融监督管理部门审查其任职资格。第八十二条规定保险公司的组织机构，适用公司法的规定。第八十三条规定国有独资保险公司设立监事会。监事会由金融监督管理部门、有关专家和保险公司工作人员的代表组成，对国有独资保险公司提取各项准备金、最低偿付能力和国有资产保值增值等情况以及高级管理人员违反法律、行政法规或者章程的行为和损害公司利益的行为进行监督。

1995年以前我国保险市场实行混业经营，然而产、寿险混业经营既不利于保险经营风险控制，也给保险监管增加了难度。同时，各险种之间的平衡发展也一度受到这种经营体制的束缚和制约。1995年颁布的《保险法》以法律形式确立了产、寿险分业经营的原则，此后国内各保险公司陆续开始实施分业经营体制改革。1996年，中国人民保险公司率先拉开了国内保险公司改制的序幕。按照《保险法》的分业经营原则，1996年7月中国人民保险公司改制为中国人民保险（集团）公司，下设三家专业保险公司：中保财产保险有限公司、中保人寿保险有限公司和中保再保险有限公司（1998年11月，集团公司撤销，分别改制为：中国人民保险公司、中国人寿保险公司和中国再保险公司）。同年，中国人民银行又批准成立五家中资保险公司，其中三家是总部设在北京的全国性保险公司：华泰财产保险股份有限公司、泰康人寿保险股份有限公司、新华人寿保险股份有限公司；另两家是总部分别设在西安和深圳的区域性保险公司：永安保险股份有限公司、华安保险股份有限公司。第一家获准在华开业的欧洲保险公司——瑞士丰泰保险集团于1997年5月在上海设立了分公司。

（三）1998年原中国保监会的设立

改革开放以来，我国保险业快速发展，截至1997年底，全国共有中资保险公司13家，外资保险机构9家。1997年全国保费收入1080.97亿元，比上年增长39.19%；承保金额21.5万亿元，保险公司总资产已达1646亿元。为加强保险监管，落实银行、保险、证券分业经营、分业管理的方针，1998年11月，原中国保监会在北京宣告成立，开始逐步探索建立符合我国金融保险业发展实际的现代保险监管体系。原中国保监会成立后，立即对保险市场的现状和存在的问题进行调查研究，并着手修改、补充和完善保险法律法规体系，先后颁布了《保险公司管理规定》（保监会令〔2000〕第2号）、《保险公估人管理规定（试行）》（保监发〔2000〕6号）、《向保险公司投资入股暂行规定》（保监发〔2000〕49号）等一系列保险规章。《保险公司管理规定》作为全面规范保险公司及其分支机构设立活动、经营规则、监督管理的基础性规章，于2000年出台。

二、保险公司治理第二个发展阶段总结

据统计，2000年全国保费收入1595.9亿元，同比增长14.5%；保险深度1.8%，保险密度127.7元，分别比上年增长0.1个百分点、17.1元。1980—2000年，我国保险公司主体多元化，除了中资保险公司外，外资保险公司重新回到我国保险市场。这一阶段陆续出台了一些零散的公司治理法律法规，例如《财产保险合同条例》（国发〔1983〕135号）、《保险企业管理暂行条例》（国发〔1985〕33号）、《上海外资保险机构暂行管理办法》（银发〔1992〕221号）、《保险法》（中华人民共和国主席令第51号）、《保险管理暂行规定》（银发〔1996〕255号）、《保险机构高级管理人员任职资格管理暂行规定》（保监发〔1999〕10号）、《保险公司内部控制制度建设指导原则》（保监发

〔1999〕131 号）、《外资保险机构驻华代表机构管理暂行办法》（保监发〔1999〕225 号）、《向保险公司投资入股暂行规定》（保监发〔2000〕49 号）等。伴随 20 世纪 90 年代中后期《公司法》和《保险法》两大保险公司治理基础性法律的出台，新成立的股份制保险公司都设立了"新三会"治理架构，公司投资主体相对多元化，出现了国家股、法人股、外资股、私人股的混合产权结构，但是这一阶段的公司治理实际上还是局限于治理理念的导入，建立治理架构也往往是为了符合相关法律法规的要求而"被动"合规，股东产权性质总体还比较单一，所以还谈不上治理有效性的问题。总体来讲，这一阶段的保险公司从"形"上已经基本符合要求，但是初步构建了董事会、监事会等现代公司治理结构的公司多数停留在"违规"和"消极合规"的阶段，其治理方式主要还是以"老三会"为主体，其实质还是行政型治理的变形，不能使现代企业制度"形神兼备"。

第三节 治理主体股改与上市阶段

一、2001—2005 年的保险公司治理发展

2001—2005 年是现代企业制度初步确立下的治理主体股改与上市阶段。1999 年《中共中央关于国有企业改革和发展若干重大问题的决定》发布后，原中国保监会就开始会同几部委研究国有保险公司股份制改革。紧随国有企业改革的步伐，原中国保监会于 2000 年 6 月正式提出了股份制改革的构想。在 2002 年初召开的全国金融工作会议提出，要"加快国有独资保险公司股份制改革步伐，完善法人治理结构，切实转换经营机制，引进国外先进技术和管理经验，增强经营活力和竞争能力"，国有保险公司股份改革进入了实质性阶段。

在随后召开的全国保险工作会议上，原中国保监会又对国有保险公司股份制改革做出具体安排。保险公司方面，自 2003 年 1 月中旬中国人寿宣布公司已将股份制改革提上议程之后，中国人保和中国再保险也相继宣布进行股份制改革。这表明人们期盼已久的国有保险公司的体制改革特别是股份制改革已进入实施阶段。

2003 年 7 月 19 日，经国务院批准，中国人民保险公司重组后更名为中国人保控股公司，并同时发起设立了中国内地最大的非寿险公司——中国人民财产保险股份有限公司和首家保险资产管理公司——中国人保资产管理有限公司。2003 年 11 月 6 日，中国人保财险作为内地金融机构境外上市第一股——中国财险（股票代码：02328）正式在港挂牌交易，由此成功拉开了内地金融业进军境外资本市场的序幕。人保财险正式在香港联交所挂牌交易，不仅成为内地保险第一股，同时也是金融机构境外上市第一股，创下了国企历年境外发行的多项纪录，被《国际金融评论》（*International*

Financing Review)评为 2003 年度"中国股票最佳发行公司",同时也被《亚洲货币》(*Asia Money*)评为"2003 年度最佳新上市公司"。进入 2003 年,中国人寿再次把前行的目标锁定于转换体制、重组上市。经国务院同意,原中国保监会批准,中国人寿保险公司启动重组改制。经过半年多的紧张筹备,2003 年 8 月 28 日,中国人寿在京举行了新公司揭牌仪式——中国人寿保险公司重组为中国人寿保险(集团)公司和中国人寿保险股份有限公司。2003 年 12 月 17 日、18 日,中国人寿股份有限公司分别在纽约证交所和香港联交所挂牌交易,成为当年全球最大 IPO 项目,中国人寿股份有限公司也成为国内第一家在港、美两地同时上市的金融企业。

1995 年颁布实施的《保险法》历经 7 年后首次修改。2002 年 10 月 28 日,第九届全国人大常委会第三十次会议通过关于修改《保险法》的决定,并于 2003 年 1 月 1 日起实施。时任国家主席江泽民签署主席令予以公布。此次《保险法》修改,充分体现了中国履行加入世贸组织的承诺、加强对被保险人利益的保护、强化保险监管、支持保险业改革与发展的指导思想,对一些过去未涉及或界限模糊的问题做出了新的规定,适应了我国保险业改革与发展的要求。《保险法》的修改涉及 38 个条文,对主要条款的修订包括:取消由监管机构制定条款费率的规定,把制定权交给保险公司;将市场监管核心从市场行为监管转向偿付能力监管;扩大产险公司的经营范围;规范保险中介尤其是保险代理人代理行为;拓宽保险资金运用渠道以及加大保险违法行为的处罚力度等。修改《保险法》是我国保险界的一件大事,标志着我国保险法制建设迈出了重要一步,将对深化保险体制改革,加强和改善保险监管,推进保险市场化进程,加快我国保险业与国际接轨,保证我国保险业的持续快速健康发展产生深远的影响。

2002 年我国再保险市场发生的变化,显示出加入世贸组织带来的影响。我国原来唯一的再保险市场主体——中国再保险公司年初提出将大力发展商业分保业务[①]作为公司发展战略目标。因为根据加入世贸组织承诺,我国将取消法定分保,而这一业务在中国再保险公司的业务构成中占绝对地位。2002 年 10 月底新修改的《保险法》取消了法定分保的规定,随后原中国保监会发出通知,规定自 2003 年 1 月 1 日起逐年降低法定分保比例直至取消。在这一年,两家全球性再保险公司慕尼黑再保险公司与瑞士再保险公司先后获得在华筹建分公司的资格,标志着我国再保险业务仅由一家公司经营的局面将被打破,保险业最后一块受保护的市场对外开放。

按照国务院批准同意的股份制改革方案,国有独资的中国再保险公司重组为中国再保险(集团)公司,并以投资人和主发起人的身份控股设立中国财产再保险股份有限公司、中国人寿再保险股份有限公司、中国大地财产保险股份有限公司。在此之前,

---

① 在我国加入世贸组织前,再保险市场一直是以法定分保为主。法定分保业务是指分出人按《保险法》规定,将除人寿保险业务外的承保业务分给接受人的部分。我国 2006 年开始取消法定分保,我国再保险市场成功实现由法定分保向商业分保的市场化转变。

中国再保险集团已于 2003 年 8 月 18 日正式更名，并完成内部机构调整和人员重组，三家子公司也先后招股组建。其中，大地财险已于 10 月 20 日在上海挂牌开业。中再产险和中再寿险在 2003 年 12 月 22 日与中再集团一同在京挂牌开业。中国再保险公司重组改制挂牌，这标志着我国三大国有保险公司改制尘埃落定，同时，也标志着最后一家国有保险公司完成重组改制。

2003 年是国有保险公司股份制改革的关键之年，中国人保、中国人寿、中国再保分别成功改制。与此同时，中国人民财产保险股份有限公司、中国人寿股份有限公司、中国平安保险（集团）公司相继在中国香港和美国上市。2003 年中国人保和中国人寿在境外上市，共融资 354 亿元人民币，当年两家公司的偿付能力分别达到了监管标准的 1.9 倍和 5.6 倍。2006 年中华联合保险控股股份公司正式成立，标志着国有独资保险公司退出历史舞台，国有保险公司股份制改革全部完成。截至 2007 年，国内共有 6 家保险公司在境内外上市。

二、保险公司治理第三个发展阶段总结

2005 年底，我国共有保险公司 82 家，保险集团和控股公司 6 家，保险资产管理公司 5 家，专业保险中介机构 1800 余家，兼业代理机构达 12 万家，保险营销员达 152 万人。外资保险公司由 2000 年的 13 家增至 2005 年的 40 家，外资参股的保险公司达到 22 家。这一阶段，初步形成了国有控股（集团）公司、股份制公司、外资公司等多种形式、多种所有制成份并存，公平竞争、共同发展的市场格局。虽然我国国有保险公司效益逐年提高，盈利能力、综合实力大为增强，但一些由体制导致的问题仍未从根本上得到解决。随着保险业的发展，特别是在中国加入世贸组织后保险市场发生急剧变化，这些体制性矛盾更加突出，严重制约着国有保险公司壮大实力，提高竞争力。突破体制性障碍，改革股权结构，已成为国有保险公司进一步发展的迫切要求。这一阶段，国有保险公司完成重组改制，中国人保、中国人寿和中国平安先后在境外成功上市，为金融企业改革探索了新的道路。国有保险公司重组改制上市吸收了外资和社会资金参股，实现股权多元化；伴随着股改，保险公司治理架构形成，现代企业制度初步确立；保险公司经营机制转换，提高了竞争能力。占我国保险市场 60% 以上份额的国有保险公司改制成功，对我国保险业产生重大而长远的影响。另外，保险公司上市，特别是境外上市，通过利用境外成熟法律环境来"倒逼"我国保险公司治理改革，有利于提高我国保险公司治理水平，实现公司治理与国际先进模式接轨。这一阶段，我国完成了《保险法》第一次修改，颁布实施了与之相配套的法规规章，国家相关支持政策相继出台，市场运行环境不断优化。行政审批制度和条款费率管理制度改革稳步推进。保险业市场化、专业化和法制化程度不断提高。出台了《保险公司最低偿付能力及监管指标管理规定》（保监发〔2001〕53 号）、《外资保险公司管理条例》（国务

院令第 336 号）、《保险公司偿付能力额度及监管指标管理规定》（保监会令〔2003〕第 1 号）、《保险公司管理规定》（保监令〔2004〕3 号）、《外资保险公司管理条例实施细则》（保监会令〔2004〕第 4 号）以及修改后的《保险法》等公司治理相关的法律法规，但专门的或者指引性的公司治理文件并没有出台，所以这一阶段主要还是通过股改来确立现代企业制度，公司治理问题实际上还没有完全提到议程上。

第四节 治理全面开展阶段

一、2006—2010 年的保险公司治理发展

2006—2010 年是现代企业制度逐步建立下的保险公司治理全面开展阶段。2006 年 1 月 5 日，原中国保监会颁布《关于规范保险公司治理结构的指导意见（试行）》（保监发〔2006〕2 号），引入保险公司治理监管制度。这是我国第一个系统的保险公司治理指引性文件，标志着我国保险公司治理在经过股改环节的准备后进入全面开展阶段。

2006 年 6 月 26 日《国务院关于保险业改革发展的若干意见》（国发〔2006〕23 号）（又称"国十条"）发布，文件中四次提到"公司治理结构"一词，从公司治理建设及其监管方面提出明确方向和要求，是一部具有历史性意义的文件，该文件也打开了保险业混业经营的政策之路。

文件指出未来我国保险业改革发展的总体目标是：建设一个市场体系完善、服务领域广泛、经营诚信规范、偿付能力充足、综合竞争力较强，发展速度、质量和效益相统一的现代保险业。围绕这一目标，主要任务是：第一，拓宽保险服务领域，积极发展财产保险、人身保险、再保险和保险中介市场，健全保险市场体系；第二，继续深化体制机制改革，完善公司治理结构①，提升对外开放的质量和水平，增强国际竞争力和可持续发展能力；第三，推进自主创新，调整优化结构，转变增长方式，不断提高服务水平；第四，加强保险资金运用管理，提高资金运用水平，为国民经济建设提供资金支持；第五，加强和改善监管，防范化解风险，切实保护被保险人合法权益；第六，完善法规政策，宣传普及保险知识，加快建立保险信用体系，推动诚信建设，营造良好发展环境。

主要任务中的第二条，具体来说，是进一步完善保险公司治理结构，规范股东（大）会、董事会、监事会和经营管理者的权责，形成权力机构、决策机构、监督机构和经营管理者之间的制衡机制；加强内控制度建设和风险管理，强化法人机构管控责任，

---

① 早期文件中多使用"法人治理结构"或"公司治理结构"，例如原铁道部 2000 年印发了《铁路公司制企业法人治理结构有关制度的通知》，中国证监会 2005 年印发了《关于进一步加强期货公司内部管理制度建设，完善法人治理结构的通知》。因此，此处的公司治理结构实际上就是公司治理。

完善和落实保险经营责任追究制；转换经营机制，建立科学的考评体系，探索规范的股权、期权等激励机制；实施人才兴业战略，深化人才体制改革，优化人才结构，建立一支高素质人才队伍。主要任务中的第四条，具体来说，是坚持把防范风险作为保险业健康发展的生命线，不断完善以偿付能力、公司治理结构和市场行为监管支柱的现代保险监管制度；加强偿付能力监管，建立动态偿付能力监管指标体系，健全精算制度，统一财务统计口径和绩效评估标准；参照国际惯例，研究制定符合保险业特点的财务会计制度，保证财务数据真实、及时、透明，提高偿付能力监管的科学性和约束力；深入推进保险公司治理结构监管，规范关联交易，加强信息披露，提高透明度；强化市场行为监管，改进现场、非现场检查，严厉查处保险经营中的违法违规行为，提高市场行为监管的针对性和有效性。

二、保险公司治理第四个发展阶段总结

党的十六届五中全会指出，要加快金融体制改革，完善金融机构公司治理结构，对保险业提出了新的要求。完善公司治理结构成为下一步深化保险业改革的中心工作。这一阶段，《关于规范保险公司治理结构的指导意见（试行）》（保监发〔2006〕2号）、《国务院关于保险业改革发展的若干意见》（国发〔2006〕23号）两个重要文件的出台，以及《寿险公司内部控制评价办法（试行）》（保监发〔2006〕6号）、《保险公司董事和高级管理人员任职资格管理规定》（保监会令〔2006〕第4号）、《外国保险机构驻华代表机构管理办法》（保监会令〔2006〕第5号）、《保险公司设立境外保险类机构管理办法》（保监会令〔2006〕第7号）、《关于保险机构投资商业银行股权的通知》（保监发〔2006〕98号）、《关于加强保险资金风险管理的意见》（保监发〔2006〕113号）、《保险公司独立董事管理暂行办法》（保监发〔2007〕22号）、《保险公司风险管理指引（试行）》（保监发〔2007〕23号）、《保险公司关联交易管理暂行办法》（保监发〔2007〕24号）、《保险公司内部审计指引（试行）》（保监发〔2007〕26号）、《公开发行证券的公司信息披露编报规则第4号——保险公司信息披露特别规定》（证监公司字〔2007〕139号）、《保险公司合规管理指引》（保监发〔2007〕91号）、《保险公司总精算师管理办法》（保监寿险〔2008〕57号）、《保险业信息系统灾难恢复管理指引》（保监发〔2008〕20号）、《保险公司董事、监事及高级管理人员培训管理暂行办法》（保监发〔2008〕27号）、《企业内部控制基本规范》（财会〔2008〕7号）、《保险公司董事会运作指引》（保监发〔2008〕58号）、《关于规范保险公司章程的意见》（保监发〔2008〕57号）、《关于向保监会派出机构报送保险公司分支机构内部审计报告有关事项的通知》（保监发〔2008〕56号）、《保险公司财务负责人任职资格管理规定》（保监会令〔2008〕第4号）、《关于执行〈保险公司关联交易管理暂行办法〉有关问

题的通知》(保监发〔2008〕88号)、《保险公司管理规定》(保监会令〔2009〕第1号)、《保险公司信息化工作管理指引(试行)》(保监发〔2009〕133号)、《保险公司董事、监事和高级管理人员任职资格管理规定》(保监会令〔2010〕第2号)、《保险机构案件责任追究指导意见》(保监发〔2010〕12号)、《保险集团公司管理办法(试行)》(保监发〔2010〕29号)、《保险公司股权管理办法》(保监会令〔2010〕第6号)、《保险公司信息披露管理办法》(保监会令〔2010〕第7号)、《保险资金运用管理暂行办法》(保监会令〔2010〕第9号)、《保险公司内部控制基本准则》(保监发〔2010〕69号)、《保险公司董事及高级管理人员审计管理办法》(保监发〔2010〕78号)等一系列政策法规的实施,夯实了我国保险公司治理的制度基础。

"十一五"时期的五年,是我国保险行业实现跨越式发展、整体实力明显增强的五年,是改革开放深入推进、体制机制不断完善的五年,是监管体系日益健全、监管能力逐步提升的五年,是服务功能更加强大、为经济社会发展做出重要贡献的五年,是市场安全稳健运行、风险得到有效防范的五年。2010年,保险业保费收入达到1.45万亿元,是2005年的2.7倍;总资产突破5万亿元,是2005年的3.2倍。在这一阶段,保险公司治理存在的风险和问题越来越受到监管机构的高度关注。IAIS和OECD等先后发布了一系列相关指导文件,并提出了公司治理、偿付能力和市场行为三支柱的监管模式。保险公司治理监管成为加强和改善保险监管的重要内容和国际保险监管的新趋势。市场体系发生新变化,以现代股份制为主要特征的混合所有制已经成为我国保险企业制度的主要形式,占市场份额70%以上的市场主体是上市公司,完善治理结构成为促进保险业健康发展的重要体制保障。伴随上述文件和制度的出台,我国保险公司治理改革深入推进,风险管理和内部控制不断加强,信息技术等现代科技手段在保险经营管理中的作用越来越大,保险公司的决策能力和管理水平明显提高,现代企业制度逐步建立,逐步构建了保险公司治理监管体系,公司治理监管成为我国保险监管三大支柱之一,保险企业制度建设与公司治理改革逐步进入了"合规"建设和向经济型治理转型的新阶段。然而,对于国有保险公司而言,在治理质量逐年提高的基础上,仍然面临如何规范行政因素影响公司治理过程的实践问题。一方面,政府具有国民经济的管理者与企业国有股东权利行使者的双重身份,在公司治理过程中可能存在角色冲突;另一方面,国有股东作为国有资产的管理者在行使股东权利时,由于多重政治因素的介入,其经济动机和行政动机也较难把握。在实践中容易导致治理结构与治理过程"漂亮的外衣"下存在不同程度的"行政型治理",如公司管理中对高管任命的行政型偏好等。国内的保险公司经过股份制改造、上市后,在转化经营机制、提高企业竞争力等方面取得了可喜成绩,然而,保险公司的公司治理改革仍然任重道远(孙蓉、杨馥,2008)。

第五节　治理能力提升阶段

一、2011年以来的保险公司治理发展

（一）"十二五"规划与保险业新"国十条"

2011年至今是现代企业制度日益完善下的保险公司治理深化发展阶段，或称治理有效性提升阶段或治理能力提升阶段。经过第四个阶段的发展，我国保险公司治理架构已经真正地搭建起来，大量的相关基础性制度文件陆续出台，接下来将是我国保险公司治理有效发挥作用的阶段，即保险公司治理深化发展阶段。公司治理就是要使现代企业制度有血有肉，并且要解决两方面问题：一是制度安排，即公司是谁的、向谁负责、问责于谁等基础问题；二是治理机制，要使利益相关者互相制衡，保证决策科学，实现价值最大化（李维安，2006）。

2011年发布的《中国保险业发展"十二五"规划纲要》（保监发〔2011〕47号）提出，积极推进保险业由外延式发展向内涵式发展战略转型，大力推动保险市场主体结构、区域布局、业务结构优化升级，促进市场竞争从同质化向差异化转变，充分发挥比较优势，不断提高发展质量和效益，提升保险业综合竞争力。这需要深化改革，形成有力体制机制保障，进一步调动各方积极性。改革的重点是大力推进公司治理、国有保险公司、营销员体制、监管体制等重点领域和关键环节的改革，为保险业加快转变发展方式、实现科学发展提供有力体制机制保障。在深化保险公司治理改革方面，继续引入各类优质资本，适当放宽保险公司股权比例限制，加强保险公司控股股东和实际控制人管理，建立适合稳健发展和持续增资需求的合理的股权结构。进一步完善董事会制度，规范董事会运作，增强董事会的独立性，强化董事尽职监督。规范保险公司薪酬考核制度，建立稳健薪酬机制，将长期风险和合规指标纳入薪酬考核体系，强化董事会在保险公司薪酬管理中的作用。健全保险公司监督问责机制，强化独立董事和监事会的监督职能。增强经营管理层的执行力，强化总精算师、合规负责人和审计责任人等关键岗位职责。深化内部审计体制改革，完善保险公司内控管理，健全风险管控体系。推动保险机构不断优化组织体系，提高管理效率。加大对非上市保险机构的信息披露力度，加强社会公众监督。继续深化国有保险公司改革。加快推动中国出口信用保险公司改革，研究建立与其发展相配套的相关制度，充分发挥政策性保险机构作用。积极推动人保集团和中再集团上市，推进人寿集团股份制改革，强化公司治理和内部风险管理，完善现代企业制度。推动国有保险集团公司内部管理机制改革，切实增强集团公司风险管控、资源整合、战略协同能力。探索建立持续高效的国有保险公司资本补充机制。健全国有保险公司薪酬和考核机制。完善国有保险公司责任追

究机制，强化国有控股股东对管理层的监督。

2012年12月7日，中国人民保险集团股份有限公司在中国香港联合交易所成功上市（股票代码：01339）。此次中国人保H股募集资金达到240亿港元，这也是继2010年中国农业银行之后，中资企业在香港地区完成的最大规模首次公开募股。上市后，人保集团总股本将增至477.13亿股，新发行股份占总股本的14.46%，首日市值约为1660.41亿港元。

中再集团由财政部和中央汇金公司发起设立，注册资本为人民币364.08亿元，其中，财政部持有15.09%的股份，中央汇金公司持有84.91%的股份。目前，中再集团是我国唯一的国有再保险集团公司。截至2012年底，中再集团控股6家境内子公司：中国财产再保险、中国人寿再保险、中国大地财产保险、中再资产管理、中国保险报业、华泰保险经纪。其实，早在中央汇金公司注资中再保险之时，其就有"改制、引资、上市"三步走的计划，这一计划也与中央汇金公司注资的其他大型国有金融机构无异。于2007年获中央汇金公司40亿美元注资后，中再集团整体改制为股份公司。中再集团董事长李培育在2014年初的年度工作会议上表示，2014年集团经营管理工作将以上市为主线，坚持"稳增长、防风险、创价值"的经营取向，不断提升集团总体经营业绩。

2014年8月，国务院印发《关于加快发展现代保险服务业的若干意见》（国发〔2014〕29号）（又称新"国十条"），明确了今后较长一段时期保险业发展的总体要求、重点任务和政策措施；提出到2020年，基本建成保障全面、功能完善、安全稳健、诚信规范，具有较强服务能力、创新能力和国际竞争力，与我国经济社会发展需求相适应的现代保险服务业，努力由保险大国向保险强国转变。新"国十条"提出了10方面共30条政策措施。第七个方面提出要推进保险业改革开放，全面提升行业发展水平。深化保险行业改革，提升保险业对外开放水平，鼓励保险产品服务创新，加快发展再保险市场，充分发挥保险中介市场作用。这其中的重要工作就是继续深化保险公司改革，加快建立现代保险企业制度，完善保险公司治理。

2015年1月，为加强对相互保险组织的监督管理，促进相互保险组织规范健康发展，原中国保监会印发《相互保险组织监管试行办法》（保监发〔2015〕11号），相互保险公司、合作保险组织经营保险业务参照该办法执行。

2015年3月，《中国保险消费者权益保护报告（2015）》由中国财政经济出版社正式出版发行。该书全面展示了近三年特别是2014年我国保险消费者权益保护的经验做法及取得的成效，是中国保险监管部门公开出版发行的首部消费者权益保护"白皮书"。

2016年1月1日起正式施行"偿二代"监管规则。也就是说，从2017年一季度起，国内保险公司将按照"偿二代"要求计算偿付能力充足率，包括综合偿付能力充足率和核心偿付能力充足率。

2017年1月，原中国保监会发布《保险公司合规管理办法》（保监发〔2016〕116号），并从2017年7月1日起施行，2008年1月施行的《保险公司合规管理指引》（保监发〔2007〕91号）同时废止。

2017年上半年，原中国保监会陆续出台了"1+4"系列文件，强调"保险业姓保，保监会姓监"的原则，明确了当前和今后一个时期强监管、治乱象、补短板、防风险、服务实体经济的任务和要求。"1"是主文件，是指2017年4月20日出台的《中国保监会关于进一步加强监管维护保险业稳定健康发展的通知》（保监发〔2017〕34号），这是大方向和总要求；"4"是指防控风险、治理乱象、补齐短板、支持实体经济的四个配套文件。

（二）2018年中国银保监会成立并强化治理监管

2018年4月8日，中国银保监会在京揭牌。作为国务院直属事业单位，中国银保监会的主要职责是依照法律法规统一监督管理银行业和保险业，保护金融消费者合法权益，维护银行业和保险业合法、稳健运行，防范和化解金融风险，维护金融稳定等。

2018年4月，中国银保监会成立后即召开中小银行和保险公司公司治理培训座谈会，中国银保监会主席郭树清在会上强调了加强公司治理监管的重要意义。

2018年5月，中国银保监会发布《保险公司关联交易管理办法（征求意见稿）》，旨在进一步加强关联交易监管，防范不正当利益输送的风险。2019年8月25日，《保险公司关联交易管理办法》（银保监发〔2019〕35号）获准通过并于9月9日正式发布。

2018年7月，中国银保监会发布《保险机构独立董事管理办法》（银保监发〔2018〕35号）（以下简称《办法》）。《办法》主要从5个方面对原暂行办法做了修订：完善了制度的适用范围及独立董事设置要求，优化了独立董事的提名及任免机制，明确了独立董事的权利义务及履职保障，建立了独立董事履职评价和信息公开机制，健全了对独立董事及相关主体的监督和问责机制。同时，《办法》规定，中国保险行业协会负责保险机构独立董事人才库建设，使之成为独立董事人才资源、履职评价、信息公开、履职监督管理的平台。下一步，中国银保监会将持续健全法人治理结构，持续加强公司治理监管，加快探索完善有中国特色的现代金融企业制度，持续提升保险业公司治理的科学性、稳健性和有效性，为打好防控金融风险攻坚战、决胜全面建成小康社会做出新贡献。

2018年8月，中国保险行业协会对外发布《保险业公司治理实务指南》系列标准，包括《保险业公司治理实务指南：总体框架》（T/IAC 21-2018）、《保险业公司治理实务指南：会议运作第1部分——股东（大）会》（T/IAC 22.1-2018）、《保险业公司治理实务指南：会议运作第2部分——董事会》（T/IAC 22.2-2018）、《保险业公司治理实务指南：会议运作第 3 部分——监事会》（T/IAC 22.3-2018）4 项团体标准。这是保险业首批公司治理团体标准，填补了金融领域公司治理标准的空白。"公司治理是金融业健康稳定发展的重要基石。"中国太平洋人寿保险股份有限公司董事长徐敬惠认为："较为完善的公司治理能够保障公司发展战略制定有效、传导顺畅、执行到位，而且对防范金融风险、维护金融市场稳定、促进经济发展发挥重要作用。"

2018 年 9 月，中国银保监会召开偿付能力监管委员会第 43 次工作会议。会议指出，当前保险业偿付能力充足稳定。2018 年第二季度末，纳入本次会议审议的 176 家保险公司的平均综合偿付能力充足率为 246%，较上季末下降 2 个百分点；平均核心偿付能力充足率为 235%，较上季末下降 2 个百分点。其中，财产险公司、人身险公司、再保险公司的平均综合偿付能力充足率依次为 272%、240%和 299%。经审议，119 家保险公司在风险综合评级中被评为 A 类公司，52 家被评为 B 类公司，2 家被评为 C 类公司，2 家被评为 D 类公司。会议强调，防范和化解重大风险依然是保险监管的首要任务。保险行业自身正在发生积极变化，偿付能力充足率保持在合理区间较高位运行，战略风险和声誉风险均呈现向好趋势。当前外部环境正发生较大变化，各种外部冲击对保险业构成严峻挑战。中国银保监会要继续深入贯彻落实习近平总书记关于金融工作的系列重要指示精神，按照党中央、国务院的部署，坚持稳中求进工作总基调，从宏观金融稳定大局出发，坚决打好防范化解重大风险攻坚战，稳步推进保险业偿付能力监管和风险防控工作。

为进一步加强保险法人机构公司治理监管，提升保险机构公司治理有效性，2018 年，中国银保监会组织对 50 家中资保险法人机构开展了公司治理现场评估工作。评估结果于 2019 年 1 月 23 日发布，评估发现的主要问题有：股东股权行为不合规；"三会一层"运作不规范；关联交易管理不严格；内部审计不达标；薪酬管理制度不完善；信息披露不充分；自我评价不客观。下一步将采取的措施有：第一，分类采取监管措施。中国银保监会督促参评机构抓紧对本次评估发现的公司治理问题进行整改。对重点关注类和不合格类机构，视情况采取监管谈话、印发监管意见、责令撤换公司董事会秘书、一年内停止批准分支机构设立等监管措施。第二，"一对一"反馈评估结果。中国银保监会向参与现场评估的保险机构"一对一"反馈公司治理评估结果、评估发现问题及相关风险隐患，并要求参评机构限期完成整改。第三，加强评估结果应用。根据此次公司治理监管评分，中国银保监会将对各机构"偿二代"下风险综合评级公司治理风险项目进行分值调整。同时，将公司治理评估结果作为分支机构批设、高级管理人员任免等行政审批事项的重要参考。

2019 年 4 月 2 日，中国银保监会印发 2019 年保险中介市场乱象整治工作方案，主要包含三项重点任务：一是压实保险公司对各类中介渠道的管控责任，二是认真排查保险中介机构业务合规性，三是强化整治与保险机构合作的第三方网络平台的保险业务。整治对象覆盖保险公司、保险专业中介机构、保险兼业代理机构及与保险机构合作的第三方网络平台。各保险机构应于 2019 年 6 月 30 日前完成自查整改工作并书面报告辖区银保监局。

2019 年 4 月 11 日上午，中国人民银行党委书记、中国银保监会主席郭树清赴中国人民保险集团股份有限公司调研，并主持召开保险机构座谈会。中国银保监会党委委员、副主席黄洪和梁涛，中国人民银行和中国银保监会有关部门负责同志，部分保险机构主要负责人参加座谈。会议指出，在以习近平同志为核心的党中央坚强领导下，在国务院金融委的直接指挥下，近年来，保险业紧紧围绕服务实体经济，深化供给侧结构性改革，坚决整治市场乱象，努力防范和化解各类风险，业务结构和质量逐步改善，服务经济社会能力有所提升，各项工作取得明显成效。但同时也要看到，保险业公司治理结构仍然不够规范，内控机制需要进一步加强，服务经济社会发展的能力和水平迫切需要进一步提高，全行业转向高质量发展的任务依然十分艰巨。

2019 年 11 月 10 日，中国证券网消息，中国银保监会起草《银行业保险业金融机构会计信息质量审慎监管办法（征求意见稿）》，并向银行保险机构征求意见。据了解，征求意见稿在内控方面明确了多个"不得"：例如"不得隐瞒相关合同、协议等原始会计资料""不得依据虚假的经济业务事项或资料进行会计确认、计量和报告"等。

在总结银行保险机构公司治理评估经验和近年来市场乱象整治中发现的各类公司治理风险问题的基础上，中国银保监会进一步梳理整合银行保险机构公司治理监管制度的具体要求，充分吸收和借鉴 G20/OECD《公司治理原则》（Principles of Corporate Governance）、巴塞尔委员会（Basel Committee on Banking Supervision，缩写为 BCBS）《银行公司治理原则》（Corporate Governance Principles for Banks）、IAIS《保险核心原则》（Insurance Core Principles）等国际规则，于 2019 年 11 月 25 日推出《银行保险机构公司治理监管评估办法（试行）》（银保监发〔2019〕43 号）（以下简称《办法》）。银行保险机构公司治理监管评估内容涉及八个方面，具体包括党的领导、股东治理、董事会治理、监事会和高管层治理、风险内控、关联交易治理、市场约束、其他利益相关者治理。每个方面均涉及一系列合规性指标和有效性指标，其中商业银行公司治理评价指标共计 162 项，保险机构公司治理评价指标共计 163 项。银行保险机构监管评估流程主要包括机构自评、监管评估、结果反馈、督促整改等环节。银行保险机构每年 1 月底前按照要求完成自评，各级监管机构原则上应于每年 4 月底前完成监管评估，并及时将评估结果通报相关机构，督促相关机构认真落实整改要求。《办法》规定公司治理监管评估结果分为 5 个等级：90 分以上为 A 级（优秀），80 分以上至 90 分以下为 B 级（较好），70 分以上至 80 分以下为 C 级（合格），60 分以上至 70 分以下为 D 级（较弱），60 分以下为 E 级（差）。

2020 年 7 月 17 日，中国银保监会宣布，鉴于天安财产保险股份有限公司、华夏人寿保险股份有限公司、天安人寿保险股份有限公司、易安财产保险股份有限公司、新时代信托股份有限公司、新华信托股份有限公司触发了《保险法》《中华人民共和国银行业监督管理法》(以下简称《银行业监督管理法》)和《信托公司管理办法》规定的接管条件，为保护保险活动当事人、信托当事人合法权益，维护社会公共利益，中国银保监会决定于 2020 年 7 月 17 日起，对上述包括 4 家保险公司在内的 6 家机构实施接管，接管期限为 1 年。

(三)历届保险公司董事会秘书联席会

实际上，通过历届保险公司董事会秘书联席会议上保险监管机构领导的讲话也能一窥我国保险公司治理的发展状况。

首届保险公司董事会秘书联席会议于 2006 年底召开，第二届保险公司董事会秘书联席会议于 2007 年底召开，第三届保险公司董事会秘书联席会议于 2009 年 3 月在深圳召开，原中国保监会主席助理袁力也出席了这三届会议。

2010 年 5 月 25 日，原中国保监会召开第四届保险公司董事会秘书联席会议，原中国保监会主席助理袁力出席会议并讲话，他指出，近年来保险公司治理建设取得积极成效，行业整体治理水平明显提升，保险公司治理监管理念逐步成熟，监管机制基本健全，今后要继续按照"形神兼备"的目标，进一步规范保险公司股东行为，完善保险公司董事会运作机制，推动保险公司内控建设，提高保险公司经营管理透明度，引导保险公司规范薪酬管理，提升公司治理监管水平。同日，中国保险行业协会公司治理专业委员会正式成立。

2011 年 4 月 20 日，第五届保险公司董事会秘书联席会议暨中国保险行业协会公司治理专业委员会 2011 年年会在重庆召开。原中国保监会主席助理袁力表示，目前，公司治理改革进入了"形似"转向"神至"的重要阶段。要实现"神至"，最基本的还是要狠抓公司治理监管制度的落实。这就要求从深层次体制机制问题着眼，通过完善保险公司激励约束机制、监督管控机制和问责机制，形成提高治理水平的内在动力。

2012 年 9 月 14 日，第六届保险公司董事会秘书联席会议暨中国保险行业协会公司治理专业委员会 2012 年年会在成都召开。在此次会议上，原中国保监会副主席李克穆在书面讲话中强调，当前保险公司治理改革工作已经进入"深水区"，面临更高更深的要求。要使公司治理实现从"形似"到"神至"转变，保险公司和监管机构都面临很多工作上的挑战。他强调，推动公司治理从"形似"向"神至"转变，需要强化检查督导的力度；下一步，监管机构将加强对治理评价的监管，以更好地发挥治理评价在识别、防范风险中的作用。

2013 年 8 月 29 日，第七届保险公司董事会秘书联席会议暨中国保险行业协会公司治理专业委员会 2013 年年会在山东召开。原中国保监会副主席李克穆会上表示，持续深化公司治理改革是新形势下推进保险业改革发展的必然要求，下一步，保险公司治理监管的总体思路是按照建立现代金融企业制度的要求继续完善监管制度，改进监管手段，抓好制度落实并持续加强公司治理监管，推动公司治理从"形似规范"向"治理实效"转变。

2014年12月4日，原中国保监会副主席王祖继在第八届保险公司董事会秘书联席会暨中国保险行业协会公司治理专业委员会2014年年会上强调，要加强保险集团监管工作。在保险业快速发展的背景下，保险集团监管是新的课题。保险集团公司已有10家，业务规模和总资产占行业近70%，金融业一般意义上的监管套利、监管空白、风险传递等问题开始出现，保险集团监管的重要性进一步凸显。

2015年9月21日，第九届保险公司董事会秘书联席会议暨保险行业协会公司治理专业委员会2015年年会在济南召开。原中国保监会副主席梁涛出席会议并强调，要高度重视新常态下进一步深化公司治理改革。对于保险业的公司治理和监管工作而言，一方面，行业治理水平仍处于初级阶段并且水平分化，基础较弱，规范任务任重道远；另一方面，互联网金融方兴未艾，互联网保险、相互保险、自保公司等新兴机构和业态不断涌现，公司治理改革和监管面临前所未有的挑战和机遇，规范与创新的任务并重。当前和今后一段时期，要按照建立现代金融企业制度的要求，扎实开展好下一步公司治理工作。一是明确公司治理监管目标，要保护保单持有人（保险消费者）的利益，要保护股东、客户、员工以及国家等其他利益相关者利益，要防范保险业风险，促进行业健康发展。二是推动建立公司治理文化理念。加强相关培训，加强政策宣导，组织编写好年度的《保险业公司治理与监管报告》和理论宣传文章。三是加强公司治理制度建设。推动修订《保险法》，明确监管机构的职责、权限和处罚手段。尽快出台《保险公司治理结构评价管理办法》，加强对保险公司治理的分类监管。尽快制定发布《保险公司章程必备条款》，为公司章程制订和修改提供遵循和参考。四是进一步强化公司治理监管制度执行。

2016年10月10日，第十届保险公司董事会秘书联席会议暨保险行业协会公司治理专业委员会2016年年会在太原召开，原中国保监会副主席梁涛出席会议并在讲话中指出，保险公司治理监管工作已开展十个年头，要坚持不懈，继续完善规则体系建设，规范和改进监管方式，增强保险公司治理有效性。

2017年9月15日，第十一届保险公司董事会秘书联席会议暨中国保险行业协会公司治理专业委员会2017年年会在深圳召开。原中国保监会副主席梁涛出席会议并在讲话中指出，要认真贯彻全国金融工作会议精神，培育恪尽职守、敢于监管、精于监管、严格问责的监管精神，深入推进公司治理监管改革，夯实公司治理风险防范长效机制。具体来说，要以建立完善"三维度"（治理架构、治理机制以及透明度和报告体系）监管体系为重点，深入推进公司治理监管改革。

2018年12月21日，第十二届保险公司董事会秘书联席会议暨中国保险行业协会公司治理专业委员会 2018 年年会在江西南昌召开。中国银保监会党委委员、副主席梁涛出席会议并发表"新时代、新征程、提升保险机构公司治理有效性"主题讲话。中国银保监会公司治理部主任刘峰进行会议总结并部署工作，中国保险行业协会党委书记邢炜同志出席会议并主持了相关议程。共有 190 余家保险公司的董事会秘书参加。中国银保监会党委高度重视公司治理监管工作。"提升保险机构公司治理有效性具有现实性和紧迫性，这是保险业实现高质量发展的必由之路，是深化金融改革的必然要求，是打好防范化解重大金融风险攻坚战的重要前提，也是金融危机后国际金融监管改革的重要成果。"中国银保监会副主席梁涛如是说。会议在总结 2018 年以来公司治理监管所做的主要工作、分析面临的形势和存在问题的基础上，对下一阶段加强保险机构公司治理有效性提出了工作部署。中国银保监会公司治理监管部相关人员对 2018 年度保险公司治理评估结果进行通报，并就新发布的监管规则进行了讲解。在此次会议上，中国保险行业协会公司治理专委会做了 2018 年工作情况的报告，正式发布了中国保险行业"千人计划"公司治理核心人才名单，分享了相关课题研究成果。

二、保险公司治理第五个发展阶段总结

在第五阶段，除了《金融业发展和改革"十二五"规划》《中国保险业发展"十二五"规划纲要》《中国保险业发展"十三五"规划纲要》对于保险公司治理及其监管做出了更加深入的要求之外，围绕治理监管支柱，我国保险监管机构相继出台了《保险公司开业验收指引》（保监发〔2011〕14 号）、《保险公司资本保证金管理办法》（保监发〔2011〕39 号）、《保险公司保险业务转让管理暂行办法》（保监会令〔2011〕第 1 号）、《保险公司信息系统安全管理指引（试行）》（保监发〔2011〕68 号）、《保险公司薪酬管理规范指引（试行）》（保监发〔2012〕63 号）、《保险公司控股股东管理办法》（保监会令〔2012〕第 1 号）、《保险销售从业人员监管办法》（保监会令〔2013〕第 2 号）、《保险经纪从业人员、保险公估从业人员监管办法》（保监会令〔2013〕第 3 号）、《中国保监会办公厅关于进一步做好保险公司公开信息披露工作的通知》（保监厅发〔2013〕15 号）、《保险公司发展规划管理指引》（保监发〔2013〕18 号）、《保险公司分支机构市场准入管理办法》（保监发〔2013〕20 号）、《关于规范保险机构向中国保险监督管理委员会报送文件的通知》（保监厅发〔2013〕20 号）、《保险公司声誉风险管理指引》（保监发〔2014〕15 号）、《中国保监会关于外资保险公司与其关联企业从事再保险交易有关问题的通知》（保监发〔2014〕19 号）、《保险公司收购合并管理办法》（保监发〔2014〕26 号）、《相互保险组织监管试行办法》（保监发〔2015〕11 号）、《中国保监会关于进一步规范保险公司关联交易有关问题的通知》（保监发〔2015〕36 号）、《保险机构董事监事和高级管理人员培训管理办法》（保监发〔2015〕43 号）、《中国保监会关于进一步规范报送〈保险公司治理报告〉的通知》（保监发改〔2015〕95

号）、《中国保监会关于保险机构开展员工持股计划有关事项的通知》（保监发〔2015〕56 号）、《中国保监会关于加强保险公司筹建期治理机制有关问题的通知》（保监发〔2015〕61 号）、《互联网保险业务监管暂行办法》（保监发〔2015〕69 号）、《保险公司服务评价管理办法（试行）》（保监发〔2015〕75 号）、《保险公司经营评价指标体系（试行）》（保监发〔2015〕80 号）、《保险法人机构公司治理评价办法（试行）》（保监发〔2015〕112 号）、《保险机构内部审计工作规范》（保监发〔2015〕113 号）、《保险机构董事、监事和高级管理人员任职资格考试管理暂行办法》（保监发〔2016〕6 号）、《保险公司合规管理办法》（保监发〔2007〕91 号）、《中国保监会关于加强相互保险组织信息披露有关事项的通知》（保监发〔2017〕26 号）、《中国保监会关于进一步加强保险监管、维护保险业稳定健康发展的通知》（保监发〔2017〕34 号）、《中国保监会关于进一步加强保险公司关联交易管理有关事项的通知》（保监发〔2017〕52 号）、《保险机构独立董事管理办法》（银保监发〔2018〕35 号）、《保险公司股权管理办法》（保监会令〔2018〕第 5 号）、《保险公司关联交易管理办法》（银保监发〔2019〕35 号）、《保险业公司治理实务指南》（T/IAC 21-2018）、《银行保险机构公司治理监管评估办法（试行）》（银保监发〔2019〕43 号）、《外资保险公司管理条例实施细则》（银保监会令〔2019〕第 4 号）、《关于明确取消合资寿险公司外资股比限制时点的通知》（银保监办发〔2019〕230 号）等更加细致的保险公司治理有关的制度文件，保险公司企业制度日益完善。

但一些机构党的领导和党的建设薄弱；股权关系不透明不规范；股东行为不合规不审慎；董事会履职有效性不足；高管层职责定位存在偏差；监事会监督不到位；战略规划和绩效考核不科学（郭树清，2020）。就广大的中小保险公司等金融机构而言，最突出的治理问题是大股东操控、内部控制，还有比较普遍的行政干预现象（郭树清，2020）。因此提升保险公司治理能力是未来一段时间我国保险公司治理改革发展的主要方向。

思考题

1. 我国保险公司治理发展和上市公司治理发展有什么不同？
2. 我国保险公司治理发展有什么样的特点？
3. 我国保险公司治理发展目前面临的挑战有哪些？

第七篇 治理优化

第十八章

保险公司治理原则

【本章概要】

公司治理原则是公司治理优化的重要参考和依据,本章首先界定了公司治理原则的内涵,然后梳理了国际上的主要公司治理原则,最后重点分析了国内外保险公司治理原则。

【学习目标】

理解保险公司治理原则的内涵及其重要性,了解一般公司主要的治理原则,熟悉国内外主要的保险公司治理原则。

第一节 一般公司治理原则

一、公司治理原则的内涵

公司治理是当前世界范围内的重要研究课题,制定公司治理原则是完善公司治理机制的有效途径。1992年英国制定《Cadbury报告》,引发了一场全球化公司治理运动,许多世界组织、政府机构、企业和机构投资者纷纷制定相应的公司治理原则,或称公司治理准则、指南、最佳做法或建议等,其基本含义是一致的,即旨在通过一系列非强制性的规则来谋求建立一套具体的公司治理运作机制,维护投资者和其他利益相关者的权益,促进公司的健康发展(高明华,2009)。

简单来说,公司治理原则(corporate governance principle)就是公司治理活动所应遵循的基本准则和基本要求,也称公司治理准则。公司治理原则介于公司治理理论和公司治理实务中间。由于公司治理是一项实践性极强的学科,因此,近年来,各国的非官方组织和一些大型企业纷纷提出了自己的"公司治理原则"(闫长乐,2008)。

有效的公司治理机制不仅需要来自法律制度的规范,还需要对公司有指导作用的管理实务原则,即公司治理原则。从根本上讲,公司治理原则是改善公司治理的标准与方针政策,它通过一系列规则来谋求建立一套具体的公司治理运作机制,维护投资者和其他利益相关者利益,促使公司健康发展,实现公司的有效治理。由公司治理原则本身的性质所决定,公司治理原则是一种规范,虽然不具备强制性,但对各类型的公司均具有指导意义。公司治理原则并不谋求替代或否定有关的法律法规,而是与有关法律法规相辅相成,共同为建立有效的公司治理模式发挥作用。各公司可参照执行国家有关部门出台的公司治理政策法规和原则,也可根据公司特点,以此为基础制定自己的公司治理原则。

全球经济与市场的一体化,使得资本与资源得以在全球范围内重组。由于资本在国际间流动的日益活跃,机构投资者逐步开始在国际范围内寻求资金来源与投资对象,并用严格的标准衡量投资对象的公司治理状况。为了满足机构投资者对公司治理质量的关注,各国与各组织纷纷推出公司治理原则。一方面机构投资者尝试订立自己的公司治理原则,另一方面不同的组织为了吸引投资者,也制定了符合国际标准的公司治理原则。同时,越来越多的国家与企业认识到,国家经济的繁荣依赖于公司的绩效,而企业绩效的高低取决于公司治理质量的优劣,因而良好的公司治理是其参与全球资源配置的关键要素。作为公司治理实务指引的公司治理原则,对于上市公司建立良好的治理结构与治理机制,起着至关重要的作用。因此,经济的全球化使公司治理原则的制定成为国家与各类组织关注的焦点。

二、公司治理原则的类型

目前世界上已有90多个国家和地区制定了公司治理原则,详见附表6。公司治理原则按照制定主体不同可以归纳为以下几类。①国际性组织制定的原则:国际性组织制定公司治理原则的目的是促进其成员国改进其公司治理水平,建立能够使这些标准得到提升与推广的制度,但国际性组织制定的原则具有非强制性的特点。②中介组织制定的原则:目前已有的公司治理原则很多是由各类中介组织制定,这些中介组织往往是非营利性的,且具有较强的专业能力,中介组织制定的原则一般是非强制性的。③政府制定的原则:由国家和地区政府部门直接参与原则制定的相对较少。④监管机构制定的原则:主要是由上市公司的监管机构和金融业的相关监管机构制定相应的治理原则,这类原则一般是强制性的。⑤证券交易所制定的原则:如果上市公司监管机构没有制定相应的原则,那么证券交易所一般会制定治理原则,著名的《Cadbury 报告》就是由伦敦证券交易所参与制定的,这类原则主要是针对证券交易所的上市公司,证券交易所制定的原则也是各类主体中最多的。⑥机构投资者制定的原则:例如,CalPERS 于 1998 年 4 月制定了《公司治理市场原则》。⑦企业制定的原则:美国通用汽车公司制定与实施了《通用公司董事会公司治理指南》。各类层次原则具有不同的特点,见表18-1。

表 18-1　公司治理原则的类型：制定主体的比较

制定主体	特点	实例
国际性组织	成员国公司治理改善	经济合作与发展组织（OECD）、国际公司治理网络（ICGN）、英联邦公司治理协会（CACG）、欧洲政策研究中心（CEPS）、欧洲证券商自动报价协会（EASDAQ）、欧洲证券商协会（EASD）、国际证监会组织（IOSCO）、国际会计师联合会（IFAC）、巴塞尔委员会（BCBS）、世界银行（WB）等。
中介组织	独立第三方专业机构	美国商业圆桌会议（Business Roundtable）、美国注册会计师协会（AICPA）、美国机构投资者理事会（CII）、美国全国董事协会（NACD）等。
政府	政府直接来参与制定	德国联邦司法部、意大利财政部等。
监管机构	规范其具体监管对象	新西兰证券委员会（Securities Commission of New Zealand）、捷克证券委员会（Czech Securities Commission）、卡塔尔金融市场管理局（QFMA）等。
证券交易所	管理与规范上市公司	伦敦证券交易所（LSE）参与制定的《Cadbury 报告》、纽约证券交易（NYSE）制定的《公司治理规则》、波兰华沙证券交易所（WSE）制定的《华沙证券交易所上市公司最佳实践准则》等。
机构投资者	规范其所投资的公司	美国加州公职人员退休基金系统（CalPERS）、美国的教师保险及年金协会（TIAA-CREF）等。
企业	规范自己的治理行为	通用汽车公司、通用电气公司、英特尔公司、道·琼斯公司等。

资料来源：李维安. 中国公司治理原则问题笔谈[J].南开学报，2001(1)：1-5.

这些公司治理原则中，影响最大的莫过于 OECD《公司治理原则》（Principles of Corporate Governance），它对许多新兴市场和经济转轨国家制定公司治理原则具有很强的指导意义。OECD 各成员国代表组成的特别工作组于 1998 年经过广泛的咨询与磋商制定了 OECD《公司治理原则》，旨在为各成员国政府部门评价和改善影响自身公司治理的法律、制度和规则框架提供参照。2004 年颁布的修订后的 OECD《公司治理原则》特别强调企业公平不仅仅应该体现在股东、董事会和管理层的授权监控和制约之间，更应该体现在对企业的全体利益相关者之间关系的处理和结构机制的安排上。同时，在企业追逐利益的过程中还应当透过形式上的治理结构安排和切实的运作行为让所有人看得到企业的社会责任和道德伦理所在。OECD《公司治理原则》对 OECD 30个成员国以及其他国家的立法与监管举措或国家原则与规范提供了具体的指导。金融稳定论坛（Financial Stability Forum，缩写为 FSF）已将 OECD《公司治理原则》指定为"健全金融体系的十二大标准"之一。

近年来的亚洲金融危机以及随之而来的区域性资本市场的暴跌和大公司的倒闭，使政府、政策制定部门以及公司管理者深刻认识到，公司治理是公共经济利益的根本保证。而合理的公司治理原则是有效公司治理机制的基本保障。因此，相关主体制定了各自的公司治理原则。英国是全球现代公司治理运动的主要发源地，自 1992 年英国的《Cadbury 报告》（Cadbury Report）以来，众多国家与组织的多种公司治理原则纷纷出台，从这些公司治理原则中可以看到，尽管由于经济与市场的全球化和一体化，各种公司治理模式强烈趋同，但不同国家的公司治理原则，始终根植于各国不同的法律、规范及社会文化中。尤其是这些来自不同国家、不同组织的公司治理原则，要从根本上适应特定组织的特征、需要与发展阶段，并随着组织自身的成长与外部环境的变化不断进行改进。在我国，证券监管机构是公众公司良好治理行为的主要推动者和监管者，中国证监会2002年制定并推出了《中国上市公司治理准则》（证监发〔2002〕1号），并于2018年进行了首次修订。

第二节 各类保险公司治理原则

良好的保险公司治理，既需要国家通过强制性的法律法规对保险公司治理进行规范，也需要制定与外部环境变化相适应的、具有前瞻性和灵活性特点的保险公司治理原则。

一、国际组织保险公司治理原则

（一）IAIS《保险公司治理核心原则》

IAIS 于1997年首次发布的《保险核心原则》（Insurance Core Principles，缩写为ICPs），就将保险公司治理监管列为重要内容。此后，在2000年、2003年版的 ICPs中，保险公司治理监管的内容不断得到强化和细化。2004年1月，IAIS发布了《保险公司治理核心原则》（Insurance Core Principles on Corporate Governance），提出了完善保险公司治理的要求及保险公司治理监管的重点与方法。在2005年 IAIS 又明确提出了治理结构、偿付能力和市场行为三支柱的保险监管模式。

（二）OECD《保险公司治理指引》

OECD 于1999年颁布了著名的《公司治理原则》（Principles of Corporate Governance）。2005年4月，OECD 保险委员会在积极吸收了 IAIS 的 ICPs 等指导性文件基础上颁布了《保险公司治理指引》（Guidelines for Insurers' Governance）。OECD 认为，保险公司治理必须要考虑保险公司的特殊性，比如，受托人责任、受益人/保险客户权利以及一些保险公司的非法人实体属性；另外，所有保险实体都面临着技术风险（精算风险、承保风险和投资风险）和非技术风险；而且保险交易的特点还包括复杂的委托代理关系，以及各类利益相关者之间在市场能力和信息获取上的不对称；而不同的险种如寿险、非寿险和再保险则面临着不同的代理问题。OECD 从治理结构、内部控制机制和利益相关者的保护三个方面对构建有效保险公司治理提出了要求。

二、我国保险公司治理原则

（一）我国内地保险公司治理原则

党的十六大以来，保险体制改革不断取得突破，有力地推动了保险业稳定持续健康快速发展，同时也面临新的形势和任务。一是体制改革提出新要求。随着国有保险公司股份制改革的顺利完成和三家最大的保险公司在境外成功上市，进一步完善体制机制、建立现代保险企业制度的任务更加紧迫地摆到保险业面前。党的十六届五中全会指出，要加快金融体制改革，完善金融机构公司治理结构，这也对保险业提出了新的要求。完善公司治理结构成为下一步深化保险业改革的中心工作。二是保险监管呈现新趋势。保险公司治理结构存在的风险和问题越来越受到监管机构的高度关注。IAIS和OECD等先后发布了一系列相关指导文件，并提出了治理结构、偿付能力和市场行为三支柱的监管模式。保险公司治理结构监管成为加强和改善保险监管的重要内容和国际保险监管的新趋势。三是市场体系发生新变化。以现代股份制为主要特征的混合所有制已经成为我国保险企业制度的主要形式，占市场份额70%以上的市场主体是上市公司，完善治理结构成为促进保险业健康发展重要体制保障。

《关于规范保险公司治理结构的指导意见（试行）》（保监发〔2006〕2号）（以下简称《指导意见》）是原中国保监会以规范性文件的形式下发的完善保险公司治理结构的总体指导性文件。《指导意见》的主要内容包括强化股东义务、加强董事会建设、发挥监事会作用、规范管理层运作、加强关联交易和信息披露管理、治理结构监管七个部分。《指导意见》的重点是加强董事会建设，强化董事会及董事的职责和作用，同时也兼顾公司内部相关各方的职能和作用。其目的就是通过严格的问责体系，使保险公司建立一套科学有效的决策和控制机制，切实防范经营风险，保护被保险人、投资者及其他利益相关者的合法权益。

（二）我国香港特别行政区保险公司治理原则

我国香港特别行政区在公司治理（香港称为"公司管治"）方面格外注重"外部治理"，其立法机关、有关监管机构等制定了一系列条例、准则、规则和指引性文件，形成了一套公司治理的制度体系。按照文件制定主体不同，可以把整个制度体系分为第一层次和第二层次两大类。其中第一层次制度体系主要是指立法会颁布的相关文件，如1951年颁布的《第三者（向保险人索偿权利）条例》、1961年颁布的《海上保险条例》和1983年颁布的《保险公司条例》等。保险公司在公司治理方面除了服从上述文件的公司治理基本要求之外，还要遵守保险业监理处或保险行业协会依法制定的对法律进行细化的实施指引，这些内容便构成了香港保险公司治理的第二层次制度体系。这其中就包括香港保险业监理处于2017年6月发布的《获授权保险人的公司治理指引》，该文件对香港保险公司治理做出了全面的规定，包括引言、释义、适用范围、治理架构、董事局的角色及责任、董事局的事务、风险管理及内部管控系统、委员会、薪酬事宜、客户服务、实施等十一个部分内容。该文件提出，保险公司的治理架构包括董事局、高级管理层、董事局主席、行政总裁、委任精算师、管控要员等机构和人员，这些机构和人员应有清晰的统属关系和明确的职责划分；该文件还明确了董事局、董事局专业委员会、不同类型董事等的权利义务内容；该文件同时强调保险公司风险管理和内控系统的重要性，涉及承保、保险责任准备金、投资、资产管理及评估、再保险、审计、会计、可疑交易、网络安全等多方面的制度安排，对薪酬设计提出原则性要求，对客户服务方面强调"公平待客"。

（三）我国澳门特别行政区保险公司治理原则

我国澳门特别行政区金融管理局发布的《澳门保险活动管制法例》（Macau Insurance Companies Ordinance）重点关注保险公司的所有权结构、治理结构、董事会和高级管理人员资质、信息披露的完整性和及时性、外部审计等内容，共149条。

（四）我国台湾地区保险公司治理原则

我国台湾地区金融监督管理委员会保险局发布的《保险业内部控制及稽核制度实施办法》重点关注保险公司内部控制制度的设计、执行与检查，具体包含治理结构、制定权责、信息公开、内部稽查与外部核查等内容。该文件涵盖四个方面，共计41条。除了该文件之外，台湾地区还有《人身保险业办理信息公开管理办法》《财产保险业办理信息公开管理办法》《保险业财务报告编制准则》，其中有关于公司治理的具体内容的规定。

三、其他国家和地区保险公司治理原则

除了上述保险公司治理原则之外，还有很多国家和地区也已经发布保险公司治理原则，如表18-2所示。24个国家和地区的保险公司治理均关注了作为保险公司治理核心的董事会的组成和职责、董事会下设委员会的职责等方面的内容；但因各个国家和地区的法律体系、金融市场和保险公司实际发展状况不同，这些文件的具体内容又有所不同。

马来西亚审慎金融政策部（Prudential Financial Policy Department）发布的《保险公司治理的审慎框架》（Prudential Framework of Corporate Governance for Insurers）重点关注了保险公司董事会职责、管理架构、公司独立性、内部控制和运营风险管理、公共责任、财务报告和信息披露等方面的内容，共54条。

菲律宾财政部保险委员会（Insurance Commission, Department of Finance）于2002年发布《保险公司及中介机构公司治理准则》（Code of Corporate Governance for

表 18-2 不同国家和地区保险公司治理原则

编号	国家和地区	文件名称	发布年份
1	马来西亚	《保险公司治理的审慎框架》	2000
2	菲律宾	《保险公司及中介机构公司治理准则》 《公司治理原则与领导实践》	2002 2005
3	加拿大	《公司治理指引》	2003 2012 2018
4	根西岛	《金融业公司治理指引》 《持牌保险公司治理准则》 《金融业公司治理准则》	2004 2008 2016
5	新加坡	《银行公司治理指引》 《在新加坡注册成立的银行、金融控股公司和直接保险公司的公司治理指引》 《保险公司治理实施条例》	2005 2010 2013
6	日本	《保险公司监督综合指引》	2005 2020
7	纳闽	《纳闽保险公司及保险相关公司的审慎公司治理框架》 《纳闽银行、保险和再保险公司治理指引》	2007 2018
8	爱尔兰	《再保险公司的治理要求》 《信贷机构和保险公司的治理准则》 《保险公司的治理要求》 《自保和自保再保险公司治理准则》	2007 2013 2015 2015
9	印度尼西亚	《第 39 号政府条例》	2008
10	尼日利亚	《尼日利亚保险业良好公司治理准则》	2009
11	印度	《保险公司治理指引》 《印度保险公司治理指引》	2009 2016
12	荷兰	《保险公司治理原则》	2010
13	新西兰	《持牌保险公司治理指引》	2011
14	肯尼亚	《保险和再保险公司的公司治理指引》	2011
15	塞尔维亚	《保险公司治理指引文件》	2011
16	美国	《现行美国公司治理要求》 《公司治理年度披露示范法》 《公司治理年度披露示范条例》 《美国保险监管中的高级公司治理原则白皮书（征求意见稿）》 《财务状况审查员手册》	2012 2014 2015 2020
17	泰国	《寿险公司和非寿险公司的公司治理》	2014 2019
18	埃塞俄比亚	《保险公司治理指令》	2015
19	沙特阿拉伯	《保险行业公司治理监管》	2015
20	韩国	《金融业公司治理法案》	2015 2016 2017
21	巴拿马	《保险公司的公司治理实践》	2016
22	瑞士	《保险公司治理规则》	2017
23	马恩岛	《商业保险公司治理实务准则》	2018
24	澳大利亚	《审慎实践指引》 《银行、保险、人寿保险和健康保险（审慎标准）的确定》	2018 2019

资料来源：作者整理

Insurance Companies and Intermediaries），随后于 2005 年发布《公司治理原则与领导实践》（Corporate Governance Principles and Leading Practice）替代 2002 年发布的准则，2005 年文件主要关注了董事会职责、董事会组成、执行董事和非执行董事的比例与职责、董事会独立性、董事任命资质和禁止条件、董事职责、薪酬委员会及其职责、提名委员会及其职责、内部控制和风险管理、审计委员会及其职责、与股东的关系、信息披露等方面的内容，共 115 条。

加拿大审慎金融政策部（Prudential Financial Policy Department）在 2003 年首次发布《公司治理指引》（Corporate Governance Guideline），并于 2012 年、2018 年分别发布修订版本，其中，2018 年修订后的文件重点关注了保险公司董事会的作用和职能、董事会的有效性、风险管理、风险偏好、风险监督、审计委员会的职能等各方面的内容。

根西岛[①]金融服务委员会（The Guernsey Financial Services Commission）2004 年发布《金融业公司治理指引》（Guidance on Corporate Governance in the Finance Sector），适用主体包括持牌保险人；2008 年修订为《持牌保险公司治理准则》（Licensed Insurers' Corporate Governance Code），该文件为保险公司治理的专门治理文件；2016 年修订为《金融业公司治理准则》（Finance Sector Code of Corporate Governance），适用主体包括持牌保险人。2016 年修订文件关注了金融业公司的董事会的治理结构、董事会的组成、董事会会议及其职责、董事会下设委员会的职责、董事的任命、职责、培训、发展与评估等、商业道德、内部控制、审计、外包职能、风险管理、信息披露、薪酬制度、股东关系等方面的内容，共 35 条。

新加坡金融管理局（Monetary Authority of Singapore）于 2005 年发布《银行公司治理指引》（Guidelines on Corporate Governance for Banks），适用对象包含保险机构；2010 年发布《在新加坡注册成立的银行、金融控股公司和直接保险公司的公司治理指引》（Guidelines on Corporate Governance for Banks, Financial Holding Companies and Direct Insurers which are incorporated in Singapore），对在新加坡注册成立的银行、金融控股公司和直接保险公司的公司治理做出指示；2013 年发布《保险公司治理实施条例》[Insurance (Corporate Governance) Regulations]，该文件为针对保险公司治理的专门文件，重点关注了一级保险公司的董事会的职责以及执行委员会、提名委员会、风险管理委员会、审计委员会等委员会的组成与职责，同时还关注了二级保险公司董事会的提名权、董事会的独立性、保险公司信息上报、董事会关于薪酬、审计与风险管理方面的责任、董事会会议记录保存等方面的内容，共 93 条。

日本金融厅（Financial Service Agency）于 2005 年首次发布《保险公司监督综合

---

① 根西岛（Guernsey），是英国王权属地之一，位于英吉利海峡靠近法国海岸线的海峡群岛之中，同周围一些小岛组成了"根西行政区"（Bailiwick of Guernsey），首府为圣彼得港。

指引》(Comprehensive Guidelines for Supervision of Insurance Companies)。此后每年均发布修订本,其中,2020 年最新发布的文件重点关注了保险公司经营管理、保险责任准备金、早期警戒制度、资产负债管理、流动性管理、风险管理、薪酬体系、顾客利益保障、外部委托、保险业检察监督机制、行政指导、共通事项、保险经纪人关系、日本精算会关系等方面的内容,共 226 条。

纳闽①金融服务局(Labuan Financial Services Authority)于 2007 年发布《纳闽保险公司及保险相关公司的审慎公司治理框架》(Prudential Framework of Corporate Governance for Labuan Insurance and Insurance-related Companies),其后金融服务局综合该文件和 2008 年的《纳闽银行公司治理指引》(Guidelines on Corporate Governance for Labuan Banks)的内容,于 2018 年 7 月 30 日发布《纳闽银行、保险和再保险公司治理指引》(Guidelines on Corporate Governance for Labuan Banks and Labuan (Re)Insurers)。新修订的文件重点关注了保险公司的董事会职责、董事任免、董事会组成、董事会下设委员会及其职责、薪酬制度、风险管理和内部控制制度、网络风险管理、信息披露等方面的内容,共 68 条。

爱尔兰中央银行(Central Bank of Ireland)于 2007 年发布《再保险公司的治理要求》(Corporate Governance for Reinsurance Undertakings),2013 年修订为《信贷机构和保险公司的治理准则》(Corporate Governance Code for Credit Institutions and Insurance Undertakings),2015 年修订为两份文件,分别是《保险公司的治理要求》(Corporate Governance Requirements for Insurance Undertakings)和《自保和自保再保险公司治理准则》(Corporate Governance Code for Captive Insurance and Captive Reinsurance Undertakings)。其中,《保险企业的公司治理要求》重点关注了保险公司董事会的组成和职责、风险偏好、保留权力、董事会监督职责、董事会各委员会的职权范围、合规声明等方面的内容,共 115 条。《自保和自保再保险公司治理准则》重点关注了保险公司的董事会组成、董事长与首席执行官的职责、董事任命、董事会的作用、风险偏好、保留权力、董事会监督职责、董事会下设委员会的职权范围、合规声明等方面的内容,共 83 条。

印度尼西亚金融服务管理局(Otoritas Jasa Keuangan)于 2008 年发布《第 39 号政府条例》(Government Regulation No.39),该文件在 1992 年《第 73 号政府条例》(Government Regulation No.73)对保险机构规定的基础上增加了与公司治理相关的内容,共增加了 58 条内容,包括保险公司相关定义、不同保险公司的业务范围、业务规定、保险公司的实收资本要求、外资直接参股保险公司的比例、保险公司的股本要求、保险公司的保证金要求、所有权变更规定、保险公司的禁止行为等方面的内容。

---

① 纳闽(Labuan)是马来西亚的一个联邦直辖区,在沙巴州西部,纳闽岛面积约 92 平方公里。

尼日利亚国家保险委员会（National Insurance Commission）发布的《尼日利亚保险业良好公司治理准则》（Code of Good Corporate Governance for the Insurance Industry in Nigeria）重点关注了保险公司董事会架构、组成、权利义务和行为要求、董事会下设委员会的职责义务、外部审计、内部审计、报告要求等各方面的内容，共24条。

印度保险监管和发展局（Insurance Regulatory and Development Authority of India）于2009年首次发布《印度保险公司治理指引》（Guidelines for Corporate Governance for Insurers in India），2016年进行修订，修订后的文件重点关注了保险公司关键管理人员和法定审计师的任命、董事会的构成和职能、董事会职能授权、举报政策的披露要求、利益冲突、信息披露、外包安排、合规性要求等各方面的内容。

荷兰保险协会（Dutch Association of Insurers）发布的《保险公司治理原则》（Governance Principles for Insurance Companies）重点关注了监事会的组成、职责与工作方法、执行委员会的组成、职责与工作方法、风险管理、审计、薪酬政策等方面的内容，共48条。

新西兰审慎监管部（Prudential Supervision Department）发布的《持牌保险公司治理指引》（Governance Guidelines Licensed Insurers）重点关注了保险公司的公司和所有权结构、治理结构、管理层和董事会的组成和职责、独立性、人员资质、审计委员会等方面的内容，共46条。

肯尼亚保险监管局（Insurance Regulatory Authority）发布的《保险和再保险公司的公司治理指引》（Corporate Governance Guidelines for Insurance and Reinsurance Companies）重点关注了保险公司董事会职责、董事会下设委员会的职权范围、高级管理、精算师和审计师、信息披露、市场透明度和与管理当局的关系等方面的内容，共118条。

塞尔维亚国家银行（National Bank of Serbia）发布的《保险公司治理指引文件》（Guidance Paper on Corporate Governance in Insurance Companies）重点关注了保险公司董事会的组成和职责、董事会下设各委员会的职权、信息披露、对利益相关者权益的保护、风险管理和内部控制等各方面的内容。

美国没有统一的保险公司治理文件，治理标准分散于美国保监会（National Association of Insurance Commissioners）发布的各相关文件中，其中《公司治理年度披露示范法》（Corporate Governance Annual Disclosure Model Act）和《公司治理年度披露示范条例》（Corporate Governance Annual Disclosure Model Regulation）由美国部分州采用，均于2014年出台，对公司治理提出一般性要求。2015年发布的《美国保险监管中的高级公司治理原则白皮书（征求意见稿）》（White Paper on High-Level Corporate Governance Principles for Use in U.S. Insurance Regulation）尚未生效，其主要是对保险监管的原则进行细化，是保险公司治理的专门性文件。此外，2020年发布的

《财务状况审查员手册》(Financial Condition Examiners Handbook)则关注了以风险为中心对公司的具体监管过程和监管要求,在审查七个步骤的第一个步骤中专门提出要理解公司治理结构(Understanding the Corporate Governance Structure)。

泰国保险委员会办公室(Office of Insurance Commission)发布的《寿险公司和非寿险公司的公司治理》(Corporate Governance of Life and Non-Life Insurance Companies)重点关注了保险公司董事会和其下各个委员会的组成和职责,包括董事会的一般要求、董事会组成、董事会主席和独立董事的资格、董事会的职责、董事的角色和责任、管理人员的角色与责任等方面内容。

埃塞俄比亚国家银行(National Bank of Ethiopia)发布的《保险公司治理指令》(Insurance Corporate Governance Directives)重点关注了保险公司董事会的规模和组成、股东(大)会、提名委员会的组成和职能、高管的选聘、资质、培训与工作职责、首席执行官的职责、信息披露等方面的内容,共72条。

沙特阿拉伯货币机构(Saudi Arabian Monetary Agency)发布的《保险行业公司治理监管》(Insurance Corporate Governance Regulation)重点关注了保险公司独立性、信息披露、利益冲突、股东权益保护、董事会组成、董事长及其职责、董事会成员及其职责、董事会秘书及其职责、董事会下设委员会及其职责、风险管理、内部审计、高级管理人员的具体职责等方面的内容,共123条。

韩国金融服务委员会(Financial Services Commission)于2015年发布《金融业公司治理法案》(Act on Corporate Governance of Financial Companies),并于2016年、2017年分别发布修订版本,其适用主体包括保险公司。其中,当前执行的2017年的修订本重点关注了金融业公司执行官资质、外部董事资质、主要经营人员的任免、主要运营官向董事会报告制度、兼任限制、董事会组成、董事会主席选举、董事的管理、董事职权、董事会下设委员会的设立、组成与职权、外部董事、风险管理要求、授权委托、信息披露、处罚制度等方面的内容,共138条。

巴拿马保险和再保险监管机构管理委员会(The Management Board of Panama's Insurance & Reinsurance Supervisor)发布的《保险公司的公司治理实践》(Corporate Governance Practices for Insurers)重点关注了保险公司董事会、高级管理层和内外部审计师之间的互动与合作,以及风险管理监控系统。主要包括董事会的组成的职责、董事会下各委员会的设立、组成与职责、高级管理层、内部审计、外部审计、处罚制度等方面的内容。

瑞士金融市场监管局(Swiss Financial Markets Supervisory Authority)发布的《保险公司治理规则》(Corporate Governance Rules for Insurance Companies)是继2017年1月1日生效的瑞士金融市场监管局第2017/2号通知之后,进一步规定保险公司治理相关要求的规范性文件,主要关注了保险公司的治理架构、风险控制等方面的内容。

马恩岛[①]金融服务管理局（Financial Services Authority）发布的《商业保险公司治理实务准则》（Corporate Governance Code of Practice for Commercial Insurers）重点关注了保险公司董事会的组成和运营、董事会的主要功能和职责、内部审计、合规职能、外部审计风险管理系统、内部控制系统、对外交流等方面的内容，共59条。

澳大利亚审慎监管局（Australian Prudential Regulation Authority）于2018年发布《审慎实践指引》（Prudential Practice Guide）；2019年发布《银行、保险、人寿保险和健康保险（审慎标准）的确定》（Banking, Insurance, Life Insurance and Health Insurance (Prudential Standard) Determination）。2019年的文件重点关注了保险公司董事会和高级管理人员、薪酬政策、审计委员会、内部审计、风险委员会等方面的内容，共114条。

四、具体保险公司的治理原则

除国际性组织、政府监管机构、行业协会等制定的保险公司治理原则外，有些保险公司主动作为，制定针对自身的治理原则，以提升治理有效性。

《联合保险公司治理最佳实践原则》（Union Insurance Company Corporate Governance Best Practice Principles）于2009年5月25日颁布，并分别于2010年3月1日、2012年8月22日、2014年12月31日、2015年3月24日和2015年5月28日进行了修订。2015年的修订版本重点关注了公司治理中董事权利和利益的保护、公司与关联企业之间的公司治理关系、董事会的结构、独立董事制度、董事会下设委员会的职权、董事会议事规则与决策程序、董事的诚信义务、注意义务与责任、授权监管、尊重利益相关者的权利、提高信息透明度等方面的内容。

《美国国际集团公司治理指引》（American International Group, Inc. Corporate Governance Guidelines）于2018年5月9日生效，其重点关注了公司治理中董事会和高级管理层的角色、董事会组成董事长及其职责、董事的选举、任期与退休、董事会会议、董事会下设委员会及其职责、董事会职责、评估董事会及其下设委员会的绩效和慈善捐赠等方面的内容。

思考题

1. 如何理解公司治理原则？公司治理原则重要吗？为什么？
2. 各国家和地区保险公司治理原则有什么共同点？不同国家和地区的保险公司治理原则为什么会存在一定差异？

---

① 马恩岛（Isle of Man），是英国王权属地之一，处于英格兰、苏格兰、威尔士、北爱尔兰和爱尔兰共和国的中心点。

第十九章

保险公司治理改进动力机制

【本章概要】

本章首先构建了保险公司治理改进动力模型,并分析了我国保险公司治理发展不同阶段以及不同规模类型保险公司的改进动力演变过程,最后从内在动力和外在动力两个方面进行了具体分析。

【学习目标】

理解保险公司改进动力的来源,掌握保险公司治理改进动力模型,了解我国保险公司治理发展不同阶段治理改进动力特点,理解保险公司治理改进外在动力的具体构成及其区别。

第一节 保险公司治理改进动力模型

一、保险公司治理改进动力模型构建

我国金融机构公司治理与高质量发展的要求相比还有差距,还不能完全适应金融业快速发展、金融体系更加复杂和不断开放的趋势,尚不完全符合现代金融企业权利责任对等、激励约束相容、风险控制严格的特征(郭树清,2020)。因此,保险公司治理仍有改进的必要和发展的空间。

中国保险公司治理的发展既需要发挥保险机构的主观能动性,需要监管部门的科学引领和严格监管,也需要包括股东、金融消费者、员工、债权人、供应商在内的全体利益相关者的共同参与(梁涛,2020)。

公司任何行为背后都有动力源,也就是说,公司做出一个行为往往存在一定的原因。在推动公司治理实践方面,按照动力来源不同,可以分为内在需求拉动型、外部力量推动型和混合动力型,其中外部力量推动型又可分为外部强制力量驱动型和外部非强制力量引领型,具体如图19-1所示。

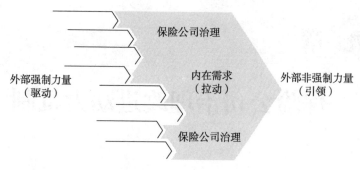

图 19-1　保险公司治理改进动力模型
资料来源：作者整理

保险公司治理改进动力模型中，外部强制力量来自监管部门和相关的立法机关；外部非强制力量是相对于外部强制力量来说的，主要来源于行业协会、行业学会、学术团队、媒体报道、相关团体组织等。

二、我国保险公司治理改进动力演变

我国保险公司早期治理改进的动力更多来自公司外部，属于外部力量推动型或者以外部力量推动型为主。而目前治理改进更多的是混合动力型，既有内因，同时还有外部的影响因素。随着治理实践的深入，我国保险公司治理改进模式将是内在需求拉动型，或者是以内在需求拉动为主同时辅以一定外部力量的模式。在治理改进动力机制上，中小型保险公司与大型保险公司相比，来自于公司内在的或内部的需求的动力相对要弱一些，特别是中小型保险公司中的小型保险公司，内在动力不足比较明显；在这样的情况下，改进中小型保险公司的治理结构与机制就需要更多的来自于外部的力量，需要更强的外部监管和更多的行业标准引领。

第二节　保险公司治理改进动力分析

一、保险公司治理改进内在动力分析

内在需求拉动型下，保险公司完善公司治理主要缘于公司自身发展的需要。随着保险公司规模变大以及决策事项复杂程度的提高，公司需要好的公司治理为其保驾护航，防止偏离正确的轨道。已经有若干公司治理事件告诉我们公司治理的重要性，例如那些在产品或者服务市场非常出名的公司，因公司治理问题而发展碰壁，甚至一夜之间轰然倒塌。因此，在公司进入到一定的发展阶段或者达到一定的规模之后，公司治理是其实现可持续性发展的核心保障。

但在完善治理结构与机制的过程中，需要保险公司的持续性投入，也就是说公司治理是有成本的，在推进公司治理过程中，需要投入一定的人力和物力，但是公司治理的收益却不能像原材料、期间费用那样直接量化，公司治理收益无法直接量化或者难以观察，所以很多保险公司便因此不再进一步优化公司治理结构与机制，特别是处于初创阶段的、微利或者亏损的中小型保险公司。除了治理成本问题，治理惯性也是影响中小型保险公司优化治理的又一重要因素。在中小型保险公司发展初期，为快速对市场需求做出反应，公司的重大、重要问题的决策往往采用简化的治理流程，最简化的版本就是"一言堂"，这种治理方式具有一定的优点，但随着保险公司规模的扩大，这种方式的不足日渐凸显，但因为治理惯性的存在，由"一言堂"向科学的治理方式"集体决策"转变的过程中也有一定的困难或者阻力。基于上述两个方面因素的考虑，可以看出中小型保险公司在治理改进的内在动力方面相对来说不够充足，这就需要足够的外在动力。

二、保险公司治理改进外在动力分析

在治理实践过程中，往往需要靠外力来改进公司治理。这个外力主要来自监管机构的强制外力，即监管机构出台相关文件要求公司必须履行相关治理实践。例如，中国证监会在 2001 年推出的《关于在上市公司建立独立董事制度的指导意见》（证监发〔2001〕102 号），要求上市公司引入独立董事。原中国保监会在 2006 年推出的《关于规范保险公司治理结构的指导意见（试行）》（保监发〔2006〕2 号），也属于以强制外力推动治理实践的例子。当然，强制外力也可以来自相关的立法机关，例如，全国人大常委会 1993 年通过了我国《公司法》，确立了我国公司"三会一层"的基本治理结构。

除了强制外力以外，行业协会、行业学会、学术团队、媒体报道等非强制外力也能有效推动治理实践发展。比如，2001 年南开大学中国公司治理研究院推出了《中国公司治理原则（草案）》。为指导和促进上市公司独立董事规范、尽责履职，充分发挥独立董事在上市公司治理中的作用，中国上市公司协会在 2014 年推出了《上市公司独立董事履职指引》。再如，中国保险行业协会在 2018 年推出了《保险机构资金运用风险责任人信息披露准则规范》（TIAC 16-2018）标准文件，规定了保险公司资金运用风险责任人信息披露的原则、内容以及披露文件的格式等。

实际上，在一般公司治理领域，外部力量也是其重要的动力源。例如，《Cadbury 报告》(Cadbury Report)、《Hampel 报告》(Hampel Report)、《Turnbull 报告》(Turnbull Report)、《Higgs 报告》(Higgs Report)、《Smith 报告》(Smith Report) 等一系列治理原则出台后，英国在 1992 年全国上下开始了全世界范围内的第一次公司治理浪潮。同时，考虑到保险公司经营的特点以及行业的特殊性，特别是对保险公司中的中小型保险公司来说，外部力量应该是保险公司治理实践的主要推动力，而且要同时发挥两种外部力量的作用，即将外部强制力量与外部非强制力量有机结合。在外部非强制力量中，行业协会除了进行保险公司治理方面的培训和公司治理知识的普及推广之外，出台保险公司治理方面的标准文件是我国保险公司治理多年实践后的现实选择，它能够充分发挥标准引领的效果；在外部强制力量中，外部监管推动是最重要的形式。监管推动和标准引领是未来一段时间我国保险公司治理实践的两个"驱动轮"。

自 2006 年起，公司治理已经成为我国保险公司监管的三大支柱之一，监管机构围绕治理监管出台了若干政策、法律和法规，详见本书第十六章的相关内容；在治理监管方面，现在最紧迫的就是要明确我国保险公司治理的短板或不足之处，这就需要开展治理评价工作，为实现精准治理监管提供支撑与服务。关于治理标准引领，目前国内关于公司治理方面的标准文件相对较少。较早的治理标准文件有两个，一个是由原国家质检总局和国家标准化管理委员会于 2010 年共同推出的国标文件《公司治理风险管理指南》（GB/T 26317—2010），对于公司治理风险管理的原则、管理的过程和管理的实施进行了规定，给出了公司治理风险管理的通用指南；另外一个是由原天津市市场和质量监督管理委员会在 2016 年推出的地标文件《天津社会组织法人治理结构准则》（DB 12/T 628—2016），这是国内第一个全面的公司治理标准文件。需要说明的是，上述两个文件并不完全适用于保险公司，特别是第二个，主要适用于民间非营利组织、基金会等社会组织。2016 年 11 月 18 日，中国保险行业协会审议通过并向全体会员单位发出了《关于进一步加强保险团体标准建设的倡议》，保险行业的特有属性决定了保险公司治理在治理标准等方面相比于其他行业要求更高。2018 年 8 月 28 日，中国保险行业协会在京正式发布《保险业公司治理实务指南：总体框架》《保险业公司治理实务指南：会议运作第 1 部分——股东（大）会》《保险业公司治理实务指南：会议运作第 2 部分——董事会》和《保险业公司治理实务指南：会议运作第 3 部分——监事会》等首批 4 项保险公司治理团体标准，这是我国保险业乃至我国金融领域的首批公司治理团体标准。伴随首批保险公司治理团体标准的推出，我国保险公司治理改进外部非强制力量进一步增强。

思考题

1. 哪些因素会影响保险公司的治理结构与机制的改进？内部因素更重要还是外部因素更重要？为什么？

2. 不同规模类型保险公司在公司治理改进动力上有区别吗？如果有，具体有什么样的区别？

3. 保险公司治理的改进会对保险公司各利益相关者带来怎样的影响？

参 考 文 献

[1] 白重恩, 刘俏, 陆洲, 宋敏, 张俊喜. 中国上市公司治理结构的实证研究[J]. 经济研究, 2005(2): 81-91.

[2] 贲奔, 臧明仪. 保险公司治理监管的硬约束[J]. 中国金融, 2014(6): 56-58.

[3] 蔡莉莉, 黄斌. 论保险公司的"共同治理"与政府角色的发挥[J]. 武汉大学学报(哲学社会科学版), 2006(2): 175-179.

[4] 曹春霞, 展凯. 全面开放下对外资保险公司的监管策略[J]. 保险研究, 2007(2): 62-64.

[5] 曹晓润. 鼎盛保险公司治理结构研究[D]. 吉林大学, 2008.

[6] 曹宇. 优化体制机制建设, 强化投资者保护, 全面提升银行保险资管机构公司治理水平[J]. 中国信用, 2020(8): 8-11.

[7] 车响午, 彭正银. 公司治理环境与内部控制信息披露关系研究[J]. 财经问题研究, 2016(2): 71-78.

[8] 陈彬. 保险公司治理对企业绩效影响的实证研究[D]. 复旦大学, 2011.

[9] 陈彬, 邓霆. 公司治理对保险公司绩效影响的实证检验——以24家中资财产保险公司为例[J]. 社会保障研究, 2013(1): 104-112.

[10] 陈仕华, 郑文全. 公司治理理论的最新进展: 一个新的分析框架[J]. 管理世界, 2010(2): 156-166.

[11] 陈维政, 胡豪, 刘苹. 基于企业产权关系的权变公司治理模式研究[J]. 南开管理评论, 2008(1): 91-98.

[12] 陈信元, 陈冬华, 时旭. 公司治理与现金股利: 基于佛山照明的案例研究[J]. 管理世界, 2003(8): 118-126.

[13] 程竹. 周延礼: 外资险企在华资产总额约占7%[N]. 证券时报, 2019-11-04.

[14] 崔宏, 夏冬林. 全流通条件下的股东分散持股结构与公司控制权市场失灵——基于上海兴业房产股份有限公司的案例分析[J]. 管理世界, 2006(10): 114-127.

[15] 邓小平. 邓小平文选(第三卷)[M]. 北京: 人民出版社, 2001.

[16] 丁富国. 我国经理人市场的九大问题[J]. 企业活力, 2003(1): 50-51.

[17] 董小芳. 保险公司治理模式的国际比较研究[D]. 吉林大学, 2007.

[18] 董迎秋, 金铭卉, 崔亚南, 刘婷, 郝臣. 保险业公司治理风险的分析与防范——基于保险业公司治理框架视角[J]. 保险理论与实践, 2018(12): 1-12.

[19] 董迎秋, 王瑞涵. 我国保险行业公司治理实践探析[J]. 保险理论与实践, 2018(4): 71-80.

[20] 董迎秋, 夏萍. 我国保险集团化发展探析[J]. 中国金融, 2019(7): 65-67.

[21] 段文博, 王庆南, 王海旭. 我国保险中介机构存在的问题及对策分析[J]. 黑龙江金融, 2008(11): 86-88.

[22] 方国春. 保单持有人与公司治理研究——基于人身保险公司分析[J]. 保险研究, 2014(4): 51-62.

[23] 方国春. 相互制保险公司治理的逻辑与价值[J]. 保险研究, 2015(7): 15-28.

[24] 冯芬芬. 我国保险公司治理监管的研究[D]. 西南财经大学, 2014.

[25] 冯根福. 关于健全和完善我国上市公司治理结构几个关键问题的思考[J]. 当代经济科学, 2001(6): 23-28.

[26] 冯根福. 双重委托代理理论: 上市公司治理的另一种分析框架——兼论进一步完善中国上市

公司治理的新思路[J]. 经济研究, 2004(12): 16-25.
[27] 冯根福. 中国公司治理基本理论研究的回顾与反思[J]. 经济学家, 2006(3): 13-20.
[28] 冯根福, 闫冰. 公司股权的"市场结构"类型与股东治理行为[J]. 中国工业经济, 2004(6): 85-92.
[29] 高闯, 等. 公司治理: 原理与前沿问题[M]. 北京: 经济管理出版社, 2009.
[30] 高雷, 李芬香, 张杰. 公司治理与代理成本——来自上市公司的经验证据[J]. 财会通讯: 学术版, 2007(4): 29-34.
[31] 高明华. 公司治理: 理论演进与实证分析——兼论中国公司治理改革[M]. 北京: 经济科学出版社, 2001.
[32] 高明华. 经理人市场欠缺下的无奈选择[J]. 董事会, 2012(11): 42.
[33] 高明华, 等. 公司治理学[M]. 北京: 中国经济出版社, 2009.
[34] 高愈湘, 张秋生, 杨航, 张金鑫. 中国上市公司控制权市场公司治理效应的实证分析[J]. 北京交通大学学报, 2004(2): 36-41.
[35] 顾孟亚. 我国保险公司治理风险的产生机理及防范研究[D]. 西南财经大学, 2014.
[36] 郭树清. 金融监管要让违法违规者及时受到足够严厉的惩处[J]. 中国信用, 2019(07): 8-10.
[37] 郭树清. 完善公司治理是金融企业改革的重中之重[N]. 经济日报, 2020-07-03(010).
[38] 郭晓辉, 杨明亮, 陈敏. 我国保险公司治理模式的选择[J]. 当代经济科学, 2006(1): 122-123.
[39] 韩艳春. 论国有保险公司法人治理结构的建设[J]. 保险研究, 2000(1): 12-15.
[40] 郝臣. 保险公司治理的优化[J]. 中国金融, 2017(16): 80-81.
[41] 郝臣. 保险公司治理对绩效影响实证研究——基于公司治理评价视角[M]. 北京: 科学出版社, 2016.
[42] 郝臣. 国外公司治理与公司绩效关系研究综述——1976年—2006年经典文献梳理[J]. 审计与经济研究, 2009(2): 107-112.
[43] 郝臣. 提升我国保险公司治理能力的思考——标准引领与监管推动的视角[J]. 保险理论与实践, 2018(7): 1-31.
[44] 郝臣. 中国保险公司治理发展报告2019[M]. 天津: 南开大学出版社, 2020.
[45] 郝臣. 中国保险公司治理发展报告2018[M]. 天津: 南开大学出版社, 2019.
[46] 郝臣. 中国保险公司治理研究[M]. 北京: 清华大学出版社, 2015.
[47] 郝臣, 崔光耀. 保险公司治理概念之辨析与拓展——基于中国实践视角[J]. 公司治理评论, 2018(1): 6-18.
[48] 郝臣, 付金薇, 李维安. 国外保险公司治理研究最新进展——基于2008—2017年文献的综述[J]. 保险研究, 2018(4): 112-127.
[49] 郝臣, 宫永建, 孙凌霞. 公司治理要素对代理成本影响的实证研究——来自我国上市公司的证据(2000—2007)[J]. 软科学, 2009(10): 123-127.
[50] 郝臣, 李慧聪, 崔光耀. 治理的微观、中观与宏观——基于中国保险业的研究[M]. 天津: 南开大学出版社, 2017.
[51] 郝臣, 李慧聪, 罗胜. 保险公司治理研究: 进展、框架与展望[J]. 保险研究, 2011(11): 119-127.
[52] 郝臣, 李礼. 公司治理模式的多维度比较研究: 构建公司治理权变模式[J]. 南开管理评论, 2006(2): 84-89.
[53] 郝臣, 李艺华, 崔光耀, 刘琦, 王萍. 金融治理概念之辨析与应用——基于习近平总书记2013—2019年567份相关文件的研究[J]. 公司治理评论, 2020(1).
[54] 郝臣, 李艺华. 习近平总书记关于治理的重要论述研究——基于2013—2019年594份文件的分析[J]. 理论与现代化, 2020(2): 5-14.

[55] 郝臣, 钱璟, 付金薇, 崔光耀. 我国保险业治理的发展与优化研究[J]. 西南金融, 2018(1): 41-50.
[56] 郝臣, 钱璟. 保险公司董事会治理、公司绩效与偿付能力[J]. 金融发展研究, 2018(3): 12-20.
[57] 郝臣, 秦晓天, 崔光耀. 我国保险公司效率影响因素实证研究——基于公司治理视角[J]. 上海金融学院学报, 2016(3): 88-100.
[58] 郝臣, 王旭, 王励翔. 我国保险公司社会责任状况研究——基于保险公司社会责任报告的分析[J]. 保险研究, 2015(5): 92-100.
[59] 郝演苏, 张文峰, 杨雪君. 影响外资保险公司境外发展的国家主权个性因素研究[J]. 保险研究, 2013(5): 3-13.
[60] 胡坚, 高飞. 保险监管制度的国际比较及其对中国的借鉴[J]. 山西财经大学学报, 2004(2): 16-21.
[61] 胡乐江. 董事会构成的模糊综合评判方法[J]. 南开管理评论, 2002(6): 39-42.
[62] 胡强. 我国券商治理风险及对策[J]. 证券市场导报, 2006(1): 58-62.
[63] 胡奕明, 谢诗蕾. 银行监督效应与贷款定价——来自上市公司的一项经验研究[J]. 管理世界, 2005(5): 27-36.
[64] 黄洪. 全力推进保险中介市场改革[J]. 中国金融, 2015(24): 15-17.
[65] 黄星刚. 保险消费者"过度维权"问题浅析[J]. 上海保险, 2019(12): 58-60.
[66] 霍爱玲. 我国职业经理人存在的问题及改进措施[J]. 陕西经贸学院学报, 2002(2): 91-93.
[67] 简新华. 委托代理风险与国有企业改革[J]. 经济研究, 1998(9): 3-5.
[68] 江津, 王凯. 我国保险公司治理机制有效性研究——基于上市保险公司的实证检验[J]. 保险研究, 2015(1): 62-71.
[69] 江生忠. 保险企业组织形式研究[M]. 北京: 中国财政经济出版社, 2008.
[70] 金坚强. 行业自律是保险业健康发展的必然要求[J]. 中国金融, 2010(11): 31-32.
[71] 郎咸平. 公司治理[M]. 北京: 社会科学文献出版社, 2004.
[72] 雷光勇, 王文, 金鑫. 公司治理质量、投资者信心与股票收益[J]. 会计研究, 2012(2): 79-86.
[73] 冷煜. 保险监管国际比较及发展趋势研究[J]. 保险研究, 2009(3): 88-94.
[74] 李慧聪, 李维安, 郝臣. 公司治理监管环境下合规对治理有效性的影响——基于中国保险业数据的实证研究[J]. 中国工业经济, 2015(8): 98-113.
[75] 李建伟. 论我国上市公司监事会制度的完善——兼及独立董事与监事会的关系[J]. 法学, 2004(2): 75-84.
[76] 李康乐. 试论保险职业经理人市场的机制[J]. 保险职业学院学报, 2008(22): 37-38.
[77] 李康乐. 中国保险职业经理人市场简析[J]. 上海保险, 2008(2): 53-55.
[78] 李孔岳, 罗必良. 公司治理结构的理论: 一个综述[J]. 当代财经, 2002, 08: 61-64.
[79] 李琼, 苏恒轩. 论国有独资保险公司的治理结构[J]. 保险研究, 2003(4): 10-12.
[80] 李秋孟. 我国保险公司股权结构与公司治理绩效研究[D]. 华南理工大学, 2014.
[81] 李维安. 公司治理[M]. 天津: 南开大学出版社, 2001.
[82] 李维安. 公司治理学(第1版)[M]. 北京: 高等教育出版社, 2005.
[83] 李维安. 公司治理学(第2版)[M]. 北京: 高等教育出版社, 2009.
[84] 李维安. 公司治理学(第3版)[M]. 北京: 高等教育出版社, 2016.
[85] 李维安. 公司治理学(第4版)[M]. 北京: 高等教育出版社, 2020.
[86] 李维安. 回望中国公司治理十五年[J]. 中外管理, 2006(11): 117.
[87] 李维安. 金融危机凸显金融机构治理风险[J]. 资本市场, 2009(3): 110-113.
[88] 李维安. 推进全面深化改革的关键: 树立现代治理理念[N]. 光明日报, 2013-11-29.

[89] 李维安. "问题高管"凸现公司治理风险[J]. 南开管理评论, 2005(1): 1.
[90] 李维安. "中国公司治理原则"问题笔谈 中国公司治理原则——世界潮流与企业改革的呼唤[J]. 南开学报(哲学社会科学版), 2001(1): 1-5.
[91] 李维安. 中国のコーポレートガバナンス[M]. 东京: 税务经理协会, 1998.
[92] 李维安. 中国公司治理原则与国际比较[M]. 北京: 中国财政经济出版社, 2001.
[93] 李维安, 曹廷求. 保险公司治理: 理论模式与我国的改革[J]. 保险研究, 2005(4): 4-8.
[94] 李维安, 曹廷求. 商业银行公司治理——基于商业银行特殊性的研究[J]. 南开学报, 2005(1): 83-89.
[95] 李维安, 程新生. 公司治理评价及其数据库建设[J]. 中国会计评论, 2005(2): 387-400.
[96] 李维安, 郝臣, 崔光耀, 郑敏娜, 孟乾坤. 公司治理研究四十年: 脉络与展望[J]. 外国经济与管理, 2019(12): 161-185.
[97] 李维安, 郝臣. 公司治理手册[M]. 北京: 清华大学出版社, 2015.
[98] 李维安, 郝臣. 金融机构治理及一般框架研究[J]. 农村金融研究, 2009(4): 4-13.
[99] 李维安, 郝臣等. 国有控股金融机构治理研究[M]. 北京: 科学出版社, 2018.
[100] 李维安, 李慧聪, 郝臣. 保险公司治理、偿付能力与利益相关者保护[J]. 中国软科学, 2012(8): 35-44.
[101] 李维安, 李建标. 基于信息范式中权力主体行为的公司治理机制: 一个理论模型[J]. 南开管理评论, 2002(2): 4-7.
[102] 李维安, 孟乾坤, 李惠. 从治理指数看上市公司治理质量: 如何突破行政经济型治理模式的制约[J]. 清华金融评论, 2019(9): 35-38.
[103] 李维安, 邱艾超, 牛建波, 徐业坤. 公司治理研究的新进展: 国际趋势与中国模式[J]. 南开管理评论, 2010(6): 13-25.
[104] 李维安, 王世权. 中国上市公司监事会治理绩效评价与实证研究[J]. 南开管理评论, 2005(1): 4-9.
[105] 李维安, 武立东. 公司治理教程[M]. 上海: 上海人民出版社, 2001.
[106] 李维安, 谢永珍. 上市公司治理风险预警指标体系的理论分析与实际验证[R]. 第四届南开大学公司治理国际研讨会论文集, 2007.
[107] 李维安, 张国萍. 经理层治理评价指数与相关绩效的实证研究——基于中国上市公司治理评价的研究[J]. 经济研究, 2005(11): 87-98.
[108] 李锡元, 陈贝贝, 秦润莹. 多主体协同共进完善职业经理人市场治理[N]. 光明日报, 2015-07-25(007).
[109] 李锡元, 何劭刚, 伍林. 企业在职业经理人市场中的功能发挥与实施途径[J]. 学习与实践, 2016(1): 39-44.
[110] 李小平. EVA 理念与公司治理目标的优化[J]. 四川大学学报(哲学社会科学版), 2003(4): 10-15.
[111] 李心丹, 肖斌卿, 王树华, 刘玉灿. 中国上市公司投资者关系管理评价指标及其应用研究[J]. 管理世界, 2006(9): 117-128.
[112] 李新春. 经理人市场失灵与家族企业治理[J]. 管理世界, 2003(4): 87-95.
[113] 李艺华, 郝臣. 外部治理对保险公司风险承担的影响研究——基于外部监管和产品市场竞争视角[J]. 保险研究, 2019(12): 65-80.
[114] 李豫湘, 孟祥龙. 董事会作用、信息披露与公司治理绩效的研究[J]. 现代管理科学, 2010(5): 93-94.
[115] 李兆斌, 李靖, 李蕾. 我国国有保险公司治理结构制度建设[J]. 合作经济与科技, 2007(18): 48-49.

[116] 梁涛. 奋力构建中国特色银行保险业公司治理机制[J]. 中国金融, 2020(15): 12-14.
[117] 林润辉, 范建红, 赵阳, 张红娟, 侯如靖. 公司治理环境、治理行为与治理绩效的关系研究——基于中国电信产业演进的证据[J]. 南开管理评论, 2010(6): 138-148.
[118] 林小华, 裴斐. 我国保险公司治理结构监管相关问题研究[J]. 保险研究, 2007(6): 64-66.
[119] 林毅夫. 公平市场竞争是解决国企问题的关键[J]. 中国经济信息, 1996(2): 13.
[120] 林毅夫, 蔡昉, 李周. 充分信息与国有企业改革[M]. 上海: 上海人民出版社, 2014.
[121] 林征. 我国国有保险公司治理结构对策探讨[J]. 福建金融, 2006(8): 38-39.
[122] 凌士显. 我国保险公司治理研究现状分析[J]. 金融经济, 2014(10): 90-92.
[123] 凌士显, 白锐锋. 媒体监督、董事会治理与保险公司代理成本——基于我国股份制保险公司经验数据的实证检验[J]. 保险研究, 2017(4): 91-101.
[124] 凌士显, 谢清华. 我国保险公司董事会治理有效性实证研究——基于32家股份制保险公司的经验数据[J]. 保险研究, 2015(12): 21-29.
[125] 刘宝璋. 我国保险监管制度研究[D]. 山东大学, 2005.
[126] 刘传. 职业经理人透视[J]. 经营与管理, 2001(12): 32-35.
[127] 刘凤娟, 杨颖. 基于定量分析的公司治理风险评估[J]. 财会通讯, 2012(2): 141-143.
[128] 刘建国. 我国保险公司治理模式研究[D]. 华中科技大学, 2006.
[129] 刘金霞, 齐青婵. 我国国有控股保险集团公司治理结构研究[J]. 浙江金融, 2008(6): 47+37.
[130] 刘钧. 论保险公司治理结构的制度建设[J]. 保险研究, 2003(3): 2-4.
[131] 刘美玉. 基于利益相关者共同治理的保险公司治理研究[J]. 保险研究, 2008(9): 7-12.
[132] 刘明浩, 杨云鹏. 基于保险公司经营风险的内部控制研究[J]. 经贸实践, 2016(1): 106-107.
[133] 刘少波. 控制权收益悖论与超控制权收益——对大股东侵害小股东利益的一个新的理论解释[J]. 经济研究, 2007(2): 85-96.
[134] 刘素春. 保险公司治理的特殊性研究——基于利益相关者理论[J]. 保险研究, 2010(5): 84-89.
[135] 刘腾. 股东层治理风险与公司绩效的相关性研究[J]. 财经界, 2007(1): 12.
[136] 刘迎霜. 我国金融消费者权益保护路径探析——兼论对美国金融监管改革中金融消费者保护的借鉴[J]. 现代法学, 2011(3): 91-98.
[137] 刘有贵, 蒋年云. 委托代理理论述评[J]. 学术界, 2006(1): 69-78.
[138] 卢昌崇. 公司治理机构及新、老三会关系论[J]. 经济研究, 1994(11): 10-17.
[139] 卢昌崇. 企业治理结构[M]. 大连: 东北财经大学出版社, 1999.
[140] 陆雄文. 管理学大辞典[M]. 上海: 上海辞书出版社, 2013.
[141] 陆渊. 基于数据包络分析法的中国保险公司治理研究[J]. 保险研究, 2009(4): 24-29.
[142] 罗胜. 保险公司治理评价与治理监管研究[D]. 南开大学, 2012.
[143] 罗胜, 张雁云. 保险公司董事会评价机制研究[J]. 保险研究, 2011(9): 109-113.
[144] 毛路, 陈建民. 保险中介机构违规经营现象及对策分析[J]. 上海保险, 2011(3): 42-46.
[145] 孟彦君. 保险公司治理的国际经验及启示[D]. 对外经济贸易大学, 2007.
[146] 梦然. 职业经理人理论及其评析[J]. 江海学刊, 2002(5): 201-203.
[147] 南开大学中国公司治理研究院公司治理评价课题组. 中国上市公司治理状况评价研究——来自2008年1127家上市公司的数据[J]. 管理世界, 2010(1): 142-151.
[148] 南开大学中国公司治理研究院公司治理评价课题组. 中国公司治理评价与指数报告——基于2007年1162家上市公司[J]. 管理世界, 2008(1): 145-151.
[149] 南开大学中国公司治理研究院公司治理评价课题组. 中国上市公司治理评价与指数分析——基于2006年1249家公司[J]. 管理世界, 2007(5): 104-114.
[150] 南开大学中国公司治理研究院公司治理评价课题组. 中国上市公司治理指数与公司绩效的实

证分析——基于中国 1149 家上市公司的研究[J]. 管理世界, 2006(3): 104-113.
[151] 南开大学中国公司治理研究院公司治理评价课题组. 中国上市公司治理指数与治理绩效的实证分析[J]. 管理世界, 2004(2): 63-74.
[152] 南开大学公司治理研究中心课题组. 中国上市公司治理评价系统研究[J]. 南开管理评论, 2003(3): 4-12.
[153] 宁向东. 公司治理理论[M]. 北京: 中国发展出版社, 2005.
[154] 宁向东. 公司治理研究的均衡观及其意义[J]. 南开管理评论, 2003(5): 42-45.
[155] 彭虹, 汤丽. 保险公司治理监管法律问题初探[J]. 云南大学学报, 2010(5): 27-32.
[156] 彭真明, 江华. 美国独立董事制度与德国监事会制度之比较——也论中国公司治理结构模式的选择[J]. 法学评论, 2003(1): 36-42.
[157] 平田光弘, 李维安. 日本公司治理: 变革与启示[J]. 南开管理评论, 1998(6): 3-5.
[158] 钱兵, 陈功. 论保险中介公司治理结构的完善[J]. 保险研究, 2007(3): 77-80.
[159] 钱琨. 国有保险公司治理法律问题研究[D]. 大连海事大学, 2008.
[160] 钱颖一. 企业的治理结构改革和融资结构改革[J]. 经济研究, 1995(1): 20-29.
[161] 秦晓. 组织控制、市场控制: 公司治理结构的模式选择和制度安排[J]. 管理世界, 2003(4): 1-8.
[162] 申院荣. 从管理层控制博弈分析看保险公司治理监管[J]. 经济论坛, 2007(1): 95-97.
[163] 沈健, 杜鹃. 相互保险组织与股份保险公司效率比较: 国外文献综述[J]. 南方金融, 2017(2): 25-31.
[164] 沈蕾. 保险公司治理模式创新研究——基于风险管控治理理论[J]. 保险研究, 2012(5): 36-44.
[165] 沈蕾. 论保险公司治理的特殊性——一个数理模型的分析[J]. 财经论丛, 2009(3): 54-61.
[166] 沈艺峰. 公司控制权市场理论的现代演变(上)[J]. 中国经济问题, 2000(2): 16-25.
[167] 沈艺峰. 公司控制权市场理论的现代演变(下)[J]. 中国经济问题, 2000(3): 20-35.
[168] 盛和泰. 论建立国有保险公司法人治理结构[J]. 保险研究, 2001(12): 8-10.
[169] 盛运华, 邵婧. 关于中国职业经理人职业道德的思考[J]. 科技进步与对策, 2001(8): 153-154.
[170] 宋敏, 张俊喜, 李春涛. 股权结构的陷阱[J]. 南开管理评论, 2004(1): 9-23.
[171] 宋炜. 公司治理目标选择与绩效检验——来自中国上市公司的经验证据[J]. 证券市场导报, 2013(8): 38-43.
[172] 苏冬蔚, 林大庞. 股权激励、盈余管理与公司治理[J]. 经济研究, 2010(11): 88-100.
[173] 苏媛. 保险资产管理公司治理问题及改进建议[N]. 金融时报, 2009-03-23.
[174] 孙娜, 晏勇健. 国外公司治理结构比较及对我国保险公司治理的启示[J]. 北方经济, 2005(7): 78-79.
[175] 孙祁祥, 郑伟. 保险业的发展与监管[J]. 中国金融, 2017(2): 46-48.
[176] 孙蓉, 杨馥. 改革开放三十年: 中国保险业的变迁与发展[J]. 保险研究, 2008(12): 7-15.
[177] 孙绍华. 国有保险公司法人治理结构探讨[J]. 中国保险, 2002(4): 27-29.
[178] 孙奕驰, 畅晓宇. 我国上市公司治理风险的成因及对策[J]. 商业经济, 2010(1): 83-85.
[179] 孙奕驰, 洪玲. 公司治理风险的影响因素分析——基于结构方程模型[J]. 财会通讯, 2011(24): 134-136.
[180] 孙奕驰, 张舒弋, 翟光宇. 上市公司治理风险评价模型构建[J]. 财会通讯, 2009(20): 44-45.
[181] 孙奕驰, 张艺馨. 上市公司治理风险预警研究——基于时依协变量的COX模型[J]. 会计之友, 2011(5): 65-67.
[182] 唐金成, 孙灵刚. 中国上市保险公司治理问题研究[J]. 广西大学学报(哲学社会科学版), 2014(1): 34-38.
[183] 田中禾, 马小军, 张慧琴. 公司治理风险: 产生机理及其管理[J]. 财会通讯, 2010(33): 141-143.

[184] 佟福全. 从欧美与东亚不同模式看我国建立现代企业制度的取向[J]. 管理世界, 1995(4): 117-126.

[185] 王伯成, 万俊勇. 我国职业经理人市场发展的几个制约因素[J]. 企业经济, 2003(2): 55-57.

[186] 王丹. 论我国保险公司治理的特殊性及模式设计[J]. 中国集体经济, 2010(21): 104-105.

[187] 王峰虎, 张怀莲. 论中国保险监管的目标及政策——兼论消费者保护问题[J]. 西藏大学学报(汉文版), 2003(1): 19-23.

[188] 王刚义. 公司控制权市场与证券市场效率[J]. 财经科学, 2002(4): 27-31.

[189] 王浩. 中国保险公司治理机制研究[D]. 西南财经大学, 2014.

[190] 王洪栋. 保险监管与保险公司治理理念[J]. 中国保险管理干部学院学报, 2003(2): 17-21.

[191] 王克敏, 陈井勇. 股权结构、投资者保护与公司绩效[J]. 管理世界, 2004(7): 127-133.

[192] 王奇, 吕晓亮, 殷源华. 保险消费者投诉、媒体报道与公司绩效[J]. 保险职业学院学报, 2016(6): 43-49.

[193] 王稳, 王东. 公司治理风险、保险创新与保险业可持续发展——后危机时代中国保险业的创新与发展论坛综述[J]. 保险研究, 2010(1): 122-127.

[194] 王新永. 保险市场竞争呼唤职业经理人[J]. 发展, 2008(3): 46-47.

[195] 王志芳, 油晓峰. 我国上市公司债务代理成本的实证分析[J]. 财政研究, 2009(7): 74-77.

[196] 魏思博. 我国国有股份制保险公司治理模式研究[J]. 中国农业银行武汉培训学院学报, 2010(5): 55-57.

[197] 魏迎宁. 关于保险消费者权益保护的法理思考[N]. 中国保险报, 2012-12-11.

[198] 吴传俭. 我国保险业服务于国家社会治理能力现代化路径[J]. 保险研究, 2015(4): 63-71.

[199] 吴定富. 改革开放三十周年保险业改革发展的回顾与展望[J]. 保险研究, 2008(12): 3-6.

[200] 吴洪. 保险公司治理模式及其选择[J]. 上海保险, 2008(10): 41-44.

[201] 吴家骏. 论企业法人相互持股[J]. 经济研究, 1992(7): 27-31.

[202] 吴家骏. 日本股份制企业值得注意的一些特点[J]. 中国工业经济研究, 1992(9): 70-76.

[203] 吴敬琏. 建立有效的公司治理结构[J]. 天津社会科学, 1996(1): 16-18.

[204] 吴敬琏. 现代公司与企业改革[M]. 天津: 天津人民出版社, 1994.

[205] 吴敬琏, 等. 大中型企业改革: 建立现代企业制度[M]. 天津: 天津人民出版社, 1993.

[206] 吴孟莹, 李旭炎. 我国市场成熟度、经理人市场对上市公司投资效率的影响探析[J]. 财会月刊, 2016(36): 41-46.

[207] 吴淑琨, 柏杰, 席酉民. 董事长与总经理两职的分离与合———中国上市公司实证分析[J]. 经济研究, 1998(8): 3-5.

[208] 夏洪. 论保险公司治理机制的完善[J]. 保险研究, 2001(7): 3-5.

[209] 夏立军, 方轶强. 政府控制、治理环境与公司价值[J]. 经济研究, 2005(5): 40-51.

[210] 肖作平. 公司治理影响审计质量吗？——来自中国资本市场的经验证据[J]. 管理世界, 2006(7): 22-33.

[211] 肖作平, 陈德胜. 公司治理结构对代理成本的影响[J]. 财贸经济, 2006(10): 29-35.

[212] 谢金玉. 我国保险公司治理模式研究[J]. 保险研究, 2007(7): 61-64.

[213] 谢文武. 公司治理环境对企业社会责任的影响分析[J]. 现代财经(天津财经大学学报), 2011(1): 91-97.

[214] 谢晓霞, 李进. 股权结构、董事会特征与业绩研究——中国保险公司的治理结构分析[J]. 保险研究, 2009(8): 90-95.

[215] 谢永珍. 构建公司治理风险预警系统[J]. 董事会, 2010(6): 86-87.

[216] 谢永珍, 徐业坤. 公司治理风险相关研究述评[J]. 山东大学学报(哲学社会科学版), 2009(3):

38-44.

[217] 谢永珍, 徐业坤. 基于股权结构与董事会治理视角的上市公司治理风险预警[J]. 山东社会科学, 2013(4): 132-137.

[218] 谢志刚, 崔亚. 论保险监管制度体系的建设目标[J]. 保险研究, 2014(1): 12-20.

[219] 谢志华. 关于公司治理的若干问题[J]. 会计研究, 2008(12): 63-68.

[220] 辛宇, 徐莉萍. 投资者保护视角下治理环境与股改对价之间的关系研究[J]. 经济研究, 2007(9): 121-133.

[221] 邢婷婷. 保险公司内部控制研究[D]. 南开大学, 2013.

[222] 徐华, 李思荟. 内部治理、外部监管与保险公司风险承担[J]. 保险研究, 2013(12): 116-123.

[223] 徐宁, 徐向艺. 公司治理理论的演进趋势研究——基于经济学与法学的整合视角[J]. 经济与管理研究, 2009(12): 62-66.

[224] 徐伟, 张荣荣, 刘阳, 刘鹏. 分类治理、控股方治理机制与创新红利——基于国有控股上市公司的分析[J]. 南开管理评论, 2018(3): 90-102.

[225] 徐向艺, 卞江. 公司治理中的中小股东权益保护机制研究[J]. 中国工业经济, 2004(9): 65-71.

[226] 徐徐. 新《保险法》对我国保险公司治理监管的影响[J]. 商业时代, 2010(2): 100-101.

[227] 许加银. 法人资本股份制保险公司的治理结构分析[J]. 上海保险, 1997(10): 11-12.

[228] 许谨良. 谈外资保险公司的准入与监管[J]. 保险研究, 1997(1): 14-15.

[229] 许敏敏, 郭琦. 保险公司治理指数模型构建、测算与评价——以财险公司为例[J]. 会计之友, 2019(18): 55-62.

[230] 闫长乐. 公司治理[M]. 北京: 人民邮电出版社, 2008.

[231] 严若森. 保险公司治理评价: 指标体系构建与评分计算方法[J]. 保险研究, 2010(10): 44-53.

[232] 严若森. 公司治理风险预警模型构建及其效果检验——基于中国国有企业民营化改制上市公司的经验证据[J]. 人文杂志, 2012(1): 45-52.

[233] 严万全. 保险中介机构的地位、作用与发展预测[J]. 上海保险, 2012(4): 37-39.

[234] 阎建军. 中国保险公司治理研究: 基于知识和创新的视角[J]. 财贸经济, 2006(9): 63-69.

[235] 阎庆民. 我国银行业应建立"三位一体"监管体系[J]. 经济研究参考, 2005(87): 26-27.

[236] 阎庆民. 银行业公司治理与外部监管[J]. 金融研究, 2005(9): 84-95.

[237] 杨馥. 中国保险公司治理监管制度研究[D]. 西南财经大学, 2009.

[238] 杨晶. 保险行业协会自律监管法律问题研究[J]. 法制与社会, 2009(31): 87-88.

[239] 杨明生. 在保险消费者权益保护工作会议上的讲话[EB/OL]. 中国保监会网站 http://www.circ.gov.cn/web/site0/tab5212/info195481.htm, 2012-03-14.

[240] 杨瑞龙, 周业安. 论利益相关者合作逻辑下的企业共同治理机制[J]. 中国工业经济, 1998(1): 38-45.

[241] 杨有红, 胡燕. 试论公司治理与内部控制的对接[J]. 会计研究, 2004(10): 14-18.

[242] 杨镇泽. 保险公司治理的监管创新研究——保险公司特殊性的视角[J]. 中国保险, 2019(4): 8-11.

[243] 姚飞. 中国保险消费者保护法律制度研究[D]. 中国政法大学, 2006.

[244] 叶迎. 论经理人市场对企业经营者的隐性激励[J]. 首都经济贸易大学学报, 2007(3): 79-82.

[245] 游源芬. 投保人、要保人与被保险人关系之辨析[J]. 中国保险管理干部学院学报, 1994(4): 29-31.

[246] 于殿江, 柏士林, 胡玉翠. 我国专业保险中介机构核心竞争力研究[J]. 产业经济评论, 2011(3): 95-115.

[247] 于学泽, 李欣. 论国有保险公司法人治理结构的建设[J]. 保险研究, 2002(2): 26-28.

[248] 余兰. 我国保险公司治理模式的研究[J]. 湖北工业大学学报, 2009(3): 61-63.
[249] 俞可平. 全球治理引论[J]. 马克思主义与现实, 2002(1): 20-32.
[250] 俞勇国. 我国保险公司治理研究[D]. 合肥工业大学, 2006.
[251] 袁春生, 祝建军. 经理人市场竞争、经理人激励与上市公司财务舞弊的关系[J]. 财会月刊, 2007(20): 15-17.
[252] 袁恩泽. 西方保险公司内部治理结构新特征与我国国有保险公司内部治理结构优化[J]. 中央财经大学学报, 2006(1): 77-79.
[253] 袁力. 保险公司治理: 风险与监管[J]. 中国金融, 2010(2): 13-15.
[254] 曾爱青, 曾建辉, 刘智勇. 公司治理风险层次划分及危害分析[J]. 中国市场, 2018(35): 88-89.
[255] 曾爱青, 曾建辉, 刘智勇. 公司治理风险影响因素分析[J]. 合作经济与科技, 2018(20): 128-131.
[256] 曾爱青, 曾建辉, 刘智勇. 公司治理风险征兆及防范研究[J]. 改革与开放, 2018(17): 13-16.
[257] 曾德明, 龚红. 基于企业制度和企业理论的利益相关者评价方法[J]. 南开管理评论, 2004(1): 78-81.
[258] 张怀莲, 王峰虎. 我国保险公司上市的障碍与对策[J]. 保险研究, 2002(12): 35-36.
[259] 张辉华, 凌文辁, 方俐洛. 代理理论和乘务员理论的整合: 论公司治理实践[J]. 南开管理评论, 2005(6): 41-47.
[260] 张惠. 保险公司治理: 理论与模式、实证分析与我国的实践[D]. 山东大学, 2007.
[261] 张建伟, 李妍. 中国商业银行的公司治理模式选择: "股东至上主义"到"债权人主义"[J]. 管理世界, 2002(9): 28-36.
[262] 张剑光. 我国职业经理人市场研究综述[J]. 当代经理人, 2006(13): 150-151.
[263] 张仁德, 王昭凤. 企业理论[M]. 北京: 高等教育出版社, 2003.
[264] 张维迎. 产权激励与公司治理[M]. 北京: 经济科学出版社, 2005.
[265] 张维迎. 所有制、治理结构及委托—代理关系——兼评崔之元和周其仁的一些观点[J]. 经济研究, 1996(9): 3-15.
[266] 张学源. 不完整契约与决策权配置[J]. 管理世界, 2002(10): 127-133.
[267] 张扬, 郝臣, 李慧聪. 国外保险公司治理研究: 主题、逻辑与展望[J]. 保险研究, 2012(10): 86-94.
[268] 张扬, 郝臣, 李慧聪, 褚玉萍. 保险公司治理特殊性分析——三家上市保险公司的案例研究. 管理案例研究与评论, 2012(4): 265-276.
[269] 张翼, 马光. 法律、公司治理与公司丑闻[J]. 管理世界, 2005(10): 113-122.
[270] 张悦. 国有保险公司治理研究[D]. 西南财经大学, 2004.
[271] 赵国英. 国有企业公司治理改革的马克思主义理论解读[J]. 产业与科技论坛, 2009(12): 226-229.
[272] 赵景文. 公司治理质量与盈余质量——基于中国治理指数(CCGI^{NK})的初步证据[J]. 南开管理评论, 2006(5): 15-21.
[273] 赵清辉. 商业银行公司治理制衡机制研究[J]. 经济研究参考, 2013(58): 76-80.
[274] 赵增耀, 刘新权. 西方关于公司控制权市场的争论及启示[J]. 经济学动态, 2002(5): 69-73.
[275] 郑丹萍, 张杨勋. 高层管理团队理论研究综述[J]. 企业科技与发展, 2014(11): 12-15.
[276] 郑红亮. 公司治理理论与中国国有企业改革[J]. 经济研究, 1998(10): 20-27.
[277] 郑伟. 保险消费者权益保护: 机制框架、国际经验与政策建议[J]. 保险研究, 2012(3): 3-11.
[278] 郑志刚. 对公司治理内涵的重新认识[J]. 金融研究, 2010(8): 184-198.
[279] 中国银保监会公司治理监管部. 努力构建中国特色的现代保险公司治理机制　开创公司治理

监管新局面[J]. 保险研究, 2018(12): 38-41.
[280] 周丽. 基于保险业特殊性的公司治理风险生成机理研究[J]. 上海保险, 2018(2): 23-27.
[281] 朱南军, 王文健. 公司治理与风险承担——来自中国保险业的证据[J]. 经济科学, 2017(2): 101-115.
[282] 朱日峰. 完善国有保险公司治理的政策建议[J]. 山西财税, 2005(1): 20-21.
[283] 卓志. 保险监管的政治经济理论及其启示[J]. 金融研究, 2001(5): 111-118.
[284] 卓志. 我国保险公司市场退出的保障机制研究[J]. 保险职业学院学报, 2006(3): 2-4.
[285] 卓志. 我国保险理论研究及其发展创新的方法论前提[J]. 保险研究, 2008(2): 14-17.
[286] 卓志, 王寒. 保险企业社会责任探析[J]. 保险研究, 2009(2): 3-8.
[287] Adolf Augustus Berle, Gardiner Coit Means. The Modern Corporation and Private Property[M]. New York: The Macmillan Company, 1932.
[288] Albert Rappaport. The Staying Power of the Modem Corporation[J]. Harvard Business Review, 1990, 1: 96-104.
[289] Andrei Shleifer, Robert W. Vishny. A Survey of Corporate Governance[J]. The Journal of Finance, 1997, 52(2): 737-783.
[290] Armen Albert Alchian. Uncertainty, Evolution, and Economic Theory[J]. Journal of Political Economy. 1950, 58(3): 211-221.
[291] Arvind Mathur, Jimmy Burhan. The Corporate Governance of Banks: CAMEL-IN-A-CAGE[R]. Working Paper, 1999.
[292] Bingzheng Chen, Sharon Tennyson, Maoqi Wang, Haizhen Zhou. The Development and Regulation of China's Insurance Market: History and Perspectives[J]. Risk Management and Insurance Review, 2014, 17(2): 241-263.
[293] Bruce D. Smith, Michael J. Stutzer. Adverse Selection, Aggregate Uncertainty, and the Role for Mutual Insurance Contracts[J]. Journal of Business, 1990, 63(4): 493-511.
[294] Clifford W. Smith, Jr. , Jerold B. Warner. On Financial Contracting: An Analysis of Bond Covenants[J]. Journal of Financial Economics, 1979, 7(2): 118-119.
[295] Colin Mayer. Corporate Governance, Competition and Performance[J]. Journal of Law and Society, 1997, 24(1): 152-176.
[296] Daniel F. Spulber. Market Microstructure: Intermediaries and the Theory[M]. Cambridge University Press, 1999.
[297] David Crichton-Miller, Philip B. Worman. Seeking a Structured Approach to Assessing Corporate Governance Risk in Emerging Markets[R]. Working Paper, 1999.
[298] David Cummins, Neil Doherty. The Insurance Brokerage Industry Post - October 2004[J]. Risk Management & Insurance Review, 2006, 9(2): 89-108
[299] David Jemison, Robert Oakley. The Need to Reform Corporate Governance in the Mutual Insurance Industry[J]. Journal of Business Strategy, 1993, 2(1): 52-60.
[300] David Mayers, Clifford W. Smith. Compensation and Board Structure: Evidence from the Insurance Industry. Journal of Risk and Insurance, 2010, 77(2): 297-327.
[301] David W. Blackwell, Drew B. Winters. Banking Relationships and the Effect of Monitoring on Loan Pricing[J]. Journal of Financial Research, 1997, 20(2): 275-289.
[302] Stephen R. Diacon, Noel O'Sullivan. Does Corporate Governance Influence Performance? Some Evidence from U. K. Insurance Companies[J]. International Review of Law and Economics, 1995, 15(4): 405-424.

[303] Diane K. Denis, John J. Mcconnell. International Corporate Governance[J]. Journal of Financial and Quantitative Analysis, 2003, 38(1): 98-155.

[304] Diane K. Denis. Twenty-five Years of Corporate Governance Research… and Counting[J]. Review of Financial Economics, 2001, 10(3): 191-212.

[305] Donald Hambrick, Phyllis Mason. Upper Echelons: The Organization as a Reflection of Its Top Managers[J]. The academy of Management Review, 1984, 9(2): 193-206.

[306] Elaine Sternberg. Corporate Governance: Accountability in the Marketplace[M]. London: Institute of Economic Affairs, 1998.

[307] Enya He, David W. Sommer. Separation of Ownership and Control: Implications for Board Composition[J]. Journal of Risk and Insurance, 2010, 77(2): 265-295.

[308] Eric Rhenman. Företagsdemokrati och Företagsorganisation（瑞典语，翻译后为"企业民主和商业组织"）[M]. Barcelona: Thule, 1964.

[309] Ernest J. Schuster. State Supervision of Insurance Companies in Germany and Elsewhere[J]. The Economic Journal, 1902, 12(48): 561-573.

[310] Eugene F. Fama, Michael C. Jensen. Separation of Ownership and Control[J]. Journal of Law and Economics, 1983, 26(2): 301-325.

[311] Eugene F. Fama. Agency Problems and the Theory of the Firm[J]. Journal of Political Economy, 1980, 88(2): 288-307.

[312] Freeman R. Edward, David L. Reed. Stockholders and Stakeholders: A New Perspective on Corporate Governance[J]. California Management Review, 1983, 25(3): 93-104.

[313] Fritz Machlup. Theories of the Firm: Marginalist, Behavioral, Managerial[J]. The American Economic Review, 1967, 57(1): 1-33.

[314] George J. Benston, Clifford W. Smith. A Transactions Cost Approach to the Theory of Financial Intermediation[J]. The Journal of Finance, 1976, 31(2): 215-231.

[315] George J. Stigler. The Economics of Scale[J]. Journal of Law and Economics, 1958, 1(1): 54-71.

[316] H. Igor Ansoff. Corporate Strategy: Business Policy for Growth and Expansion[M]. Chicago: McGraw-Hill Book, 1965.

[317] Henry Hansmann. The Organization of Insurance Companies: Mutual versus Stock. Journal of Law, Economics, and Organization, 1985, 1(1): 25-53.

[318] Harold Demsetz. The Structure of Equity Ownership and the Theory of the Firm[J]. Journal of Law and Economics, 1983, 26(2): 375-390.

[319] Hayne E. Leland, David H. Pyle. Informational Asymmetries, Financial Structure and Fnancial Intermediation[J]. The Journal of Finance, 1977, 32(1): 372-389.

[320] Henry G. Manne. Mergers and the Market for Corporate Control[J]. Journal of Political Economy. 1965, 73(2): 110-120.

[321] Jackson Martindell. The Scientific Appraisal of Management: A Study of The Business Practices of Well-Managed Companies[M]. New York: Harper, 1950.

[322] James Rosenau. Governance in the 21st Century[J]. Global Governance, 1995, 1(1): 13-43.

[323] James S. Ang, Rebel A. Cole, James Wuh Lin. Agency Cost and Ownership Structure[J]. The Journal of Finance, 2000, 55(1): 81-106.

[324] John J. McConnell, Henri Servaes. Additional Evidence on Equity Ownership and Corporate Value[J]. Journal of Financial Economics, 1990, 27(2): 595-612.

[325] Joseph A. Fields. Expense Preference Behaviour in Mutual Life Insurers[J]. Journal of Financial

Services Research, 1988, 1(2): 113-129.

[326] Lawrence E. Mitchell. Corporate Governance[M]. Farnham: Ashgate Publisher, 1994.

[327] Leslie M. Marx, David Mayers, Clifford W. Smith. Insurer Ownership Structure and Executive Compensation as Complements Insurer Ownership Structure and Executive Compensation as Strategic Complements[J]. Journal of Risk and Insurance, 2001, 68(3): 449-463.

[328] Li-Ying Huang, Tzy-Yih Hsiao, Gene C. Lai. Does Corporate Governance and Ownership Structure Influence Performance? Evidence from Taiwan Life Insurance Companies[J]. Journal of Insurance, 2007, 30(2): 123-151.

[329] Luc Laeven, Ross Levine. Bank Governance, Regulation and Risk Taking[J]. Journal of Financial Economics, 2009, 93(2): 259-275.

[330] Lucian A. Bebchuk, Alma Cohen, Allen Ferrell. What Matters in Corporate Governance?[J]. Review of Financial Studies, 2009, 22(2): 783-827.

[331] M. B. E. Clarkson. A Risk Based Model of Stakeholder Theory[A]. in: Proceedings of the Second Toronto Conference on Stakeholder Theory[C]. Toronto: Centre for Performance & Ethics, 1994.

[332] Manohar Singh, Wallace N. Davidson III. Agency Costs, Ownership Structure and Corporate Governance Mechanisms[J]. Journal of Banking & Finance, 2003, 27(5): 793-816.

[333] Mara Faccio, Larry Lang, Leslie Young. Dividends and Expropriation[J]. The American Economic Review, 2001, 91(1): 54-78.

[334] Margaret M. Blair. For Whom Should Corporations Be Run? An Economic Rationale for Stakeholder Management[J]. International Journal of Strategic Management: Long Range Planning, 1995, 31(2): 195-200.

[335] Margaret M. Blair. Ownership and Control: Rethinking Corporate Governance for the Twenty-first Century[M]. Washington, D. C. : Brookings Institution Press, 1995.

[336] Mark Richard Greene, Richard Johnson. Stocks vs Mutuals: Who Controls?[J]. Journal of Risk and Insurance, 1980, 47(1): 165-174.

[337] Martin Eling, David Antonius Pankoke. Systemic Risk in the Insurance Sector: A Review and Directions for Future Research[J]. Risk Management and Insurance Review, 2016, 19(2): 249-284.

[338] Martin Lipton, Steven A. Rosenblum. A New System of Corporate Governance: The Quinquennial Election of Directors[J]. The University of Chicago Law Review, 1991, 58(1): 187-253.

[339] Martina Eckardt. Insurance Intermediation: An Economic Analysis of The Information Services Market[M]. Berlin/Heidelberg: Physica, 2007.

[340] Michael C. Jensen, William H. Meckling. Theory of the Firm: Managerial Behavior, Agency Costs and Ownership Structure[J]. Journal of Financial Economics, 1976, 3(4): 305-360.

[341] Michael C. Jensen. A Theory of the Firm: Governance, Residual Claims, and Organizational Forms[M]. Cambridge: Harvard University Press, 2003.

[342] Michael C. Jensen. Organization Theory and Methodology[J]. Accounting Review, 1983, 58(2): 319-339.

[343] Michael C. Jensen. Value Maximization and the Corporate Objective Function[A]: in: Michael Beer, Nithan Norhia. Breaking the Code of Change[C]. Boston: Harvard Business School Press, 2000.

[344] Michael C. Jensen. Value Maximization, Stakeholder Theory, and the Corporate Objective Function[J]. Journal of Applied Corporate Finance, 2001, 14(3): 8-21.

[345] Michael C. Jensen. Value Maximization, Stakeholder Theory, and the Corporate Objective

Function[J]. Business Ethics Quarterly, 2002, 12(2): 235-256.

[346] Milton Friedman. The Methodology of Positive Economics[A]. in: Essays on Positive Economics[C]. Chicago: University of Chicago Press, 1953.

[347] Milton Harris, Bengt Holmstrom. A Theory of Wage Dynamics[J]. The Review of Economic Studies, 1982, 49(3): 315-333.

[348] Narjess Boubakri. Corporate Governance and Issues from the Insurance Industry[J]. Journal of Risk and Insurance, 2011, 78(3): 501-518.

[349] Nigel Graham Maw, Peter Lane, Michael Craig-Cooper, Alison Alsbury. Maw on Corporate Governance[M]. Farnham: Ashgate Publisher, 1994.

[350] Noel O'Sullivan, Stephen R. Diacon. Internal and External Governance Mechanisms: Evidence on the UK Insurance Industry[J]. Corporate Governance: An International Review, 1999, 7(4): 363-373.

[351] Noel O'Sullivan, Stephen R. Diacon. Board Composition and Performance in Life Insurance Companies[J]. British Journal of Management, 2003, 14(2): 115-129.

[352] Noel O'Sullivan. Ownership and Governance in the Insurance Industry: A Review of the Theory and Evidence[J]. Service Industries Journal, 1998, 18(4): 145-161.

[353] Oliver D. Hart. The Market Mechanism as an Incentive Scheme[J]. Bell Journal of Economics, 1983, 14(2): 366-382.

[354] Oliver E. Williamson. Corporate Governance[J]. Yale Law Journal, 1984, 93(7): 1197-1230.

[355] Oliver E. Williamson. Markets and Hierarchies: Analysis and Antitrust Implications[M]. New York: Free Press, 1975.

[356] Oliver E. Williamson. On the Governance of the Modern Corporation[J]. Hofstra Law Review, 1979, 8(1): 63-78.

[357] Oliver E. Williamson. The Mechanisms of Governance[M]. Oxford: Oxford University Press, 1996.

[358] Oliver D. Hart. Corporate Governance: Some Theory and Implications[J]. The Economic Journal, 1995, 105(5): 678-689.

[359] Paul A. Gompers, Joy Ishii and Andrew Metrick. Corporate Governance and Equity Prices[J]. The Quarterly Journal of Economics, 2003, 118(1): 107-155.

[360] Philip Hardwick, Mike Adams, Hong Zou. Board Characteristics and Profit Efficiency in the United Kingdom Life Insurance Industry[J]. Journal of Business Finance & Accounting, 2011, 38(7-8): 987-1015.

[361] Philip Hardwick, Mike Adams, Hong Zou. Corporate Governance and Cost Efficiency in the United Kingdom Life Insurance Industry[R]. Working Paper, 2003.

[362] Philip L. Cochran, Steven L. Wartick. Corporate Governance: A Review of the Literature[M]. Morristown: Financial Executives Research Foundation, 1988.

[363] R. Edward Freeman. Strategic Management: A Stakeholder Approach[M]. Cambridge: Cambridge University Press, 1984.

[364] Rafael La Porta, Florencio Lopez de Silanes, Andrei Shleifer, Robert W. Vishny. Investor Protection and Corporate Valuation[J]. The Journal of Finance, 2002, 57(3): 1147-1170.

[365] Rafael La Porta, Florencio Lopez-de-Silanes, Andrei Shleifer, Robert W. Vishny. Law and Finance[J]. Journal of Political Economy, 1998, 106 (6): 1113-1155.

[366] Rafael La Porta, Florencio Lopez-de-Silanes, Andrei Shleifer, Robert W. Vishny. Investor

Protection and Corporate Governance[J]. Journal of Financial Economics, 2000, 58(2): 3-27.

[367] Richard MacMinn, Yayuan Ren. Mutual versus Stock Insurers: A Synthesis of the Theoretical and Empirical Research[J]. Journal of Insurance Issues, 2011, 34 (2): 102-103.

[368] Richard Spiller. Ownership and Performance: Stock and Mutual Life Insurance Companies[J]. Journal of Risk and Insurance, 1972, 39(1): 17-25.

[369] Robert A. G. Monks, Nell Minow. Corporate Governance[M]. New Jersey: Blackwell Publishing Ltd, 1995.

[370] Robert Ian Tricker. Corporate Governance: Practices, Procedures and Powers in British Companies and Their Boards of Directors[M]. Farnham: Gower Pub. Co, 1984.

[371] Ronald C. Anderson, Sattar A. Mansi, David M. Reeb. Founding Family Ownership and the Agency Cost of Debt[J]. Journal of Financial Economics, 2003, 68(2): 263-285.

[372] Ronald H. Coase. The Nature of the Firm[J]. Economica, 1937, 4(16): 386-405.

[373] Ronald K. Mitchell, Bradley R. Agle, Donna J. Wood. Toward A Theory of Stakeholder Identification and Salience: Defining the Principle of Who and What Really Counts[J]. Academy of Management Review, 1997, 22(4): 853-858.

[374] Saleem Sheikh, William Rees. Corporate Governance and Corporate Control[M]. London: Cavendish Publishing, 1995.

[375] Sanford J. Grossman, Oliver D. Hart. An Analysis of the Principal-Agent Problem[J]. Econometrica, 1983, 51(1): 7-46.

[376] Stacey Kole, Kenneth Lehn. Deregulation, the Evolution of Corporate Governance Structure, and Survival[J]. American Economic Review Papers and Proceedings, 1997, 87(2): 421-425.

[377] Stefan Beiner, Wolfgang Drobetz, Markus M. Schmid, Heinz Zimmermann. An Integrated Framework of Corporate Governance and Firm Valuation[J]. European Financial Management, 2006, 12(2): 249-283.

[378] Stephen D. Prowse. Corporate Governance in an International Perspective: A Survey of Corporate Control Mechanisms among Large Firms in the U. S. , U. K. , Japan and Germany[J]. Financial Markets, Institutions and Instruments, 1995, 4(1): 1-63.

[379] Stephen D. Prowse. Institutional Investment Patterns and Corporate Financial Behavior in the United States and Japan[J]. Journal of Financial Economics, 1990, 27(1): 43-66.

[380] Stuart L. Gillan. Recent Developments in Corporate Governance: An Overview[J]. Journal of Corporate Finance, 2006, 12(3): 381-402.

[381] The Commission on Global Governance. Our Global Neighborhood: The Report of the Commission on Global Governance[M]: New York: Oxford University Press, 1995.

[382] The World Bank. Governance and Development[R]. The World Bank Report, 1992.

[383] The World Bank. Governance: The World Bank's Experience[R]. The World Bank Report, 1994.

[384] The World Bank. Managing Development: The Governance Dimension[R]. The World Bank Report, 1991.

[385] The World Bank. Sub-Saharan Africa: From Crisis to Sustainable Growth[R]. The World Bank Report, 1989.

[386] Walter J. Salmon. Crisis Prevention: How to Gear Up Your Board[J]. Harvard Business Review, 71(1): 68-75.

附　表

附表1　我国财产险经营机构名录

编号	机构名称	设立时间	资本性质	机构简称
1	史带财产保险股份有限公司	1995-01-25	外资	史带财险
2	天安财产保险股份有限公司	1995-01-27	中资	天安财险
3	永安财产保险股份有限公司	1996-09-13	中资	永安财险
4	华安财产保险股份有限公司	1996-12-03	中资	华安财险
5	中国出口信用保险公司	2001-11-08	中资	中国信保
6	中国太平洋财产保险股份有限公司	2001-11-09	中资	太保财险
7	太平财产保险有限公司	2001-12-20	中资	太平财险
8	中国平安财产保险股份有限公司	2002-12-24	中资	平安财险
9	中国人民财产保险股份有限公司	2003-07-07	中资	人保财险
10	中国大地财产保险股份有限公司	2003-10-15	中资	大地财险
11	安信农业保险股份有限公司	2004-09-15	中资	安信农险
12	永诚财产保险股份有限公司	2004-09-27	中资	永诚财险
13	安华农业保险股份有限公司	2004-12-30	中资	安华农险
14	安盛天平财产保险有限公司	2004-12-31	外资	安盛天平
15	中银保险有限公司	2005-01-05	中资	中银保险
16	亚太财产保险有限公司	2005-01-10	中资	亚太财险
17	阳光农业相互保险公司	2005-01-10	中资	阳光农险
18	三星财产保险（中国）有限公司	2005-04-25	外资	三星财险
19	日本财产保险（中国）有限公司	2005-05-31	外资	日本财险
20	阳光财产保险股份有限公司	2005-07-28	中资	阳光产险
21	渤海财产保险股份有限公司	2005-09-28	中资	渤海财险
22	都邦财产保险股份有限公司	2005-10-19	中资	都邦财险
23	华农财产保险股份有限公司	2006-01-24	中资	华农财险
24	中华联合财产保险股份有限公司	2006-12-06	中资	中华财险
25	中国人寿财产保险股份有限公司	2006-12-30	中资	国寿财险
26	安诚财产保险股份有限公司	2006-12-31	中资	安诚财险
27	现代财产保险（中国）有限公司	2007-03-02	外资	现代财险
28	劳合社保险（中国）有限公司	2007-03-15	外资	劳合社中国
29	中意财产保险有限公司	2007-04-13	外资	中意财险
30	三井住友海上火灾保险（中国）有限公司	2007-09-06	外资	三井住友
31	利宝保险有限公司	2007-09-21	外资	利宝保险
32	美亚财产保险有限公司	2007-09-24	外资	美亚保险
33	长安责任保险股份有限公司	2007-11-07	中资	长安责任
34	国元农业保险股份有限公司	2008-01-18	中资	国元农险
35	安达保险有限公司	2008-02-01	外资	安达保险

续表

编号	机构名称	设立时间	资本性质	机构简称
36	瑞再企商保险有限公司	2008-03-17	外资	瑞再企商
37	鼎和财产保险股份有限公司	2008-05-22	中资	鼎和财险
38	东京海上日动火灾保险（中国）有限公司	2008-07-22	外资	东京海上日动
39	国泰财产保险有限责任公司	2008-08-28	外资	国泰财险
40	中煤财产保险股份有限公司	2008-10-13	中资	中煤财险
41	英大泰和财产保险股份有限公司	2008-11-04	中资	英大财险
42	爱和谊日生同和财产保险（中国）有限公司	2009-01-23	外资	爱和谊财险
43	紫金财产保险股份有限公司	2009-05-08	中资	紫金财险
44	日本兴亚财产保险（中国）有限责任公司	2009-06-19	外资	日本兴亚
45	浙商财产保险股份有限公司	2009-06-25	中资	浙商财险
46	国任财产保险股份有限公司	2009-08-31	中资	国任财险
47	乐爱金财产保险（中国）有限公司	2009-10-23	外资	乐爱金财险
48	京东安联财产保险（中国）有限公司	2010-03-24	外资	京东安联
49	富邦财产保险有限公司	2010-10-08	外资	富邦财险
50	泰山财产保险股份有限公司	2010-12-31	中资	泰山财险
51	锦泰财产保险股份有限公司	2011-01-30	中资	锦泰财险
52	中航安盟财产保险有限公司	2011-02-22	外资	中航安盟
53	信利保险（中国）有限公司	2011-03-14	外资	信利保险
54	众诚汽车保险股份有限公司	2011-06-08	中资	众诚车险
55	华泰财产保险有限公司	2011-07-29	外资	华泰财险
56	长江财产保险股份有限公司	2011-11-18	中资	长江财险
57	诚泰财产保险股份有限公司	2011-12-31	中资	诚泰财险
58	富德财产保险股份有限公司	2012-05-07	中资	富德财险
59	鑫安汽车保险股份有限公司	2012-06-15	中资	鑫安车险
60	北部湾财产保险股份有限公司	2013-01-18	中资	北部湾财险
61	苏黎世财产保险（中国）有限公司	2013-07-02	外资	苏黎世财险
62	众安在线财产保险股份有限公司	2013-10-09	中资	众安在线
63	中石油专属财产保险股份有限公司	2013-12-26	中资	中石油自保
64	华海财产保险股份有限公司	2014-12-09	中资	华海财险
65	恒邦财产保险股份有限公司	2014-12-30	中资	恒邦财险
66	燕赵财产保险股份有限公司	2015-02-03	中资	燕赵财险
67	合众财产保险股份有限公司	2015-02-11	中资	合众财险
68	中路财产保险股份有限公司	2015-04-03	中资	中路财险
69	中原农业保险股份有限公司	2015-05-13	中资	中原农险
70	中国铁路财产保险自保有限公司	2015-07-06	中资	中铁自保
71	瑞安市兴民农村保险互助社	2015-10-22	中资	兴农互助社
72	泰康在线财产保险股份有限公司	2015-11-12	中资	泰康在线
73	东海航运保险股份有限公司	2015-12-25	中资	东海航运

续表

编号	机构名称	设立时间	资本性质	机构简称
74	安心财产保险有限责任公司	2015-12-31	中资	安心财险
75	阳光信用保证保险股份有限公司	2016-01-11	中资	阳光信保
76	易安财产保险股份有限公司	2016-02-16	中资	易安财险
77	久隆财产保险有限公司	2016-03-17	中资	久隆财险
78	新疆前海联合财产保险股份有限公司	2016-05-19	中资	前海联合
79	珠峰财产保险股份有限公司	2016-05-22	中资	珠峰财险
80	海峡金桥财产保险股份有限公司	2016-08-25	中资	海峡金桥
81	建信财产保险有限公司	2016-10-11	中资	建信财险
82	中远海运财产保险自保有限公司	2017-02-08	中资	中远海运自保
83	众惠财产相互保险社	2017-02-14	中资	众惠相互
84	汇友财产相互保险社	2017-06-28	中资	汇友相互
85	广东粤电财产保险自保有限公司	2017-11-10	中资	粤电自保
86	黄河财产保险股份有限公司	2018-01-02	中资	黄河财险
87	太平科技保险股份有限公司	2018-01-08	中资	太平科技
88	融盛财产保险股份有限公司	2018-07-09	中资	融盛保险
89	大家财产保险有限责任公司	2019-08-28	中资	大家财险

资料来源：中国银保监会官网（http://www.cbrc.gov.cn/）

附表2 我国人身险经营机构名录

编号	机构名称	设立时间	资本性质	机构简称
1	友邦保险有限公司上海分公司	1992-09-29	外资	友邦上海
2	友邦保险有限公司广东分公司	1995-10-30	外资	友邦广东
3	新华人寿保险股份有限公司	1996-09-28	中资	新华人寿
4	中宏人寿保险有限公司	1996-11-15	外资	中宏人寿
5	建信人寿保险股份有限公司	1998-10-12	中资	建信人寿
6	中德安联人寿保险有限公司	1998-11-25	外资	中德安联
7	工银安盛人寿保险有限公司	1999-05-14	外资	工银安盛人寿
8	友邦保险有限公司深圳分公司	1999-10-19	外资	友邦深圳
9	交银康联人寿保险有限公司	2000-07-04	外资	交银康联
10	中信保诚人寿保险有限公司	2000-09-28	外资	信诚人寿
11	天安人寿保险股份有限公司	2000-11-24	中资	天安人寿
12	中国太平洋人寿保险股份有限公司	2001-11-09	中资	太保寿险
13	太平人寿保险有限公司	2001-11-30	中资	太平人寿
14	中意人寿保险有限公司	2002-01-31	外资	中意人寿
15	富德生命人寿保险股份有限公司	2002-03-04	中资	富德生命
16	光大永明人寿保险有限公司	2002-04-22	中资	光大永明人寿
17	友邦保险有限公司北京分公司	2002-06-11	外资	友邦北京
18	民生人寿保险股份有限公司	2002-06-18	中资	民生人寿

续表

编号	机构名称	设立时间	资本性质	机构简称
19	友邦保险有限公司江苏分公司	2002-07-16	外资	友邦江苏
20	友邦保险有限公司东莞支公司	2002-11-07	外资	友邦东莞
21	友邦保险有限公司江门支公司	2002-11-07	外资	友邦江门
22	中荷人寿保险有限公司	2002-11-19	外资	中荷人寿
23	北大方正人寿保险有限公司	2002-11-28	外资	北大方正
24	中英人寿保险有限公司	2002-12-11	外资	中英人寿
25	中国平安人寿保险股份有限公司	2002-12-17	中资	平安人寿
26	同方全球人寿保险有限公司	2003-04-16	外资	同方全球人寿
27	中国人寿保险股份有限公司	2003-06-30	中资	国寿股份
28	招商信诺人寿保险有限公司	2003-08-04	外资	招商信诺
29	长生人寿保险有限公司	2003-09-23	外资	长生人寿
30	恒安标准人寿保险有限公司	2003-12-01	外资	恒安标准
31	瑞泰人寿保险有限公司	2004-01-06	外资	瑞泰人寿
32	平安养老保险股份有限公司	2004-12-13	中资	平安养老
33	陆家嘴国泰人寿保险有限责任公司	2004-12-29	外资	陆家嘴国泰
34	太平养老保险股份有限公司	2005-01-26	中资	太平养老
35	合众人寿保险股份有限公司	2005-01-28	中资	合众人寿
36	华泰人寿保险股份有限公司	2005-03-22	外资	华泰人寿
37	中国人民健康保险股份有限公司	2005-03-31	中资	人保健康
38	中银三星人寿保险有限公司	2005-05-26	外资	中银三星
39	平安健康保险股份有限公司	2005-06-13	外资	平安健康
40	中美联泰大都会人寿保险有限公司	2005-08-10	外资	中美联泰
41	长城人寿保险股份有限公司	2005-09-20	中资	长城人寿
42	中国人民人寿保险股份有限公司	2005-11-10	中资	人保寿险
43	农银人寿保险股份有限公司	2005-12-19	中资	农银人寿
44	中法人寿保险有限责任公司	2005-12-23	外资	中法人寿
45	昆仑健康保险股份有限公司	2006-01-12	中资	昆仑健康
46	和谐健康保险股份有限公司	2006-01-12	中资	和谐健康
47	恒大人寿保险有限公司	2006-05-11	外资	恒大人寿
48	君康人寿保险股份有限公司	2006-11-06	中资	君康人寿
49	华夏人寿保险有限公司	2006-12-30	中资	华夏人寿
50	中国人寿养老保险股份有限公司	2007-01-15	中资	国寿养老
51	信泰人寿保险股份有限公司	2007-05-18	中资	信泰人寿
52	长江养老保险股份有限公司	2007-05-18	中资	长江养老
53	英大泰和人寿保险股份有限公司	2007-06-26	中资	英大人寿
54	泰康养老保险股份有限公司	2007-08-10	中资	泰康养老
55	幸福人寿保险股份有限公司	2007-11-05	中资	幸福人寿
56	国华人寿保险股份有限公司	2007-11-08	中资	国华人寿

续表

编号	机构名称	设立时间	资本性质	机构简称
57	阳光人寿保险股份有限公司	2007-12-17	中资	阳光人寿
58	君龙人寿保险有限公司	2008-11-10	外资	君龙人寿
59	鼎诚人寿保险有限责任公司	2009-03-02	外资	鼎诚人寿
60	百年人寿保险股份有限公司	2009-06-01	中资	百年人寿
61	汇丰人寿保险有限公司	2009-06-27	外资	汇丰人寿
62	中邮人寿保险股份有限公司	2009-08-18	中资	中邮人寿
63	中融人寿保险股份有限公司	2010-03-26	中资	中融人寿
64	大家人寿保险股份有限公司	2010-06-23	中资	大家人寿
65	利安人寿保险股份有限公司	2011-07-14	中资	利安人寿
66	慈溪市龙山镇伏龙农村保险互助社	2011-09-06	中资	伏龙互助社
67	华汇人寿保险股份有限公司	2011-12-22	中资	华汇人寿
68	前海人寿保险股份有限公司	2012-02-08	中资	前海人寿
69	东吴人寿保险股份有限公司	2012-05-23	中资	东吴人寿
70	弘康人寿保险股份有限公司	2012-07-19	中资	弘康人寿
71	吉祥人寿保险股份有限公司	2012-09-07	中资	吉祥人寿
72	复星保德信人寿保险有限公司	2012-09-21	外资	复星保德信
73	珠江人寿保险股份有限公司	2012-09-26	中资	珠江人寿
74	中韩人寿保险有限公司	2012-11-30	外资	中韩人寿
75	慈溪市龙山农村保险互助联社	2013-07-17	中资	龙山互助社
76	德华安顾人寿保险有限公司	2013-07-22	外资	德华安顾
77	大家养老保险股份有限公司	2013-12-31	中资	大家养老
78	太保安联健康保险股份有限公司	2014-12-10	中资	太保安联健康
79	渤海人寿保险股份有限公司	2014-12-18	中资	渤海人寿
80	国联人寿保险股份有限公司	2014-12-31	中资	国联人寿
81	上海人寿保险股份有限公司	2015-02-16	中资	上海人寿
82	中华联合人寿保险股份有限公司	2015-11-24	中资	中华人寿
83	新华养老保险股份有限公司	2016-09-19	中资	新华养老
84	泰康人寿保险有限责任公司	2016-11-28	中资	泰康人寿
85	横琴人寿保险有限公司	2016-12-28	中资	横琴人寿
86	复星联合健康保险股份有限公司	2017-01-23	中资	复星联合健康
87	和泰人寿保险股份有限公司	2017-01-24	中资	和泰人寿
88	华贵人寿保险股份有限公司	2017-02-17	中资	华贵保险
89	信美人寿相互保险社	2017-05-11	中资	信美相互
90	爱心人寿保险股份有限公司	2017-06-22	中资	爱心人寿
91	招商局仁和人寿保险股份有限公司	2017-07-04	中资	招商仁和人寿
92	中国人民养老保险有限责任公司	2017-10-12	中资	人保养老
93	三峡人寿保险股份有限公司	2017-12-20	中资	三峡人寿
94	北京人寿保险股份有限公司	2018-02-14	中资	北京人寿

续表

编号	机构名称	设立时间	资本性质	机构简称
95	国宝人寿保险股份有限公司	2018-04-08	中资	国宝人寿
96	瑞华健康保险股份有限公司	2018-05-15	中资	瑞华健康
97	海保人寿保险股份有限公司	2018-05-30	中资	海保人寿
98	国富人寿保险股份有限公司	2018-06-07	中资	国富人寿

资料来源：中国银保监会官网（http://www.cbrc.gov.cn/）

附表3　我国再保险经营机构名录

编号	机构名称	设立时间	资本性质	机构简称
1	慕尼黑再保险公司北京分公司	2003-09-05	外资	慕尼黑再北京
2	瑞士再保险股份有限公司北京分公司	2003-09-27	外资	瑞士再北京
3	中国财产再保险有限责任公司	2003-12-15	中资	中再产险
4	中国人寿再保险有限责任公司	2003-12-16	中资	中再寿险
5	德国通用再保险股份公司上海分公司	2004-07-30	外资	通用再上海
6	法国再保险公司北京分公司	2008-03-12	外资	法国再北京
7	汉诺威再保险股份公司上海分公司	2008-05-19	外资	汉诺威再上海
8	RGA美国再保险公司上海分公司	2014-09-26	外资	RGA美国再上海
9	太平再保险（中国）有限公司	2015-12-11	中资	太平再（中国）
10	前海再保险股份有限公司	2016-12-05	中资	前海再
11	人保再保险股份有限公司	2017-02-23	中资	人保再

资料来源：中国银保监会官网（http://www.cbrc.gov.cn/）

附表4　我国保险集团公司名录

编号	机构名称	设立时间	资本性质	机构简称
1	中国人民保险集团股份有限公司	1949-10-20	中资	人保集团
2	中华联合保险集团股份有限公司	1986-07-15	中资	中华集团
3	中国平安保险（集团）股份有限公司	1988-03-21	中资	平安集团
4	中国太平洋保险（集团）股份有限公司	1991-05-13	中资	太保集团
5	中国人寿保险（集团）公司	1996-08-22	中资	国寿集团
6	中国再保险（集团）股份有限公司	1996-08-22	中资	中再集团
7	华泰保险集团股份有限公司	1996-08-29	外资	华泰集团
8	泰康保险集团股份有限公司	1996-09-09	中资	泰康集团
9	中国太平保险集团有限责任公司	1998-07-08	中资	太平集团
10	阳光保险集团股份有限公司	2007-06-27	中资	阳光集团
11	富德保险控股股份有限公司	2015-07-01	中资	富德控股
12	大家保险集团有限责任公司	2019-06-25	中资	大家集团
13	安联（中国）保险控股有限公司	2019-11-28	外资	安联（中国）控股

资料来源：中国银保监会官网（http://www.cbrc.gov.cn/）

附表5 我国保险资产管理公司名录

编号	机构名称	设立时间	资本性质	机构简称
1	中国人保资产管理有限公司	2003-07-16	中资	人保资产
2	中国人寿资产管理有限公司	2003-11-23	中资	国寿资产
3	华泰资产管理有限公司	2005-01-18	中资	华泰资产
4	中再资产管理股份有限公司	2005-02-18	中资	中再资产
5	平安资产管理有限责任公司	2005-05-27	中资	平安资产
6	泰康资产管理有限责任公司	2006-02-21	中资	泰康资产
7	太平洋资产管理有限责任公司	2006-06-09	中资	太平洋资产
8	新华资产管理股份有限公司	2006-07-03	中资	新华资产
9	太平资产管理有限公司	2006-09-01	中资	太平资产
10	大家资产管理有限责任公司	2011-05-20	中资	大家资产
11	生命保险资产管理有限公司	2011-07-15	中资	生命资产
12	光大永明资产管理股份有限公司	2012-03-02	中资	光大永明资产
13	合众资产管理股份有限公司	2012-05-14	中资	合众资产
14	民生通惠资产管理有限公司	2012-11-15	中资	民生通惠
15	阳光资产管理股份有限公司	2012-12-04	中资	阳光资产
16	中英益利资产管理股份有限公司	2013-04-12	中资	中英益利
17	中意资产管理有限责任公司	2013-05-23	外资	中意资产
18	华安财保资产管理有限责任公司	2013-09-05	中资	华安资产
19	长城财富保险资产管理股份有限公司	2015-03-18	中资	长城财富
20	英大保险资产管理有限公司	2015-04-03	中资	英大资产
21	华夏久盈资产管理有限责任公司	2015-05-12	中资	华夏久盈
22	建信保险资产管理有限公司	2016-04-07	中资	建信资产
23	百年保险资产管理有限责任公司	2016-08-01	中资	百年资产
24	永诚保险资产管理有限公司	2016-08-01	中资	永诚资产
25	工银安盛资产管理有限公司	2019-05-13	外资	工银安盛资产
26	交银康联资产管理有限公司	2019-06-18	外资	交银康联资产

资料来源：中国银保监会官网（http://www.cbrc.gov.cn/）

附表6 世界各国和地区主要公司治理原则

编号	国家和地区	文件名称	发布和修订年份
1	阿尔巴尼亚	《阿尔巴尼亚非上市股份公司治理准则》(Corporate Governance Code for Unlisted Joint-Stock Companies in Albania)	2007
2	阿尔及利亚	《阿尔及利亚公司治理准则》(Algerian Code of Corporate Governance)	2009
3	阿根廷	《阿根廷共和国各组织最佳实践准则》(Code of Best Practice for Organizations of the Argentine Republic)	2004
4	阿拉伯联合酋长国	《迪拜中小企业公司治理准则》(Corporate Governance Code for Small and Medium Enterprises Dubai)	2011
		《股份有限公司治理准则》(Corporate Governance Code for Joint-Stock Companies)	2007

续表

编号	国家和地区	文件名称	发布和修订年份
5	阿曼	《上市公司治理准则》(Code of Corporate Governance for Public Listed Companies)	2002
6	阿塞拜疆	《阿塞拜疆公司治理标准》(Azerbaijan Corporate Governance Standards)	2011
7	埃及	《上市公司治理准则》(Code of Corporate Governance for Listed Companies)	2011
8	爱尔兰	《爱尔兰社区、志愿和慈善组织良好治理实践准则》(Code of Practice for Good Governance of Community, Voluntary and Charitable Organisations in Ireland)	2012
		《爱尔兰发展非政府组织公司治理准则》(Irish Development NGOs Code of Corporate Governance)	2008
9	爱沙尼亚	《公司治理建议》(Corporate Governance Recommendations)	2006
10	奥地利	《奥地利公司治理准则》(Austrian Code of Corporate Governance)	2002；2005；2006；2007；2009；2012
11	澳大利亚	《公司治理原则与建议》(Corporate Governance Principles and Recommendations)	2007；2010；2014
12	巴巴多斯	《公司治理指引》(Corporate Governance Guideline)	2013
13	巴基斯坦	《公司治理准则》(Code of Corporate Governance)	2002；2012
14	巴林	《巴林王国公司治理准则》(Corporate Governance Code of the Kingdom of Bahrain)	2010
15	巴西	《公司治理最佳实践准则》(Code of Best Practice of Corporate Governance)	1999；2002；2004；2009
16	保加利亚	《保加利亚公司治理准则》(Bulgarian Code for Corporate Governance)	2007；2012
17	比利时	《2009年公司治理准则》(The 2009 Code on Corporate Governance)	2004；2009
18	冰岛	《公司治理指引》(Guidelines on Corporate Governance)	2004；2005；2009；2012
19	波黑	《公司治理标准》(Standards of Corporate Governance)	2006；2009；2011
20	波兰	《华沙证券交易所上市公司最佳实践准则》(Code of Best Practice for WSE Listed Companies)	2002；2007；2010；2012
21	丹麦	《关于公司治理的建议》(Recommendations on Corporate Governance)	2005；2010；2011；2013；2014
22	德国	《德国公司治理准则》(German Corporate Governance Code)	2000；2002；2003；2005；2007；2010；2012；2013
23	俄罗斯	《2014年俄罗斯公司治理准则》(Russian Code of Corporate Governance (2014))	2002；2014
24	法国	《AFEP-MEDEF上市公司治理准则》(AFEP-MEDEF Corporate Governance Code of Listed Corporations)	2003；2008；2010；2013
		《关于公司治理的建议》(Recommendations on Corporate Governance)	1998；2004；2010；2011
25	菲律宾	《经修订的公司治理准则》(Revised Code of Corporate Governance)	2002；2009

续表

编号	国家和地区	文件名称	发布和修订年份
26	芬兰	《芬兰公司治理准则》(Finnish Corporate Governance Code)	2006；2008；2010
27	格鲁吉亚	《商业银行公司治理准则》(Corporate Governance Code for Commercial Banks)	2009
28	根西岛	《金融行业公司治理准则》(Finance Sector Code of Corporate Governance)	2011
29	哈萨克斯坦	《公司治理准则》(Code on Corporate Governance)	2007
30	韩国	《公司治理最佳实践准则》(Code of Best Practices for Corporate Governance)	1999；2003
31	荷兰	《荷兰公司治理准则》(Dutch Corporate Governance Code)	2003；2008
32	荷属安的列斯群岛	《公司治理：最佳实践指引摘要》(Corporate Governance: Summary of Best Practice Guidelines)	2006
33	黑山	《黑山公司治理准则》(Corporate Governance Code in Montenegro)	2009
34	加拿大	《公司治理指引》(Corporate Governance Guideline)	2013
35	加纳	《最佳实践公司治理指引》(Corporate Governance Guidelines on Best Practices)	2010
36	捷克	《基于经合组织原则的公司治理准则》(Corporate Governance Code Based on OECD Principles)	2001；2004
37	卡塔尔	《卡塔尔金融市场管理局监管的市场中上市公司的公司治理准则》(Corporate Governance Code for Companies Listed in Markets Regulated by the Qatar Financial Markets Authority)	2009
38	克罗地亚	《公司治理准则》(Corporate Governance Code)	2009；2010
39	肯尼亚	《肯尼亚上市公司治理实践准则草案》(Draft Code of Corporate Governance Practices for Public Listed Companies in Kenya)	2014
40	拉脱维亚	《公司治理原则及其实施建议》(Principles of Corporate Governance and Recommendations on their Implementation)	2005；2010
41	黎巴嫩	《上市公司治理指引》(Corporate Governance Guidelines for Listed Companies)	2010
42	立陶宛	《立陶宛维尔纽斯证券交易所上市公司的公司治理准则》(The Corporate Governance Code for the Companies Listed on NASDAQ OMX Vilnius)	2003；2010
43	卢森堡	《卢森堡证券交易所公司治理X原则》(The X Principles of Corporate Governance of the Luxembourg Stock Exchange)	2006；2009；2013
44	罗马尼亚	《布加勒斯特证券交易所公司治理准则》(Bucharest Stock Exchange Corporate Governance Code)	2009
45	马尔代夫	《公司治理准则》(Corporate Governance Code)	2012
46	马耳他	《良好公司治理原则》(Principles of Good Corporate Governance)	2001；2005
47	马拉维	《马拉维准则II：马拉维公司治理最佳实践准则》(The Malawi Code II: Code of Best Practice for Corporate Governance in Malawi)	2010
48	马来西亚	《马来西亚公司治理准则》(Malaysian Code on Corporate Governance)	2000；2007；2012
49	马其顿	《马其顿证券交易所上市公司的公司治理准则》(Corporate Governance Code for Companies Listed on the Macedonian Stock Exchange)	2006

续表

编号	国家和地区	文件名称	发布和修订年份
50	毛里求斯	《公司治理指引》(Guideline on Corporate Governance)	2012
51	美国	《全面的机构投资者委员会公司治理政策》(Full CII Corporate Governance Policies)	2013
		《2012年公司治理原则》(Principles of Corporate Governance 2012)	2012
		《纽约证券交易所公司治理委员会报告》(Report of the New York Stock Exchange Commission on Corporate Governance)	2010
		《加强美国上市公司治理的主要商定原则》(Key Agreed Principles to Strengthen Corporate Governance for US Publicly Traded Companies)	2008
		《TIAA-CREF公司治理政策声明》(TIAA-CREF Policy Statement on Corporate Governance)	2007
		《公司治理规则的修订》(Amendments to the Corporate Governance Rules)	2004
		《公司治理规则》(Corporate Governance Rules)	2003
		《公司治理规则建议》(Corporate Governance Rule Proposals)	2002
		《公司治理原则》(Principles of Corporate Governance)	2002
		《公司治理的核心政策、原则：分析与建议》(Core Policies, Principles of Corporate Governance: Analysis and Recommendations)	2002
		《公司治理声明》(Statement on Corporate Governance)	1997
52	蒙古	《蒙古公司治理准则》(Corporate Governance Code of Mongolia)	2007
53	孟加拉国	《孟加拉国公司治理准则》(The Code of Corporate Governance for Bangladesh)	2004
54	秘鲁	《秘鲁社会良好治理原则》(Principles of Good Governance in Peruvian Society)	2002
55	摩尔多瓦	《公司治理准则》(Code of Corporate Governance)	2007
56	摩洛哥	《摩洛哥公共机构和企业良好治理实践准则》(Code of Good Practice in Governance of Public Institutions and Enterprises in Morocco)	2011
57	墨西哥	《最佳公司实践准则》(Code of Best Corporate Practices)	1999；2010
58	南非	《南非机构投资者负责任投资准则草案》(Draft Code for Responsible Investing by Institutional Investors in South Africa)	2010
59	挪威	《挪威公司治理实践准则》(The Norwegian Code of Practice for Corporate Governance)	2004；2005；2006；2007；2009；2010；2011；2012
60	葡萄牙	《公司治理原则》(Corporate Governance Code)	2007；2010；2012；2013；2014
61	日本	《上市公司治理原则》(Principles of Corporate Governance for Listed Companies)	1997；2001；2004；2009
62	瑞典	《瑞典公司治理准则》(The Swedish Code of Corporate Governance)	2004；2007；2008；2010
63	瑞士	《瑞士公司治理最佳实践准则》(Swiss Code of Best Practice for Corporate Governance)	2002；2008
64	塞尔维亚	《贝尔格莱德证券交易所公司治理准则》(Corporate Governance Code of the Belgrade Stock Exchange)	2008

续表

编号	国家和地区	文件名称	发布和修订年份
65	塞浦路斯	《公司治理准则》(Corporate Governance Code)	2002;2006;2009;2012
66	沙特阿拉伯	《沙特阿拉伯王国公司治理条例》(Corporate Governance Regulations in the Kingdom of Saudi Arabia)	2006;2010
67	斯里兰卡	《公司治理最佳实践》(Best Practice on Corporate Governance)	2008
68	斯洛伐克	《斯洛伐克公司治理准则》(Corporate Governance Code for Slovakia)	2002;2008
69	斯洛文尼亚	《公司治理准则》(Corporate Governance Code)	2004;2005;2007;2009
70	泰国	《上市公司良好公司治理原则》(The Principles of Good Corporate Governance for Listed Companies)	2006
71	特立尼达和多巴哥	《2013年特立尼达和多巴哥公司治理准则》(Trinidad and Tobago Corporate Governance Code 2013)	2013
72	突尼斯	《突尼斯公司治理良好实践指引》(Good Practice Guide to Corporate Governance in Tunisia)	2008
73	土耳其	《公司治理原则》(Corporate Governance Principles)	2003;2005
74	乌克兰	《乌克兰公司治理原则》(Ukrainian Corporate Governance Principles)	2003
75	西班牙	《统一上市公司治理准则》(Unified Code of Corporate Governance for Listed Companies)	2004;2006;2013
76	希腊	《希腊上市公司治理准则》(Hellenic Corporate Governance Code for Listed Companies)	1999;2001;2011;2013
77	新加坡	《公司治理准则》(Code of Corporate Governance)	2001;2004;2005;2012
78	新西兰	《新西兰公司治理：原则与指引》(Corporate Governance in New Zealand: Principles and Guidelines)	2003;2004
79	匈牙利	《公司治理建议》(Corporate Governance Recommendations)	2002;2008;2012
80	牙买加	《公司治理准则》(Code of Corporate Governance)	2006
81	亚美尼亚	《亚美尼亚共和国公司治理准则》(Code of Corporate Governance of the Republic of Armenia)	2010
82	也门	《公司治理指引》(Guidelines on Corporate Governance)	2010
83	意大利	《2014年自律准则》(Code of Autodiscipline 2014)	2002;2006;2011;2014
84	印度	《公司治理自愿性指引》(Corporate Governance Voluntary Guidelines)	2009
85	印度尼西亚	《良好的公司治理准则》(Code of Good Corporate Governance)	2000;2001;2007
86	英国	《英国公司治理实践准则》(UK Corporate Governance Code)	2010;2012
87	约旦	《约旦公司治理准则》(Jordanian Corporate Governance Code)	2012
88	中国	《中国上市公司治理准则》(Code of Corporate Governance for Listed Companies in China)	2002;2018
89	中国香港	《香港公司治理指引》(Hong Kong Code on Corporate Governance)	2004
90	中国台湾	《台湾证券交易所/柜台市场上市公司治理最佳实践原则》(Corporate Governance Best-Practice Principles for TSE/GTSM Listed Companies)	2002;2007;2010

资料来源：作者整理

后　记

韩愈在《师说》中说"师者，所以传道授业解惑也"，而教材是授业和解惑的重要载体。编写一本教材需要长期的知识积累和大量的精力投入，因此，作者迟迟不敢做出编写领域内首本教材的决定。近年来，作者多次受到中国保险学会、中国保险行业协会和保险公司的邀请，为其讲授保险公司治理知识，发现相关从业人员迫切需要一本可以直接参考的教材或者工具书；此外，作者在给研究生讲授金融机构治理研究课程时，发现学生对保险公司治理领域基本概念和相关理论缺乏必要的了解，他们也迫切需要一本相关内容的教材。正是基于上述两个方面的考虑，作者从2018年开始策划本教材的编写，先后经历了教材大纲设计、数据搜集整理、教材初稿写作、教材初稿润色修改等阶段，编写工作总计历时两年半。

为了保证教材内容的连贯性和行文风格的统一性，教材编写的核心工作由作者一人负责。刘奕君和冯子朔参与了第十三章部分的写作，崔光耀参与了第十六章的写作，郑钰镜参与了第十八章的写作；同时两位同学还参与了教材部分图表的绘制工作。秦晓天、付金薇、郑钰镜、刘琦、刘奕君和冯子朔等同学承担了教材初稿试读工作，他们先后试读教材多遍并反馈了大量修改建议。感谢上述同学对教材编写工作的投入和付出！教材的大部分内容是基于团队以往研究成果提炼总结出来的，同时也参考了国内外同行的最新研究成果。感谢我的研究生团队成员储玉萍、蒋婧、李飞、王旭、高行、张田、周盼盼、黄佳、王方志、王励翔、杨进雄、周迪、崔光耀、白丽荷、杨冬雪、秦晓天、刘芯蕊、吕美伦、贵思博、黄婕、付金薇、钱璟、张诗雨、李昊昱、朱慧利、张权生、程漫漫、王萍、张梓琳、刘琦、张荻和马小玉等，他们和我一道探索保险公司治理这个充满挑战的领域。感谢教材编写中引用和参考的各类文献的作者。感谢南开大学教改项目以及南开大学中国公司治理研究院和南开大学商学院教材建设项目给予的支持！

最后还要感谢清华大学出版社陆浥晨编辑，2015年拙著《中国保险公司治理研究》在陆编辑的帮助下顺利出版，同年我们还合作了《公司治理手册》一书，这次教材的出版是我们第三次合作。陆编辑为本教材的出版提供了最好的平台，感谢她在此过程中的专业审校和辛苦付出！

郝　臣

2020年8月31日

于南开园

教学支持说明

▶▶ 课件申请

尊敬的老师:

您好!感谢您选用清华大学出版社的教材!为更好地服务教学,我们为采用本书作为教材的老师提供教学辅助资源。该部分资源仅提供给授课教师使用,请您直接用手机扫描下方二维码完成认证及申请。

任课教师扫描二维码
可获取教学辅助资源

▶▶ 样书申请

为方便教师选用教材,我们为您提供免费赠送样书服务。授课教师扫描下方二维码即可获取清华大学出版社教材电子书目。在线填写个人信息,经审核认证后即可获取所选教材。我们会第一时间为您寄送样书。

任课教师扫描二维码
可获取教材电子书目

 清华大学出版社

E-mail: tupfuwu@163.com	网址: http://www.tup.com.cn/
电话: 010-83470332 / 83470142	传真: 8610-83470107
地址: 北京市海淀区双清路学研大厦B座509室	邮编: 100084